세계화와 국민경제의 재구성

미국·일본·독일 비교 연구

세계화와 국민경제의 재구성
미국·일본·독일 비교 연구

2022년 2월 17일 초판 1쇄 찍음
2022년 2월 25일 초판 1쇄 펴냄

지은이 권형기

편집 김천희
디자인 김진운
마케팅 최민규

펴낸이 고하영
펴낸곳 ㈜사회평론아카데미
등록번호 2013-000247(2013년 8월 23일)
전화 02-326-1545
팩스 02-326-1626
주소 03993 서울특별시 마포구 월드컵북로6길 56
이메일 academy@sapyoung.com
홈페이지 www.sapyoung.com

ISBN 979-11-6707-045-6 93340

이 저서는 서울대학교 사회과학연구원의 지원을 받아 수행된 연구입니다.

세계화와 국민경제의 재구성

미국·일본·독일 비교 연구

권형기 지음

사회평론아카데미

책머리에

"세계화"라는 개념이 나에게 하나의 커다란 충격으로 다가왔던 것은 아마 1995년 미국으로 유학을 떠나기 얼마 전부터였지 않나 싶다. 1980년대 중반에 대학을 들어와서 한국의 정치사회를 의식하기 시작할 때부터 당시까지 나를 포함한 내 주위 대부분의 사람들에게 최고의 화두는, 1950년대 이후 한국사회를 지배했던 "조국 근대화"와 "경제성장" 가치를 대신할 "민주화"와 "복지국가"였다. "세계화"는 김영삼 대통령의 화두 던지기 어투에서 등장할 때만 하더라도 그저 스쳐 지나가는 국면전환용 개념으로 여겨졌는지 모르겠다. 그러나 한국사회에서 "세계화"는 1997년 경제위기를 거치면서 순식간에 우리 모두의 문제로 부상했다.

IMF의 경제원조를 받아야 할 만큼 심각한 위기를 겪으며 우리는 자발적이든 강제적이든 기존에 우리가 생각했던 많은 사회적 패러다임과 분석틀 그리고 가치지향에 대해서 다시 생각하지 않을 수 없었다. 우리가 믿었던 가치와 패러다임들이 송두리째 흔들렸기 때문이다. 후발국의 경제성장과 발전의 모델로 여겨지던 패러다임이 하루아침에 '정실 자본주의'(Crony Capitalism)라고 명명되면서 병(disease)의 원인으로 받아들여지는가 하면, '국가권력을 독재세력에서 민주세력으로 바꾸면 모든 문제가 해결될 것'이라는 믿음조차 설 자리를 잃어가는 듯했다. 근대화 세력이든 민주 세력이든 '국가권력은 곧 악이거나 최소한 비효율'이라는 국가 개입에 대한 강력한 불신에 강력히 직면하였다. 또 우리가 선망했던 '케인즈주의적 민주 복지국가는 더 이상 가능하지 않다'는 주장과 함께 영미식 자유시장 모델이 가장 효율적이고 민주적이라는 생각들이 우위를 점하기 시작했다.

2000년대 들어와서 한국은 위기를 극복하고 다시 성장하는 듯이 보였고, 이제 사람들에게 IMF 위기는 먼 나라 먼 얘기처럼 들리는 시대가 된 듯하다. 신문이나 학계에서 "세계화"는 더 이상 유행어(buzzword)도 핵심 화두도 아니게 되었다. 그럼 과연 세계화는 지나간 먼 얘기로 치부되어도 되는 것일까? 유행어와 직접적 관심이 다소 약화되었다는 것이 곧 세계화를 둘러싼 그 많은 논의들에 대한 명확한 해답을 찾았다는 것인가?

사실은 정반대처럼 다가온다. 역설적이게도 세계화는 오히려 일상화된 것은 아닐까? 사실 금융은 고사하고 생산, 문화, 인구 심지어 병에 이르기까지 세계화는 구조화되어 우리의 생활을 항상 지배하고 있는 것은 아닐까? 관심이 일상화되었다는 것이 곧 해결을 찾았다는 것은 아닌 것 같다. 오늘날 우리에게 박정희식 권위주의 모델 그리고 '재벌에게 몰아주기'식 배타적 개입주의와 등치되는 국가주도 성장모델은 한국 사회에서 완전히 설 자리를 잃은 것 같다. 그러나 문제는 '대안은 찾았는가' 하는 것이다. 국가주도는 곧 권위주의이고 폐기되어야 할 것인가? 다른 여러 선진국 사례에서 국가 조정 모델이 다양하게 존재하는 것을 보면, 폐기가 아니라 새로운 유형으로의 변형도 모색될 수 있는 것은 아닐까? 특히 국민 대표 기업들이 경쟁에서 살아남기 위해 앞을 다투어 초국적 생산 네트워크를 조직하는 사이 기존에 일국 차원에서 결합되었던 생산방식이 해체되고 있는 현재의 시점에서, 그리고 개별 기업의 이윤추구에 기초한 자유로운 이동으로 국민경제에 필요한 산업공유재(industrial commons)와 혁신 생태계(innovation ecosystem)가 상실되고 해체될 위기에 봉착한 현 시점에서, 국가는 단순히 후퇴하고 조정을 포기해야만 하는가? 단순히 국가 개입의 폐기가 아니라 무엇이 유효하고 타당한 국가의 역할이고 조정인가를 다시 생각해야 할 시점이 아닐까?

"노동이나 시민사회 집단들의 참여가 곧 선이요 민주주의"라는 가치를 절대적 명제로 받아들이는 것도 지나친 고집일 수 있지만, 그보다 더 "노동의 참여는 곧 비효율적 요소"라는 무조건적인 전제도 잘못된 것은 아닐까? 이 책의 독일 사례에서 보듯이 시민사회단체들과 노동의 건설적 참여와 협의는 생산의 세계화 과정에서 해체 위기를 맞는 국민경제를 새롭게 재구성하는 데 대단히 유효한 방식일 수 있다. 비록 이러한 방식이 한국의 현재 맥락에 적용될지, 어떤 비용(costs)과 문제가 발생할지 고려해야 하는 것은 당연한 것이겠지만, 세계화 시대의 문제와 새로운 대안들에 대해서 다시 한번 더 고려해봐야 할 시점인 것은 분명한 것 같다.

문제는 이러한 논의가 여전히 필요하고 더 심도 있게 이루어져야

함에도 불구하고 역설적으로 공적 논의의 장에서는 보이지 않고 있다는 것이다. 2022년 대통령 선거를 앞둔 현 시점은 대통령제를 채택하고 있는 우리나라에서는 나라의 비전에 대해서 가장 심도 있는 "논의의 경쟁"이 이루어져야 할 시기이다. 그러나 기업과 생산의 세계화 흐름에서 한국의 국민경제를 어떻게 재구성할 것인가에 대한 심도 깊은 논의는 찾아보기 어렵다. 한국의 국회와 대통령 선거 공간에서는 '팽창 재정과 복지냐' 아니면 '긴진 재정과 시장이냐'의 논의만 지배적일 뿐, 각자도생의 세계화 과정에서 해체 위기에 있는 국민경제를 어떻게 재구성하고 국제적으로 경쟁력 있는 유효한 가치생산체제를 구축할지에 대한 논의는 거의 보이지 않는다. 일자리가 중요하다지만, 개수(number)가 아니라 어떤 일자리를 어떻게 만들 수 있는지에 대해서는 논의가 부재하다. 단순히 국가의 돈을 무작위로 살포한다고 해서 양질의 일자리가 생길 수 있을까? 무엇을 위해 어디에 어떻게 투자할 것인지에 대한 논의가 이루어져야 하지 않을까? 또 관료들이나 기업가들이 알아서 독자적 공간에서 논의를 할 수도 있지만, 모두의 중지를 모으고 통합적 시각에서 보다 책임성 있는 민주적 공론화가 더욱 절실히 필요하지 않을까?

사실 이 책은 나의 오래된 관심에서 기원한 것이지만, 동시에 생산의 세계화 속에서 국민경제의 재조직화 논의가 빈약한 현 상황에 대한 하나의 문제제기이기도 하다. 단순히 양적인 재정 팽창과 분배를 둘러싼 논의가 아니라, 세계화에 따른 국민경제 해체 경향에 대응하는 실질적 생산을 둘러싼 새로운 대안과 비전의 공적 논의(collective deliberation at the public sphere)가 촉발되기를 간절히 바라는 마음이다. 지난 10여 년간 생산의 세계화를 둘러싼 나의 작업은,

한편으로는 미국, 일본, 독일과 같은 선진국들과 다른 한편으로는 한국을 비교하고 역사적으로 적응 과정을 추적하는 것이었다. 한국에 대해서는 *Changes by Competition: The Evolution of the South Korean Developmental State*(Oxford University Press, 2021)로 대신한다면, 이 책은 미국, 일본, 독일에 대한 나의 연구를 정리한 것이라 할 수 있다.

2003년 유학을 마치고 한국에 들어오면서 세계화와 국민국가들의 대응, 그것도 생산의 세계화에 특히 관심을 가지고 연구를 시작한 이후 오랜 시간이 흘렀다. 그 사이 많은 분들께 음으로 양으로 큰 빚을 졌다. 그분들에게 감사의 뜻을 전하고 싶다. 항상 그러하듯 돌아보면 학문의 세계로 나를 인도하고 진심 어린 보살핌을 아끼지 않으신 서울대학교 정치학과 나의 은사님들, 특히 최명 선생님과 황수익 선생님께, 그리고 나의 시카고 대학 스승인 개리 헤리겔(Gary Herrigel) 교수님에게도 감사의 마음을 전하고 싶다. 또한 2008년을 전후로 "생산의 세계화"를 주제로 함께 연구팀을 꾸려온 백창재, 송주명, 정하용, 임혜란 교수님을 위시한 나의 선후배 동료분들께도 심심한 감사의 마음을 전한다. 그리고 생산의 세계화 프로젝트 이후 줄곧 나의 연구 과정에서 자료 찾기, 도표 만들기, 교정 등 자질구레한 일들을 마다하지 않고 기꺼이 도와준 많은 나의 제자들, 김경미, 이현, 손희정, 김승미, 전지영, 전선민, 정현직, 유은식, 조은영에게 진심으로 감사의 마음을 전한다. 그리고 이 책은 서울대학교 사회과학연구원의 저서 지원을 받았음을 밝혀 두고자 한다. 이 자리를 빌려 감사드린다.

끝으로 장기간 연구 과정에서 항상 든든히 응원해준 나의 가족들, 나의 형 권오성, 권오수 그리고 나의 사랑하는 동생 권정희, 그리고 내 주위를 한결같이 돌봐주신 장모님께 감사의 마음을 전한다. 무엇보다 항상 조용히 나를 지켜봐주고 도와준 아내 최정희에게 미안함과 감사의 마음을 전한다. 힘든 시기에도 항상 밝게 자라주고 존재 자체로 나에게 항상 기쁨과 활력을 불어넣어 주는 사랑스런 아들 권우혁에게 진정 감사의 마음을 전한다. 마지막으로 세상 어느 말로 다 표현할 수 없는 나의 존경과 감사의 마음을 부모님에게 전하고 싶다. 천방지축 허황되고 어설픈 꿈을 찾아 헤매고 다닐 때나 위태한 절망의 순간에도 자식에 대한 믿음을 한시도 놓지 않으시던 나의 부모님, 자식 일이라면 무엇이든 항상 믿고 자랑스러워 하시는 나의 아버님, 어머님께 그 깊은 사랑과 정성에는 턱없이 부족하기만 한 이 책을 바칩니다.

차례

책머리에 5

제1장 문제제기 15

문헌 검토와 이론적 대안 22

제2장 생산의 세계화와 국민경제: 효과와 적응의 다양성 37

1. 세계화와 다양한 효과 39
2. 세계화의 다양한 패턴들 52
    1) 미국: 비조정적 금융 우위 자유시장 체제 54
    2) 독일: 사회 조정적 적응 방식 58
    3) 일본과 한국: 국가 주도적 조정 방식 58

제3장 신자유주의적 모델: 미국의 사례 69

1. 기업의 세계화와 미국 국민경제 74
2. 자유주의 정치 104
    1) 국가의 전략적 개입과 조정의 부재 105
    2) 신자유주의적 사고 120
    3) 미국의 국가-자본 관계: 국가의 개입에 대한 불신 125
3. 오바마 정부의 제조업 부활 정책 136
    1) 위기와 새로운 대안 모색 138
    2) 미국 제조업 부활의 정치적 과정 141
    3) 2010년대 미국 제조업 부활 정책의 평가와 한계 156

제4장 국가 조정 자본주의: 일본을 중심으로 179

1. 세계화와 일본 모델의 위기와 해체 183
    1) 일본 자본주의 모델의 전통적 특성 183
    2) 1990년대 일본 모델의 위기 194
    3) 일본 기업의 세계화와 혁신 체제 개혁의 지연 200
2. 폐쇄형에서 개방형 혁신 체제로의 전환 227
    1) 기업 간 관계의 변화 229
    2) 자본 모델의 변화와 벤처기업의 증가 233
    3) 노동시장의 변화 236
    4) 대기업과 혁신 기업의 공생 237
    5) 대학과 산업의 협력 체제 구축 238
    6) 혁신의 성공 사례: 바이오 산업 240
3. 변화의 정치 243
    1) 아베 정부의 개혁: 개방형 혁신 체제의 수립 244
    2) 국가의 산업정책과 거버넌스의 변화 265
    3) 이데올로기 투쟁과 정당 정치 274

제5장 세계화와 사회적 조정: 독일 293

1. 기업의 세계화와 독일의 국민경제 297
2. 생산 세계화와 국내 생산의 재조직 305
    1) 독일 기업의 세계화 방식 307
    2) 해외 현지의 생산 조직화 311
    3) 독일 생산체제의 해체와 변화 313
    4) 글로벌 생산 네트워크의 구성과 독일 본국의 생산 변화 321

3. 정치적 과정: 집단적 협의와 조정   332

   1) 혁신 생태계와 국가의 역할   334

   2) 기업체들 간의 갈등과 협력   344

4. 세계화를 둘러싼 노사 간 정치   363

   1) 전국적·거시적 차원의 정치   364

   2) 미시적 차원의 협의 정치   372

제6장 **결론**   399

참고문헌   416

찾아보기   437

제1장

문제제기

본 연구에서는 코로나19로 팬데믹 상황이 전개되기 직전까지 급속히 진행되던 생산의 세계화로 인한 국민경제의 다양한 재편을 비교 분석함으로써 세계화 이후 진행된 새로운 정치경제 모델들의 대안을 고찰하고자 한다. 한국의 삼성과 현대, 일본의 도요타와 소니, 미국의 지엠(GM)과 애플, 그리고 독일의 폭스바겐과 다임러 같은 국민 대표 기업들의 경우, 국민경제의 핵심으로 간주되거나 기업의 이익이 곧 국가 이익(national interests)으로 등치되면서 자국 정부에 의해 직간접적으로 보호·육성되어 왔다. 그러나 이러한 국민경제의 주요 기업들은 이제 자신의 생존을 위해 점점 더 기존의 일국 차원의 생산 방식에서 벗어나 국경을 넘어 생산을 초국적으로 재조직하지 않을 수 없게 되었다. 이에 따라 기존의 일국적 생산 방식과 국민경제, 그리고 국가 이익은 새롭게 재정의되고 재조직되지 않을 수 없게 되었다. 본 연구에서는 국민 대표 기업들의 생산의 세계화가 국민경제에 초래하는 긴장과 문제는 무엇인지 살펴보고 이에 대한 대응으로 새로운 국민경제의 재조직화에 어떤 것들이 있을 수 있는지를 비교 분석하고자 한다.[1]

코로나19로 국가 간의 교통과 무역이 크게 위축되기 이전까지 국민국가를 대표하는 기업들이 주도하는 생산의 세계화는 불가피해 보였다. 비록 급작스러운 코로나19의 글로벌 확산으로 향후 세계의 생산과 무역이 어떻게 진행될지에 대해서 불투명해 보이는 측면이 없지 않지만, 생산의 세계화는 거부할 수 없는 주요한 흐름으로 자리를 잡아 왔다. 국민경제에서 차지하는 크기라는 양적 측면에서나 각국의 다양한 발전 모델(예를 들어, 일본의 도요타 생산 방식)을 대표한다는 질적 측면에서나 기존의 국민 대표 기업들은 각국의 국민경제의 핵심을 구성해 왔다. 그러나 급속한 정보통신의 발전, 금융의 세계화, 그리고 격화된 글로벌 차원의 경쟁을 배경으로 국민 대표 기업들은 이제 국경을 넘어 글로벌 차원에서 자신의 생산 방식을 재조직하지 않을 수 없다. 왜냐하면 일국 차원에서 기술, 인력, 부품, 디자인 등을 조직하던 기존의 생산 방식보다는 국경을 넘어 글로벌 차원에서 다양한 생산요소들(노동, 기술, 부품, 연구개발, 자본 등) 간의 최적의 조합을 추구하는 글로벌 생산 네트워크가 월등히 경쟁력을 가지기 때문이다(Herrigel 2010, 139-186; Dicken 2011, 13-74, 429-453; Berger 2005, 57-136).

---

[1] 생산의 세계화에 따른 국민경제의 재구성을 둘러싼 논의와 대안을 다룬 본 연구는 저자의 기존 연구들에 기초하여 확대 재조직한 것임을 밝혀 둔다. "세계화 국민경제 그리고 한국"(권형기 2018); "세계화 시대 국가의 역할"(권형기 2019); Kwon(2012); Kim and Kwon(2017).

예를 들면, 미국의 혁신적 테크놀로지 개념과 디자인, 한국에서 만든 메모리 칩, 일본에서 만든 디스플레이 드라이브, 타이완에서 만든 비디오 프로세스 등의 부품을 중국의 저임금으로 조립하는 애플의 아이팟(iPod)은 일국 차원에 기초한 생산 체제와의 경쟁에서 단연 우월한 경쟁력을 보여준다(Nanto 2010, 6-7). 그래서 기존에 국민경제를 대표하던 많은 기업들은 국제 경쟁에서 살아남기 위해 앞을 다투어 생산을 국제적으로 재조직하고 있는 것이다.

문제는 국민 대표 기업들이 자신의 생존을 위해서 생산을 세계화함에 따라 이들 기업과 국민경제의 전체 이익 간에 심각한 긴장이 유발되고 있다는 것이다. 예를 들면, 2008년 기준 도요타와 같은 일본 기업들은 해외 생산 덕분에 막대한 이윤을 챙겼지만 일본의 전체 경제는 약 4,200억 달러의 생산 감소와 약 100만 명의 일자리 상실을 겪어야 했다(*The Economist*, 20th Nov. 2010). 미국의 자동차 회사들이 1990년대 이래 해외 생산을 늘리는 사이 미국의 국내 자동차 산업의 고용은 2008년 현재 1998년의 66.7%까지 감소했다(U.S. Bureau of Labor Statistics; *The Guardian*, 17th Feb. 2012). 또한 미국의 국내 고용 감소와 경상수지 적자를 해결하기 위해서 미국 정부는 중국에서 들어오는 수입을 규제하고자 하지만, 이것은 곧 중국에서 생산하여 수출하는 미국 기업들의 이익에 배치된다(Nanto 2010, 8).

기업들의 생산의 세계화와 더불어 국민경제가 어떻게 구성되는지에 대한 인식은 근본적으로 변화하고 있다. 1980년대 초까지만 하더라도 미국에서 "지엠의 이익이 곧 미국의 이익이다"(Holstein 2009, xi; Gereffi and Sturgeon 2004, 13)라는 인식은 쉽게 받아들여졌지만 이제는 더 이상 그렇지 않다. 왜냐하면 지엠은 살아남기 위해 해외에서 더 많은 투자와 생산을 하고 있기 때문이다(*Wall Street Journal* 29th April 2005; *US Newswire* 13th Nov. 2008). 이와 대조적으로 1980년 대까지만 해도 외국 기업이라는 이유로 경계의 대상이던 도요타가 이제는 미국의 국민경제를 구성하는 주요한 부분으로 인식되고 있 다. 도요타는 웬만한 미국 국적의 기업들보다 미국에서 더 많은 가 치와 고용을 창출하기 때문이다(Berger 2005, 39; *Wall Street Journal* 29th April 2005). 빌 클린턴(Bill Clinton) 시기에 노동부 장관을 지낸 로버트 라이시(Robert Reich)는 미국 경제에서 이제 '기업의 국적'은 더 이상 의미가 없다고 단언한 바 있다. 그리고 그는 이러한 경향이 시간적으로 완급의 차이가 있을 뿐 미국뿐만 아니라 모든 국민국가 가 겪게 될 현상이라고 주장한다(Reich 1991, 172).

본 연구에서는 이처럼 국민경제의 대표 기업들이 생산을 세계화 하는 과정에서 발생하는 국민경제와의 긴장과 이에 따라 새롭게 제 기되는 국민경제의 해체와 재구성 문제를 주요 선진국인 미국, 일본, 독일을 중심으로 비교의 시각에서 살펴보고자 한다.

국민경제의 대표 기업들의 생산의 세계화는 필연적으로 국민경 제와 대립적 관계이고 국민경제를 해체하는 것인가? 아니면 생산의 세계화에도 불구하고 국민경제의 의미와 영역이 재정의, 재설정되 고 기업들의 세계화와 국민경제가 양립할 수 있을 것인가? 본 연구 에서는 국민 기업들의 생산의 세계화가 단일한 형태로 진행되지 않 고 국민경제에 미치는 효과도 다양하다고 가정한다. 기업들의 생산 의 세계화에도 불구하고 국민경제가 새롭게 재구성될 수 있는 방식 에는 어떤 것들이 있는가? 어떻게 이러한 다양한 패턴이 형성되고 진화하는가?

국민 기업들의 생산의 세계화에 대해서 우선 주목할 입장은 신자유주의 낙관론이다. 신자유주의적 세계화주의자들은 국민경제의 주요 기업들이 해외 아웃소싱(offshoring)을 함으로써 "국민경제가 탈산업화(deindustrialization)할 것"이라는 우려가 있지만 그것은 지나친 기우라고 주장한다. 신자유주의자들에 따르면, 세계화는 "국내 생산의 약점보다는 강점의 징후"라는 것이다. 해외 아웃소싱은 투입요소의 저비용을 낳고 이로 인해 창출된 잉여 이윤은 경쟁력을 갖춘 새로운 분야에 대한 투자로 이어질 수 있으며 이는 다시 국민경제의 성장과 새로운 일자리의 창출을 가져온다는 것이다(Friedman 2005; Farrell et al. 2003; Sirkin et al. 2011; Ramaswamy and Rowthorn 2000; Bhagwati 2010a, 2010b).

그러나 신자유주의적 낙관론과 달리 주요 기업들의 세계화 과정에서 모든 국가가 다 좋은 결과를 얻게 되는 것은 아니다. 어떤 나라들은 세계화의 과정에서 산업 경쟁력을 더 강화하는 데 성공하는 반면 다른 나라들은 그렇지 못하다. 그렇다면 왜 어떤 나라들은 주요 기업들의 세계화 과정에서 산업 경쟁력을 업그레이드하는 데 성공하는 반면 다른 나라들은 실패하는가? 신자유주의자들의 윈-윈 시나리오(win-win scenario)는 어떻게 실현 가능한 대안이 될 수 있는가? 주요 기업들의 세계화 과정에서 각국은 어떻게 국내 산업의 역량을 더 증가시킬 수 있는가?

본 연구에서는 주요 기업들의 세계화에 대한 미국, 일본, 독일의 적응 과정을 비교함으로써 세계화가 신자유주의자들의 주장처럼 반드시 자동적인 산업 역량의 강화로 귀결되지 않을 뿐만 아니라 반대로 필연적으로 국내 생산의 공동화(hollowing out)를 낳지도 않는다고 주장한다. 미국은 주요 기업들의 세계화 과정에서 '산업공유재(industrial commons)'[2]의 많은 요소들을 잃어버림으로써 국내 산업의 역량이 약화된 반면, 독일은 기업들의 해외 생산 증대에도 불구하고 국내에 새로운 기술 혁신적 산업생태계를 수립함으로써 자국의 생산 역량을 강화하는 데 성공해 왔다.

본 연구에서는 심화하는 세계화 시대에 국내의 산업공유재를 유지하기 위해서는 생산의 세계화를 위해 자유롭게 움직이는(foot-free) 국내의 다양한 행위자들 간의 집단행동 딜레마(collective action problem)를 어떻게 해결하고 조정하는지가 중요하다고 주장한다. 그리고 이에 따라 국가가 세계화에 성공적으로 적응하는가 아니면 산업공유재의 손실로 인해 생산 능력과 경쟁력의 상실로 귀결되는가가 결정된다고 주장한다. 그리고 국내의 주요 행위자들을 조정하는 정치적 방식도 각국의 제도와 전략에 따라 다양하게 나타날 수 있다는 점을 강조한다. 예를 들면, 미국의 자유시장(free market)의 경우 기업들의 자유로운 혁신을 위해서는 좋을 수 있으나 국내 공유재의 향상과 축적에는 불리하게 작용할 수 있다. 반대로 독일이나 일본의 사례에서 볼 수 있듯이 사회 내부의 협력적 네트워크와 혁신 능력의 개선에 초점을 둔 사회 조정과 새로운 발전주의 국가는 자유시장보다 더 효율적일 수 있다.

2   산업공유재는 산업생태계 내에 공유된 요소들로, 예를 들면 주로 하청업체(suppliers), 원청업체(customers), 협력업체(partners), 기술 인력(skilled workers), 대학, 연구기관 등을 포함하는 보완적 능력(complementary capabilities)을 의미한다. 많은 기업들은 새로운 아이디어를 창출하고 그 아이디어를 새로운 시장의 상품으로 만들어 내는 과정에서 이러한 산업공공재에 의존한다. 따라서 산업공공재는 산업 경쟁력을 위한 핵심적인 원천이다 (Pisano and Shih 2012b; Berger 2013).

본 연구에서는 국민 대표 기업들의 생산의 세계화에 따른 국민경제의 변화와 적응을 비교하기 위해서 독일, 일본, 미국의 주력 수출 산업이자 첨단 산업들—예를 들면 전자, 자동차, 그리고 바이오 같은 첨단 산업들—에 초점들 두고 비교 분석할 것이다. 생산의 세계화의 효과를 살펴보기 위해 산업 전체가 아니라 주력 첨단 산업에 초점을 두는 이유는 두 가지이다. 우선 방직, 섬유 산업 같은 사양 산업은 세계화 과정 없이도 국내 산업이 고부가가치 산업으로 이행함에 따라 자연히 쇠퇴하는 경향을 보여주기 때문에 생산의 세계화에 따른 효과를 보여주기에는 문제가 있을 수 있다. 그리고 자동차, 전자 같은 주력 수출 산업들은 미국, 일본, 독일 같은 주요 선진국에서 국민경제를 구성하는 핵심 산업이었을 뿐만 아니라 생산의 세계화가 가장 심하게 이루어진 산업이기도 하다. 그래서 생산의 세계화에 따른 국민 생산 방식의 재편을 보여주기에 적합한 사례라고 할 수 있다.

문헌 검토와 이론적 대안

이 절에서는 주요 기업들의 세계화가 국민경제에 미치는 영향에 대한 지배적인 이론들, 즉 민족주의(nationalism)적 비관론과 신자유주의적 낙관론에 대한 비판과 이에 대한 대안적 이론과 가설을 제시하고자 한다.

미국, 독일, 일본과 같은 선진 자본주의 국가들에서 국민국가 주요 기업들의 세계화는 산업공동화에 대한 노동의 우려를 심화시켜 왔다. 실제로 미국, 독일, 일본 등에서 기업들은 종종 생산기지의 해외 이전을 무기로 노동과 정부를 위협한다. 이 점은 한국에서도 흔히 볼 수 있는 현상이다(Story 2012; 세계일보 2003. 6. 27; 매일경제 2004. 3. 23). 기업들의 이러한 해외 이전 위협에 대해 일부에서는 보호주의적 무역 정책과 같은 과거 방식의 민족주의 정책을 제안한다(Prestowitz 2010). 미국의 몇몇 주에서는 기업들의 해외 이전에 대한 보호주의적 대응으로 기업들의 지나친 해외 아웃소싱을 제한하는 입법을 통과시키기도 했다(Hira and Hira 2005, 180).

그러나 문제는 이러한 과거 방식의 민족주의가 현실에서 더 이상 유효하게 작동할 수 없다는 데 있다. 오늘날 글로벌 생산 네트워크(global production networks)는 과거의 일국적 생산체제보다 훨씬 더 효율적이고 혁신적인 성과를 창출한다. 예를 들면, 1990년대 초 한국의 전자회사들이 해외 생산을 확대할 수밖에 없었던 이유도 당시까지 일국 생산체제를 유지하던 한국의 전자기업들이 동남아 등지에 생산기지를 이전하여 일본의 고기술과 동남아의 저임금 노동을 결합한 일본 기업들과의 시장 경쟁에서 밀리기 시작했기 때문이었다. 그래서 한국 기업들도 이후 새로운 저렴한 비용과 보다 나은 투입 요소의 결합을 위해 생산 사슬들을 해외로 이전하지 않을 수 없었다. 고립된 보호주의는 비용이 많이 들 뿐만 아니라 빠른 기술 혁신의 속도를 따라가기도 힘들게 되었다.

민족주의적 보호주의와는 대조적으로 신자유주의적 글로벌리즘(neoliberal globalism)은 국경을 넘어 다양한 투입 요소들과 선진 기술을 최적으로 결합함으로써 기업의 국제 경쟁력을 향상시키는 것을 강조하고 있다. 신자유주의자들은 비교우위이론(comparative advantage theory)에 기초해서 기업들의 세계화가 자국의 국민경제

(home country)에는 물론 해외 현지국가(host countries)에도 이득이 된다고 주장한다(Friedman 2005; Farrell et al. 2003; Sirkin et al. 2011; Ramaswamy and Rowthorn 2000; Bhagwati 2010). 이들에 따르면, 인도와 같은 개발도상국에 대한 선진국 기업들의 해외 아웃소싱은 일자리의 증가와 인적 자원의 역량 개선 기회를 제공한다고 주장한다. 반면 선진 모국의 입장에서는 주요 기업들의 해외 아웃소싱이 비용의 절감을 통한 이윤의 증대를 가져오고 이는 새로운 고부가가치 산업으로의 투자를 낳음으로써 새로운 일자리를 창출할 수 있는 기회를 제공한다고 주장한다. 신자유주의자들에게 기업들의 세계화 과정으로 인한 국내 일자리의 손실은 일종의 창조적 파괴의 과정이라고 할 수 있다. 그리고 이러한 세계화 과정의 역동적 비교우위를 최적화(optimization)하기 위해서는 자원의 배분이 오로지 시장의 작동을 통해서만 이루어져야 하고 국가의 개입이나 여타 문화적 지체나 사회적 규제는 자원의 효율적 분배를 방해할 뿐이라고 주장한다 (Pack and Saggi 2006, 276).

그러나 신자유주의자들이 "세계화 시대 자유시장의 보편적 타당성"을 주장하는 것과 달리 저부가가치 경제에서 고부가가치 경제로의 이행이 반드시 자유로운 시장에 의해 자동적으로 이루어지는 것은 아니다. 예를 들면, 미국에서는 주요 기업들의 세계화 과정에서 창출된 잉여 이윤이 국내 산업의 업그레이드를 위해 재투자되지 않고 있다. 다음 장에서 자세히 살펴보겠지만, 활발한 세계화가 진행된 1990년대 이후 하이테크 산업에서 미국의 무역수지는 1990년 350억 달러 흑자에서 2013년 810억 달러 적자로 심각하게 악화되었다. 그레고리 태시(Gregory Tassey)는 이러한 무역적자의 심화가 미국 기업들의 연구개발 지출이 해외에서는 증가한 반면 국내에서는 감소했기 때문이라고 지적한다(Tassey 2010, 283-333). 또한 미국의 하버드와 MIT 대학 연구팀들이 보여주듯이, 미국 내 연구개발의 감소는 세계화 과정에서 부품업체, 고숙련 노동과 같은 산업공유재가 소실된 것과 관련이 있다(Berger 2013, 20, 204-205).

신자유주의자들은 지나치게 생산 가치의 양적 측면만을 강조함으로써 산업의 체계적 연계(industrial linkages)가 가지는 질적 차이에서 나오는 산업적 혁신 능력(industrial capability)의 차이를 간과하고 있다. 자그디시 바그와티(Jagdish Bhagwati)와 같은 신자유주의자는 동일한 이윤과 동일한 임금을 얻을 수 있다면 포테이토칩(potato chips) 산업이든 마이크로 칩(semiconductor chips) 산업이든 상관이 없다는 입장이다(Bhagwati 2010a, 2010b). 그러나 바그와티 같은 많은 신자유주의자와 신고전파 경제학자들이 간과하는 것은 동일한 가치(예를 들어, 100달러의 포테이토칩과 마이크로 칩)라 하더라도 그것이 가지는 다른 산업의 혁신 역량에 미치는 외적 파급 효과(external effects)를 무시하고 있다는 점이다. 100달러의 이윤을 내는 포테이토칩은 그것을 생산하는 기업에는 100달러의 이윤을 내는 마이크로 칩의 생산과 동일한 가치를 가질지 모르지만 그것이 다른 산업들과 사회 전체에 미치는 생산성의 증대 효과는 엄청나게 차이가 난다. 신자유주의자는 이러한 산업적 연계에서 나오는 질적인 외적 파급 효과를 고려하지 못하고 있다.

특히 산업적 연계에 기초한 전체 산업 역량이라는 측면에서 고려한다면, 개별 기업들의 자유로운 세계화는 국민경제 전체의 생산과 혁신 역량에 심각한 문제를 유발할 수 있다는 것을 알 수 있다. 다음

장에서 자세히 살펴보겠지만, 미국의 사례는 개별 기업들의 자유로운 해외 이전이 국민경제의 산업적 연계에서 나오는 혁신 역량을 약화시킨다는 것을 잘 보여준다.

생산과 혁신 역량이 산업적 연계에 기초한다는 것을 고찰하기 위해서 개발에서부터 대량생산 단계까지의 다양한 공정을 상정해보자. 생산 과정에서 혁신과 학습은 많은 경우 생산의 초기 단계인 개발과 설계만이 아니라 오히려 시제품(prototype) 단계와 함께 상품화 단계로 옮겨가는 과정에서 허다하게 발생한다. 또한 고부가가치 생산을 위한 혁신은 개발 단계에서 뛰어난 한두 명의 아이디어에 의해 결정되는 것이 아니라, 연구소의 연구원들과 디자이너들, 그리고 생산의 여러 공정에 있는 엔지니어들과 숙련공들, 그리고 상업화 과정에서 다양한 부품업체들과 긴밀히 상호작용하는 과정에서 강화된다.

그러나 미국은 해외 아웃소싱의 과정에서 개별 인적 자원의 역량의 약화뿐만 아니라 전체적인 산업 체계 자체에서 많은 보완적인 공유재(industrial commons)의 상실로 인해 혁신의 상업화라는 측면에서 커다란 문제에 봉착했다. 즉, 미국은 기업들의 세계화 과정에서 새로운 아이디어(idea)를 상품화하는 데 필요한 '산업공유재'—기술 훈련체계, 지역 금융체계, 유능한 부품업체 등—의 유실을 막지 못한 것이다. 미국의 하버드 연구팀과 MIT 연구팀이 지적하듯이, 문제는 이러한 산업공유재의 손실이 추가적인 학습과 혁신을 위한 잠재적 역량을 약화시켰다는 데 있다는 것이다(Pisano and Shih 2012a; Pisano and Shih 2012b; Berger 2013; Porter and Rivkin 2012; Kochan 2012).

게리 피사노(Gary Pisano)와 윌리 쉬(Willy Shih)에 따르면, 현재 미국에서는 디지털 카메라 분야의 뛰어난 연구자가 혁신적인 아이디어를 떠올린다 해도 이를 상용 가능한 기술로 실현하는 데 어려움이 있다고 한다. 디지털 카메라와 관련된 설계와 부품 생산 공정 중 많은 부분이 해외로 이전되었기 때문이다(Pisano and Shih 2012b, 71-72).

다른 한편, 다음 장에서 자세히 살펴보겠지만 독일과 한국의 경우에는 미국과 대조적으로 2000년대 이후 주요 기업들의 해외 생산이 크게 증대했음에도 불구하고 하이테크 산업의 무역 흑자와 고용이 증가해 왔다. 독일의 경우는 사회적 조정 체제를 통해서 기업들의 해외 생산에도 불구하고 국내 산업의 혁신 역량을 강화해 왔던 것이다. 그리고 한국의 경우도 국가의 적극적인 개입과 조정을 통해서 기업들의 세계화에도 불구하고 산업공유재와 혁신 생태계를 향상시켜 왔다. 일본의 경우는 1990년대와 2000년대 전반까지 "잃어버린 10여 년"을 거치면서 국가 주도의 조정이 약화되었지만 2010년대 이후 국가 주도의 혁신 체제를 재정비해 왔다.

본 연구에서는 기업의 생산세계화가 국민경제에 미치는 영향에 대해서 기존의 민족주의적 비관론이 주장하는 것처럼 필연적으로 '산업 공동화'로 귀결되거나 혹은 신자유주의적 낙관론이 주장하듯이 반드시 국내 산업의 업그레이드로 향상되는 것은 아니라고 주장한다. 기업의 생산의 세계화가 국내 산업의 공동화로 이를지, 아니면 국내 산업의 경쟁력 향상으로 귀결될지는 '산업공유재'를 어떻게 확대 재생산하는가에 달려 있다고 본다.

산업공유재는 국민경제 경쟁력의 핵심 원천이다. 산업공유재는 개별 기업의 외부에 존재하는 보완적 재원으로 풍부한 노동과 과학 기술, 직업 훈련과 연구소, 수많은 부품들, 그리고 이와 연계된 사회적 네트워크 등의 공공재를 의미한다. 개별 기업들이 이 모든 것을 다룰 수는 없고 이것들은 사회적으로 생산되어야 한다. 이것은 단순히 금융적 가치로만 환원되지 않는다. 이러한 의미에서 본 연구에서는 바그와티 같은 신자유주의자들이 주장하는 "동일한 가치만 생산한다면 포테이토칩이나 마이크로 반도체 칩은 동일하다."는 가치이론적 주장에 반대한다. 본 연구는 "생산 역량"의 관점에서 비록 동일한 이윤과 임금을 생산하더라도 포테이토칩과 마이크로 칩의 생산 역량과 그것이 다른 산업에 미치는 연계 효과는 엄청난 차이가 난다는 것을 전제한다.[3] 예를 들면, 2000년대 IT 산업은 단순히 그 자체

---

3   신고전파 경제학자들의 가치이론과 달리 본 연구에서 강조하는 생산 역량과 보완적 산업공유재 개념은 애덤 스미스(Adam Smith)의 가치이론(Die Theorie der Werte)을 비판하는 프리드리히 리스트(Friedrich List)의 정치경제학의 민족적 체계(Das Nationale System der Politischen Oekonomie)의 생산역량이론(Theorie der produktiven Kräfte)에 기초한다. 본 연구는 프리드리히 리스트가 애덤 스미스를 비판하는 지점과 맞닿아 있다. 지금까지 리스트의 주장은 흔히 민족주의적 보호주의로만 이해되어 온 경향이 있다. 그러나 그의 주장을 단순히 보호주의로 치부하는 것은 잘못된 이해이다. 리스트는 때로는 개방도 필요하다고 주장한다. 리스트에 따르면, 저발전된 문명국가의 경우 개방을 함으로써 오히려 생산 역량을 강화할 수 있다고 본다. 보호주의이든 개방이든 그것이 국내 생산 역량을 강화할 수 있는가가 중요하다는 것이다. 예를 들면, 스페인과 포르투갈이 남미에서 금의 유입으로 가치를 많이 벌어들인다고 하더라도 그것이 국내 생산 활동의 진작으로 나가지 못하고 오히려 영국의 상품을 구매하는 데만 사용된다면 영국의 생산 역량을 강화할 뿐 스페인의 생산 역량을 향상시키는 데는 역으로 작용한다는 것이다. 리스트의 주장의 핵심은 보호주의라기보다는 스미스의 가치이론에 대항하는 "생산역량이론"이다. 리스트에 따르면, 스미스는 노동의 가치를 "생산 역량"에서 시작하지만 이것을 더욱 확대 발전시키지 못하고 있어서 이후 장 밥티스트 세이(Jean Baptiste Say) 같은 스미스류의 가치이론 경제학자들이 가치의 양적 측면에만 초점을 둠으로써 노동의 분화(division of labor)에 따른 다양한 행위 주체들 간의 보완적 연계로 인한 생산 역량의 변화를 무시한다는 것이다. 스미스와 세이 같은 고전파 이론가들은 교환가치에만 초점을 둠으로써 국

산업의 가치 생산만이 문제가 아니라 다른 산업의 생산성을 현격히 증가시키는 잠재력을 가지고 있었다.

본 연구에서 주목하는 문제는 국민경제의 주요 기업들의 세계화 과정에서 국민경제 내의 산업공유재를 어떻게 새롭게 조직하고 질적으로 개선할 것인가이다. 개별 기업들은 자체 이익을 추구하는 과정에서 사회적 공유재의 축적과 향상에 대해서는 별로 신경을 쓰지 않는다. 이렇게 국민 경제 전체의 산업 공동화 혹은 산업공유재의 상실을 가져옴으로써 흔히 말하는 공유재의 비극으로 인해 전체 국민경제의 생산 역량이 약화될 수 있다. 본 연구에서 개별 기업들이 자기 이익을 추구하여 해외로 나가는 과정에서 어떻게 산업공공재를 재생산하는지는 바로 "조정의 정치(politics of coordination)"에 달려 있다고 본다.

본 연구에서는 산업공유재를 만들어 낼 수 있는 조정의 정치

민경제에서 차지하는 교환가치의 양만을 강조한다. 그래서 만약 농업이 제조업보다 국민경제에서 차지하는 양이 더 많을 경우 전자를 후자보다 더 중요하다고 하는 것에 대해서, 리스트의 경우는 고전파 경제학자들이 사회 전체의 생산 역량에 미치는 제조업의 파급 효과를 간과하고 있다고 비판한다. 예를 들면, 농업이 33억 1,100만의 가치 생산으로 2억 1,800만의 제조업 자본보다 표면적으로는 더 많은 부를 창출하여 10배나 중요한 것처럼 주장하지만, 사실 현재 농업이 번영하는 근본 원인을 보면 그것은 바로 제조업 때문이라는 것을 발견하게 된다는 것이다. 리스트는 정부가 운하, 철도, 도로를 놓는 것이 아무런 순 수확을 가져다주지는 않는다 하더라도 전체 사회의 생산 역량을 크게 고양한다는 것을 강조하고 있다. 이러한 사회의 전체 노동 분업과 결합의 체계에서 생산 역량이 고양되는 질적인 측면을 강조하는 것이다. 리스트는 개인들이 아무리 부지런하고 발명을 잘하더라도 이들이 자유롭게 결합하고 협력할 수 있는 제도가 부재하다면 개인의 뛰어난 점은 제대로 발휘되지 않는다는 점을, 그리고 생산체계의 제도적 결핍과 그에 따른 문제는 개인의 뛰어난 역량만으로는 해결되지 않는다는 점을 강조한다. List. 2016[1910]. *Das Nationale System der Politischen Oekonomie.* 2nd version. Verlag von Gustav Fischer.(번역본으로는 리스트. 2016. 『정치경제학의 민족적 체계』. 이승무 옮김. 서울: 지식을 만드는 지식 참조).

가 기존의 역사적 경험과 제도를 배경으로 새로운 환경에 적응하면서 형성되는 것으로 다양한 유형이 존재할 수 있다고 본다. 예를 들면, 다음 장들에서 자세히 보겠지만 미국과 같은 자유시장 체제(free market system)가 있는가 하면 독일과 같은 사회적 조정 체제, 그리고 일본과 한국에서 보이는 국가 주도적 조정 방식이 있을 수 있다.

국내 집단의 혁신 역량의 재생산에 대한 고려 없이 기업들이 개별적인 단기 이윤의 증대를 목적으로 해외로 이전하는 것을 적극적으로 조장하는 자유시장 체제는 신자유주의자들의 낙관론과 달리 산업공유재의 손실을 낳을 수 있다. 앞에서 언급했듯이 미국의 자유시장 체제에서 개별 기업들의 자유로운 단기 이윤 추구가 오히려 국내 산업공유재의 상실과 기업들의 혁신 역량의 약화로 귀결되기도 한다.

신자유주의의자들의 주장과 달리 사회적 조정이나 국가의 개입이 부정적 효과만을 발휘하는 것은 아니다. 오히려 최근 일본과 한국에서 보듯이, 국가의 조정적 개입이 산업공유재를 만들고 국내의 혁신적 생산 역량을 고양하는 데 기여할 수 있다. 물론 모든 개입주의적 국가가 항상 유효하다는 것은 아니다. 한국과 일본에서 과거에 존재했던 전통적인 발전주의 국가(Traditional Developmental State)의 경우처럼 국가가 전략적 개입을 통해 소수의 대기업들에 대규모 자본을 몰아줄 경우에는 중소기업들의 생산 역량이 약화되고, 나아가 대기업과 중소기업 간의 긴밀한 협력에서 나오는 사회적 생산 역량이 오히려 약화될 수 있다. 그래서 최근 일본이나 한국은 소수의 기업에 대규모 자본을 투입하는 방식의 고전적 발전주의로부터 광범위한 협력 네트워크에 기초한 새로운 발전주의로 전환함으로써 집단적 학습과 혁신의 역량을 높이고자 하고 있다.

　신자유주의와 달리 국가의 적극적 역할을 강조한다는 점에서, 그리고 자본의 양적 투여가 아니라 혁신 능력을 강조한다는 점에서 본 연구는 최근의 '21세기 발전국가론'과 유사하다. 그러나 본 연구는 산업공유재의 조직화라는 측면을 강조한다는 점에서 21세기 발전국가론과 구별된다. 21세기 발전국가론은 혁신 역량을 강조하면서 산업의 체계적 연계나 산업공공재보다는 개별 인적 자원의 역량 개선과 교육에 초점을 두고 있다(Williams 2014; Stiglitz et al. 2013; Evans 2010; Evans 2008; Evans and Heller 2015). 21세기 발전국가론은 경제성장의 방식이 대규모 자본 축적으로부터 개별 인적 역량 중심의 혁신으로 전환되어야 한다는 점을 강조한다. 이 관점에 따르면, 1990년대 이후의 경제성장은 자본과 노동 등 생산요소의 투입에 의해서가 아니라 혁신적 아이디어와 정보를 창출하는 새로운 방식을 통해 이루어져 왔다. 또 이 새로운 방식에서는 시민들의 개인적 역량이 경제성장을 위해서 무엇보다 가장 중요한 요소이다. 따라서 21세기 발전국가론에서는 시민들의 역량을 증대하기 위한 사회적 지원과 교육, 민주적 제도 등이 강조된다.

　본 연구는 경제성장을 위한 추동력이 물리적 자본의 축적에서 지식과 혁신 역량의 확대로 전환되었다고 보는 점에서는 21세기 발전국가론과 동일한 입장이지만, 개별 시민의 역량 강화와 경제성장 간에 단순한 인과관계가 성립한다고 보지는 않는다는 점에서 21세기 발전국가론과 구별된다. 예를 들면, 세계화 과정에서 미국의 산업 경쟁력이 감퇴된 것은 미국 교육의 후퇴나 미국 시민들의 새로운 아이디어가 감소한 것 때문이 아니다. 미국의 생산 역량이 쇠퇴한 이유는 오히려 새로운 아이디어를 실현하고 상업화하는 과정에 있다. 교육에 투자되는 많은 돈이 반드시 경제성장과 산업 역량의 강화로 전환된다고 할 수 없는 것이다(Evans 2014, 37). 또한 21세기 발전국가론이 전제하는 사회적 복지 지원의 증대와 시민들의 역량 강화, 그리고 혁신 역량과 경제성장의 인과관계를 전제하는 것도 너무 손쉬운 추론이자 성급한 결론이라고 본다. 예를 들면, 프랑스는 과거 발전주의 모델로부터의 전환을 꾀하는 과정에서 산업정책에 쓰였던 예산을 사회정책으로 돌리고 있다. 그러나 복지 재원의 확대가 곧 연구개발에 대한 공적 지원을 감소시킴으로써 복지의 확대가 곧 혁신 역량의 강화나 생산 역량의 강화로 귀결되기보다는 오히려 프랑스를 "사회적 불능 국가(social anesthesia state)"로 만들면서 장기적 경제 침체에 빠뜨렸다(Levy 2015, 402-403).

프랑스와 대조적으로 스웨덴과 덴마크 등 북유럽 국가들은 전통적인 복지정책을 강화함으로써가 아니라 공적 투자를 통해 혁신 능력을 증대함으로써 경제의 재도약에 성공할 수 있었다(Huo and Stephens 2015, 410-425; Eliasson 2007, 214-279). 개인의 역량 강화를 위한 사회적 복지 지원과 교육은 전체 산업의 역량을 개선하는 데 중요하다. 그러나 세계화 과정에서 더 중요한 것은 개인들의 기술과 혁신 역량을 향상시키는 문제라기보다는 전체 사회적 차원에서 다양한 혁신적 요소들을 어떻게 재구성하고 재조직할 것인가이다. 물론 본 연구에서는 산업공유재와 산업생태계를 조성하는 데 국가 주도 모델뿐만 아니라 독일과 북유럽 국가와 같은 사회 조정적 유형도 있다는 것을 강조하고자 한다.

끝으로 본 연구에서는 세계화 시대의 다양한 조정 방식을 강조하지만 제도의 일방적 규정성에 의한 경로 의존성을 강조하는 제도주의적 접근과는 달리 적극적인 구성의 정치를 강조하고자 한다. 앞에서 언급했듯이, 생산의 세계화에 따른 선진 국민경제들의 적응 방식은 미국과 같은 자유시장 방식뿐만 아니라 국가 주도 유형과 사회조정 방식 등 다양하다. 그러나 본 연구에서 강조하고자 하는 것은 이러한 다양한 방식이 전통적인 제도에 의해 일방적으로 규정되었다거나 문화 지체 현상과 같이 전통적 제도가 남아 있기 때문이 아니라 주요 행위자들에 의한 적극적인 변화의 정치를 통해서 새롭게 구성되었다는 점이다. 이러한 세계화 과정에서 적극적인 국민경제 재구성의 정치는 현재 제도의 일방적 규정성이나 역사적 유산을 통한 "자본주의의 다양성"을 강조하는 제도주의적 접근과 구별된다.

신제도주의자들은, 생산의 세계화의 과정이 완전히 신자유주의자들의 주장처럼 자유시장 경제체제로 귀결되거나 혹은 "단일한 최고 효율체제(the world best practice)"로 따라간다는 수렴론 혹은 세계 시장체제에 기초한 탈국민경제화로 귀결된다는 주장에 대해서 비판하면서 세계화에도 불구하고 각국 경제가 제도적 저항성을 가지고 있기 때문에 여전히 다양한 국민경제 유형이 지속될 것이라고 본다(Hall and Soskice 2001; Whitley 2007; 2001; 1999; Amable 2003; Pierson 2004; Hancke et al. 2007). 본 연구는 세계 시장에 단일한 최고 효율체제만이 있는 것이 아니라 효율성의 다양한 유형이 있다고 전제한다는 점에서는 신제도주의자들의 주장과 맥을 같이한다. 그러나 본 연구에서는 이러한 다양성의 원인이 단순히 전통적으로 내려온 제도들에 의한 행위자들에 대한 일방적 규정 때문이라거나 혹은 문화 지체 현상과 유사한 변화-저항성(resilience to changes) 때문이라는 주장에 대해서 반대한다. 오히려 다양성은 변화의 정치를 통해서 새롭게 재구성되었다고 본다.

그런데 "자본주의 다양성" 학파(VoC school)를 비롯한 대부분의 신제도주의자들은 국민 대표 기업들의 "세계화 과정" 자체에 초점을 두기보다는 세계화를 단지 동일한 외적 조건이나 충격으로 간주한다. 다만 리처드 휘틀리(Richard Whitley)와 같은 일부 제도주의자들은 국민국가 기업들의 세계화 과정에 초점을 두고 연구를 진행해 왔다(Whitley 2007; 2001; Harzing and Noorderhaven 2008; Lane and Probert 2009; Peng and Delios 2006; Yamakawa et al. 2008). 이들은 다국적 기업들의 경영 형태가 그들의 출신 국가의 제도와 관행에 의해 고유의 독특한 패턴을 유지한다는 "모국 효과(the country-of-origin effects)"를 강조함으로써 세계화의 다양한 패턴과 다양한 국민경제 모델의 지속을 설명한다.

그러나 휘틀리와 같은 일부 제도주의자들의 연구는 세계화를 단순히 "국내 제도의 국제적 투영(projection)"으로 파악한다는 점에서 국내 제도의 영향만을 지나치게 강조하고 있다. 이들은 세계화 과정에서 살아남기 위해 기업들이 지속적인 전략적 조정을 하면서 국내에서의 경험과 제도를 활용하려 함과 동시에 본국의 제도 자체를 재조정한다는 사실을 간과한다.

예를 들면, 본 연구에서 이후 언급하겠지만 미국의 경우는 기업들이 세계화로 인한 산업적 혁신 역량의 심각한 상실을 반성하면서 새롭게 국내의 혁신 역량을 업그레이드하고자 할 때 독일의 조정적 모델이나 프라운호프 연구소 모델을 적극적으로 수용하면서 새로운 조정 방식과 제도를 수립하고자 했다. 일본도 또한 "잃어버린 10

여 년"을 경험하면서 국내 산업의 혁신 역량을 강화하기 위해 경쟁 상대인 미국의 "실리콘 밸리 모델"에서 영감을 얻어 이를 통해 일본의 기존 제도를 적극적으로 변형시키고자 했다. 독일과 북유럽과 같은 코포라티즘적 복지국가들의 경우도 사회적 행위자들을 중심으로 적극적으로 산업생태계를 조정함으로써 집단적 학습과 생산 역량을 향상시키고자 전통적으로 물려받은 코포라티즘적 제도를 새롭게 재구성했다. 다시 말하면, 어느 선진국도 단순히 기존의 제도적 유산을 무비판적으로 지속하는 경우는 부재하다. 반대로 다음의 주요 장들에서 보듯이 기존의 문제점을 극복하고자 하는 주요 행위자들 간의 투쟁과 지난한 조정의 정치가 있었다.

본 연구에서는 휘틀리와 같은 제도주의자들이 세계화를 단순히 국내 요소들의 해외로의 이식이라는 일방향적 과정으로만 보는 것에 반해 해외에서의 경험과 경쟁국의 모델이 역으로 국내 생산의 재편에 영향을 미친다는 점도 강조하고자 한다. 즉, 국민기업의 세계화 과정을 본국과 해외 경험의 양방향적 상호작용의 과정으로 파악한다. 그리고 국민기업의 상이한 세계화 패턴과 국민경제의 다양성은 국내 제도와 문화에 의해 결정되기보다는 이러한 국내외의 확장된 경험들에 기초한 주요 행위자들—국가, 핵심 기업, 부품업체, 노동, 그리고 산업협회—간의 다양한 효율성의 관점과 이해에 기초한 구성의 정치에 의해 새롭게 재구성된 것이라고 본다.

제2장

생산의 세계화와 국민경제: 효과와 적응의 다양성

* 이 장은 생산 세계화와 관련한 저자의 기존 글들(권형기 2018; 2019; Kwon and Kim 2020)을 참조하여 확대 구성했다. 특히 한국의 사례에 대해서는 이 장에서 깊이 다루고 있지 않기 때문에 오히려 위의 글들을 참조하기를 권한다.

이 장에서는 국민국가의 대표 기업들이 생산을 세계화하는 것이 민족주의적 비관론자들이 주장하듯이 반드시 '국내 생산의 공동화'로 귀결되거나 신자유주의 낙관론자들이 주장하듯이 자유시장에 의한 창조적 파괴를 통해 국민경제의 업그레이드로 귀결되는 것은 아니라는 점을 살펴볼 것이다. 예를 들면, 미국의 경우 '국내 산업의 공동화' 경향을 보여주지만 독일이나 한국의 경우는 반드시 그렇지 않다. 이러한 생산 세계화에 따른 국민경제 재편의 다양한 모습은 주요 기업들이 생산을 국제화하는 과정에서 이루어지는 국내 주요 행위자들의 "반성적 성찰"과 이에 기초한 재구성의 정치에 기인한다. 다음 장들에서 미국, 일본, 독일을 중심으로 각국의 구체적인 적응과 조정 방식을 보여주기 이전에, 이 장에서는 유사한 생산 세계화에도 불구하고 국민 대표 기업들의 생산 세계화가 각국의 국민경제에 미치는 영향이 얼마나 상이한지를 살펴보고자 한다. 주요 선진 자본주의 국가들이 주요 산업(예를 들어, 전자, 자동차 산업 등)에서 유사하게 생산을 세계화하는 과정에서 자국의 국민경제를 얼마나 어떻게 상이하게 재편하는지를 비교 분석할 것이다.

1. 세계화와 다양한 효과

국민 대표 기업들의 생산 세계화 혹은 해외 생산의 확대가 본국 경제에 어떤 영향을 미치는지를 비교적 시각에서 분석하기 위해서, 본 연구에서는 사양산업보다는 자동차, 전자(IT 포함), 그리고 바이오 같은 첨단산업에 초점을 둘 것이다. 사실 생산 세계화가 본국 경제에 미치는 순수한 효과를 분석하기란 쉽지 않다. 국내에서 관련 산업 일자리가 축소되는 것이 꼭 세계화 때문이라고 할 수 없는 경우도 허다하다. 예를 들면, 의류 같은 사양산업의 경우 그 자체로 세계화 없이도 일자리가 줄어들 수 있고 IT 등 과학기술의 발전과 생산성의 발전으로 인해 동일한 작업에 드는 노동력이 축소되는 경우도 허다하기 때문이다.

그래서 국민 대표 기업들의 세계화 효과를 보다 정확하게 비교하기 위해서 사양산업보다는 자동차, 전자 산업 같은 국민 대표 산업들과 첨단산업에 초점을 두고자 한다. 그 이유는 의류 산업 같은 사양산업은 세계화가 부재한 경우에도 일국 내 국민경제의 발전에 따라 보다 고부가가치의 산업으로 대체되므로 생산 세계화의 효과를 분석하기에는 적당하지 않기 때문이다. 본 연구에서는 특히 자동차나 전자 산업 같은 미국, 독일, 일본의 핵심 산업에 초점을 두고 분석할 것이다. 그 이유는 우선 자동차, 전자 산업이 미국, 독일, 일본에서 공히 핵심 산업이어서 상이한 산업적 독특성으로 인해 발생할 수 있는 국가 간의 차이를 최대한 줄일 수 있기 때문이다. 둘째로 이들 산업은 단순히 미국, 독일, 일본의 제조업에서 가장 많은 고용을 창출하는 산업들 중 하나일 뿐만 아니라, 자동차 산업에서 보듯이 자동차는 2만여 개 이상의 부품으로 구성되는 복잡한 상품으로 그 자체가 하나의 거대한 분업 체계를 이루어서 많은 학자들에 의해 국민경제의 발전 모델을 보여주는 하나의 주요한 산업으로 간주되어 왔기 때문이다. 그래서 흔히 자동차 산업은 국민국가 생산 모델의 변화를 측정하는 시험 사례(test case)로 연구 대상이 되는 경향이 있었다(Streeck 1996; Womack, et al. 1990; Kwon 2004, 2-4). 덧붙여 자동차와 전자 산업은 다른 산업들보다도 가장 세계화가 많이 진행되었다. 그래서 기업들의 생산 세계화가 국민경제에 미치는 영향을 비교 분석하기에 좋은 사례이다.

본 연구에서 우선 주목한 것은 생산 세계화가 최근 코로나19로 급작스런 팬데믹 상황이 발생하기 직전까지 거의 피할 수 없는 하나의 글로벌 경향으로 자리를 잡았다는 점이다. 1990년대 이래 국민국가의 대표 기업들은 국경을 초월하여 생산을 조직하는 글로벌 생산 네트워크(Global Production Networks: GPN)의 확산 혹은 생산 세계화 경향을 보여주었다. 국민국가의 대표 기업들이 앞다투어 생산을 국제적으로 조직하는 이유는 우선 정보통신기술(information and communication technology)과 물류 기술(logistics)의 발전으로 기업들이 값싼 노동력, 신기술, 경쟁력 있는 부품 공급업체 등을 찾아 생산기지를 해외로 이전하는 것이 가능해졌기 때문이다. 그러나 더 중요한 이유는 무엇보다 글로벌 차원의 경쟁 방식이 변화했기 때문이라고 할 수 있다. 과거 일국 차원의 핵심 생산공정과 핵심 부품 생산을 위한 과학과 기술 인력을 바탕으로 각국의 상대적 경쟁력을 따지던 일국 차원의 생산방식(Porter 1990)은 글로벌 차원에서 최상의 디자인, 최상의 생산비용, 최상의 생산기술과 최상의 시장 접근성을 조합한 글로벌 생산 네트워크에 비해 그 경쟁력이 월등히 미치지 못하기 때문이다.

예를 들면, 미국의 지엠은 1980년대 일본 자동차들의 높은 경쟁력에 기초한 시장 잠식에 직면하여 한편으로는 일본과의 합작회사인 뉴 유나이티드 모터 매뉴팩처링(NUMMI)에서 보듯이 자체의 생산방식을 재구성했고(Womanck, et al. 1990), 다른 한편으로는 글로벌 생산 네트워크를 조직했다. 지엠은 기존의 대량생산체제(mass production)에 적합한 수직적 통합 조직 체제를 탈피하여 그때까지 대부분 회사 내부(in-house)에서 생산하던 다양한 생산 단계와 부품들을 분절화하고 이를 외부업체들에 납품하는 아웃소싱(outsourcing)의 시장 관계로 전환했다(Kwon 2004, chapter 2). 게다가 아웃소싱의 거래 상대도 단순히 미국의 국내 업체만이 아니라 국경을 넘어 다양한 투입 요소들을 재구성하고 재결합했다. 예를 들면, 스타일은 이탈리아에서, 디자인 엔지니어링은 독일에서, 주요 부품 조립은 판매지 근처의 임금이 싼 국가에서 이루어지게 함으로써 1990년대에 경쟁력을 다시 회복했다(Reich 1991, 123).

이에 일본 업체들도 생산 네트워크를 기존의 일국 차원 방식에서 초국적으로 재조직했고, 심지어 후발국인 한국 기업들도 예외는 아니었다. 한국의 전자 기업들의 해외 생산도 심화되는 국제 경쟁에 자극받은 바가 크다. 1980년대 말에서 1990년대 초 일본의 전자 기업들이 동남아시아 지역으로 생산을 확대하면서 미국 시장에서 한국 기업들의 수출 경쟁력은 격감했다. 당시 일국 내 생산체제에 의존하던 한국 기업들로서는 일본의 높은 기술과 동남아시아의 값싼 임금이 결합된 일본의 전자 기업들의 제품과 경쟁하기 어려웠던 것이다. 이에 따라 한국의 전자 기업들도 자신들의 생존을 위해 해외로 생산을 돌리지 않을 수 없었다(오문석·김형주 1996; 세계일보 1992. 4. 7).

그런데 본 연구에서 보다 강조하고 싶은 것은 이러한 유사한 생산 세계화에도 불구하고 그것이 국민경제에 미친 효과가 대단히 상이한 모습을 보여준다는 점이다. 우선 산업 간의 독특성을 최대한 줄이기 위해 가장 세계화된 산업이자 미국, 독일, 일본의 핵심 산업이라고 할 수 있는 자동차 산업의 경우를 중심으로 세계화와 그것이 본국 경제에 미친 효과를 비교적으로 살펴보기로 하자.

〈표 2-1〉에서 보듯이, 미국, 독일, 일본을 비롯한 주요 국가들의

표 2-1 2016년 현재 주요국 자동차 회사들의 국내 생산과 해외 생산 현황

	미국	독일	일본	한국
국내 생산(대)	4,853,403	4,480,655	6,597,736	3,237,000
해외 생산(대)	9,369,148	9,754,716	12,506,924	4,653,000
국내 생산 비율(%)	34.1	34.2	28.0	41.1
해외 생산 비율(%)	65.9	65.8	72.0	58.9

출처: OICA(International Organization of Motor Vehicle Manufacturers) Statistics. From https://www.oica.net/production-statistics/
참고: 1) 미국 자동차는 지엠, 포드(Ford).
　　　2) 독일 자동차는 폭스바겐(Volkswagen), 다임러(Daimler), 비엠더블유(BMW).
　　　3) 일본 자동차는 도요타(Toyota), 닛산(Nissan), 혼다(Honda).
　　　4) *한국 자동차는 현대자동차, 기아자동차.

자동차 회사들은 1990년대 이후 해외 생산을 급속히 늘리면서 2016년 기준 해외 생산 비율이 65~72%에 달한다. 이러한 해외 생산의 증가는 한국의 경우도 예외는 아니다. 〈그림 2-1〉에서 보듯이, 한국의 경우를 보면 비록 미국, 독일, 일본에 비해 시기별로 해외 생산이 늦었지만 급속하게 해외 생산을 확장해 왔다. 한국의 경우 2000년대 전반까지만 하더라도 거의 모든 생산이 국내에서 이루어졌다고 할 수 있다. 즉, 일국 생산체제를 유지해 왔다. 그러나 한국도 짧은 시간 내에 급속도로 해외 생산을 늘려 왔고, 2012년에는 해외 생산량이 국내 생산량을 앞지르기 시작했다. 그리고 2016년 현재까지 해외 생산량이 전체 생산의 59%를 차지함으로써 미국, 독일, 일본 등 선행 세계화 국가들에 필적할 만한 수준에 이르게 되었다.

그런데 주목할 것은 국민 대표 기업들의 생산 세계화 경향이 점점 개별 기업들의 이익과 국민경제 전체의 이익 간에 심각한 괴리와

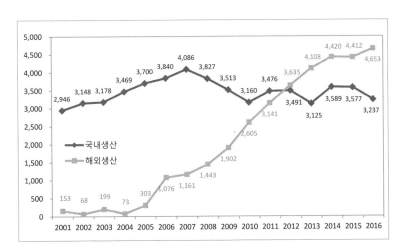

그림 2-1 한국 자동차 기업들의 국내와 해외 생산 변화 추이(단위: 1,000대)

출처: OICA Statistics.
참고: 현대자동차와 기아자동차의 생산량을 합한 값임.

긴장을 유발하고 있다는 점이다. 국민국가의 이익은 일반적으로 국내에서 더 많은 경제 활동과 일자리와 부가가치를 창출하고 경상수지 적자를 피하는 데 있다. 그런데 현재 국민 대표 기업들은 자신들이 살기 위해 해외 생산을 늘리고 글로벌 네트워크를 수립하면서 국내 생산을 축소하거나 해외 생산지로부터의 역수입을 증가시킴으로써 경상수지를 악화시키는 경향을 보이고 있는 것이다.

이처럼 생산이 세계화됨에 따라 "국민 대표 기업의 성장이 곧 국가의 이익"이라는 기존의 국가이익 개념 혹은 국민경제의 구성 원리가 점점 모호해지고 있다. 예를 들면, 미국의 대표 기업인 애플의 아이팟은 미국 내에서 핵심 공정과 핵심 부품의 생산이 이루어지기보다 애플의 글로벌 생산 네트워크에 기초해 생산된다. 즉, 애플은 국제 경쟁을 위해 한국 삼성의 SDRAM, 일본 도시바의 디스플레이, 미국 엔비디아(NVIDIA)의 중앙프로세싱을 비롯한 대만의 기타 부품들을 중국에서 조립하여 미국 시장으로 수출한다(Nanto 2010, 4-16). 이런 구조에서 애플은 중국에서 최종 생산한 아이팟을 미국으로 수출함으로써 이익을 보지만 미국 경제는 경상수지 적자와 국내 생산 활동의 감소로 손실을 입게 되는 것이다. 이 같은 상황은 미국 내 시민들의 일자리를 위해 수입을 제한하는 것이 미국의 이익에 부합하는 것인지 아니면 미국 기업의 이익을 위해 수입을 개방하는 것이 미국의 이익에 부합하는 것인지를 불분명하게 만들고 있다. 이와 더불어 해외 생산을 늘리는 토종 기업들과 국내에서 더 많은 고용을 창출하는 외국계 기업들 중 누가 과연 국민경제 전체에 더 크게 기여하는가 하는 문제 역시 더욱 불분명해지고 있다.

미국의 클린턴 시기에 노동부 장관을 지낸 로버트 라이시는 일국의 장관으로서 국가 이익에 누구보다도 관심을 가지고 있었지만 과거와 같이 미국 기업들의 성공과 미국 경제의 이익은 일치하지 않는다고 주장한다. 그는 기업의 국적보다 국민국가의 영토(territory) 내부의 시민들이 얼마나 부가가치를 창출하느냐 혹은 할 수 있도록 하느냐에 국민국가의 이익이 달려 있다고 강조한다. 라이시는 세계화에 따른 국민 기업들의 탈국민경제화(de-nationalization)는 모든 국민경제가 겪게 될 현상이라고 예견했다.

글로벌 시장에서 미국인들의 경쟁력은 미국 기업들 혹은 미국 산업들의 부침(fortunes)에 의존하지 않고, 대신에 미국인들이 글로벌 경제에서 수행하는 기능, 그래서 미국인들이 추가하는 부가가치에 달려 있게 될 것이다. 다른 민족들(nations)도 정확하게 똑같은 변화를 겪고 있다. 비록 어떤 나라들은 미국보다 다소 (변화가) 느리지만, 그러나 모든 국민경제는 동일한 초국적 경향에 동참하고 있다. 지식과 자본, 그리고 상품이 국경을 넘는 데 장벽이 되는 것들은 무너지고 있다. 모든 국민경제에서 기업들은 글로벌 연결망(global webs)에 참여하고 있다. 몇 년 이내에 하나의 민족경제와 다른 민족경제를 구별하는 방법은 실질적으로 없어질 것이다(Reich 1991, 172).

그러나 국민 대표 기업들의 세계화가 반드시 전체 국민경제에 불이익을 초래하고 탈국민경제화로 귀결되는 것은 아니다. 보다 구체적으로 살펴보면, 미국, 독일, 일본, 그리고 한국 기업들의 생산 세계화는 거의 유사하게 진행되고 있지만 그것이 국내에 미치는 효과는 매우 상이하게 나타나고 있다. 예를 들면, 독일과 한국의 경우는 국

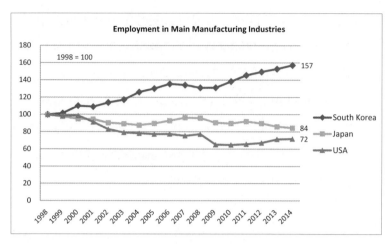

그림 2-2 자동차와 전자 산업에서 국내 고용의 변화

출처: 한국은 KOSIS, 일본과 미국은 OECD 통계자료

참고: 1) 주요 제조산업은 전기 전자 광학 그리고 수송차량 부문임.
　　　2) 한국의 전기 전자 광학 자료는 한국표준산업분류(KSIC Rev. 9)에서 26-28번 1999년에서 2014년 사이 자료 (다만 1998년은 KSIC Rev. 8) 30-33번 자료에 기초하고, 수송기계부문은 한국표준산업분류(KSIC Rev.9)에서 30, 31, 34, 35번의 1999년에서 2014년 사이 자료에 기초함.
　　　3) 일본과 미국의 전기 전자 광학 자료는 국제표준산업분류(ISIC, Rev. 4)에서 26과 27번 그리고 수송기계부문은 국제표준산업분류(ISIC Rev. 4)의 29와 30번의 자료에 기초함.

민경제 대표 기업인 자동차 회사들의 해외 생산이 곧 국내 산업과 고용의 공동화와 같은 탈국민경제화를 낳는 것이 아님을 보여준다. 한국의 주력 산업인 전자 산업과 자동차 산업의 경우 최근 20여 년 간 해외 생산을 크게 증가시켜 왔음에도 불구하고 고용이 오히려 증가해 왔다.

한편 몇몇 신자유주의 경제학자들은 이러한 일자리의 변화가 흔히 생산성의 변화 때문에 발생하는 자연스러운 현상이라고 주장하기도 한다. 그러나 국제적인 고용 변화를 좀 더 자세히 살펴보면 단순히 생산성의 향상 때문에 일자리가 축소되었다고 하기 어려운 점이 있다. 예를 들면, 미국의 경우는 생산성의 향상과 일자리의 축소가 동시에 일어나지만 독일이나 한국의 경우는 생산성의 향상에도 불구하고 일자리의 증가가 동시에 나타난다. 즉, 생산성이 일자리 축소의 원인이라고 보기는 어렵다는 것이다.

보다 구체적으로 살펴보자. 한국의 주력 산업인 전기전자 산업과 자동차 산업은 1990년대 중반 이후 해외 생산을 본격화하면서 한국 산업의 해외 직접투자(Outflow FDI: OFDI)를 주도해 왔다. 그 결과 1992년 1억 1,300만 달러에 그쳤던 전기전자 산업과 자동차 산업의 해외 직접투자는 2008년에는 25억 7,000만 달러로 약 22배나 증가했다. 한편 비슷한 기간(1991~2007년) 두 산업의 고용은 653만 명에서 754만 명으로 증가했다.

한국의 사례는 미국과 비교할 때 더욱 주목할 만하다. 미국 역시 1990년대 이후 해외 생산을 급격히 증가시켜 왔다. 그러나 생산 세계화의 결과는 한국과 상이했다. 예를 들면, 2000~2014년 기간

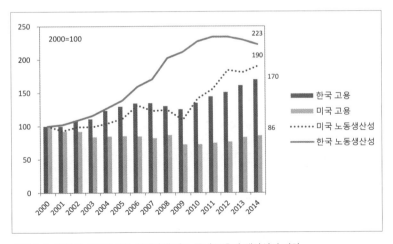

그림 2-3 자동차 산업의 생산 세계화에 따른 국내 고용과 생산성의 변화

출처: 국가통계포털; 한국생산성본부; OECD Statistics; U.S. Bureau of Labor Statistics.

을 비교했을 때 미국 자동차 산업의 고용은 86%로 감소한 반면 한국 자동차 산업의 고용은 70%나 증가했다. 또한 독일 자동차 산업의 경우도 한국과 유사하게 급격한 해외 생산의 증가에도 불구하고 1999년에서 2014년 사이 국내 고용이 큰 감소 없이 유지되고 있다.

게다가 미국 자동차 산업의 국내 고용이 줄어든 것은 해외 생산의 효과 때문이지 국내 생산성 향상의 결과가 아니었다. 〈그림 2-3〉에서 보듯이, 2000년에서 2014년 사이 자동차 산업의 생산성은 약 90% 증가했는데 같은 기간 한국 자동차 산업의 생산성도 123% 증가했다. 한국의 경우 더 높은 생산성 증가에도 불구하고 고용이 증가한 반면 미국은 감소한 것이다.

한편 신자유주의적 글로벌주의자들은 해외 생산의 확장은 본국과 해외 생산지 간의 '윈-윈(win-win)' 관계로 해외 생산이 곧 본국의 산업 발달에 도움이 된다고 주장한다. 즉, 해외 생산 혹은 '오프쇼어링(offshoring)'은 국내 생산보다 비용을 절감하고 이를 바탕으로 국내 산업을 업그레이드하기 때문에 본국 산업의 경쟁력을 향상시킨다는 것이다. 사실 비용이 많이 드는 사양산업이나 저부가가치 산업의 해외 이전은 불가피할지도 모른다. 만약 이러한 경우라면 신자유주의자들의 낙관론처럼 국민경제의 대표 기업들이 해외 생산을 늘리더라도 핵심 혁신 역량이나 고부가가치 분야는 업그레이드할 수 있을 것이다. 그러나 이러한 신자유주의자들의 낙관론과 달리 기업들의 해외 생산 확장이 필연적으로 국내 산업의 경쟁력 향상으로 귀결되는 것은 아니라는 점에 주목할 필요가 있다.

〈그림 2-4〉에서 보듯이, 2000년에서 2015년 사이 미국, 독일, 일본, 한국의 주요 기업들이 해외 생산을 늘리는 동안 국내 하이

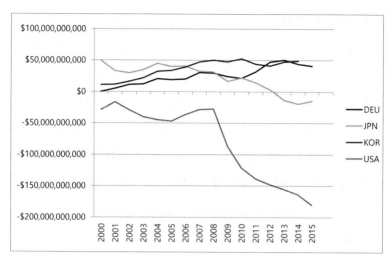

그림 2-4 하이테크 산업의 무역수지 변화(2000~2015년)
출처 : UN, Comtrade database(2016).

테크 산업 경쟁력의 성장은 매우 상이한 모습을 보여준다. 여기에서 하이테크 산업이란 OECD와 유럽연합통계국(Eurostat)에서 정의한 대로 우주항공(aerospace), 전자와 정보통신기술, 의약(pharmacy), 과학실험 장비(scientific instruments), 그리고 비전기 기계류를 포함한다. 〈그림 2-4〉에서 보듯이, 2000년에서 2015년 사이 하이테크 산업의 무역수지 변화를 통해 독일과 한국의 경우는 하이테크 산업에서 국제 경쟁력이 크게 향상했다는 것을 알 수 있다. 하이테크 산업의 무역수지라는 측면에서 보면, 독일의 경우 2000년 150,554,000달러, 그리고 2001년 5,130,784,000 달러의 무역흑자를 기록하던 것이 2015년에는 40,970,041,029달러의 무역흑자를 기록하면서 2001년 대비 8배나 증가했다. 한국의 경우도 2000년에는 11,042,262,306달러의 무역흑자를 내던 것이 2015년에는 48,706,364,587달러의 무역흑자를 내면서 4배나 증가했다. 반면 일본이나 미국의 경우는 하이테크 산업의 수출이 축소했다. 일본의 경우는 2001년 약 33,074,968,440달러의 무역흑자이던 것이 2015년에는 14,699,922,710달러의 무역적자를 기록했다. 그런데 미국 하이테크 산업의 경쟁력 약화는 일본의 경우에 비해서도 특히 두드러진다. 미국은 2000년 28,885,121,598 달러의 무역적자를 보던 것이 점점 증가하더니 2015년에는 무려 180,113,415,688달러의 무역적자를 기록하면서 적자가 6배 이상 증가했다.

왜 이러한 현상이 발생하는가? 독일과 한국의 경우는 대표 기업들이 해외 생산을 늘리는 사이에 국내 산업과 국내 혁신 능력을 업그레이드해 왔던 반면, 미국이나 일본의 경우는 기업들의 해외 생산 과정에서 국내 산업의 혁신 능력을 상실해 왔기 때문이라고 할 수 있다. 다음 장에서 보다 자세히 살펴보겠지만, 기업들의 생산 세계화에 따른 본국의 생산과 혁신 능력의 변화를 추적한 MIT 연구팀과 하버드 대학 연구진의 연구는 특히 주목할 만하다. 이들의 연구에 따르면, 미국 기업들이 사회적 조정 없이 개별 기업들의 이윤을 좇아서, 특히 노동조직이나 매니저 부품업체들(parts suppliers)과 협회 같은 이해관계자들 사이의 협력적 조정 없이 금융자본의 일방적 우위에 기초해 단기간의 이윤 추구를 위해 무분별하게 해외 이전을 할 경우 미국의 국내 산업생태계(industrial ecosystem)에서 산업공유재와 보완재들을 상실함으로써 많은 공백(holes)을 양상해 냈다(Berger 2013; Pisano and Shih 2012a, 2012b). 예를 들면, 반도체(Semiconductors), 평면 디스플레이(flat-panel displays), LEDs(light-emiting diodes), 광학 코팅(optical coating), 첨단 배터리, 정밀 베어링, 광전(optoelectronics), 풍력 터빈(wind turbines), 초대형 단조품(ultra-heavy forgings) 등의 혁신적인 아이디어는 사실 미국에서 생성되었다. 그러나 현재 미국에서 빠르게 사라지고 있는 것들이기도 하다. 혁신적인 아이디어는 미국에서 생성되었지만 이를 산업화하고 상업화하는 기업들이 빠르게 해외로 이전함에 따라 국내 산업의 연관 관계에서 상호 보완재로 작용하는 것들이 함께 사라지고 있다(Pisano and Shih 2012b, 8-13).

MIT 연구팀에 따르면, 미국에서 가장 혁신적인 지역이라고 할 수 있는 실리콘밸리, 텍사스주의 오스틴, 매사추세츠주의 케임브리지 지역은 세계 어느 곳보다 새롭고 혁신적인 아이디어로 넘쳐난다. 그러나 이 지역의 젊은 공학도들은 비록 뛰어난 아이디어를 가지고 있다고 하더라도 많은 경우 그 아이디어를 상업화하여 제품으로 스케일링 업(scaling-up)하지 못하고 실패한다고 한다. 왜냐하면 그들이 비록 혁신적인 아이디어를 가지고 있다고 하더라도 생산기술과 다양한 부품업체들, 그리고 상업화를 위한 장기적인 자본이 부족하기 때문이라는 것이다. 예를 들면, 비록 MIT의 뛰어난 공학도가 디지털 카메라 기술을 새롭게 개발했다고 하더라도 이를 상업화하는 데는 많은 어려움이 있다. 왜냐하면 수많은 테스트, 프로토타입 만들기, 그리고 실제 생산을 위해서 필요한 많은 부품업체들 등과 같은 보완적 능력(complementary capabilities)이 기업들의 세계화 과정에서 해외로 이전하여 더 이상 주위에 없기 때문이다.

반면 독일과 한국의 경우는 기업들의 생산 세계화 과정에서 노동조직들, 산업협회, 그리고 국가들 간의 지난한 투쟁과 조정 과정을 통해서 국내의 산업생태계를 새롭게 업그레이드했다. 특히 다음 5장에서 보겠지만, 독일의 경우는 노동조직과 산업협회, 그리고 공공 연구소들의 사회적 조정을 통해서 국내 혁신 능력과 상업화를 위한 산업공유재를 향상시켰다. 한국과 일본의 경우는 국가가 주도적으로 국내 산업생태계를 업그레이드하기 위해 많은 노력을 기울였다. 다만 일본의 경우 잃어버린 10여 년과 복잡한 정치적 변화를 거치면서 조정에 많은 어려움을 거쳤던 것도 사실이다. 다음 4장에서 보겠지만, 일본의 경우는 2012년 아베 신조(安倍晋三) 정부 이후 약 8년간 안정적인 개혁을 통해서 새로운 혁신 체제를 구축하는 데 성공했다. 신자유주의자들이 주장하듯이 단순히 국가의 개입 자체가 잘못된 것이 아니라 국가의 개입 방식과 전략이 중요할 수 있다.

결국 신자유주의자들의 주장과 달리 기업들의 세계화 과정이 필연적으로 본국 산업의 업그레이드로 귀결되지는 않을 뿐만 아니라, 민족주의적 비관론과 달리 생산 세계화가 필연적으로 국내 산업의 공동화로 이르는 것도 아니라고 할 수 있다. 기업들의 세계화 과정에서 산업 경쟁력의 향상이 이루어지는가 혹은 산업 공동화로 귀결될 것인가는 결국 이 과정에서 국내 산업생태계를 재구축하고 얼마나 산업공유재를 업그레이드할 수 있는가에 달려 있다고 할 수 있다.

2. 세계화의 다양한 패턴들

국민 대표 기업들의 생산 세계화는 모든 국가에서 공히 나타나는 거부할 수 없는 경향이지만, 그 방식과 효과는 나라별로 매우 상이하다. 미국의 주요 기업들의 생산 세계화는 수출 대체, 역수입, 국내 고용의 상실, 국내 생산기반의 약화와 같은 탈국민경제화의 효과를 가져온 것으로 보이지만, 독일, 일본, 한국의 경우는 국민 대표 기업들의 세계화가 국내 산업 공동화와 같은 탈국민경제화의 효과보다는 국내 생산의 업그레이드와 부품 수출의 확대, 국내 고용의 증대로 나타났다. 각국 국민 대표 기업들의 생산 세계화가 이처럼 상이한 결과를 가져온 원인은 무엇보다 각국 기업들이 생산을 세계화하는 과정에서 국내 산업생태계를 재구축하는 '조정의 정치(politics of coordination)'의 차이에서 찾을 수 있다. 다음 장들에서 미국, 일본, 독일의 개별 국가에서 생산 세계화에 따른 국민경제의 재구성이 어떻게 다르게 진행되어 왔는지 구체적으로 살펴보기 이전에, 이 절에서는 생산 세계화에 따른 다양한 조정의 정치를 비교 개괄해 본다.

기업들의 세계화에 따른 국민경제의 변화를 어떻게 조정할 것인가를 두고 선진 각국은 다양한 적응의 정치를 보여준다. 미국의 경우 비조정적 자유시장 혹은 금융자본 우위의 결정에 기초한 세계화 방식을 보여준 반면, 독일과 북유럽 스웨덴의 경우는 노동조직, 산업 협회, 그리고 공공기관과 같은 사회적 이해관계자들 사이의 조정이라는 '사회적 조정 방식(social coordination)'을 취하면서 국내 산업 생태계를 업그레이드하는 경향을 보여준다. 그리고 일본이나 한국의 경우는 국가가 주도하여 기업들에게 새로운 혁신 체제를 만들도록 유도하는 '국가 주도 조정 방식(statist model of coordination)'을 보여준다. 이 절에서는 이러한 분류에 따른 전형적인 조정 방식을 개괄한다.

1) 미국: 비조정적 금융 우위 자유시장 체제

독일의 세계화 과정이 '집단적 조정' 혹은 '사회적 조정' 방식이라고 한다면, 미국의 세계화 과정은 국가, 노동조직, 산업협회 등이 참여하는 사회적 조정이 부재할 뿐만 아니라 오직 주주가치(shareholder value)에 기초한 경영진의 일방적 결정에 의한 세계화라고 할 수 있다.

우선 주목할 만한 것은 1990년대 이후 미국의 주요 산업 기업들이 해외 생산을 증대함으로써 탈국민경제화의 결과를 가져왔다는 점이다. 예를 들면, 1995년에서 2009년 사이 운송장비 및 기계 산업에서 미국의 누적 해외 직접투자는 약 252% 증가했고 미국 자동차 회사의 해외 생산은 2000년 740만 대에서 2010년 1,000만 대로 증가했다. 반면 미국 자동차 회사의 국내 생산은 2000년 800만 대에서 2010년 340만 대로 크게 감소했다. 고용 면에서도 1998년부터 2008년 기간 미국 금속 산업의 고용은 355만 명에서 276만 명으로 22%나 감소했다(Kwon 2012, 586-87).

미국이 이러한 탈국민경제화를 보인 이유는 미국 기업들의 세계화 방식이 단기 주주가치의 변화에만 기초하여 해외 생산지를 찾는 방식으로 이루어지면서 국내 생산 기반의 고도화를 유발하지 못했기 때문이다. 실제로 미국 자동차 산업에서는 1980~2004년 기간 동안 블루칼라 노동자들의 비율이 80% 수준으로 거의 변화가 없는데, 이는 해외 생산의 증대로 축소된 생산직 일자리가 독일처럼 기술 개발 관련 일자리로 대체되지 않았다는 것을 의미한다(Jürgens and Krzywdzinski 2010, 108-09). 또한 미국과학재단(NSF)의 연구개발

(R&D) 데이터에 따르면, 1999~2007년 사이에 미국 제조업 부문 기업들의 해외 연구개발 투자는 국내 연구개발 투자의 3배에 달했다. 이와 함께 2000년대 들어 미국 자동차 산업의 고부가가치 활동도 감소 추세이고 '선도기술 제품'의 무역수지도 2002년 이후 적자를 기록하기 시작했다(Tassey 2010, 285-86, 293; Pisano and Shih 2009, 116-17; Kwon 2012, 588-89).

미국 기업의 세계화가 국민경제에 심각한 문제를 유발한 이유는 무엇보다 독일이나 일본과 달리 사회적 조정이 부재했기 때문이다. 1990년대 이후 기업들이 본격적으로 글로벌 네트워크를 구축하기 시작할 때 미국은 집단적 사회 조정을 하기에 대단히 불리한 조건에 처해 있었다. 우선 1990년대 들어 미국의 국가-산업 관계가 변화했다. 2차 대전 이후 대략 1970년대까지는 미국 정부의 전략과 주요 기업들의 해외 진출이 다소 조율되었던 측면이 있었다. 미국의 주요 기업의 해외 생산이 미국의 헤게모니를 유지하기 위한 정부 정책에 부합할 수 있었기 때문이다. 이때까지만 하더라도 미국 정부는 당근과 채찍—예를 들어, 대표적 당근은 관대한 보조금과 세금 면제, 대표적 채찍으로는 관세 인하—을 통해 미국 기업들의 해외 생산을 조율했다. 그러나 정부의 간접적이지만 산업에 개입하던 방식은 1990년대에는 거의 후퇴했다(Gilpin 1975: 139; Lynn 2005, 87-97). 또한 미국 기업들은 독일과 일본에 비해 부품업체들과 긴밀한 협력적 관계를 발전시키기보다는 공식적이고 시장적인 관계를 유지했고 독일에 비해 회사 투자를 결정하는 데에서 노동조직과 산업협회들에 의한 조정도 거의 부재한 편이었다(Kwon 2004, 92-105). 이러한 미국의 기업 관계와 국가-산업 관계는 사회적 조정을 하기에 불리한 구조라고 할 수 있다.

게다가 1990년대부터 가속화된 미국 경제의 금융화(financialization)로 인해서 미국 기업의 성격이 기존의 경영자 중심에서 주주가치 중심으로 변화했다(Davis 2011, 1121-38; Orhangazi 2008). 미국 경제의 금융화에 기초한 미국 기업들의 비조정적 세계화 전략은 독일과 대조적으로 오직 단기적인 주주가치의 향상에만 초점을 두게 되었고, 이로 인해 생산 세계화 과정에서 국내 산업의 경쟁력을 향상시키는 것은 중요한 고려 대상이 되지 않았다. 미국 기업들의 주주가치 우선주의, 스톡옵션제, 경영진의 잦은 교체 등 금융화 현상에 대해 토머스 코찬(Thomas Kochan) 교수는 다음과 같이 설명한다.

주주가치의 극대화 경향과 잦은 이직 현상은 1980년대에 생겨났다. 회사는 단기적 금융 이득을 극대화하기 위해 얼마든지 구조조정될 수 있고 거래 가능한 자산으로 여겨졌다. 회사 내의 권력은 생산, 인적 자원, 노사 관계에 책임이 있는 지도자들로부터 금융시장의 대리인인 금융 부문 임원들에게로 옮겨 갔다(Kochan 2012, 70).

과거 미국 기업들은 수직적으로 통합된 거대 기업 내부에서 여러 가지 생산요소를 유지하고 발전시켜 왔으며, 경영진들을 중심으로 자본, 매니저, 노동 등 다양한 내부 이해관계자들의 협력과 상호 조정을 통해 생산 역량을 강화했다. 그러나 이제는 회사가 하나의 거대한 이해관계자들의 조정 단위가 아니라 주주가치나 교환 가능한 자산으로 분절화되었고, 그것도 단기간의 주주가치를 실현하기 위해서 자유시장 논리로 해체되는 경향을 보여줌에 따라 사회적 조정은 더욱 어렵게 되었다.

특히 주목할 만한 사실은 기업들의 생산 세계화 과정에서 미국은 해외 생산과 국내 생산의 연계 측면에서 다른 나라들과 결정적인 차이를 보여준다는 것이다. 일본, 독일, 한국 기업들의 글로벌 생산 네트워크는 국내 생산 네트워크와 긴밀하게 통합되어 있는 반면, 미국 기업들이 해외 현지에서 구축하는 글로벌 생산 네트워크는 미국의 국내 생산 네트워크와 단절되는 경향을 보여준다. 미국 자동차 회사들의 해외 생산이 증가하면서 미국 부품업체들은 중국 등 해외 생산이 이루어지고 있는 국가들로의 수출이 감소했다. 반면 한국 부품업체들의 수출은 해외 생산의 증대와 더불어 더욱 증가해 왔다. 그 이유는 해외 생산을 하는 한국 기업들이 많은 경우 국내로부터 부품을 조달받기 때문이다. 예를 들면, 한국 자동차 회사들은 해외 생산기지의 부품을 조달하기 위해 동반 진출한 부품업체들을 이용하거나 핵심 부품의 경우 한국으로부터의 수입에 의존하고 있다.

독일의 경우도 해외 생산의 증가에도 불구하고 국내 고용이 증가했는데, 그 이유는 해외 생산과 국내 생산의 연계 때문이다. 독일 기업들의 해외 생산과 국내 생산이 긴밀한 연계를 유지한 이유는 노동조직이 기업의 주요한 의사결정에 참여하는 관행인 '공동의사결정제'(Co-determination, Mitbestimmung)'하에서 해외 생산의 확대가 국내 공장의 축소나 폐쇄를 가져오지 않도록 경영진과 노동조직이 같이 회사의 세계화 과정을 조율했기 때문이다. 예를 들면, 폭스바겐(Volkswagen) 같은 독일 자동차 기업이 해외 생산을 늘리고자 할 때 노동조직은 이를 반대하기보다는 회사를 살리기 위해 헝가리와 체코 등에 해외 생산을 늘리는 것을 승인함과 동시에 경영진과의 협의를 통해서 국내 생산기지의 고부가가치화와 생산성 향상을 통한 업그레이드 작업을 위해 공동으로 노력했기 때문에 해외 생산에도 불구하고 국내 생산을 유지하고 강화할 수 있었다(Kwon 2012).

결국 미국 기업들의 생산 세계화는 국내 주요 행위자들 간의 협력과 조정이 부재하고 금융화의 심화라는 배경하에 주주가치의 단기 실현에만 초점을 둔 경영진의 일방적 결정에 따라서 진행됨으로써 국가 전체의 이익과는 점점 더 괴리가 거져 갔다.

2) 독일: 사회 조정적 적응 방식

1990년대 이후 독일의 주요 기업들도 미국 기업들과 유사하게 해외 생산을 증가시켰다. 그러나 독일의 해외 생산 확대는 미국과 달리 국내 생산과 고용의 축소보다는 생산과 혁신 역량의 고도화 효과를 낳았다. 독일의 생산 세계화 효과가 미국과 다르게 나타난 가장 중요한 이유는 독일 기업들의 세계화 과정이 기업 안팎의 주요 행위자들—노동조직, 산업협회, 지역단체 등—에 의해 집단적으로 조정되는 방식이었기 때문이다.

독일 역시 1990년대 이후 주요 산업에서 해외 생산이 급격히 확대되었다. 대표적으로 운송장비 및 기계 산업에서 독일은 1995년에서 2009년 사이 누적 해외 직접투자가 281%가 증가하여 같은 기간 미국의 252%보다 더 큰 증가를 기록했다. 그러나 해외 생산이 크게 증가했던 1995년에서 2010년 기간 독일 승용차(passenger cars)의 국내 생산은 436만 대에서 555만 대로 증가했고, 고용 면에서도 1998년부터 2008년 기간 금속 산업의 고용이 211만 명에서 246만 명으로 16% 정도 증가했다(Kwon 2012, 586-87).

독일의 대표 기업들이 해외 생산을 증가시켰음에도 불구하고 독일의 생산과 고용이 성장하거나 유지될 수 있었던 것은 세계화와 함께 국내 생산의 고도화(upgrade) 혹은 고부가가치화가 지속적으로 이루어졌기 때문이다. 미국과 대조적으로 독일은 세계화가 진행되는 과정에서 국내 일자리의 구조가 질적으로 상향 조정되었다. 즉, 고부가가치, 기술개발 관련 일자리는 증가한 반면 저숙련 일자리는 감소했던 것이다(Nunnenkemp 2004, 8-26; Bernaciak 2010, 129). 한 경험 연구에 따르면, 독일 자동차 산업에서 1996년에서 2001년 기간 미숙련 화이트칼라의 일자리 비율은 55% 정도 감소한 반면 숙련 노동의 비율은 16% 정도 증가했다(Jürgens and Meissner 2005, 227; Jürgens and Krzywdzinski 2010, 106). 게다가 주로 생산직 비율이 높은 자동차 부품업체들에서 숙련 노동은 64% 정도 증가했고 자동차 회사들에서도 관리 및 연구개발 부문에서 고학력 화이트칼라의 비율이 94%나 증가했다. 1995년에서 2002년 기간 독일 자동차 산업에서 연구개발 관련 종사자는 50% 정도 증가했다(Kwon 2012, 587-88).

독일 기업들이 생산을 세계화하는 과정에서 국내 생산을 업그레이드할 수 있었던 이유는 다음 5장에서 보다 세밀하게 분석하겠지만, 기본적으로 노동을 포함한 주요 행위자들이 회사의 안팎에서 세계화 과정을 집단적으로 논의하고 조정했기 때문이다. 예를 들면, 폭스바겐 같은 독일 자동차 기업들은 해외 생산을 늘리고자 할 때 노동조직이 이를 반대하기보다는 이를 승인하는 대가로 경영진과의 협의를 통해서 국내 생산기지의 고부가가치화와 생산성의 향상을 통한 업그레이드 작업에 공동으로 노력했기 때문에 해외 생산에도 불구하고 국내 생산을 유지하고 강화할 수 있었다.

독일 기업들의 사회적 조정을 잘 보여주는 대표적인 사례가 폭스바겐의 '오토 5000(Auto 5000 GmbH)' 프로젝트이다. 'Auto 5000' 프로젝트란 1990년대 중·후반 폭스바겐이 비용 문제로 생산지를 동유럽 쪽으로 옮기려 하자 노동자 직장평의회가 독일 내에서의 생산성을 향상시키기 위해 새로운 혁신적 생산조직을 발전시켜 독일의 생산체제를 고도화하자면서 제안한 프로젝트를 말한다(Kwon 2012, 590-92; Haipeter 2000, 353-55; Jürgen and Krzywdzinski 2010, 53-54; Klobes 2005, 177).

주목할 만한 사실은 이러한 회사 수준의 집단적 협상을 통한 생산 세계화 방식이 폭스바겐만이 아니라 독일의 핵심 산업 전반에 확산되었다는 것이다. 또한 흥미로운 사실은 이러한 회사 수준의 집단 협상 방식은 기존의 코포라티즘적·중앙집중적 교섭이라는 국내 제도를 개편한 것이라는 점이다. 즉, 일부 제도주의자들이 주장하듯이 해외 생산 과정이 국내 제도의 단순한 이식이라고 보는 것은 사실이 아니다. 해외 생산은 국내 생산방식의 단순한 이전이 아니라 해외에서의 경험과 필요에 의해 오히려 국내 생산체제의 재편을 요구했던 것이다. 즉, 기존의 중앙집중적 노사협상 체제는 탈집중적 회사단위의 협상 체제로 전환되었고, 협상 내용에서도 단순히 임금과 노동 조건뿐만 아니라 독일 내 생산방식의 업그레이드 방식을 중심으로 논의했던 것이다. 나아가 다음 5장에서 자세히 살펴보겠지만, 회사 내부만이 아니라 회사를 둘러싼 주위 산업생태계의 재구성을 두고 산업협회와 프라운호퍼 연구소(the Fraunhofer Society: FHG) 등과 같은 공적·사회적 연구소들과의 협력을 통해 국내 산업의 혁신 능력을 향상시키는 것을 추구했다.

3) 일본과 한국: 국가 주도적 조정 방식

일본과 한국은 발전주의 국가에 기초한 산업화와 해외 현지에서의 민족주의적(nationalistic) 해외 생산 네트워크를 구축했다는 점에서 유사하다. 다만 한국과 일본의 세계화 과정에서 발전주의가 진화한 모습과 민족주의적 해외 생산 네트워크가 구성된 시기, 진화한 원인은 달랐다. 선발주자로서 일본은 국내에 이미 발전된 비교우위 제도로 협력적 부품조달 체계를 가지고 있었기 때문에 이를 해외에 이식하는 데 초점을 두었다. 이에 비해 후발주자로서 한국은 일본과 같은 비교우위 제도를 가지고 있지 않았기 때문에 국내 생산방식의 해외 이전보다는 해외 현지에서의 어려움을 극복하고자하는 노력에서 오히려 역으로 국내 생산방식을 변화시켰다. 한국 기업이 해외 현지로 진출할 때 처음에는 미국과 같이 자유시장 체제에서 기업들이 독자적으로 진출했다. 한국이 해외에서 민족주의적 네트워크를 구축한 것은 해외 현지에서 부품조달 체계의 어려움을 경험한 후였다.[1]

우선 주목할 만한 사실은 한국과 일본 기업들이 미국과 같이 해외 생산을 급속도로 증가시켰음에도 불구하고 국내 생산과 고용은

---

1 기업의 생산 세계화와 국내 산업생태계의 조정을 둘러싼 한국 사례의 경우는 저자의 최근 글들(권형기 2019; Kwon and Kim 2020)을 참조하라. 본 연구에서는 일본을 중심으로 기술하고자 한다.

크게 감소하지 않았다는 것이다. 일본의 국내 자동차 생산은 1991년 1,324만 대를 정점으로 1993년 1,122만 대로 줄었다가 이후에는 다소간의 부침이 있었지만 이 정도의 수준을 유지한 편이었다. 일본 자동차 산업의 고용은 1998년 75만 5,000명에서 2008년 86만 5,000명으로 증가했다. 한국은 일본보다는 성적이 좋은 편이다. 한국의 국내 자동차 생산은 급속한 해외 생산의 확장에도 불구하고 1995년 347만 대에서 2010년 약 427만 대로 상승했고, 국내 자동차 산업의 고용도 1999년에 비해 2008년에 35%가 증가했다(각국의 산업센서스 참조).

한국과 일본의 국민 대표 기업들의 세계화가 국민경제에 미치는 효과가 탈국민경제화로 나타나지 않은 원인은 독일과는 또 다른 사회적 조정 행위자로서의 국가의 역할에 기인한다. 일본과 한국은 동아시아 발전주의 국가의 전형을 보여주는 국가로 미국이나 다른 서구 국가들과 달리 세계화 과정에 국가가 적극 개입하고 조정하는 역할을 했다. 예를 들면, 일본은 1953년 이래 국가가 직접 기업의 해외 확장을 선별적으로 지원했다. 1953년에서 1999년 사이 일본이 공적 자금을 통해 일본 기업의 해외 진출을 지원한 금액은 약 695억 달러로 전후 일본 기업들의 해외투자의 10%에 상당한다. 한국 정부도 한국 기업의 해외직접투자(FDI)에 약 26억 달러를 지원했는데 이는 한국 기업의 해외직접투자의 약 9%에 달하는 금액이었다. 반면 독일 정부의 지원은 겨우 독일 기업의 해외직접투자의 0.53%에 불과하다(Solis 2003, 103). 이는 일본과 한국이 서구 국가들에 비해 발전주의적 방식으로 해외 진출에 더 많이 개입했음을 보여준다.

그러나 일본과 한국에서 국가 개입의 보다 중요한 측면은 세계화 과정에서 국내 산업생태계의 재구성에 직접적으로 개입하고 조정했다는 것이다. 이는 독일과 북유럽 국가들의 사회 조정적 방식과는 다르게 노동조직과 사회단체들보다는 국가가 보다 주도적으로, 그리고 전략적으로 재조정에 개입했음을 의미한다. 예를 들면, 일본 정부의 기업 세계화 육성 전략은 국내 생산기반의 고도화라는 관점에서 선별적으로 이루어졌다. 일본 정부는 국제 경쟁력이 떨어진 산업과 공정을 해외로 이전하는 대신에 국내에서 고부가가치 생산 활동을 유지하고 확장하는 기업들을 선별적으로 지원했던 것이다(Solis 2003, 103-09).

문제는 이러한 일본 정부의 개입이 때로는 국내 산업생태계의 개혁을 지연시키는 역기능으로 작용하기도 했고, 지난 '잃어버린 10여 년'과 2000년대의 잦은 정권 교체가 보여주듯이 불안정한 국가 권력을 배경으로 개혁과 조정의 역할이 약화되기도 했다는 점이다. 다음 4장에서 살펴보겠지만, 2000년대 후반 이후 일본은 다시 정부의 혁신적인 정책 개혁과 적극적인 조정을 통해서 새롭게 혁신 능력을 고양하는 경향을 보여준다.

한국 정부는 일본 정부에 비해 기업들의 해외 진출에 직접적으로 개입하지는 않았지만 국내 산업의 고도화에 적극 개입함으로써 기업들이 고부가가치 공정과 산업을 국내에 유지하여 생산과 혁신 역량을 증대하도록 유인했다. 예를 들면, 한국 정부는 "부품소재특별법"(2001. 2)에 의해 10년간 국내의 부품소재 산업을 지원하고 육성했는데, 이에 기초하여 고질적인 대일 무역적자와 기술력 부족에 시달렸던 한국의 부품 산업은 고도로 성장하여 2010년에는 세계 시장 점유율에서 세계 5위로 도약했다(산업연구원 2012; 동아일보 2015.

2. 3).

일본과 한국의 생산의 세계화가 가지는 보다 중요한 특징은 미국과 서유럽 국가들의 글로벌 생산 네트워크와 달리 한국과 일본의 핵심 기업들이 국내 부품업체들과 동반 진출하여 해외 생산기지에서 보다 '민족주의적인' 생산 네트워크를 구축했다는 것이다(Marukawa 2006: Banerji and Sambharya 1996; Peng et al. 2001). 예를 들면, 〈표 2-2〉에서 보듯이 중국에 진출한 각국의 자동차 회사들이 부품조달 체계를 구축한 것을 보면 기업의 국적에 따른 차이를 볼 수 있다. 미국, 독일, 프랑스의 기업들에 비해 한국과 일본의 기업들은 국내에서

표 2-2 해외현지(중국)에서 부품조달네트워크의 기업 국적별 차이

		% of sharing stock with automaker (keiretsu)	Same nationality of automaker	Chinese Locals	Others
USA	Shanghai GM		16.6%	42.1%	41.3%
	Beijing Jeep		15.0%	57.1%	27.9%
Germany	Shanghai VW	–	13.4%	53.9%	32.7%
	FAW-VW	–	13.3%	54.2%	32.5%
France	Dongfeng Citroen	–	7.5%	59.4%	33.1%
Japan	Tianjin Toyota	48.9%	78.9%	14.9%	6.4%
	Guangzhou Honda	15.1%	54.8%	24.7%	20.5%
	Zhengzhou Nissan	27.3%	43.4%	34.0%	22.6%
Korea	Dongfeng KIA		28.6%	26.2%	45.2%
	Beijing Hyundai		81.3%	6.3%	12.4%

출처: Marukawa(2006).

동반 진출한 자국의 부품업체들과 중국에서 해외 생산 네트워크를 구축하고 있다. 또한 한국과 일본은 해외에서 민족주의적 네트워크를 구축함으로써 해외 생산과 국내 생산의 연계가 강한 편이다(Yang et al 2009, 152). 한국과 일본 기업들의 해외 생산은 국내 생산과의 연계로 인해 해외 생산의 증가가 국내 생산을 축소했다기보다는 국내의 관련 부품업체들의 수출을 촉진했다.

다만 주목할 만한 사실은 한국과 일본의 세계화 과정이 미국과 달리 민족주의적 해외 생산 네트워크를 구축했다는 점에서는 유사할지 모르지만 그것을 구성한 시기와 진화한 원인에서는 두 국가가 대단히 다르다는 점이다. 이는 비록 국가 주도의 발전 방식을 취했다는 점에서 유사하지만 일본과 한국의 산업화 방식에 다소 차이가 나기 때문이다.

한국 기업들은 초기에는 미국 기업들처럼 독자적으로 해외 진출을 했지만 해외에서 부품 조달의 어려움을 경험한 후 국내 부품업체들과 동반 진출을 함으로써 해외 현지에서 민족주의적 네트워크를 구축했다. 한국은 일본과 같은 발전주의 국가 전략을 통해 산업화를 했지만, 일본과 같이 핵심 기업과 부품 중소기업 간에 긴밀한 협력 관계를 발전시키지는 못했다. 오히려 한국의 핵심 대기업들은 부품업체들과 갈등적·착취적 관계였다. 그러나 한국의 핵심 대기업들은 해외 현지에서 선진국의 기업들과 경쟁하는 과정에서 그들과 동일한 글로벌 부품을 사용하기도 어렵고 현지 지역 부품을 사용하기도 어렵다는 것을 경험한 후 국내 부품업체들을 업그레이드한 후 동반 진출하여 해외에서 민족주의적 네트워크를 구축하는 방식으로 전략을 전환했다. 그리고 이러한 전환이 가능할 수 있었던 데는 부품소재 기업의 경쟁력을 강화하려는 한국 정부의 정책이 중요한 역할을 했다.

이에 비해 일본 기업들은 처음부터 국내 협력사들과 동반 진출하여 민족주의적 해외 생산 네트워크를 구축했다. 일본이 민족주의적 네트워크를 해외에 구축한 이유는 일본의 핵심 기업과 부품 업체 간의 긴밀한 협력 관계가 미국 기업들이 따라 배울 정도로 국제 경쟁력의 원천이었기 때문이다. 일본은 이러한 자국의 비교경쟁우위를 해외에 이식하는 데 초점을 둔 것이다. 다만 일본 기업들은 2000년대에 들어와서 장기불황의 여파와 기존의 폐쇄적 협력 관계가 가지는 혁신 능력의 한계로 인해 보다 개방적 혁신 체제로 전환하고자 했다. 그래서 형식적으로는 국가 개입의 후퇴처럼 보이지만 사실은 개방형 혁신 체제를 구축하려는 국가의 개혁 정책과 함께 기업들도 글로벌 소싱으로 전환함으로써 기존의 폐쇄적·민족주의적 네트워크를 변형하는 경향을 보여주고 있다(Ikeda and Nakagawa 2002, 35-36; Lincoln and Shimotani 2009, 25-26; Schaede 2009, 5-11; 송주명 2010, 196-211).

결국 비교의 관점에서 살펴보았을 때 주력 산업의 생산 세계화 과정은 단순히 탈국민경제화나 자유시장 관계로의 수렴을 의미하는 것이 아니라 국가별로 다양한 효과를 미칠 수 있다. 이러한 다양한 효과는 생산 세계화 과정에서 국내 생산을 어떻게 재조정하는지, 산업공유재를 어떻게 축적하고 향상하는지에 달려 있다고 할 수 있다. 또한 산업생태계를 재구성하는 정치는 나라별로 다양한 패턴을 보여준다. 자유주의적 시장 원리, 사회적 조정 방식, 그리고 국가 주도의 조정 등이 그것이다. 이러한 조정의 방식은 일부 제도주의자들이 주장하듯이 국내 제도에 의한 일방적 결정 혹은 국내 생산방식의 일방적 이식이 아니라 역으로 해외 경험에 기초하여 본국 생산체제의 변화도 유발하는 쌍방향의 과정이다. 본 연구에서는 다음 주요 장들에서 각 유형을 대표하는 자유주의 시장 체제의 미국, 국가 주도 조정 체제의 일본, 그리고 사회적 조정 모델로서의 독일에서 세계화 과정에서 나타나는 도전에 대응하기 위해 어떻게 상이한 정치가 이루어지는지—'조정의 정치(politics of coordination)'—를 보다 세밀하게 분석하고자 한다.

제3장

신자유주의적 모델: 미국의 사례

정보통신기술(ICT)의 발전과 세계화, 그리고 글로벌 경쟁의 격화를 배경으로 각국의 기업들은 기존의 가치사슬과 요소들을 분리하고 국경을 초월하여 글로벌 차원에서 이것들을 자유로이 재결합하는 글로벌 가치사슬(Global Value Chains: GVC) 혹은 글로벌 생산 네트워크를 구축한다. 글로벌 가치사슬이나 글로벌 생산 네트워크는 국경을 넘어 기술, 과학, 부품을 위시한 최적의 생산투입 요소들(inputs)을 글로벌 차원에서 재조직함으로써 기존의 일국 차원의 생산요소에 기초한 '일국적 생산체제'보다 월등한 효율성을 보여주었다. 그래서 각국의 기업들은 앞을 다투어 기존의 국내 생산체제를 해체하고 해외 생산과 해외 연구개발을 늘리면서 자신들의 경쟁력을 향상시키고자 했다.

그런데 이러한 기업들의 합리적 노력은 신자유주의자들이 주장하듯이 모국(home)과 투자유치국(host countries) 모두에게 좋은 결과만을 야기한 것은 아니었다. 무엇보다 기업들의 합리적 노력은 국민경제의 차원에서 새로운 문제를 야기했다. 즉, 기업의 이익과 국민경제의 이익 간에 새로운 긴장을 유발했던 것이다. 과거 일국에 기초한 생산체제에서 지엠이나 애플 같은 기업들은 국민경제의 대표기업으로, 이들의 경제적 성공이 곧 미국의 경제적 성공으로 간주되는 데 큰 무리가 없었다. 그러나 국민 대표 기업들이 이윤을 높이기 위해 글로벌 차원에서 생산요소를 재조직함으로써 해외 투자와 해외에서의 연구개발이 증가함에 따라 이들의 경제적 성공이 곧 모국의 국민경제를 향상시키는 것으로 직결되지 않는 측면이 많아졌다.

물론 기존의 민족주의적 입장을 가진 세력들이 주장하듯이 기업과 생산의 세계화가 곧장 제로섬 관계로 국민경제의 약화나 산업의 공동화로 작용하는 것은 아니다. 그렇다고 신자유주의자들이나 신고전파 경제학자들이 주장하듯이 자유로운 시장 원리에 기초하여 외부의 조정이나 간섭 없이 자유로운 기업들에 의해 글로벌 가치사슬을 재구성하는 것이 모국이나 투자유치국 모두에게 좋은 윈-윈으로 귀결되는 것도 아니다. 기업들의 자유로운 세계화와 글로벌 차원의 가치사슬 재구성에 따라 어떤 나라는 보다 한 단계 높은 기술력과 경쟁력을 가진 반면, 또 다른 나라는 국내 산업의 쇠퇴와 혁신 역량의 상실로 귀결되기도 했다. 기업들의 세계화 과정에서 개별 기업들의 합리성이 곧장 국민경제 차원에서의 합리성으로 귀결되지는 않는다는 것이다. 문제는 기업들의 합리적 행동을 국민경제와 국가 전체의 혁신 능력을 향상시키기 위해서 어떻게 조정하고 재구성하는지에 달려 있다.

특히 이 장에서 살펴볼 미국의 사례는 신자유주의자들이 주장하듯이 기업들의 자유로운 세계화가 곧 국민경제의 생산 능력과 혁신 능력의 향상으로 귀결되는 것은 아니라는 점을 보여준다. 앞장에서 이미 살펴보았듯이, 미국은 기업들의 생산 세계화 경향이 강화된 1990년대와 2000년대에 기업의 국제화와 함께 국내 일자리가 축소되는 경향을 보여주었다. 특히 2000년대에 들어와서 미국의 제조업은 경기침체와 함께 심각한 일자리 상실을 경험한다. 무엇보다 신자유주의자들의 낙관적 예상과 달리 미국 기업들의 해외 생산은 국내 혁신 능력과 고부가가치 생산으로 연결되지 않았다. 미국 기업들의 해외 투자와 해외 연구개발의 증가로 인해 미국은 기초연구에서는 세계 최정상이지만 혁신적 아이디어의 상업화에서 약화됨으로써 하이테크 산업(high-tech industries)에서의 무역적자가 더욱 크게 확대되었던 것이다.

왜 미국은 뛰어난 기초연구 역량에도 불구하고 국민경제의 혁신 능력이 쇠퇴했는가? 2010년대 초반 미국 내의 위기의식을 반영해서 이루어진 많은 경험 분석들, 특히 하버드 대학과 MIT 연구팀에서 이루어진 분석들이 보여주듯이, 이 장에서는 미국 기업들의 세계화가 미국의 혁신 역량을 약화시키는 방향으로 작용했다는 점을 보여주고자 한다. 특히 독일이나 유럽의 사회적 조정 체제나 한국, 일본과 같은 국가 주도의 조정 체제와 달리 자유시장 체제에 의존하는 미국 모델이 생산의 세계화 과정에서 오히려 약점을 가질 수 있다는 점을 보여줄 것이다.

그런데 주목할 만한 사실은 최근 미국의 제조업이 다시 살아나고 있다는 증거가 곳곳에서 나타나고 있다는 것이다. 비록 1990년대와 2000년대 전반부의 수준은 아니라 하더라도 2010년대 후반에는 미국의 제조업이 꾸준한 회복세를 보여준다. 2018년만 하더라도 26만 4,000건의 제조업 일자리가 창출되었다. 미국경제분석국(Bureau of Economic Analysis)에 따르면, 2017년 미국 제조업의 생산량은 약 6조 달러로 기록적인 생산 수준을 보여준다(산업통상자원부 2019, 3-4). "선진국에서 제조업은 이제 더 이상 의미가 없다."라는 2000년대의 많은 신고전파 경제학자와 신자유주의자들의 주장과 달리 선진 미국에서도 제조업이 다시 부활하고 있다.

미국은 어떻게 2010년대 후반에 제조업과 그 경쟁력을 부활시켰는가? 이것은 신자유주의적 자유시장 모델의 타당성을 입증하는 것인가? 본 연구에서는 2010년대 후반 미국 제조업의 경쟁력이 부활한 것이 신자유주의적 모델의 영향 때문이 아니라 오히려 독일과 다른 아시아 국가들에서 보이는 사회적 조정과 국가 주도 조정 모델의 합리적 핵심에 기초한 미국 정부의 적극적인 개입과 조정 때문이라는 점을 보여줄 것이다.

2008년 금융위기를 전후로 미국 제조업의 급격한 쇠퇴는 미국 내부에서 위기의식과 함께 새로운 대안을 모색하는 계기가 되었다. 2012년 버락 오바마(Barack Obama) 전 대통령에게 보고되었던 대통령 과학기술자문위원회(President's Council of Advisors on Science and Technology: PCAST)의 제조업 관련 보고서(July 2012), 하버드 대학과 MIT 연구팀의 경험분석(Pisano Shih 2012a, 2012b; Berger 2013) 등을 계기로, 미국 제조업의 부활을 위한 법안과 "제조업 USA(Manufacturing USA)" 프로그램, 그리고 2018년 도널드 트럼프(Donald Trump) 행정부의 "첨단 제조업(advanced manufacturing) 리더십 확보 전략" 등에서 보이듯이, 2010년대 후반부 미국 제조업의 부활은 자유시장이 아니라 연방정부의 적극적인 개입과 지원을 통해서 이루어졌다는 것이다. 그래서 2010년대 미국 제조업의 부활은 시장 중립적 국가에 기초한 자유시장 모델의 유효성을 입증한 것이 아니라 반대로 세계화 시대에도 국가의 적극적 개입이 유효하다는 것을 보여준다. "세계화 시대에 국가는 더 이상 유효하지 않다."라는 신자유주의적 주장에 대한 반증이라고 할 수 있다. 또한 기존의 경로 의존성을 강조하는 제도주의자의 주장과 달리, 2010년대 미국의 제조업 부활 정책은 기존의 자유주의적 전통하에서 산업정책적 국가 개입을 하지 않던 미국의 기존 경로와 반대되는 양상을 보여주는 것이기도 하다.

다음에서는 먼저 기업들의 생산 세계화와 함께 미국 경제의 변화를 다시 한 번 더 간략히 살펴본 후 그것의 원인과 새로운 미국의 대응을 살펴볼 것이다. 특히 2010년대 오바마 행정부 이후 새로운 미국의 대응을 살펴보는 과정은 그것이 기존의 전통적인 미국의 자유주의적 방식과 어떻게 다른지, 그리고 최근의 새로운 제조업 부활 정책이 어떻게 수립되었고 그것의 한계는 무엇인지 살펴보는 과정이 될 것이다.

1. 기업의 세계화와 미국 국민경제

신자유주의자들의 낙관적 전망과 달리 미국 기업들이 글로벌 생산 네트워크를 확장한 것은 국내 경제에 긍정적 효과만을 가진 것은 아니었다. 반대로 미국 기업들의 해외 생산과 투자의 확대는 국내

그림 3-1 미국 제조업의 고용 변화

생산체제의 해체뿐만 아니라 산업 간 연계 체계에 심각한 문제를 야기했다. 혁신을 위한 건전한 산업생태계가 파괴되었고, 자유로운 시장관계에 기초한 기업들의 비조정적 해외 생산이 확대됨으로써 국내 제조업의 공동화 현상을 불러왔던 것이다.

우선 주목할 사실은 기업들의 세계화와 함께 미국의 핵심 산업이 일자리와 생산의 급격한 감소, 그리고 생산성의 정체를 경험했다는 것이다. 예를 들면, 미국에서 제조업의 일자리는 2000년에서 2010년 사이 약 580만 개가 사라졌다. 제조업 고용은 1965년에서 2000년까지는 약 1,700만 정도에서 상대적으로 안정적인 모습을 보여주었다. 하지만 제조업 고용은 2010년 약 1,150만으로 급격히 축소되었다. 앞에서 언급했듯이 오바마 행정부 이후 제조업 부활 정책으로 인해 미국의 제조업 일자리는 더 이상의 축소 경향을 멈추고 다시 증가하여 2019년에는 1,280만 고용으로 증가했다. 2010년에 비해

130만 개의 제조업 일자리가 새롭게 창출된 것이다. 그럼에도 불구하고 오늘날까지 2000년대 이전 수준으로 회복된 것은 아니다(BLS data from https://www.bls.gov/data/; Bonvillian and Singer 2017, 1).

미국의 제조업 생산은 1990년대에 다시 부활하다가 1990년대 말부터 기업들의 세계화가 급격히 이루어진 2000년대에 급격히 쇠퇴한다. 2001년에서 2010년 사이 미국의 핵심 산업에서 생산량은 크게 줄어들었다. 구체적으로 보면, 진자기기(Electrical equipment)와 목재(wood products) 산업에서 생산량이 7% 줄었고, 플라스틱(plastics) 산업에서는 8%, 금속가공(fabricated metals) 산업에서는 10%, 인쇄(printing) 산업에서는 12%, 가구(Furniture) 산업에서는 19%, 비금속 미네랄과 기초 철강, 제지 산업에서는 31%, 의류(apparel) 산업에서는 43%, 섬유(textiles)와 자동차(motor vehicles) 산업에서는 39% 감소했다. 미국 제조업 고용의 58%를 담당하는 약 13개 제조업 분야의 생산은 모두 2001년에 비해 2010년에 크게 감소했다(Atkinson and Ezell 2012, 39, 57).

그리고 같은 기간 미국 제조업의 글로벌 경쟁력은 더욱 약화되었다. 전 세계 제조업 생산 비중에서 미국이 차지하는 비중은 1970년대에서 1990년대까지만 하더라도 약 25~30% 정도였다. 그러나 2000년대 들어와서 전 세계 제조업에서 미국이 차지하는 비중은 계속 하락하여 2012년에는 약17% 이하로 떨어졌다(김보민 외 2014, 3). 보다 구체적으로 보면, 우선 모든 제조업 기술 발전의 기본이라고 할 수 있는 기계 산업에서 미국은 경쟁력을 잃어 갔다. 2010년 글로벌 기계 산업(Global machine tool production)에서 미국이 차지하는 부분은 5%로 크게 줄어들었다. 반면 중국이 차지하는 부분은 35%로 크게 증가했다. 2005년에서 2008년 사이에 미국에서 소비되는 가장 첨단의 5대 기계장치들(The most sophisticated five-axis machine tools)의 약 80%는 일본과 독일에서 수입된 것이다. 그리고 산업적 연계의 집약을 보여주는 자동차 산업에서도 미국은 경쟁력을 잃어 갔다. 1970년대 이래 미국의 국내 승용차 생산에서 미국 기업들이 차지하는 부분은 지속적으로 감소했다고 할 수 있다. 글로벌 승용차 생산에서 미국이 차지하는 부분도 1999년 14.5%이던 것이 2008년 위기 직전에는 7.5%까지 감소했던 것이다. 첨단전자 산업의 경쟁력을 보여주는 글로벌 서킷보드 생산(Global printed circuit board production)에서도 미국이 차지하는 부분은 1998년 29%이던 것이 2009년에는 8%로 줄었다. 무엇보다 차세대 기술이라고 할 수 있는 글로벌 태양광 패널 생산[global photovoltaics(solar panels) production]에서도 미국이 차지하는 부분은 1995년 40%이던 것이 2011년 7%로 줄어들었다(Atkinson and Ezell 2012, 44).

제조업 생산의 축소는 모든 선진 자본주의 국가들이 필연적으로 경험해야 하는 것은 결코 아니다. 예를 들면, 독일의 경우 낮은 테크놀로지 산업(low-tech industries)에서 생산은 축소했지만 고부가가치와 첨단산업들, 예를 들면 태양광 패널(solar panels), 첨단기계 산업과 자동차 산업 등에서 생산이 크게 증가했다(Atkinson and Ezell 2012, 43). 기업들의 해외 생산이 자동적으로 국내 생산의 공동화로 귀결되는 것은 아니다. 1995년에서 2015년 사이 국가의 핵심 산업인 전자와 자동차 산업에서 한국의 경우 미국과 유사하게 해외 생산이 증가했음에도 불구하고 국내 고용은 자동차 산업에서 58.85%, 그리고 전자 산업에서는 100.38% 정도 크게 증가했다. 반대로 미국의 경우 같은 기간 자동차 산업에서는 22.68%, 그리고 전자 산업에서는 33.78% 감소했다(Kim and Kwon 2017, 510).

왜 미국은 제조업에서 생산과 일자리가 감소하고 국제 경쟁력에서 쇠퇴했는가? 이에 대한 대표적인 주장으로 크게 두 가지가 있다. 첫 번째는 국내 제조업의 일자리 감소가 기술과 생산성의 발전에 따른 자연스러운 현상이라는 입장이다. 이러한 주장은 신고전파 경제학자인 콜린 클라크(Colin Clark)의 주장에 기초하고 있다(Clark 1940, 492). 대부분의 신자유주의자들은 클라크의 주장을 받아들이면서 미국 제조업의 일자리 축소를 당연한 것으로 받아들인다(Locke and Wellhausen 2014, 4).

그러나 많은 경험적 지표들은 현재 미국 제조업의 일자리 축소를 생산성이 늘어남에 따른 자연스러운 현상으로 보기 어렵다는 점을 보여준다.[1] 왜냐하면 미국 제조업에서 일자리가 급격히 줄어든 2000년대에 미국의 생산성은 증가하기보다 오히려 줄어들었기 때문이다. 1989년에서 2000년 사이에는 미국 제조업의 생산성이 연평균 4.1% 비율로 성장했다. 그러나 2007년에서 2014년 사이에는 연평균 1.7%로 증가율이 떨어졌다. 이러한 생산성의 저하는 기존의 많은 학자들이 주장하듯이 제조업 고용의 축소가 생산성의 향상 때문이라는 주장과 배치된다(Bonvillian and Singer 2017, 1).

미국 제조업이 쇠퇴한 원인에 대한 두번째 입장은 생산순환이론(production cycle theory)에 기초한 것이다. 생산순환이론에 따르면,

---

[1] "미국 제조업의 일자리 축소는 생산성의 향상 때문"이라는 신자유주의자들의 주장에 대한 비판으로는 Atkinson, et al.(2012); Houseman et al.(2011); Helper, Kruegere, and Wial(2012)을 참조하라.

산업이 오래되고 규격화되면 저임금 국가로 이전하게 된다. 즉, 오래된 산업과 규격화된 저기술 산업의 경우는 선진국에서 유지하기 어려워 저임금 국가들로 이전되는 것이 자연스러운 현상이라는 것이다. 이러한 주장은 최근 많은 단순작업의 일들이 저임금 국가로 이전되는 것을 통해 뒷받침된다. 그래서 신자유주의자들은 기업들의 해외 생산 이전은 국내 산업의 공동화가 아니라 오히려 모국과 투자 유치국 모두에게 윈-윈 상황을 가져올 것이라고 주장한다(Friedman 2013, 37, 298-99; Bhagwati 2010a, 2010b; Ramaswamy and Rowthorn 2000; Sirkin, Zinser, and Honer 2011). 신자유주의자들에 따르면, 자유시장에 기초한 기업의 자유로운 세계화와 함께 선진 자본주의 모국은 낮은 기술의 낡은 산업을 해외로 이전함으로써 같은 값에 보다 높은 가치와 첨단산업으로 전환할 수 있어서 좋고 투자유치 개발도상국은 낮은 가치라도 새로운 일자리를 창출할 수 있어서 좋다고 한다. 그래서 현재 미국의 해외 생산에 따른 제조업의 축소는 새로운 창조를 위한 과정이고 한 단계 업그레이드로 향하는 과정이라고 주장한다. 신자유주의자들은 미국 제조업에서 미국의 일자리 상실이 보다 높은 가치의 하이테크 산업으로 보충될 것이라고 예상한다.

그러나 현재 미국의 문제는 단순히 저기술의 규격화된 산업의 이전만이 아니다. 오히려 최첨단산업들에서 해외 이전이 급격히 진행되고 있다는 것이 문제이다(Pisano and Shih 2012). 고무, 플라스틱과 금속 같은 저기술과 중간기술 산업(Medium-and low-tech manufac-turing industries)에서 미국은 여전히 자국의 위치를 유지하고 있는 편이다. 1995년에서 2010년 사이 저기술과 중간기술 산업에서 미국의 글로벌 시장 점유는 단지 1%만 하락하고 있다. 문제는 하이테크 산업이라고 할 수 있다. 사실 절대량이라는 측면에서 보면 미국의 하이테크 산물은 여전히 세계 최고이다. 비록 생산이 줄었지만 2010년 기준으로 글로벌 하이테크 산업 중 미국 하이테크 산업의 생산은 약 3,900억 달러로 여전히 세계 최고이다(Locke and Wellhausen 2014, 6).

그럼에도 불구하고 하이테크 산업에서 미국이 차지하는 비중과 국제 경쟁력은 급격히 줄어들고 있다. 예를 들면, 앞의 2장에서 하이테크 산업의 무역에서 보여주었듯이 미국의 하이테크 산업은 2000년대에 지속적인 무역적자를 보여준다. 특히 2008년 금융위기와 더불어 미국의 하이테크 산업에서 무역적자는 매우 큰 폭으로 증가했다. 2009년 미국 하이테크 산업의 수출 증가율은 -32%로 첨단산업 부문에서 급격한 수출 하락을 경험했다. 그리고 2009년 미국 하이테크 산업의 무역적자도 전년 대비 무려 212%로 증가했다. 그 이후로 2015년까지 수출량은 매우 느리게 회복되고 있지만 2008년의 수출량에 도달하지 못하고 있다. 그에 반해 미국 하이테크 산업의 수입량은 2009년에 약간 주춤하는 듯 보였지만 2015년에 4,202억 달러로 최고치를 찍으며 비교적 빠른 증가율을 보이고 있다. 270억 달러의 무역적자를 기록한 2008년과 1,801억 달러의 무역적자를 기록한 2015년을 비교해 본다면 그 증가율이 548%가 넘는다(UN, Comtrade database, 2016). 2002년에서 2011년 사이 미국은 하이테크 산업에서 매년 적자를 보였는데, 이 기간의 적자는 약 5,260억 달러였다. 글로벌 하이테크 수출에서 미국이 차지하는 비율은 2005년 21%에서 2010년 14%로 축소되었다(Atkinson and Ezell 2012, 47).

사실 혁신적 아이디어와 첨단연구는 미국이 주도해 온 것이 사실이다. 현재 유통되는 많은 하이테크 상품들은 미국에서 개발되었다. 그러나 문제는 개발은 미국에서 되었지만 생산과 상업화는 외국에서 진행되고 있다는 것이다. 〈표 3-1〉에서 보듯이, 많은 하이테크 상품들은 비록 미국에서 개발되고 발명되었지만 2010년대 현재 생산은 미국에서 이미 사라졌거나 사라질 위기에 처해 있다. 이 하이테크 상품들은 일본, 독일, 한국 등 외국에서 생산하는 경우가 많다. 예를 들면, 콤팩트 디스크 플레이어(compact disc players), 고화질 TV(high-definition television: HDTV), DRAM 칩(dynamic random access memory chips) 등은 원래 미국의 대학과 기업들의 실험실에서 고안되고 연구되었으며 개발되었다. 그러나 이후 아시아 국가들과 기업들이 이 기술들을 받아들이고 대량생산의 상업화에 보다 잘 적용함으로써 오히려 이 국가들이 하이테크 상품을 미국으로 수출하고 있다. 보다 최근에는 리튬이온 전지(lithium-ion batteries), 콤팩트 형광 전구(compact fluorescent lightbulbs), 태양광 패널 등과 같은 최첨단 하이테크 산물도 미국에서 연구되고 개발되었지만 이후 제품의 상업화와 대량생산은 한국, 중국, 일본 기업이 지배했다(Atkinson and Ezell 2012, 112-13).

이러한 최첨단 상품들이 "발명은 미국에서, 생산은 해외에서" 이루어짐으로써 2000년대 미국의 혁신 능력은 급격히 떨어졌다. 왜냐하면 혁신은 단순히 실험실에서 새로운 아이디어를 고안하는 것만이 아니라 기초연구에서부터 프로토타입(prototype)으로 아이디어를 실물로 입증하는 연구개발 단계와 함께 제품 양산을 위한 준비 과정, 그리고 생산공정과 테스트 등 전 가치사슬의 영역에서 지속적인 피드백과 상호작용의 과정을 통해 이루어지기 때문이다. 그래서 미국 기업들의 급속한 해외 생산 과정에서 미국 국내의 혁신 경쟁력은 2000년에서 2011년 사이 발전비율(the rate of progress)에서 세계 44개국 중에서 43등을 할 정도로 혁신 성장률에서 뒤처지게 되었다(Atkinson and Ezell 2012, 2). 예를 들면, 2017년 하이테크 산업을 위한 혁신 생태계(innovation ecosystem) 평가에서 세계 최고라고 자타가 인정하던, 미국의 실리콘밸리가 있는 샌프란시스코는 중국의 베이징과 독일의 베를린에 1위와 2위 자리를 내주고 3위로 떨어졌다(Hynes 2017; Primabase Team 2018).

표 3-1 이미 사라졌거나 사라질 위험에 처한 미국 하이테크 산업들

사라졌거나 위험에 처한 산업 역량 종류	현황
초대형 단조품 (ultra-heavy forgings)	가압 단조란 원자로나 증기발전기 같은 고강도 대형 구조물을 만드는 방법임. 원자로의 외부 용기는 무게가 500톤 이상 나갈 수 있으며 일반적으로 매우 큰 7개의 용기로 구성됨. 아레바(Areva) 3세대 혁신 발전로는 각기 500톤의 무게인 4대의 증기발생기를 사용함. 이는 제강소에서 각각 500~600톤의 주괴(ingot)를 생산해야 한다는 의미임. 미국의 제강소들이 이처럼 거대한 주괴 생산을 멈추면서 미국은 40년 전에 대형 단조 산업을 포기함. 현재 일본, 한국, 중국, 프랑스, 러시아만이 대형 단조를 생산함.
공작기계: 금속 절단	1990년부터 2009년까지 전체 금속 가공기계 출하량이 43% 감소, 금속 절단이 40% 감소, 그라인딩 및 폴리싱 머신이 62% 감소, 선반기계가 43% 감소, 스테이션 유형 기계가 77% 감소, 펀칭기 및 전단기, 벤딩기 및 성형기, 압착기, 단조기 및 기타 금속 성형기가 포함된 금속 성형이 51% 감소함.
영구자석 전기모터 및 발전기(전기 드라이브)	영구자석 발전기와 소형 고성능 트랙션 모터 및 영구자석 발전기에 사용되는 네오디뮴-철-보론 자석이 현재 혁신을 주도하고 있음. 이러한 영구자석 공급업체 10~12곳 중 8~10곳이 중국에 있으며 미국에는 없음.
희토류 원소: 희토류의 정련 및 희토류를 이용한 장치의 제작	희토류의 정련은 몰리코프(Molycorp)의 마운틴 패스 광산을 폐쇄함으로써 생산공정이 미국에서 더 이상 이루어지지 않고 중국으로 이전됨. 이에 따른 연쇄적 영향은 (산업)공유지의 파괴를 보여주는 완벽한 사례임. 이는 앞의 영구자석과 마찬가지이지만 그 영향 범위가 더 큼.

사라졌거나 위험에 처한 산업 역량 종류	현황
충전식 배터리	이 시장은 한국, 일본, 중국의 제조업체들이 주로 차지하고 있음. 이는 리튬이온 배터리에 대한 고객 솔루션에서 이들 업체의 전문성이 뛰어나기 때문임. 아시아·태평양 지역은 모든 전자부품을 위한 제조 허브이며 하이브리드 전기차 및 플러그인 하이브리드 전기차용 배터리를 대규모로 생산하는 데 필요한 모든 지원 인프라를 갖추고 있음. 북미와 유럽연합은 비싼 니켈과 코발트를 값싼 망간화합물로 대체한 리튬이온 인산염 배터리를 생산하는 아시아·태평양 지역의 제조업체들과의 치열한 경쟁에 직면해 있음. 이 제조업체들은 나노섬유 전극 등의 첨단소재에 투자함으로써 리튬이온 배터리에 대한 전문성을 강화하고 있음.
디스플레이 및 조명 에너지 효율의 LED 제조	2010년 1분기에 전 세계 LED 10대 생산업체 중 미국에서는 단 1개만이 세계시장 점유율 6.7%로 5위를 차지했음. 이 외중에 중국, 대만, 한국의 성장은 가속화됨. LDK 솔라 같은 중국 회사들은 청색 및 흰색 질화갈륨 LED의 표준 재료인 사파이어 기판의 생산으로 확장해 가고 있음.
반도체 제조 (파운드리 서비스)	전 세계의 반도체 파운드리 공장 생산용량의 70%가 대만에 있음.
LCD 디스플레이	전 세계의 모든 평면 디스플레이 공장은 한국, 대만, 일본, 중국에 위치해 있음.
정밀 유리	정밀 유리의 제조는 일본이 주도하는 가운데 중국에서 급속히 발전하고 있음. 일부 역량은 여전히 독일이 보유함.
갈륨비소 레이저 다이오드를 포함한 광섬유 부품	통신장치용 전자장치 공급망의 핵심 부품으로 이들 주요 부품의 제조는 대부분 중국에서 현지화되어 이루어졌음.

출처: Pisano and Shih(2012b), pp. 11-12, table 1-1.

왜 미국에서는 독일이나 한국과 달리 자국 기업들의 세계화가 국내 생산과 혁신 능력의 상실로 귀결되었는가? 그 이유는 우선 수전 버거(Suzanne Berger) 팀이 쓴 *Making in America*(2013)와 그 외 많은 학자들의 경험적 연구들이 보여주듯이, 기업들의 생산 세계화 과정에서 미국 국내의 생산과 혁신을 위한 산업생태계 혹은 산업공유재가 상실되었기 때문이다. 그래서 미국은 2000년대 기업의 세계

화에 따라 혁신 능력이 급격히 감소했던 것이다.[2]

수전 버거 등을 위시한 MIT 연구팀에 따르면, 세계화에도 불구하고 고부가가치 생산의 업그레이드와 경제 발전을 위해서는 각국의 혁신 능력이 중요하다. 그런데 이러한 혁신 능력을 위해서는 혁신적 아이디어를 위한 연구개발뿐만 아니라 혁신적 아이디어를 구체화할 기술 준비도(technology readiness)와 제조 준비도(manufacturing readiness)를 모두 갖추고 기초연구에서부터 프로토타입, 양산을 위한 적합성과 안정성, 신뢰성을 테스트하는 것, 그리고 생산공정 과정의 조정과 테스트 등 여러 단계와 조직들 간의 긴밀한 상호작용이 필요하다. 다시 말해 연구개발에서의 혁신과 생산 제조 단계와 조직들 간의 긴밀한 피드백, 수차례에 걸친 상호작용이 필요한 것이다. 세계화에도 불구하고 혁신 능력을 고양하기 위해서는 직업 훈련, 기업과 대학의 협력 관계, 다양한 부품업체들, 산업 컨소시엄, 기술연구센터와 같은 산업적 혁신 생태계 혹은 산업공유재가 중요하다. 왜냐하면 이들 산업생태계와 산업공유재는 개별 기업들에 자신들이 생산하지 못하는 여러 가지 보완재를 제공하여 집단적 혁신 능력을 향상시키는 데 결정적이다. 그래서 일국의 혁신 생태계에서 제조업은 단순히 가치 생산의 기여도나 양적 가치로만 측정할 수 없는 외부 효과(externalities)를 가지는 것이다.

미국의 문제는 바로 생산 세계화에 따른 혁신 생태계와 산업공

---

2 미국 기업들의 세계화에 따른 미국 제조업의 쇠퇴와 관련해서는 Berger(2013); Locke and Wellhausen(2014); Helper, Krueger, and Wial(2012); Houseman, et al.(2010); Fuchs and Kirchain(2010); Wessner and Wolff(2012); Pisano and Shih(2012a or 2012b)을 참조하라.

유재의 붕괴라고 할 수 있다. MIT 혁신경제 연구팀에 따르면, 2010
년대 미국의 문제는 미국 기업들의 해외 생산이 증가함에 따라 미
국 국내에서 "발명은 여기에서, 만드는 것은 해외에서(invent it here,
make it there)" 현상이 일반적이 되었다는 것이다.[3] MIT 연구팀은 광
범위한 경험 조사에 기초하여 다음과 같은 결론을 내린다. "미국의
생산생태계(production ecosystem)는 지난 10여 년간 공동화되어 왔
다. 그래서 우리는 우리의 혁신 엔진을 살리기 위해서 그것을 재건
설해야 한다."(Berger 2013, xii)

　　MIT 연구팀의 연구에 따르면, 미국의 혁신적인 스타트업(start-
ups)은 실리콘밸리와 보스턴 등 혁신적인 지역에서 생성되지만 신
기술의 상업화는 주로 해외에서 이루어지고 있다(Berger 2013, 1-4).
부품의 해외 아웃소싱(offshoring)과 부품업체들과의 조정이 없는
대기업의 일방적 해외 이전으로 인해 미국의 수많은 부품업체들이
사라지고 있다. 2010년대 미국에서 중소기업들은 주변의 산업생태
계에서 보완재(complementary capabilities)를 찾지 못하고 주로 부
족한 내부 자원에만 의존했다. 미국의 중소기업들은 금융화에 따라
전통적인 지역 은행들(local banks)이 사라지고 이에 따라 외부 자
금이 부족해지면서 곤란을 겪고 있다. 그리고 지역 커뮤니티 칼리지
들과의 연계나 연구개발 능력이 약해서 글로벌 경쟁 속에서 사라지
고 있다. 생산 세계화와 금융화를 배경으로 지역 은행, 직업 훈련과

3　　MIT PIE 위원회(Commission) 연구팀은 약 2년간 합동 조사를 했다. 이들은 엔지니어링,
　　과학, 경영학, 그리고 사회과학 분야의 교수들과 박사후 연구원(post-doctoral fellows)인
　　20여 명의 회원으로 구성된 팀이다. 이들은 2004년에서 2008년 사이 미국과 독일, 중국
　　에서 250여 회사들과 직접적인 면담 조사를 수행했고, 1,000개 이상의 회사를 상대로 서
　　베이 조사를 하기도 했다(Berger 2013, xi-xii).

지역 중소기업의 소멸은 미국의 산업생태계의 약화를 가져오고, 이 것은 다시 미국의 혁신 능력이 손실되는 것과 함께 기업들의 해외 이전을 부추기며, 그리고 다시 산업생태계의 약화를 심화시키는 악 순환을 불러일으키는 경향이 있다고 MIT 연구팀은 지적하고 있다 (Berger 2013, 5, 13, 204-5). 이것이 미국 양쪽 해안가의 아주 혁신적 인 지역을 제외한 대부분 지역에서 미국 회사들이 처한 상황이다.

그런데 실리콘밸리와 보스턴 지역같이 아주 혁신적인 경우에는 벤처자본(Venture Capital)과 뛰어난 대학들의 실험실에서 새로운 발 명이 나오며, 이것을 실험하는 단계까지 혁신적인 아이디어를 만들 어내는 데에는 미국이 단연 뛰어나다. 그러나 생산 세계화와 금융화 에 따른 미국의 문제는 실리콘밸리의 혁신적 스타트업이 보여주듯 이 혁신적인 아이디어는 많지만 그것을 상업화하는 데 어려움을 겪 는다는 것이다. 그래서 혁신적 아이디어가 산업의 혁신 능력을 향상 시키는 것으로 귀결되지 못한다는 것이다.

실험실의 혁신적인 아이디어가 시장에 나오도록 하는 데 결정 적으로 중요한 역할을 하는 것이 벤처자본이다. 미국에서 벤처자본 이 상당히 증가한 것은 사실이다. 1970년대에는 단지 소수의 벤처 자본만 존재했지만, 2000년에는 1,000억 달러, 약 6,420개의 회사들 이 있었다. 그러나 벤처자본은 보통 5년 정도 투자하고 자본을 회수 하는 경향이 있다. 그래서 장기적인 상업화에는 적당하지 않다. 특히 상업화에 더 많은 자본을 필요로 하는 제조업 회사들에는 잘 작동하 지 않는 경향이 있다. 그래서 실리콘밸리의 혁신적 스타트업의 대부 분(약 98%)은 기업 공개(Initial Public Offering: IPO)를 통한 자본 모 집보다는 합병(M&A)으로 출구를 정한다. MIT 연구팀과 그 외의 많은 경험 연구들에 따르면, 미국의 혁신 기업들은 초기에 실험실에서 새로운 아이디어를 산출하는 단계에서는 뛰어나지만 이후 대량생산의 상업화 단계에 이르면 해외로 이전하거나 외국 기업에 병합되는 경향이 있다는 것이다. 이러한 문제가 미국의 혁신 역량에 커다란 역량 손실을 불러왔던 것이다(Berger 2013, 67, 82, 87; Locke and Wellhausen 2014, 10).

다음의 5장에서 자세히 살펴보겠지만, 독일의 경우는 미국과 대조적이라고 할 수 있다. 독일의 혁신은 기존의 전통적 상호작용의 토대 위에서 생산공유재를 축적하는 구조를 취하고 있다. 독일은 산업 전문화, 원청회사(OEMs)와의 오래되고 긴밀한 관계, 노동 숙련도의 향상, 다양한 능력을 소유한 부품업체들의 근접성을 기초로 산업 생태계가 더욱 발전하는 구조이다. 독일 기업들은 세계화와 함께 국내에서는 기존의 관계와 제도를 토대로 새로운 혁신적 사업을 만들어 간다. 이것은 독자적 혁신 아이디어에만 의존하는 스타트업에 기초한 미국 모델과는 차이가 있다. 독일 기업들은 미국처럼 기존의 관계에서 벗어난 혁신적 아이디어보다 기존의 낡은 기술과 능력을 변형(transformation of old capabilities)하거나 재적용(reapplication)하거나 다른 목적으로 유용(repurposing)함으로써 새로운 혁신 사업을 창출한다. 예를 들면, 독일의 많은 혁신 기업들은 기존의 자동차 산업 기술에서 태양광 모듈로 이전하거나 반도체의 생산에서 태양광 셀(solar cells)의 생산으로 이전하고 스파크 플러그를 만드는 기계장비 산업에서 인공 무릎 같은 메디컬 장치를 만드는 산업으로 이전했다.

이에 비해 미국의 경우는 뛰어난 아이디어를 가지고 스타트업을 하지만 많은 수의 소비업체에 대응할 능력, 그리고 상업화를 위한 자금 획득 문제 등의 이유로 해외 대기업과의 합병을 선택하거나 상업화하기 위해 필요한 전문 기술, 숙련노동, 장비와 부품업체와 뛰어난 생산 능력을 보유한 업체를 찾아서 해외로 이전하기도 한다. 그래서 미국의 국내 산업이 성장하는 데에는 크게 기여하지 못하는 경우가 허다하다(Berger 2013, 13).

왜 미국의 혁신 기업들은 상업화 단계에서 실패하거나 미국을 떠나는가? 최근의 많은 경험 연구들에서는 미국의 혁신 생태계가 문제에 봉착했다는 점을 지적하고 있다. 이는 미국이 조정이 없는, 단기 이윤 추구에 기초한 개별 기업들의 자유로운 해외 이전으로 인해 국내 산업공유재를 상실했고, 그래서 혁신적인 아이디어가 생기더라도 이를 상업화로 현실화하는 데 어려움에 봉착했기 때문이라는 것이다(Pisano and Shih 2009; 2012a; 2012b). 메르세데스 델가도(Mercedes Delgado), 마이클 포터(Michael Porter), 스콧 스턴(Scott Stern) 같은 많은 학자들이 지적하듯이, 미국의 혁신 기업들은 개발의 초기 단계에서는 혁신적인 아이디어의 투입이 풍부하지만, 개발의 후기 단계와 상업화 단계에 오면 외국 행위자들이 보다 더 큰 역할을 한다(Delgado, Porter, and Stern 2012; Moretti 2012).

예를 들면, 큐디 비전(QD Vision) 같은 미국의 혁신적인 기업들은 실험실에서 혁신적인 아이디어로 새로운 제품을 창안하는 데는 매우 뛰어나다. 이러한 혁신적인 아이디어가 프로토타입 생산 단계로 갈 때에는 비록 부족하지만 주위의 부품업체들의 도움을 받을 수 있다. 그러나 보다 더 큰 생산으로 가려고 할 때 미국의 혁신 기업들은 외국의 거대 부품업체들과 계약을 맺는다. 왜냐하면 제품을 양산하기 위해서는 복잡한 연구와 지적 소유권이 필요하기 때문이다. 그래서 미국의 혁신 기업들은 생산의 도약을 위해서 해외로 이전한다. 결과적으로 상업화 단계로 올라가는 데 많은 미비점이 생기자 새로운 혁신적 연구개발도 이제 해외로 이전하고 있다. 미국의 혁신적인 중소기업들이 오랜 시간이 걸려 개발한 첨단 능력(advanced capabilities)을 해외로 이전함에 따라 미국의 혁신 능력과 국제 경쟁력은 약화되고 있다(Reynolds, Samel, and Lawrence 2014, 82-84; Berger 2013, 100, 106). 그래서 MIT 연구팀은 "현재 미국의 위험은 미국 기업들이 그들의 기술을 해외에서 상업화함에 따라 미래의 혁신을 위한 능력이 점점 약화되고 있다는 것이다."라고 주장한다(Berger 2013, 5). 2000년대에 미국에서는 혁신 생태계 혹은 산업공유재의 부족이 혁신 기업의 해외 이전을 부추기고 해외 이전이 다시 국내 산업생태계를 약화시키는 악순환이 있어 왔다.

생산 세계화와 함께 왜 미국에서는 혁신 체제가 문제가 되기 시작했는가? 그것은 우선 생산 세계화와 금융화[4] 과정에서 사회나 국가에 의한 조정이 없이 개별 기업들의 합리성에만 기초한 대응 때문이라고 할 수 있다. 주목할 만한 사실은 생산 세계화와 금융화로 인해 과거의 수직적으로 통합된 거대 기업 체제를 기초로 하는 미국의 전통적 혁신 체제가 붕괴되고 이를 대체할 새로운 혁신 생태계와 산

---

4   학자들마다 금융화에 대해서 다소 상이한 정의를 내리기는 하지만, 대체로 1980년대 이후 현재까지 금융 우위의 자본주의 발전을 지칭한다. 이는 상품의 생산이나 교역을 통하기보다는 자본의 채널들을 통해서 이윤을 창출하는 것이 우위가 되는 상황을 의미한다. 보다 구체적인 특징을 보면, 기업의 지배구조로서 주주가치의 우위(the ascendancy of shareholder values)와 자본시장의 우위 경향을 의미한다(Epstein 2005, 3-16). 미국의 금융화에 대해서는 Orhangazi(2008)를 참조하라.

업공유재의 조성이 부재하다는 것이다.

미국의 경제 산업 체제는 전통적으로 거대 기업들에 의한 체제였다. 1980년대에 수직적으로 통합된 거대 기업들은 연구개발, 디자인, 제조, 그리고 판매 서비스 기능과 부서들을 모두 기업 내부에서 수행했다. 이는 미국 기업들이 20세기 초 대량생산체제를 먼저 도입하고 안정적인 부품과 재료의 흐름을 보장하기 위해서 수직적으로 통합된 거대 기업을 탄생시켰기 때문이다. 이 기업들은 내부에서 연구개발과 제조 능력을 통합함으로써, 그리고 다양한 기술을 형성하고 숙련 노동을 축적함으로써 다양한 단계와 분야에서 긴밀한 협력을 요구하는 혁신 체제를 구축할 수 있었다(Locke and Wellhausen 2014, 3). 예를 들면, 에이티앤티(AT&T) 같은 거대 기업은 벨 연구소(Bell Labs), 제록스 연구소(Zerox PARC), 알코아 연구소(Alcoa Research Lab) 등을 운영하면서 수많은 과학자와 엔지니어를 고용하고 이들의 장기 거대 프로젝트를 지원했다(Gertner 2012). 전통적인 미국의 혁신 체제의 핵심은 바로 중앙집중적 연구소를 내적으로 가진, 수직적으로 통합된 거대 기업들이다. 이들은 미국 혁신의 동력원이었던 것이다(Reynolds, Samel, and Lawrence 2014, 81).

더구나 이 거대 기업들이 축적한 다양한 연구, 직업 훈련, 새로운 테크놀로지 등은 '확산 효과(spillover)'에 의해서 지역 공동체와 수많은 주변 기업체들에 풍부한 공유재(public goods)를 제공해 왔다. 지역의 많은 다른 업체들은 이들이 제공하는 산업공유재의 형성에 기여하지 않았음에도 불구하고 그것을 쉽게 이용할 수 있었다. 그리고 이 대기업들은 산업계를 대변해서 철도와 도로 건설과 같은 인프라 구축을 정부에 건의하고 압력을 가함으로써 간접적으로 미국의 산업생태계를 건설하고 향상시키는 커다란 역할을 해 왔다. 그러나 1990년대에 금융화와 지역 업체들과의 사회적 조정이 없는 세계화에 따라 거대 기업이 핵심 사업과 기능을 제외하고는 모두 매각하고 가벼운 조직으로 변모한 뒤 단기적인 금융적 손익 비용에 초점을 두고 주로 아웃소싱과 해외 생산, 그리고 오프쇼어링에 의존함으로써 기존에 이들이 자신들의 의도와는 달리 제공했던 많은 보완재와 공유재들은 씨가 마르기 시작했다(Berger 2013, 17-19).

1980년대 이후 미국 혁신의 중심은 과거 회사 내에 거대 연구소들을 보유하고 수직적으로 통합된 거대 기업들이 아니라 혁신 생태계에서 보다 작지만 기민한 창조적 기업들이다(Lerner 2012). 과거에는 거대한 회사 내부 실험실에서 고안해 낸 아이디어와 연구개발이 조직 내부의 생산과 긴밀한 상호 조정을 통해서 발전했다. 그러나 최근에는 한 회사가 연구와 실험 테스트와 생산 등 다양한 기능과 분야를 모두 포괄하기보다는 이들 분야를 외부 혁신가들과 기술자들, 그리고 생산자들에게 의존하는 편이다. 그래서 오늘날의 혁신체제는 혁신 생태계에서 작지만 혁신적인 기업들이 서로 협력적 상호작용 과정에서 새로운 발전을 이루는 체제라고 할 수 있다. 그래서 건전한 혁신 생태계와 풍부한 산업공유재가 경제성장에 결정적인 요소라고 할 수 있다.

그러나 미국에서 1990년대에 수직적으로 통합된 거대 기업을 중심으로 하는 혁신 체제가 해체되었지만 이를 대체할 새로운 혁신 생태계를 조성하는 것이 미비했다. 특히 아웃소싱과 오프쇼어링 같은 해외 생산의 확장으로 인해 국내에 축적된 산업생태계가 급격히 부서졌던 것이다. 우선 주목할 만한 사실은 미국 기업들의 국내 연구개발에 대한 투자가 줄어들고 있다는 점이다. 연구개발 투자액의 절대적 측면에서 보면 미국은 여전히 세계 최강으로 군림하고 있다. 그러나 국민소득 전체의 비율로 본다면 미국의 연구개발 노력은 다른 나라와의 경쟁에서 급격히 하락하고 있다. GDP 대비 연구개발이라는 측면에서 미국의 투자 비율은 세계 OECD 국가들 중에서 2011년 8위에 위치한다. 미국의 GDP 대비 연구개발 지출은 2.8%이다. 반면 이스라엘은 4.3%, 핀란드는 4.0%, 스웨덴은 3.6%, 한국은 3.4%, 일본은 3.3%, 덴마크는 3.0%, 스위스는 3.0%이다. 이 경쟁국들은 이후 지속적으로 연구개발을 증가시킨 반면 미국은 여전히 현상유지 중이다. 예를 들면, 2014년 한국은 GDP 대비 연구개발 투자를 4.29%로, 일본도 3.47%로 증가시킨 반면 미국은 2.73%로 오히려 축소하고 있다(미래창조과학부 2014, 17-18).

그리고 미국의 대학 졸업자, 석사학위자와 박사학위 소지자들 중에서 과학과 기술 분야를 전공한 학생 수는 급속히 줄어들고 있다. 미국은 이들 분야에서 학위를 받은 숫자로 선진국에서 27위에 위치하고 있다(Atkinson and Ezell 2012, 53). 게다가 미국의 디지털 인프라와 물리적 하부구조는 국제 기준에 비추어 점점 약화되고 있다. 이 모든 것은 공공정책의 영역이지만 미국 정부는 이에 대해 적극적으로 개입하지 않고 있었다.

무엇보다 주목할 만한 사실은 미국 기업들이 해외 생산을 늘리고 이와 함께 해외 연구개발 투자를 증가시킴에 따라 국내 연구개발 투자가 줄어들고 있다는 것이다. 1999년에서 2008년 사이 GDP에서 미국 기업의 연구개발 투자(U.S. corporate R&D as a share of GDP)는 단지 3%만 증가했다. 반면 이 기간에 중국 기업의 투자는 187%

증가했고, 한국은 58%, 일본은 27%, 핀란드는 28%, 독일은 11% 증가했다(Atkinson and Ezell 2012, 64). 미국 기업들은 연구개발 투자에 소극적일 뿐만 아니라 노동자들의 훈련도 축소했다. 1999년에서 2007년 사이 미국 기업들이 노동자 훈련에 한 투자는 45% 줄었다(Atkinson and Ezell 2012, 65; Atkinson 2009).

미국의 혁신 생태계의 약화와 혁신 역량의 상실에 따른 결과는 데스크탑과 노트북 PCs에서부터 LCDs(Liquid Crystal Displays), 첨단 배터리, 그리고 첨단 형광전구(Compact Fluorescent Lightbulbs: CFLs)에 이르기까지 많은 하이테크 산업에서 미국이 국제 경쟁력을 잃어버렸다는 것이다. 더구나 미래 혁신의 성장 동력이라고 할 수 있는 고성능 컴퓨터(high-performance computing), 인공지능(artificial intelligence), 생명공학(biotechnology), 나노기술(nanotechnology), 로봇공학(robotics), 에너지 저장과 클린 에너지 생산(energy storage and clean energy production) 같은 산업에서도 미국의 지도력이 보장되지 못하는 상황이 되었다(Atkinson and Ezell 2012, 33; Pisano and Shih 2009).

미국은 왜 이러한 혁신 역량의 손실을 경험하는가? 우선 주목할 만한 사실은 사회적 조정이 부재한, 그것도 금융자본 중심의 일방적 결정에 의한 오프쇼어링이 미국의 산업생태계에 부정적으로 작용했다는 것이다. 나중에 살펴보겠지만, 독일과 같은 사회적 조정 체제에서는 기업들의 해외 투자나 이전은 고용주와 노동자 단체, 그리고 사회조직들과 공동으로 논의되고 설사 해외 이전을 하더라도 국내 산업과의 연계와 업그레이드를 동시에 논의하는 경향이 있다. 그러나 미국의 경우 회사의 자유롭고 독자적 결정에 의해 이루어지는데

다 금융자본의 단기수익을 기준으로 하는 일방적 결정에 의해 이루어짐에 따라 미국 내의 혁신 생태계가 급격히 해체되었던 것이다.

예를 들면, 거대 기업들이 핵심 사업만 남기고 대부분 아웃소싱을 하거나 해외로 오프쇼어링을 함으로써 기존의 국내 산업적 연계가 끊어져 버리는 경우가 허다하다. 과거에 미국의 거대 기업들은 그래도 지역의 협회들에 펀딩을 하거나 연구소와 테크놀로지 센터를 수립하고 노동자들에게 기술 훈련을 제공함으로써 국내 산업생태계를 형성하는 데 크게 기여했다. 그러나 최근 미국의 거대 기업들은 단기적 금융 이익을 추구하는 과정에서 기존의 활동 방식을 크게 변화시켰다. 우선 기존의 지역 중소업체들로부터 구입하던 부품을 비용을 고려해 글로벌 차원에서 구매하는 전략으로 바꿈에 따라 지역 부품업체들의 사활에 악영향을 미쳤다. 게다가 한때 지역 산업생태계에 기여했던 많은 공공재 생산을 이제는 비용을 고려하여 중단했다(Berger 2013, 119).

미국 거대 기업들의 변화는 금융자본을 중심으로 한 자본주의의 금융화와 관련이 깊다. 금융자본은 단기수익에만 치중하지 제조업의 생산 역량과 혁신 역량에 대한 고려는 없는 편이다. 1990년대 후반 골드만 삭스(Goldman Sachs) 같은 월스트리트 투자은행들(Wall Street investment banks)이 대부분 자본을 공개한 이래 그들은 계속해서 고수익을 내도록 금융시장을 압박했다. 은행들은 건설적 투자나 산업생태계는 안중에 없고 오직 단기적 수익에만 매달렸다. 많은 경우 제조업보다 투기적 성격의 부동산 투자에 집중하기도 했다. 이러한 금융화는 한편으로 미국의 제조업이나 하이테크 산업에 건설적으로 투자하는 자금이 급격히 줄어드는 효과로 나타났다. 예를 들면, 1995년에서 2000년 사이 기업의 설비 투자는 73% 증가한 반면 주택 투자는 49% 증가하는 데 그쳤다. 기업의 설비 투자가 주택 투자에 비해 173%나 앞서 있었다. 그러나 2000년에서 2005년 사이 투자의 모습은 역전되었다. 기업의 새로운 설비 투자는 단지 17% 증가한 반면 주택에 대한 투자는 82% 증가했던 것이다. 다시 말하면 미국에서 기업들에 의한 자본 지출이 정체된 반면 은행들은 자본 대여를 기업보다 비건설적인 주택 투자에 쏟아 부은 것이다. GDP 대비 제조업 투자라는 측면에서 2000년대 미국의 투자는 다른 경쟁국가들에 비해 대단히 저조했다. 역사적으로 미국에서는 제조업이 투자를 위한 자본 수요의 성장을 불러왔다. 그러나 2000년에서 2010년 사이 미국에서 제조업자들에 의한 자본 투자는 21%나 감소했다. 특히 같은 기간 자동차 산업의 경우는 40%, 제지는 44%, 가구는 53%, 의류는 69%나 감소했다(Atkinson and Ezell 2012, 20-25, 65).

미국 자본주의의 금융화에 따른 또 다른 커다란 변화는 미국 대기업들의 단기수익을 추구하는 주주자본주의 경향이 강화되었다는 것이다. 미국 하버드 대학의 저명한 경영학자인 마이클 포터(Michael Porter)와 잰 리브킨(Jan Rivkin)에 따르면, 금융화로 인해 비즈니스의 시간 지평선(time horizon)이 엄청나게 짧아졌다. 주주활동주의(shareholder activism), 주식옵션에 기초한 인센티브 제도, 경영인들의 줄어드는 임기(tenure)가 미국의 비즈니스에 새로운 변화를 촉발했다는 것이다. 짧은 시간 내의 빠른 처리와 분기별 숫자들에만 신경쓰도록 하는 자본 시장과 경영인들의 보상 제도로 인해서 미국의 경영인들은 장기적으로 생산성을 향상시키기 위한 지속적인 지역-특수 투자(sustained, location-specific investments)보다는 어떤 지역이든 불문하고 오늘 당장 최고의 딜(deal)을 제공하는 지역으로 비즈니스 활동을 옮기는 경향으로 바뀌었다고 한다. 특히 문제가 되는 것은 숙련 노동, 연구개발, 첨단 제조 능력, 부품업체 네트워크, 지역 교육기관 등 생산성과 혁신 능력을 향상시키는 데 필요한 투자가 지속적으로 감소하고 있다는 점이다(Porter and Rivkin 2012, 59).

대기업의 경영인들이 짧은 기간 안에 주주가치의 극대화와 수익율의 극대화에만 치중함에 따라 장기적인 목표에는 소홀하다는 것이 많은 경험적 조사에서 나타나고 있다. 예를 들면, 400명 이상의 미국 최고경영자들에 대한 2004년의 한 설문조사에 따르면, 약 80%는 단기수익 목표(short-term earnings targets)를 맞추기 위해 의도적으로 연구개발, 홍보(advertising), 수리(maintenance), 그리고 고용에 대해 최대한 지출을 줄이겠다고 대답했다. 그리고 약 50% 이상은 비록 가치 생산을 희생하더라도 새로운 프로젝트를 연기하겠다고 대답했다(Krehmeyer, et al. 2006). 미국 기업들은 새로운 설비 투자보다는 주식배당금에 더 많이 신경을 쓰고 거기에 많은 자금을 소비하는 경향을 보여준다. 설비 투자 대비 주식배당금 지출 비율(the ratio of dividends)은 1970년대 후반에서 1980년대 초반에는 약 20% 정도에 불과했다. 그러나 1990년대 초반에는 40~50%로 증가했고, 다시 2000년대에는 60% 이상으로 증가했다.[5]

미국 기업의 경영인들이 단기간의 이익을 추구하는 경향을 강화

5   Bureau of Economic Analysis(2010), National Income and Product Accounts Tables, October 20; Bureau of Economic Analysis(2010), Fixed Assets accounts Tables, October 20.

하자 거대 기업들이 산업생태계를 위한 공유재를 제공하던 투자는 더욱 줄어들고 있다(Pisano and Shih 2012b, xiv). 미국의 비즈니스 라운드테이블에서 거대 기업들의 협회(trade association) 지도자는 다음과 같이 말하고 있다.

> 투자가들, 자산관리 회사들, 그리고 기업 경영인들의 단기수익 결과에 대한 지나친 집착(obsession)은 장기 가치를 파괴하고 시장의 효율성을 떨어뜨리며 투자수익(investment returns)을 줄이고 기업지배구조를 강화하려는 노력을 저해하는 의도치 않은 결과를 초래하고 있다(Krehmeyer et al. 2006, 1).

미국의 금융화에 기초한 단기수익 중심적 사고는 실제로 미국의 혁신 역량을 약화시키고 있다. 미국 하버드 경영대학(Harvard Business School)의 클레이튼 크리스텐슨(Clayton Christensen)에 따르면, 많은 미국 기업들은 소위 말하는 기업의 성과 지표로 순자산수익률(Return on Net Assets: RONA)에 초점을 두고 있다. 그래서 미국 기업들은 성과 측정의 분모(denominator)인 고정자산(assets)을 줄이는 데 신경을 쓴다는 것이다. 결과적으로 미국 기업들은 과거처럼 다양한 기능과 부분을 회사 내에 유지하기보다는 핵심 기능을 제외하고는 대부분 매각하고 필요한 것은 아웃소싱에 의존한다. 그리고 아웃소싱도 국내 기업보다는 비용을 고려해서 아시아 기업들에 늘리고 있다. 크리스텐슨은 미국 기업들, 특히 자동차, 철강에서부터 반도체, 제약 산업에 이르는 미국 기업들이 순자산수익률 같은 수익성 측정에 지나치게 신경을 쓰기 때문에 혁신 역량이 떨어지고 있다고 주장한다(Denning 2011).

금융화에 기초하여 단기적인 주주가치를 극대화하는 데 초점을 둔 미국의 경영인들은 위치와 국적에 관계없이 최고의 수익을 올리는 곳이라면 어디든지 "쉽게 갔다가 쉽게 빠져나오는 태도(an easy-come, easy-go attitude)"를 보여주었다. 특히 생산 세계화와 함께 국내의 노동 훈련이나 연구개발, 그리고 국내 부품업체의 육성에는 관심이 없이 손쉽게 해외 이전을 하는 경향을 보여주었다. 미국의 경영인들에게 기업은 점점 교환 가능한 자산(tradable assets)의 덩어리로 단기 금융수익을 극대화하기 위해 손쉽게 재구조화할 수 있는 것으로 여겨지게 되었다(Kochan 2012, 70).

이러한 입장에서 단기수익을 위해서 숙련을 해치는 노동의 해고를 통해 비용을 축소하는 것은 마지막 조치가 아니라 선제적이고 손쉬운 조치였다. 이와 함께 해외 이전도 유사하게 결정되었다. 미국의 경영인들은 국내의 연구개발에 투자하고 첨단 생산 능력을 향상시키기보다는 단기간의 수익을 올리는 해외 투자에 보다 더 눈을 돌렸던 것이다. 게다가 미국 기업들은 이미 해외에 저비용 생산시설을 투자했기 때문에 시간이 걸리는 국내 혁신 능력의 향상보다는 단기간의 수익을 위한 저비용 해외 생산 쪽을 택하는 경향을 보여주었다(Bonvillian and Singer 2017, 4-5).

미국의 거대 기업들이 부품 구매선을 바꾸고 독자적으로 해외 이전을 결정함에 따라 국내에 남은 수많은 중소 부품업체들은 국제 경쟁에서 살아남기 어렵게 되었다. 그래서 미국 내의 많은 중소 부품업체들은 글로벌 경쟁에서 홀로 버티다 사라지는 경우가 허다했다. 다양한 부품업체들의 소멸은 곧 미국의 산업생태계에 많은 공백을 유발했다(Berger 2013, 20). 거대 기업들의 독자적 오프쇼어링으로 국제 경쟁이 격화되는 상황에서 미국의 많은 중소 부품업체들이 취할 수 있는 선택으로 연구개발과 디자인 능력을 배양하여 혁신 능력과 경쟁력을 높이거나 단순히 가격 경쟁에 치중하여 비용을 줄이는 데 매진하는 전략이 있다. 그런데 전자의 경우 중소 부품업체들이 혼자 감당하기에는 위험과 비용이 너무 많이 든다. 그래서 미국의 중소 부품업체들이 취하는 대부분의 방법은 임금이 싼 멕시코 지역으로 생산을 옮기는 것이었다(Berger 2013, 20, 113).

또한 미국의 중소기업들이 처한 어려움은 지역 은행들의 소멸로 자금난에 시달린다는 것이다. 미국에서 지역 은행들은 전통적으로 지역 중소기업의 장단점을 잘 알고 이들에게 자금을 지원해 왔다. 그러나 최근 미국은 금융자본을 통한 미국의 지배력 확보라는 차원에서 은행의 글로벌화를 위해 법을 개정함에 따라 지역 은행들은 글로벌 거대 은행에 흡수되어 버리는 경우가 많았다. 미국의 중소 부품업체들의 자금원으로 중요한 지역 은행들이 주(state) 외부에 본부를 둔 전국적 거대 은행에 합병됨으로써 지역의 산업생태계를 만들려는 열망과 관심이 약화되었다. 결국 지역 은행의 소멸도 지역의 중소 부품업체들의 생태계를 파괴하는 결과를 가져왔던 것이다(Berger 2013, 20, 115-16).

한편 미국이 자랑하는 실리콘밸리 같은 혁신 리더 지역의 기업들은 어떤가? 앞에서 언급했듯이, 미국 양쪽 해안의 혁신 지역에서 나온 스타트업은 주로 뛰어난 대학과 정부의 기초 지원에 힘입어 혁신적 아이디어를 만드는 데는 세계 최강이라고 할 수 있다. 그러나 문제는 상업화 단계에 들어가면 거대 기업들과 중소 제조업체들의 해외 이전으로 인해 산업생태계가 해체되었기 때문에 이들이 상업화를 위해 기업 공개보다는 외국의 대기업에 합병되거나 해외 이전을 택하는 경우가 허다하다는 것이다. 미국의 혁신적인 스타트업들이 뛰어난 아이디어를 개발했음에도 불구하고 왜 이러한 선택을 하는지 좀 더 구체적으로 살펴보자.

우선 주목할 만한 사실은 한국의 연구개발 지원이 상업화와 응용 단계와 관련된 것과 달리 미국 정부의 연구개발 지원은 주로 순수 기초연구에 맞춰져 있어서 응용이나 상업화의 여러 단계에 있는 스타트업 기업들에 크게 도움이 되지 못했다는 것이다. 미국의 혁신 기업들은 상업화 단계에 돌입하면 상업화를 하기 위한 생산시설과 마케팅, 그리고 배달에 더 많은 투자를 할지, 아니면 이를 지원할 외부조직을 찾아 나설지 고민한다. 전자의 경우 혁신 스타트업은 한정된 재원의 비효율적 사용이나 불필요한 투자 위험(potentially unreasonable sunk costs)에 빠질 수 있다는 문제를 고려하는 경향이 있다(Gans and Stern 2003). 그래서 미국의 많은 혁신 기업들의 경우는 상업화를 하기 위해 필요한 생산과 마케팅을 위한 재원을 제공하는 외국의 거대 기업(MNCs)이나 외국 정부의 전략적 투자에 의존한다(Reynolds, Samel, and Lawrence 2014, 86).

예를 들면, 엘리자베스 레이놀즈(Elisabeth Reynolds), 히람 사멜(Hiram Samel), 조이스 로렌스(Joyce Lawrence) 연구팀은 미국 MIT와 관련된 150여 개의 혁신 기업에 대한 경험 연구를 통해 미국 혁신 기업들의 최근 경향을 분석하고 있다. 이 혁신 기업들은 초기 단계 프로토타입(initial prototypes)에서는 주로 대학의 실험실과 주위 엔지니어 샵들과의 반복적 상호작용을 통해 성공적으로 작업한다. 하지만 이 기업들이 상업화 생산으로 나아가려는 시기, 다시 말해 파일럿 단계에서 상업화 단계로 확대되는 시기—이를 흔히 변곡지대(inflection band)라고 한다—에 오면 지역 산업생태계의 결함에서 기인하는 문제에 봉착한다. 이 혁신 기업들은 기업 공개(IPO)로 나가기보다는 자본을 벌기 위해 대부분 합병을 선택한다. 실리콘밸리에 있는 초기 혁신 기업들의 98%는 합병 탈출구를 택하지 기업 공개를 선택하지는 않는다. 스케일업(Scale up) 단계에서 미국의 혁신 기업들은 필요한 보완재를 주로 다른 외국 파트너십을 통해서 찾는 경향이 있다. 미국의 혁신 기업들은 상업적 양산 단계에 필요한 엔지니어와 기술을 찾아서 해외로 옮기는 경향이 많다는 것이다(Reynolds, Samel, and Lawrence 2014, 84, 93-94, 95-97).

예를 들면, 어느 나노기술 회사의 최고경영자에 따르면, 자신의 나노 혁신 기업은 미국의 국방부(Department of Defense: DOD)에서 부여한 연구펀드에 기초하여 성공했다고 한다. 그러나 일단 이 기업이 상업적 양산 단계로 접어들자 생산을 한국으로 이전했다. 왜냐하면 한국에는 상업적 양산을 하기 위해 필요한 전문기술과 능력이 있기 때문이다. 그리고 이들 생산물의 소비자도 대부분 아시아에 위치하고 있다(Reynolds, Samel, and Lawrence 2014, 96). 미국 혁신 기업들의 해외 이전은 단순히 나노 기업들만의 문제는 아니다. 혁신적인 반도체 업체들(semiconductor firms)도 자본과 부품업체들과 협력하기 위해서, 그리고 미래의 소비자들을 바라보면서 생산을 아시아로 이전하고 있다고 한다.

다른 한편 미국 혁신 기업의 해외 유출은 단순히 산업생태계의 약화와 보완재의 부족이라는 미국 내부의 밀어내기 효과(push factors)뿐만 아니라 해외에서의 유인 효과(pull factors)의 영향도 받는다. 모리스 튜벌(Morris Teubal)과 길 애브니멜렉(Gil Avnimelech)의 경험 연구(2003)에서 보여주듯이, 세계화를 배경으로 해외 기업들은 미국의 혁신적인 스타트업을 합병하는 경향을 강화했다. 이는 다시 미국의 혁신 기업들이 가치사슬의 하류 단계에 투자할 인센티브를 약화시키고 그 대신 해외 기업과의 합병으로 부족한 자본과 국내 보완재를 대체하는 선택을 하도록 유도했다.

해외의 유인자들에는 단순히 다국적 기업뿐만 아니라 전략적 발전을 꾀하는 외국 정부들도 많이 존재한다. 우선 주목할 만한 사실은 2000년대에 들어와 외국의 다국적 기업들이 미국의 혁신 기업들에 투자하는 펀딩이 증가하고 있다는 것이다. 기존의 벤처자본이 단순히 펀드를 제공하는 데 그치는 것과 달리 최근의 다국적 기업들에 의한 기업벤처자본(Corporate Venture Capital: CVC)은 자본에 더하여 부품 조달과 제조업체 네트워크를 포함한 많은 보완적 재원을 제공한다. 이것은 미국의 혁신기업들에 필요한 상업적 양산에 많은 보완재를 제공함으로써 커다란 인센티브로 작용하고 있다(Reynolds, Samel, and Lawrence 2014, 86-87).

다국적 기업에 의한 기업벤처자본 투자에 덧붙여 최근 개발도상국의 정부들도 미국의 혁신 스타트업 업체들에 관심을 가지기 시작했다. 외국 정부는 개발에 대한 직접적인 자본을 제공할 뿐만 아니라 공장 부지, 시설 제공, 노동자 직업 훈련 등의 간접 지원도 함께 제공하고 있다. 이 외국 정부들은 전략적인 산업정책의 일환으로 특정 산업에 선택적 집중을 하는 양상을 보여준다. 예를 들면, 싱가포르 정부는 생명공학 기업들에 초점을 맞추는 반면 러시아는 나노기술, 그리고 중국은 그린 에너지 산업에 초점을 맞추어 미국의 혁신 기업들에 접근하고 있다(Chesbrough, Birkinshaw, and Teubal 2006; Reynolds, Samel, and Lawrence 2014, 87).

결국 미국의 경우 세계화에 따른 과정에서 산업생태계의 손실로 인해 비록 혁신적인 아이디어는 세계 최고를 자랑하지만 실제로 상업적 생산을 조직하는 데는 약점을 보임으로써 산업적 공백이 더욱 커졌다. 이것은 혁신 생태계의 상실로 인해 미래 혁신 능력이 약화되는 것으로 나타난다. 세계화 과정에서 혁신을 위한 전통적 체제가 붕괴하는 상황에서 그 대안으로 새로운 혁신 체제를 수립하는 조정이 부재함으로써 빚어진 결과라고 할 수 있다. 과거 미국의 혁신 체제는 국방부를 위시한 국가와 대학의 순수 기초연구, 상업적 단계에서 거대 기업들 내부에서의 연구개발과 제조 기업 내의 긴밀한 상호작용, 그리고 이것의 외부 효과로 지역 공동체 내의 산업공유재 생산과 확산에 기초해 있었다. 그러나 최근에는 금융화와 세계화를 배경으로 이 거대 기업들이 가벼운 자산 조직으로 변모하여 아웃소싱과 오프쇼어링을 통해 해외로 이전함에 따라 산업공유재의 형성에 공백이 생기기 시작했다. 산업생태계의 약화를 배경으로 미국의 많은 중소기업들은 자신들의 소비자를 상실하고 홀로 국내에 남아 도태되거나 값싼 생산 지역을 찾아 다시 해외로 이전했다. 그리고 미국이 자랑하는 혁신 스타트업들의 경우도 비록 혁신적 아이디어의 생산에서는 세계 최강을 보여주지만 상업적 양산의 단계로 올라서는 과정에서 산업공유재의 약화를 배경으로 해외로 이민을 가는 경우가 허다하다. 이것은 다시 국내 산업과 혁신 생태계의 약화를 초래하는 악순환의 양상을 보여주었다.

이러한 개별적 합리성에 기초한 기업들의 자유로운 선택은 기업에는 사활을 건 선택이지만 국가 차원에서는 국민경제의 혁신 능력과 국가 경쟁력의 약화로 귀결되는 결과를 초래한다. 이것은 자유주의 모델이 가지는 집단행동 문제(collective action problem)를 보여준다. 이러한 집단행동 문제는 곧 정치적 조정의 문제이기도 하다. 미국은 왜 1990년대와 2000년대에 집단행동 문제를 해결하지 못하고 자유시장이 실패하는 양태를 보여주었는가? 그리고 미국이 최근 2010년대 후반에 와서 다소 미약하지만 제조업과 혁신 생태계를 부활시키려는 기미를 보여준 것은 어떤 이유 때문인가? 이에 대해서는 다음 절에서 보다 구체적으로 살펴보기로 한다.

2. 자유주의 정치

세계화를 배경으로 개별 기업들은 자신들의 이익을 위해 기존의 국내 생산관계를 벗어나 글로벌 차원에서 최상의 생산 네트워크를 재조직한다. 이러한 글로벌 생산 네트워크는 기업들에는 합리적 선택일지 모르나 국가 차원에서는 국민경제가 해체되는 위험을 가지고 있다. 과거처럼 국민 대표 기업들의 이익이 곧 국민경제 전체의 이익이 되지는 않는다. 앞 절에서 보았듯이, 미국의 경우 자유로운 기업들의 합리적 선택이 전체 국민경제 차원에서는 산업공유재의 상실과 혁신 생태계의 약화로 귀결되었다.

이와 같은 개별 행동의 합리성이 전체 국민경제에서는 비합리성으로 귀결되는 집단행동 문제를 해결하기 위해서 미국은 독일이나 북유럽처럼 노동조직과 자본 간의 협력적 조율 방식을 사용하지는 못했다. 왜냐하면 노동조직이 약할 뿐만 아니라 전통적으로 사회협의적 시도가 거의 없었기 때문이다. 다른 한편으로는 집단행동 문제를 해결하는 방식으로 홉스적 해결책이라고 할 수 있는 국가의 적극적 개입에 의한 조정 방식이 있을 수 있다. 사실 미국의 많은 산업전문가들과 혁신 전문가들은 국가의 적극적 개입에 의한 산업공유재의 전략적 재생산을 강조했다. 그러나 미국에서 국가의 전략적 개입은 잘 채택되지 않았다. 미국의 경우는 전통적으로 자유주의적 국가로 한국이나 일본과 같이 국가 주도로 전략적 개입을 하기보다는 자유로운 시장관계에 맡겨 두려는 경향이 강하게 존재하기 때문이다. 미국에서 국내 경제에 대한 국가의 전략적 개입이나 산업정책은 거의 부재하다. 이러한 상황에서 자유로운 시장에만 기초할 경우 많은 신자유주의자들의 주장과 달리 국민경제는 산업공유재를 상실하고 혁신 생태계가 약화되는 경향이 있었다. 비록 최근 제조업 부활 정책(Manufacturing USA)에서 보이듯이 미국 정부에 의한 개입과 조정이 있었지만, 이것은 결코 완전하거나 순탄치 않았다. 미국의 경우 전통적으로 뿌리 깊은 국가-자본의 자유주의적 관례하에서 사적 자본의 국가 불신, 그리고 이에 기초한 신자유주의적 이론과 이데올로기로 인해서 국가가 개입하는 방향으로 이전하기가 쉽지 않았다.

1) 국가의 전략적 개입과 조정의 부재

세계화에 따른 미국의 산업생태계 파괴와 일자리 축소에 대해서는 2000년대 초반부터 문제가 제기되기 시작했다. 특히 미국에서는 2004년 대통령 선거 과정에서 이미 세계화에 따른 산업 공동화의 문제가 공론화되었다. 당시 존 케리(John Kerry) 민주당 대통령 후보는 조지 부시(George Bush) 대통령이 일자리를 해외로 이전하는 기업들에 감세 혜택을 준 것을 비판했다. 해외 아웃소싱의 확장에 따른 국내 산업생태계의 파괴와 일자리의 축소에 대해서는 정치적 이데올로기상 좌파이든 우파이든 상관없이 그 문제의 심각성에 쉽게 동의했다.[6] 그리고 많은 산업과 혁신 전문가들과 정책입안자들은 세계화에 따른 미국 산업생태계의 파괴를 우려하면서 개별 기업들만으로는 산업생태계를 재건하는 것이 어렵다는 점을 지적했다. 그럼에도 불구하고 일본이나 한국과 같은, 국가에 의한 전략적 개입은 거의 부재했다. 2000년대 현재에는 미국에서 한국과 일본의 산업정책을 언급하는 것 자체가 금기시되는 분위기였다. 리처드 로크(Richard Locke)와 레이첼 웰하우센(Rachel Wellhausen) 교수는 미국의 산업정책이 필요하지만 정책적 대안이 되기에는 어려운 상황을 다음과 같이 묘사하고 있다.

> 현재 정치적 분위기에서 '산업정책'은 미국에서 터부(taboo)가 되어 왔다. 그러나 산업생태계—금융이든 에너지이든 교육과 연구개발 관련 하부구조이든—를 지원할 토대를 육성하기 위해 전략적 의도의 투자(targeted investments)를 하는 것은 미국의 혁신 경제를 유지하는 데 핵심이다(Locke and Wellhausen 2014, 10).

6 "미기업, 대선뒤 아웃소싱 늘 듯. 비용절감 위해 해외이전 가속화," 파이낸셜뉴스. 2004. 10. 18.

로버트 애트킨슨(Robert Atkinson)과 스티븐 에젤(Stephen Ezell)도 산업생태계를 조성할 필요성이 있으며 이를 위해 정부가 적극적으로 개입해야 한다고 역설한다(Atkinson and Ezell 2012, 12-13). 이들은 미국이 경쟁에서 승리하기 위해서는 비록 1분기나 1년 안에 수익을 낼 수 없더라도 혁신 사업에 기꺼이 투자하는 기업가적이고 능력 있는 비즈니스 공동체가 필요하다고 하면서 이를 위해서는 정부의 혁신적인 정책이 필요하다고 주장했다. MIT 연구팀 등 많은 연구자들과 산업 전문가들은 산업생태계와 혁신 생태계를 복원하기 위해서는 정부의 적극적 개입이 필요하다고 역설했다. 그러나 미국 정부는 쉽사리 산업정책과 전략적 혁신 정책을 수립하고 수행하지 못했다. 그 이유는 무엇인가?

미국이 지금까지 규제와 분배의 측면에서 다소간 개입하는 경우는 있었지만 생산의 영역에서 전략적 개입을 하는 경우는 다른 국가들에 비해서 거의 부재하다고 할 수 있다. 미국 정부는 연방준비제(Federal Reserve System)를 수립하고 재정정책을 정당화하기 위해 대통령 경제자문위원회(President's Council of Economic Advisers)를 수립하여 시장을 감시·감독하고 거시경제 차원의 안정을 꾀하기는 했지만, 생산적 차원에서 전략적인 개입과 선별적 산업정책을 추구하지는 않았다. 이러한 미국 국가의 전략적 개입이 부재한 이유를 이해하기 위해서는 흔히 일본과 프랑스 등 국가 주도 자본주의와 다른 미국 연방정부의 관료조직에 주목하기도 한다. 비교관료제 차원에서 미국의 관료제는 대단히 분절화(fragmented)되어 있고 관료 내부의 조정정책(coordinated government policy)이 이루어지기가 대단히 어렵게 되어 있다(Vogel 1978, 54).

그러나 미국 정부의 일관된 산업육성정책이 부재한 이유를 이해하기 위해서는 단순히 분절화된 관료 구조보다는 핵심 경제 주체들과 그들의 사고를 보는 것이 보다 중요할 수 있다. 미국 정부 내의 핵심적 경제 부서는 영국과 같이 재무부(Department of Treasury: DOT)이고 이들이 경제정책을 주도한다. 다른 부서들은 부차적 행위자(secondary players)로 영향력에서 뒤로 밀려 있다. 미국에서는 재무부와 함께 예산관리청(the Office of Management and Budget), 그리고 대통령 경제자문위원회가 주요 정책입안자이다. 영국처럼 미국의 경제정책은 주로 통화와 재정 정책으로 이자율, 인플레이션, 저축, 환율, 국제수지 등과 같은 거시경제의 양적 조절에 집중한다. 미국의 경제정책 논의에서 중심을 차지해 온 이슈는 개인에 대한 한계조세율(marginal tax rates)의 정도, 보다 더 자유무역 조항에 조인을 할지 말지, 예산을 삭감해야 할지 말지, 법인세를 삭감할지 말지 등이다. 이 이슈들은 산업 부활이라는 이슈와 주변적으로만 연계될 뿐이다(Atkionson and Ezell 2012, 81).

거시경제의 양적 조절과 안정화에 초점을 둔 미국의 경제정책은 기본적으로 자유주의적 사고에 기초한 것이다. 즉, 국가의 경제정책은 모든 사적 행위자들에게 공통으로 적용되는 규칙을 정하는 것과 같이 사적 시장행위자들에게 공평하고 중립적인 국가 개입만이 허용된다는 원칙에 기초한 것이라고 할 수 있다. 자유주의적 시장 중립적 정책은 특정한 전략적 선택을 통해서 특정 산업 집단을 육성하고 선택적 혜택을 주는 전략적 산업정책과는 구별된다. 다시 말해 미국은 자유주의적 전통하에 경제정책에서 일본, 한국, 프랑스 등에서 보이는 다양한 산업정책을 거의 사용하지 않는다는 것이다.

미국의 산업화 초기의 제조업 육성 정책은 오늘날 일본과 한국의 발전 국가나 유럽의 프랑스에서 보이는 것과 같은 전략적 산업정책으로, 국가 경제의 대표 기업이나 성장동력 산업에 대한 선택적·수직적 정책이었다기보다는 보다 일반적인 개입을 추구하는 정책이었다. 이것은 무역에서 국내 산업 보호, 기초과학 육성 혹은 대학 건립과 같은 중립적·수평적 정책으로 나타난다. 흔히 미국의 민족주의적 산업 육성 정책으로 자주 언급되는, 알렉산더 해밀턴(Alexander Hamilton)이 1791년 의회에 제출한「제조업에 관한 보고서(Report on the Subject of Manufacture)」는 산업 육성을 위한 보호무역을 강조한 것이라고 할 수 있다. 보호무역을 할지 자유무역을 할지는 국내의 다양한 이익집단의 정치에 의해 결정되지만 구체적인 특정 산업을 전략적으로 선정하고 국가가 배타적으로 지원하는 수직적·전략적 산업정책을 의미하지는 않는다. 미국은 일찍부터 이러한 산업정책을 사용하지는 않았던 것이다. 북부의 산업에 기반을 둔 에이브러햄 링컨(Abraham Lincoln)의 경우도 특정 산업을 선택하여 지원하기보다는 관세를 올려 산업을 보호하고 산업 전체를 위한 하부구조와 기초과학 연구에 초점을 두었다. 대공황을 배경으로 한 프랭클린 루스벨트(Franklin Roosevelt) 대통령의 경우도 특정 산업의 육성을 통한 경제 회복이 아니라 케인스주의에 기초한 수요 측면의 확장에 중점을 두었다. 2차 대전 이후의 냉전 시기에도 미국의 정책은 주로 일반적인 군사적 방위라는 측면에서 첨단과학을 발전시키기 위한 지원을 하는 정도였다. 다시 말해 주로 군사적 필요에 의해서 첨단연구를 지원한 것이지 특정 산업을 선택적으로 혹은 특정한 사적 기업의 상업화를 배타적으로 지원하기 위한 것은 아니었다. 이 부분은 대부분 시장에 맡기는 것이 일반적이었다(Di Tommaso and Sch-weitzer 2013, 48-53).

영미식 자유주의 국가가 국가의 확장이나 개입의 부재를 의미하는 것은 아니다. 영국과 미국에서 자유주의 국가도 그 역할이 다양하게 변화했다. 2차 대전 이후 영국과 미국의 자유주의 국가는 최소주의 국가나 자유방임(Laissez faire) 국가가 결코 아니었다. 그럼에도 불구하고 영미식 자유주의 국가를 프랑스와 일본의 국가 주도 개입주의와 구별하는 이유는 국가 팽창의 정도라기보다는 개입의 방식 때문이다. 미국과 영국에서 2차 대전 이후 국가는 1차 대전 이전에 비해 케인스주의에 기초하여 재정의 팽창과 복지 지출의 팽창, 그리고 통화의 조절을 통해 시장에 적극적으로 개입했다. 그러나 미국의 팽창적 국가 개입은 재정, 통화, 무역을 중심으로 하는 케인스주의적 개입으로, 이것은 사적 시장행위자들에게 중립적인 거시적 접근이었다. 설사 산업에 영향을 미치는 개입을 하더라도 미국의 자유주의 국가는 동아시아의 발전 국가와 같이 전략적 산업의 육성과 같은 선택적·수직적 개입이 아니라 사적 시장행위자들에게 중립적인 수평적 산업정책(horizontal industrial policy)을 사용했다. 수평적 개입은 1956년 고속도로 체제를 건설하려는 노력이나 냉전 시기 방위를 위한 군사적 테크놀로지의 지원, 그리고 순수학문 지향의 기초 연구 지원과 같이 모든 사적 행위자들이 공통으로 혜택을 보는 비배제적이고 일반적인 하부구조를 구축하는 것을 의미한다(Blyth 2002, 49-95; Eisner 2014, 85-109; Di Tommaso and Schweitzer 2013).

1980년대 로널드 레이건(Ronald Reagan) 정부 이후 지배적이게 된 신자유주의 체제하에서도 미국의 국가 개입은 축소되지 않았다.

우선 방향과 방식에서 시장 원리를 확장하는 방향으로 국가가 개입했다. 이 점에서 전후 케인스주의 국가보다는 국가가 후퇴했다고 할 수 있다(Prasad 2006). 미국의 레이건과 영국의 마거릿 대처(Margaret Thatcher)는 노동조직을 약화시켰고, 영국에서는 기존의 국영기업을 민영화했다. 그리고 항공과 전자통신 같은 기존의 공적 서비스를 탈규제하고 시장 원리를 도입했다. 국가의 역할에서도 많은 공적 서비스에 시장의 계약 원리를 도입했다. 교육에서도 자유시장의 원리를 더 많이 도입했다. 보다 주목할 만한 사실은 신자유주의 국가에서도 성장 정책을 사용했다는 점이다. 동아시아의 국가 주도 체제와 달리 영미 신자유주의 국가들은 성장을 위해 소비 진작에 초점을 두었다. 이를 위해 금융시장의 자유화와 국내 소비의 활성화를 통한 팽창 정책을 사용했던 것이다. 1960년대까지만 하더라도 미국에서 경제성장은 생산성의 향상에 의존했지만, 1990년대 중반 이후에는 특히 금융의 탈규제(financial deregulation)에 기초하여 가구에서 가용할 수 있는 통화 자체를 팽창시켰다. 특히 낮은 이자와 모기지를 통한 부동산, 낮은 저축, 그리고 신용카드와 자동차론(automobile loans) 등으로 '손쉬운 통화(easy money)' 정책을 구사했던 것이다(Hall 2015, 431-35). 결국 미국의 자유주의 국가는 그 역할의 상당한 변화에도 불구하고 전략적 산업정책과 같은 선택적 국가 개입이 아니라 사적 시장행위자들에게 중립적인 정책을 사용하여 경제에서는 주로 재정과 통화, 세금과 무역 같은 거시정책을 통해서 개입했다.

미국의 경제정책가들은 산업의 구성(actual industrial composition)이나 생태계에는 정책적 관심을 별로 두지 않는 편이다. 특히 신자유주의적 우세하에 미국의 정책입안자들은 산업계(Industrial

Street)보다는 월스트리트로 대변되는 금융계(Wall Street)를 돕는 데 보다 더 신경을 쓰는 경향을 보여준다. 만약 산업체들이 국제시장에서 점유율을 상실하고 무역적자를 보여준다면 외환시장은 적자국의 환율을 저평가해서 기업들이 다시 수출 경쟁력을 회복하도록 한다. 그러나 미국 정부의 경우 산업 친화적이라기보다는 금융자본 친화적이기 때문에 통화 가치를 방어하는 데 초점을 두는 경향이 있다. 예를 들면, 미국의 산업체들이 국제 경쟁력의 상실로 무역적자가 지속되고 있지만 오바마 행정부의 재무부 장관인 티모시 가이트너(Timothy Geithner)는 "우리는 절대 우리의 통화 가치를 약화시키지 않을 것이다(We will never weaken our currency)."라고 강조했다. 재무부 장관은 강한 달러 정책(strong dollar policy)이 미국 산업의 수출 촉진과는 반대로 작용하는 것을 애써 외면하고 있다.[7]

한편 미국 행정부의 경제정책뿐만 아니라 의회와 로비 집단을 둘러싼 경제정책 담론에서도 행정부와 유사하게 산업정책은 부재하다. 미국의 경제정책을 둘러싼 담론은 금융에 초점을 둔 월스트리트와 국내시장 중심의 중소상공인 비즈니스들(mon and pop businesses owned by red-blooded Americans) 사이의 대립으로 형성되어 있다. 그런데 미국에서도 혁신적인 산업을 육성하기 위한 정부의 역할이 전혀 부재한 것은 아니다. 예를 들면, 미국 연방정부의 실험실에서 광자학(phototonics)과 관련해 첨단연구와 발명을 하면, 메사추세츠, 뉴욕, 뉴저지, 콜로라도, 플로리다 등에서 수많은 혁신 기업들이

---

7   CNBC. Com(2010), "Geithner: U.S. Won't Seek to Weaken Dollar to Spur Growth," November 11; Takashi Nakamichi(2009), "Geithner Affirms Strong Dollar Policy," Wall Street Journal, November 11.

새로운 광자 발명을 이용하여 경쟁력을 강화한다. 이 혁신 기업들은 거대 기업뿐만 아니라 중소 혁신 기업들로 구성되는데, 미국의 교육과 공사(公私) 파트너십(public-private partnership)에 심각한 이해를 가지고 있다(Pereira and Plonski 2009, 456-57; Amsden 2013, 5-6). 그러나 2000년대 미국의 정치경제 담론에서는 금융 중심의 월스트리트 담론 혹은 중소기업과 조세 정의에 초점을 맞춘 담론이 지배함으로써 미국 경제를 견인할 혁신 기업들, 그리고 수출 지향적인 미국의 하이테크 산업의 건설과 재조직화를 강조하는 주장은 소외되는 경향이 있었다.

그러나 미국 경제에서 가장 중요한 것은 수출 기업의 국제 경쟁력이라고 할 수 있다. 경쟁력, 생산성, 그리고 혁신을 고양할 동력으로서 수출 기업의 경쟁력이 중요하다. 이들을 대변하는 그룹은 금융의 월스트리트나 중소 서비스업체들로 구성되는, 소위 말해 '메인 스트리트(Main Street)' 그룹들과 구별되는 '산업과 혁신 연구개발 오피스 그룹(Industrial Street and Office Complex Street Companies)' 이라고 할 수 있다. 특히 국제시장에서 경쟁하는 기업들과 소프트웨어, 인터넷, 정보통신, 그리고 글로벌 엔지니어 회사를 포함한 기술 중심의 업체들이 이들 그룹의 핵심을 이루고 있다(Atkinson and Ezell 2012, 271-75). 그러나 문제는 이런 산업과 혁신을 대표하는 그룹들이 과대 대표되는 월스트리트나 메인 스트리트와 달리 과소 대표되고 있다는 것이다.

월스트리트와 구별되는 메인 스트리트 그룹은 공화당을 지지하는 국내시장 지향적인 중소 비즈니스(Small Businesses)가 중심이다. 이들을 흔히 공화당을 지지하는 메인 스트리트 그룹(Main Street group)이라고 부른다. 이들을 대표하는 조직이 전미독립비즈니스연합(the National Federation of Independent Businesses: NFIB)이다. 독립 소기업들로 구성된 이 협회는 산업계와 혁신 오피스 그룹(Industrial Street and Office Complex Street)의 육성에 기여할 법인세 비율의 축소를 지지하기보다는 개인별 조세율(top individual tax rate)를 줄이는 데 열성적이다. 이러한 부자 개인들에 대한 조세율 인하는 NFIB 회원들에게는 유리하지만 혁신적인 산업 경쟁력을 향상시키는 데에는 별로 도움이 되지 않는다. NFIB는 노동 훈련을 위한 연방정부 지출(federal workforce training expenditure)을 증가시키는 것이 아니라 오히려 축소해야 한다고 주장한다(Atkinson and Ezell 2012, 276-77).

국내 중소상공인 조직들과 달리 '자유주의 재분배주의자들(Liberal redistributionists)'은 부자들에 대한 세금 인상을 통해서 저임금의 미국인과 노동자들에게 부의 재분배를 강조하는 그룹이다. 대표적인 그룹으로 '조세 정의를 위한 시민들(Citizens for Tax Justice: CTJ)'이 있다. 이들은 주로 민주당 지지자들이다. 조세 정의 그룹도 NFIB와 같이 미국의 산업과 혁신에 기초해 경쟁력을 향상시키는 데에는 별로 관심이 없다. 이들은 오히려 산업계와 혁신 오피스 그룹 세력들이 제기한, 생산성 혹은 경쟁력의 향상에 도움을 줄 수 있는 대부분의 정책에 공공연히 반대한다(Atkinson and Ezell 2012, 277-78).

결국 워싱턴의 정치에서는 우익 쪽으로는 메인 스트리트를 지지하는 NFIB 같은 조직과 좌익 쪽으로는 CTJ 같은 저임금의 미국인들을 위한 재분배에만 초점을 두는 집단 사이의 갈등이 지배적 담론과 경쟁 구도를 차지한다. NFIB는 고소득 개인들에 대한 조세율 인하를 추구하여 자기 구성원들의 이익을 추구하는 반면 CTJ는 부자들에 대한 감세를 반대하고 실업자 구제를 강조한다. NFIB는 노조화에 반대하는 반면 CTJ는 노조화를 추구한다. 이러한 대립 구도로 인해 미국 산업의 경쟁력을 위해 혁신 기업들에 지원하는 것이 관심에서 소외되는 경향을 보여준다.

이러한 이익집단들의 요구를 반영하듯이, 미국 의회에서 혁신 기업들을 육성하기 위한 산업정책은 거의 관심 밖에 있다고 할 수 있다. 공화당은 일반적으로 정부의 경제적 역할을 최소화하는 데 관심을 가진다. 특히 공화당의 티파티(Tea Party)는 적극적인 혁신 정책(proactive innovation policy)을 과도한 개입의 산업정책(heavy-handed industrial policy)이라고 혹은 국가 사회주의라고 원색적으로 비판한다. 반면 민주당은 경제에서 정부 역할의 확대를 강조하지만 주로 재분배에 초점을 두며 혁신에 대해서는 관심이 별로 없는 편이다(Atkinson and Ezell 2012, 298-99).

그런데 미국에서 전략적 산업정책 성격의 개입이 전혀 부재했던 것은 아니다. 1970년대를 거치면서 전후 미국의 경제적 황금기가 사라지고 일본과 독일의 산업 경쟁력이 강화됨에 따라 미국 산업이 상대적 열세와 위기에 직면하자 미국은 새로운 대안을 모색하게 되었고, 이 와중에 미국은 산업정책과 유사한, 혁신 산업을 육성하기 위한 새로운 정책을 추구했다. 특히 1980년대 초 일본의 공세에 미국 정부가 대응한 방식은 기존과는 구별되는 특단의 새로운 경제정책을 주장하는 것이었다. 공화당의 대응은 잭 켐프(Jack Kemp) 하원의원과 빌 로스(Bill Roth) 상원의원이 제안하듯이 주로 전통적인 자본 투여(capital supply)에 초점을 두고 한계조세율을 변화시키는 것이었다. 이에 비해 민주당은 신자유주의적 정책에 대한 대안으로서뿐만 아니라 기존의 케인스주의적 수요 조절을 통한 접근과는 다른 새로운 대안으로 적극적인 산업정책의 도입을 주장했다(Blyth 2002, 190-92). 일본의 발전주의적 산업정책을 염두에 두면서 무너지는 기업과 산업을 구제할 것과 그들의 노동을 유지할 것을 강조했다.

그러나 당시 많은 연구와 논의가 있었음에도 실세 행동(real actions)은 없었다. 미국 정부는 산업정책에 대한 경험도 실질적인 능력도 거의 없었던 것이다. 논의 과정에서 다양한 혁신적인 정책이 제기되기도 했던 것은 사실이다. 예를 들면, 지미 카터(Jimmy Carter) 대통령 정부하에서는 많은 임시 워킹그룹과 연구 보고서들이 있었다. 그러나 임시 워킹그룹과 카터 정부는 산업정책을 무엇으로 해야 할지 결정할 준비도 되어 있지 않았고 정보도 부족했다. 그래서 구조적인 개입보다는 임시방편적이고 대증적인 조치만이 실행되었던 것이다. 예를 들면, 1977년 솔로몬 플랜(Solomon Plan)에 의해 미국의 철강 산업을 일본의 경쟁사로부터 보호하는 조치가 취해졌다. 그리고 클라이슬러(Chrysler) 자동차 업체에 대한 구제금융도 이루어졌다. 이 구제금융은 경영이 정상화되자 곧 사라졌다(Di Tommaso and Schweitzer 2013, 68-70).

그런데 미국에서 주목할 만한 산업정책은 민주당 정부가 아니라 공화당의 레이건 정부(1981~1989년)의 정책이다. 레이건 정부는 레토릭으로는 산업정책을 사용하지 않고 자유주의 전통을 지킨다고 하면서도 실제 행동에서는 많은 유사 산업정책을 사용했다. 1980년대 초부터 중반까지 미국의 경제위기에 대한 대응으로 미국의 경쟁력을 강화하기 위한 포괄적인 법안과 조치를 제도화했다. 당시 미국은 일본의 약진에 따른 미국의 상대적 경쟁력 상실에 대해 심각한 위기의식을 가지고 미국의 혁신 생태계를 지원하기 위해 많은 제도적 개혁을 했던 것이다.

당시 추진한 대표적 법안으로는 우선 1980년에 제정된 베이-돌 법안(Bayh-Dole Act)을 들 수 있다. 베이-돌 법안은 대학에서 연구개발한 것을 상업화할 수 있는 인센티브를 부여하는 조치였다. 이 법안은 최근 2010년대 일본에서 혁신 개혁 과정에서 대학 연구소와 산업 간의 연계를 강화하기 위해 이루어진 조치에도 영향을 미쳤다. 한편 이외에도 당시 1980년대 미국은 제조업을 부흥시키기 위한 다양한 법안과 조직을 만들었다. 예를 들면, 스티븐슨-와이들러 기술혁신 법안(Stevenson-Wydler Technology Innovation Act), 제조업 확장 파트너십(The Manufacturing Extension Partnership: MEP), 중소비즈니스 혁신연구 프로그램(the Small Business Innovation Research: SBIR), 선진 테크놀로지 프로그램(The Advanced Technology Program: ATP), 맬컴-볼드리지 국가품질상(Malcom Baldrige National Quality Award), 그리고 유명한 시마텍(Semiconductor Manufacturing Technology Consortium: Sematech) 등이 대표적이다(Bonvillian and Singer 2017, 42; Atkinson and Ezell 2012, 102; Di Tommaso and Schweitzer 2013, 73-76).

사실 산업정책은 지미 카터 시기에 민주당에서 케인스주의에 대한 대안으로 제기되었지만 실질적인 실효를 거두지 못했고, 오히려 공화당 정부인 레이건 정부에 와서 많이 채택되었다. 레이건 정부는 소련과 일본과의 경쟁을 심각하게 고려했기 때문이다. 레이건 대통령은 첨단 반도체, 기계 산업, 그리고 자동차 산업처럼 방위 산업으로 중시되는 미국의 핵심 산업을 부흥시키는 것을 지원했고, 미래 테크놀로지 능력을 향상시키기 위해 수억 달러를 투자했다. 대표적인 것이 앞에서 언급한, 반도체 산업을 육성하기 위해 수립한 시마텍이라는 공사 협력 컨소시엄이다.

특히 시마텍은 이후 미국 산업정책의 모범으로 오늘날 새로운 산업생태계를 부활시키려는 노력에 많은 아이디어를 제공한 공사 파트너십의 전형으로 거론되곤 한다. 시마텍은 1987년 미국의 핵심 산업인 반도체 산업의 경쟁력을 강화하기 위해서 미국 국방부와 14개의 사적 기업이 만든 협력 파트너십 조직이다. 이 파트너십은 1980년대 중반 일본 반도체 산업의 경쟁력이 미국을 추월하자 위기의식을 가진 미국 정부가 자국의 산업 경쟁력을 복원하고자 주도적으로 수립했다. 시마텍은 1988년에 운영되기 시작하여 약 5년간 미국 국방부와 미국 첨단방위연구소(Defense Advanced Research Projects Agency: DARPA)의 공적 펀드로부터 약 50억 달러를 지원받았다. 시마텍은 반도체 칩을 만드는 것에서 출발해서 이후 반도체 공급 체인을 건설하는 역할을 했다. 비록 레이건 대통령이 강력한 자유무역 옹호자이기는 했지만, 미국 산업의 경쟁력을 향상시키기 위해 국립제조과학센터(the National Center for Manufacturing Sciences)를 수립해 지원하는가 하면 대외적으로는 일본과 대만에서의 기계 수입을 제한하기도 했다(Atkinson and Ezell 2012, 102-3; Browning and Shetler 2000; Bonvillian and Singer 2017, 41; Di Tommaso and Schweitzer 2013, 77).

공사 파트너십인 시마텍 등에서 보이듯이, 1980년대에 미국 정부가 추진한, 혁신 생태계를 복원하고 제조업을 부활시키기 위한 노력은 전통적인 자유주의적 모델이라기보다는 국가 주도의 새로운 대안적 시도라고 할 수 있다. 이러한 조치들은 제도주의자나 문화주의자들이 주장하는 '경로 의존성(path-dependency)'과 달리 자유주의 미국에서도 새로운 경로 혁신적(path-breaking) 시도가 가능하다는 점을 보여준다. 이것이 최근 2010년대의 위기에서도 다시 나타나고 있다.

그러나 1980년대와 1990년대 초반 미국이 국가 주도로 혁신 생태계를 부활시키려던 노력은 많은 한계를 가지고 있었던 것도 사실이다. 우선 국가 지원의 규모가 전체 경제 차원에서 고려하면 대단히 제한적이었다. 공적 지원은 상대적 규모에서 작았을 뿐만 아니라 한시적이었고, 레이건 정부 이후 공적 지원은 대부분 사라졌다. 왜냐하면 1990년 공산주의가 붕괴하고 일본 경제가 쇠퇴함에 따라 1980년대의 위기의식이 사라졌기 때문이다.

또 하나 주목할 것은 미국 정부의 지원이 대부분 최첨단 혁신 연구(breakthrough research)에 초점을 두었지 상업적 생산에는 별로 관심을 두지 않았다는 점이다.[8] 비록 1987년 로버트 노이스(Robert Noyce)가 주도한 공사 협력 체제인 시마텍이 이후 미국의 혁신 체제에 대한 논의가 나오면 항상 언급되는 모범 사례이긴 하지만, 1992년 시마텍 종료 이후 최근까지 현실에서는 이 모델이 광범위하게 미국의 기본 모델로 채택되지는 않았다. 왜냐하면 시마텍도 순수한 경제 산업적 차원보다는 군사력의 상대적 저하라는 국방 차원의 문제

---

8   일본의 생산과 품질관리 혁신에 대한 미국의 대응으로는 Hughes(2005), pp. 45-49, 50-51, 74-77, 85, 153-68, 170-98을 참조하라.

의식에 기초하고 정당화되었기 때문이다. 군사적 위협이 사라지면서 국가의 산업정책적 개입의 정당성도 약화되었던 것이다. 미국의 자유주의적 전통하에서 사적 산업에 대한 정부의 전략적 개입은 정당화되기 어려웠던 데 비해, 군사 안보의 차원에서는 자유주의 원칙에서도 국가의 중요한 역할을 강조했기 때문에 소련과의 경쟁 구도하에서 시마텍 같은 최첨단 테크놀로지에 대한 국방부의 지원이 정당화되었던 것이다. 그러나 1990년대 소련과의 대결 구도가 사라지자 실제로 미국 정부는 군사보다는 경제적 동맹을 중시하기 시작했다. 클린턴 정부에 와서 군사적 동맹과 경제를 동등하게 취급하기도 했지만, 2000년대 초반 이후 다시 안보가 우위를 점했다. 그리고 1980년대에 위협적이던 일본 첨단산업과의 경쟁도 곧 '일본의 잃어버린 10년'의 시작으로 사라지게 되었다. 이러한 외부 위협의 상실로 인해 국가 차원에서의 지원에 대한 정당성도 사라졌다고 할 수 있다(Bonvillian and Singer 2017, 28-30, 43-44; Atkinson and Ezell 2012, 104-7).

2) 신자유주의적 사고

단순히 외부 위협이 사라졌다는 것만으로는 세계화에 따른 국내 산업생태계의 약화와 국가에 의한 조정의 필요성에도 불구하고 미국 정부가 적극적으로 산업정책을 추진하지 않은 이유를 모두 설명하기는 어려울 수 있다. 일본과 한국의 국가 주도 발전 전략이 항상 군사적 위협이 존재했기 때문에 이루어진 것만은 아니다. 독일이나 스웨덴의 국가 개입적인 사회 조정 체제도 군사적 위협 때문이라고 할 수 없다. 문제는 위기나 위협을 어떻게 보고 정상적인 경제와 산업 운용을 어떤 시각과 패러다임에서 이해하는가 하는 것이다. 이런 점에서 최근까지 자유주의 전통 중에서도 특히 신자유주의적 금융 중심의 사고가 미국에서 지배적이게 된 점도 간과할 수 없는 요인이라고 할 수 있다.

사실 미국의 핵심적인 엘리트들은 신자유주의적 사고와 신고전파 경제학적 패러다임에 기초하여 국가의 적극적인 개입은 불필요할 뿐만 아니라 비효율적이라고 비판해 왔다. 예를 들면, 2011년 기준 자국의 연구개발 지원을 위한 세금 인하 조치에서 미국은 세계 26위로 매우 낮은 연구개발 지원책을 보여주었다. 연구개발에 대한 세금 지원을 확장하려는 노력에 대해 미국의 많은 정책 엘리트들은 건전한 예산이 중요하다는 신자유주의적 시각에서 예산의 안정화를 위해 연구개발에 대한 지원을 희생했던 것이다. 2010년대 오바마 대통령의 설비 투자를 지원하려는 제안에 대해서 신자유주의적 보수주의와 신고전파 경제학자들은 반대했다(Bonvillian and Singer 2017, 6; Atkinson 2010; Atkinson and Ezell 2012, 63, 75).

미국의 주류 경제학자들과 경제정책가들은 금융 수익에 초점을 두며, 제조업과 산업의 연계에 기초한 집단적인 생산과 혁신 능력에는 관심이 별로 없는 편이다. 2010년대 초반 흔히 '포테이토칩 대 반도체 칩' 논쟁에서 신고전파 경제학자들은 반도체 칩과 포테이토칩이 동일한 가치(예를 들어, 100달러의 가치 생산)라고 한다면 둘 사이에 차이가 없다고 주장하면서 반도체이든 포테이토칩이든 수익이 많이 나는 쪽으로 투자하는 것이 최상이라고 주장했다.[9] 이러한 논의는 이미 부시 대통령의 경제자문위원회 수장이었던 마이클 보스킨(Michael Boskin)에 의해 1990년대에 주장되었다. "포테이토칩, 반도체 칩, 차이가 무엇인가? 전자도 100달러, 후자도 100달러로 그 둘은 여전히 100달러로 같다."(Prestowitz 1992, 67-87) 미국의 주류 경제학자들과 신자유주의적 정책입안자들은 반도체 칩이든 포테이토칩이든 이윤을 창출하기만 한다면 특정 산업이 가지는 기술적 혁신성과 생산성 측면에서 파급 효과를 고려할 필요가 없다고 주장한다. WTO와 UN의 핵심 고문이었던 콜롬비아 대학 교수인 바그와티는 포테이토칩과 반도체 칩이 다르다는 입장을 비판하면서 다음과 같이 주장한다.

당신은 반도체 칩을 생산할 수 있고 그것을 포테이토칩과 교환하고 TV를 보면서 포테이토칩을 씹고 그러면서 바보가 될 수 있다. 반면 당신은 포테이토칩을 생산하고 그것을 반도체 칩과 교환해서 PC에 장착하여 컴퓨터 천재가 될 수도 있다고 나는 주장해 왔다. 간단히 말해서 당신이 어떤 종류의 사람이 될지, 그리고 그것이 당신의 경제와 사회에 어떤 영향을 미칠지 하는 문제는 당신이 무엇을 '생산하는가'가 아니라 당신이 무엇을 '소비하는가'에 달려 있다(Bhagwati 2010b).

미국의 경제정책가들은 특정 산업이나 제조업을 육성하기 위한 국가의 전략적 개입은 부적절하다고 주장한다. 미국의 보수적인 신자유주의 경제연구소인 미국기업연구소(American Enterprise Insti-

---

9   신자유주의 주장에 대해서는 Bhagwati(2010a); (2010b); Ramaswamy and Rowthorn (2000); Sirkin, Zinser, Hohner(2011)을 참조하라.

tute: AEI)의 케네스 그린(Kenneth Green)은 미국에서 제조업의 기반을 유지해야 할 필요성에 대해서 부인하면서 다음과 같이 언급한다. "중국이 우리에게 우리가 필요한 상품을 판매하기만 한다면 제조업의 위치는 우리 경제에 정말로 그렇게 중요하지 않다."(Green 2010) 신자유주의 경제학자 바그와티는 제조업이 중요하다는 어떤 사람의 주장도 제조업 물신주의라고 비판한다(Economist, March 31, 2011). 오바마 대통령의 경제자문위원회 수장이었던 크리스티나 로머(Christina Romer)는 대통령의 제조업 정책 자체를 비판했다. 그녀는 "제조업을 '특별 대우(special treatment)'할 필요는 없다."라고 주장한다. 제조업을 이발 미용(haircuts)과 같은 서비스업과 다르게 취급할 만한 특별한 이유가 없으며 그렇게 하려는 것은 단지 감성(sentiment)일 뿐이라는 것이다(Romer 2012). 하버드 대학의 경영학 교수인 데이비드 요페(David Yoffe)도 컴퓨터, 소프트웨어, 통신, 전자 같은 하이테크 산업에서 미국의 쇠퇴는 서비스 산업의 성장으로 보완될 수 있다고 주장한다(Yoffe 2009).

미국의 주류 경제학자들과 신자유주의자들에 따르면, 그것이 첨단산업이든 단순 서비스 산업이든 상관없이 양적 수익을 많이 내는 것이 가장 중요하다. 그래서 국가가 첨단산업이든 단순 서비스 산업이든 그것을 육성하기 위해서 개입하는 것은 오히려 비효율과 낭비를 불러올 뿐이라고 한다. 이들에 따르면, 복잡한 사회에서 기업들은 관료보다 자기 이익을 가장 잘 알기 때문에 어디가 가장 수익을 많이 내는지를 더욱 잘 알고 있다. 정보가 부족한 관료에 의한 국가의 개입은 비효율적일 수밖에 없다는 것이다(Pack and Saggi 2006, 289). 신자유주의자들은 산업정책이 자원을 효율적으로 배분하기보다 시장에서의 자연스러운 배분을 왜곡한다고 주장한다(Atkinson and Ezell 2012, 73). 특히 생산과 금융이 글로벌화된 복잡한 사회에서 일국의 관료들에 의한 개입은 어불성설이라는 입장이 미국의 주류 경제학자와 정책입안자들 사이에 지배적인 사고였던 것이다.

그러나 개인의 자유로운 선택에만 초점을 둔 미국 신자유주의자들의 입장은 개인의 합리적 선택이 집단적 차원에서는 오히려 불합리한 결과를 가져올 수 있다는 것을 간과하고 있었다. 바그와티가 주장하는 것처럼, 개인이 어떻게 소비하고 자신의 역량을 발전시킬 것인지도 중요하지만 집단적 차원에서 혁신과 생산 능력은 개인적 차원으로 환원될 수 없는 측면이 존재한다. 아무리 경제가 글로벌화되더라도 국가들 사이에는 산업 연계(industrial linkage)와 축적된 지식(embedded knowledge)에 기초한 집단적 기술 및 혁신 능력에서 차이가 존재한다. 미국의 신자유주의자들은 한 국가의 집단적 기술과 혁신 능력이라는 측면에서 반도체 칩과 포테이토칩을 생산하는 능력에 현격한 차이가 난다는 것을 간과하고 있다. 반도체 칩과 포테이토칩을 생산할 수 있는 능력이 다른 산업에 미치는 외부효과(externalities)는 엄청나게 다르다. 전자는 후자보다 사회 전반적으로 생산성을 현격히 높이지만 후자는 그렇지 않다. 값싼 포테이토칩으로는 인텔(Intel)을 생산할 수 없다. 관계 속에 녹아 있는 지식은 단순히 사고파는 상품이 아니다. 어떤 국가의 양적 자본과 무형의 능력(intangible capabilities)은 동일한 것이 아니다. 노동자들의 재능과 기술, 그리고 조직에 축적된 지식과 산업공유재들은 쉽게 다른 지역으로 이전되지 않는다. 왜냐하면 지식은 조직적 생활에 배태되어 있기 때문이다. 더구나 기업 활동에서 나오는 지식의 확산 효과(spillover effects)와 습득 효과(learning effects), 그리고 연계 효과(network effects)는 전체 국민경제의 경쟁력에 대단히 중요하다(Atikinson and Ezell 2012, 94-95, 97). 한 산업의 혁신 효과는 다른 산업에도 확산된다. 그래서 반도체 칩을 생산하는 기술이 전후방 산업에 미치는 효과는 포테이토칩의 생산이 따라갈 수 없다. 아무리 글로벌한 국가라 하더라도 만약 반도체 칩을 만드는 산업을 해외로 잃어버린다면 그 나라의 산업에 존재하는 전후방으로 연계된 산업과 많은 산업공유재들을 동시에 잃어버리는 결과를 낳게 되는 것이다. 미국의 신자유주의자들이 집단적 노동분업과 연계 효과를 무시하는 태도는 결과적으로 생산 세계화와 함께 미국의 혁신 능력의 상실로 귀결되었던 것이다.

3) 미국의 국가-자본 관계: 국가의 개입에 대한 불신

기업들의 해외 생산이 확대됨에 따라 국내 생산과 혁신 역량의 쇠퇴, 그리고 제조업 일자리의 상실이라는 위기를 경험하면서도 미국 정부가 적극적으로 전략적 개입을 하지 않는 이유는 앞에서 언급한 정부 내외의 엘리트들의 문제이기도 하지만 동시에 개입주의 정책의 대상이 되는 사회, 특히 자본의 반대에서도 원인을 찾을 수 있다. 경제 산업의 위기에도 불구하고 미국 정부가 전략적 개입을 자제한 것은 앞에서 언급한 미국 경제 엘리트들의 신자유주의적 사고 때문만이 아니라 무엇보다 미국의 자본가들 자체가 국가의 개입을 불신하고 비판하는 입장을 고수하고 있기 때문이기도 하다. 제조업과 경제가 위기라는 점을 인정하면서도 왜 미국의 제조업체들과 경영자 단체들은 국가의 적극적인 산업정책을 요구하지 않는가? 한국의 사례를 염두에 두면, 경제 위기가 있을 때마다 기업들은 정부의 적극적인 지원책을 요구한다. 그러나 미국 기업들은 그렇지 않았다. 왜 이러한 차이가 나는가? 미국의 자본가들은 전통적으로 국가의 개입을 불신하고 거부해 왔다. 자유주의적 사고가 뿌리 깊게 영향을 미치고 있다는 점을 부인할 수 없다.

그러나 또 다른 한편으로는 뉴딜(New Deal)과 같이 역사적으로 국가와 자본의 타협이 존재하기도 했다는 점을 고려한다면 이러한 사고는 고정된 것이 아니다. 오바마 정부 이후 최근까지 이루어진 미국 행정부에 의한 혁신 제조업 부활 정책에서 볼 수 있듯이 위기에 따른 새로운 해석과 정치를 통해 변화할 수 있다. 자본의 국가 개입에 대한 불신은 추상적인 원리나 문화 때문이 아니라 지나온 역사적 경험과 투쟁의 산물이다. 예를 들면, 한국과 달리 미국의 산업화 과정은 국가 주도가 아니라 선행하는 자본의 발전에 따른 것이었다. 마찬가지로 오늘날에도 국가의 전략적 개입에 대한 사회적 용인은 실천적 과정에서 새로운 해석과 정치에 의해 열려 있다. 그럼에도 불구하고 미국 자본가들의 국가 개입에 대한 불신은 다양한 형태로 재생산되고 있는 측면이 있다. 이것은 오늘날에도 미국에서 국가에 의한 조정 방식을 약화시키는 요인으로 작용하고 있다.

우선 미국의 자본가들은 생산 세계화 과정에서 미국의 산업과 일자리가 위기에 처했다는 것을 인정함에도 불구하고 국가의 전략 개입과 산업정책에는 반대한다는 점에 주목할 필요가 있다. 미국의 기업가들은 국가의 개입 정책을 국가사회주의(state socialism)의 냄새가 난다고 비판한다. 미국상공회의소(U.S. Chamber of Commerce)는

2000년대에 미국 경제와 산업의 위기로 인해 일자리 창출이 요구된 다는 점을 인정하지만 국가가 개입하여 해결하려는 시도에는 반대한다. 이들은 위기의 해결책으로 국가의 산업정책이나 전략적 개입이 아니라 자유로운 시장을 강조한다. "오직 미국의 자유기업들(free enterprise)만이 일자리를 창출해야 하는 도전에 맞설 수 있다."라고 주장하는 것이다(U.S. Chamber of Commerce 2009). 미국상공회의소는 미국 경제의 위기에 대해서 경제성장은 정부가 아니라 오직 자유 기업들만이 할 수 있다고 강조한다. 그들은 혁신을 위한 정부의 개입을 원하지 않는다는 것이다.

NFIB의 수장은 오바마 행정부가 일자리를 창출하기 위해 추진한 여러 가지 조치와 정책에 반대했다. 그는 주장하기를, "정부의 도움은 필요치 않다. 왜냐하면 일자리는 열심히 일하는 여러 소형 기업가들에 의해 창출되기 때문이다. 이들이 사업을 확장하기 위해 예상되는 위험을 충분히 감수할 때, 계산된 위험을 충분히 택할 때 일자리가 창출된다."라고 주장한다(Mui and Cho 2010). 미국의 제조업체들이 글로벌 혁신 경쟁에서 다소 뒤처지고 있음에도 불구하고 전미제조업자협회(the National Association of Manufacturers: NAM)는 산업을 부활시키기 위한 정부의 정책에 결코 지지를 보내지 않는다. 전미제조업자협회는 미국상공회의소처럼 자유로운 사적 기업들만이 모든 시민에게 이득을 주는 경제성장을 추동할 수 있다고 보고, 연방정부의 재정정책의 중심 목표는 사적 기업들이 번창할 수 있는 환경을 제공하는 데 그쳐야 한다고 주장한다. 이들이 원하는 것은 정부가 제조업체들이 알아서 하도록 자유롭게 내버려 두는 것이다. 중소기업들도 2008년 금융위기 이후 오바마 행정부가 적극적인 위기 극복 정책을 제시한 것에 대해서 비판적이었다. 왜냐하면 이러한 조치들은 보다 많은 세금을 요구하기 때문이다. 재원을 자신들이 알아서 사용하지 관료와 정부에 맡길 수 없다는 것이다. 그래서 미국 상공회의소 부회장 브루스 존스턴(Bruce Jonston)은 "만약 정부 예산이 하는 것처럼 우리가 기업가들에게 위험을 무릅쓰고 성장하고 성공할 인센티브를 빼앗아 버린다면, 우리는 불필요하게 자기 무덤을 파는 꼴이 될 것이다(shooting ourselves in the foot)."라고 주장했다.[10]

자본주의의 다양성(Varieties of Capitalism)과 비교 자본주의(comparative capitalisms)를 논의하는 문헌들이 보여주듯이, 경제 발전에서 국가의 역할(the role of the state)과 국가의 발전 유형들(patterns of development)은 심지어 세계화 시기에도 신자유주의적 자유 시장 모델로 수렴하기보다는 국가별로 다양하다.[11] 국가의 개입 차원에서만 보더라도 프랑스, 일본, 한국의 비즈니스맨들은 위기 시기에 국가가 적극적으로 개입하는 것에 대해서 미국만큼 반감이 없다. 오히려 한국의 IMF 위기가 보여주듯이 위기 시기에 비즈니스맨들과 시민들은 국가의 적극적인 역할을 요구한다. 그러나 미국의 비즈니스맨들은 국가의 적극적 개입에 대해서 뿌리깊은 반감과 불신을 가지고 있다. 미국의 최고경영자들은 국가는 그저 중립적이거나 사적 기업들의 활동에 방해를 하지 않는 것(do not harm or get out of the

---

10 "Small businesses leery of tax hikes in Obama's budget plan," *Orlando Business Journal*, March 9, 2009.

11 자본주의의 다양성과 비교 자본주의 논쟁에 대해서는 Hall and Soskice(2001); Hancke, ed.(2009); Hancke, Rhodes, and Thatcher eds.(2007)를 참조하라.

way) 이외에는 특별히 할 일이 없다고 본다. 미국의 비즈니스맨들은 미국의 자본주의 체제를 기본적으로 자유기업 체제라고 생각한다. 일본, 프랑스, 스웨덴 등의 국가에서 보이는 광범위한 개입 체제와 달리 미국의 경우는 사적 기업가들의 자율성이 철저하게 보장되고 국가와 노동의 개입이 거의 배제된 자유기업 체제라고 할 수 있다. 『하버드 비즈니스 리뷰(*Harvard Business Review*)』의 1985년 서베이, 그리고 포춘 500(Fortune 500)의 최고경영자들을 대상으로 수행한 설문조사 등에서는 다수(약 35.2%)의 미국 비즈니스맨들이 자신들이 직면한 "가장 큰 문제는 정부"라고 주장했다. 이러한 인식은 데이비드 보겔(David Vogel) 교수가 언급하듯이 미국의 비즈니스맨들의 반국가개입주의 이데올로기와 그 투쟁의 결과라고 할 수 있다(Vogel 1978, 46, 54).

　자본주의 시장 사회에서 국가의 역할은 중립적이거나 최소주의적(laissez faire)이어야 한다는 자유주의 입장은 미국의 비즈니스맨들 사이에 대단히 오랫동안 지속되어 온 것이 사실이다(Vogel 1978; Burck 1976; Martin and Lodge 1975). 미국 비즈니스맨들의 정부 불신에 대한 연구를 해 온 보겔 교수에 따르면, 미국 비즈니스맨들의 정부에 대한 비판적 불신 입장은 거의 125년 이상 지속되어 오고 있다(Vogel 1987, 47). 19세기 후반 이후 미국의 비즈니스맨들은 사회 다윈주의(Social Darwinism)에 기초하여 정부의 개입을 비판했다(Hofstadter 1944). 제임스 프로트로(James Prothro)의 *Dollar Decade*(1954)에서는 1920년대 미국 비즈니스맨들의 반정부적 사고를 세밀하게 묘사하고 있다. 1930년대 대공황에서부터 1960년대까지 미국 최고경영자들에 대한 여론조사는 미국 비즈니스맨들의 뉴딜에 대한 반감과 2차 대전 이후 정부의 거시경제 개입으로 인한 자율적 시장의 이상(the ideal of the self-regulating market)을 포기하기를 꺼리는 모습을 잘 보여주고 있다(Vogel 1978, 46-47). 프랜시스 서튼(Francis Sutton)과 공저자들은 *The American Business Creed*에서 1935년에서 1948년 사이 "미국 정부는 그 파워를 제한해야 하고 국가 권력의 사용을 제어해야 한다."라는 것이 비즈니스맨들의 신조라고 주장한다. 서튼과 공저사들은 다음과 같이 언급한다.

"여러가지 이유로 인해 19세기 정치경제학자들의 사고는 유럽에서보다 미국에서 더 오랫동안 지속적으로 받아들여져 왔다. 미국 비즈니스의 신조에서 지배적인 고전적 흐름을 형성한 것은 애덤 스미스(Adam Smith), 데이비드 리카도(David Ricardo), 토머스 맬서스(Thomas Malthus), 존 스튜어트 밀(John Stuart Mill) 부자와 그들의 홍보자들의 사고이다. 이들의 사고는 현대 세계에 가장 두드러진 특징을 부여하고 있다. 그것의 특징은 정부의 간섭(government inter-ference)과 사회주의에 대한 강력한 저항과 모호하게 정의된 자유시장 경제의 작동에 대한 지속적인 신뢰이다. 서방 세계는 전체주의적 집단주의로 흐르지는 않았다. 그러나 미국 외부에서의 서방세계는 더 이상 허버트 스펜서(Herbert Spencer)류의 국가에 대한 불신과 사적 기업들에 대한 최대한의 자유를 조장하지는 않는다(Sutton, Harris, Naysen, and Tobin 1956, 185, 280-81).

미국의 비즈니스맨들은 정부가 어떤 것을 효율적으로 할 수 있는 능력이 있다는 것에 대해 뿌리 깊은 불신을 가지고 있다. 그들은 사회의 주요한 목표를 성취하는 것은 바로 사적 기업인들의 손에 달려 있다고 믿고 있다. 사적 기업들이 경제정책과 재원 할당의 가장 유효한 단위로서 국민국가를 대체해 왔다고 생각한다(Silk and Vogel 1976, 46). 미국 역사에서 기업의 최고경영자들이 미국 정부의 경제 개입의 정당성을 받아들이는 듯이 보인 시기가 20세기 들어와서 전혀 없었던 것은 아니다. 미국의 비즈니스맨들이 정부의 적극적 역할을 받아들이는 듯이 보인 시기는 크게 진보 시기(the Progressive period, 1896~1916년)와 1960년대 중반이라고 할 수 있다. 두 시기에 미국의 비즈니스맨들은 미래의 경제성장에 대해 낙관하면서 다양한 사회적 문제(이민자 동화 등)를 해결하기 위해 정부와 적극적으로 협력할 의사를 보여주었다. 하지만 이 두 시기에도 기업 경영의 자율권에 대한 침해나 생산 영역에서 국가의 적극적 개입에 대해서는 인정하지 않았다. 그리고 1970년대 초 미국 자본가들은 1920년대의 두려움—정부의 지나친 규제에 대한 두려움—을 되살리며 신자유주의로 돌아섰다. 미국에서 기업 자유주의의 진보 시기적 사고와 정부의 적극적 역할에 대한 인정은 수명이 짧았던 반면 기업 경영의 자율권과 국가 개입의 반대와 불신에 대한 미국 비즈니스맨들의 믿음은 다소의 부침과 변형에도 불구하고 오랫동안 지속되었다고 할 수 있다(Blyth 2002, 49-95; Vogel 1978, 49-50).

왜 미국 자본가들은 국가에 대한 불신을 지속하는가? 어떻게 미국의 비즈니스맨들은 국가에 대한 불신을 가지게 되었는가? 우선 미국의 비즈니스맨들의 반국가적 이데올로기(anti-statist ideology)와 비개입주의적 국가(non-interventionist state)에 대한 옹호는 미국 산업화 역사의 결과라고 할 수 있다. 미국 사회에서 기업가들의 역할이 만들어진 시기는 산업화의 도약기(industrial take-off period)라고 할 수 있는 1840년대와 1850년대이다. 이 시기에 미국의 산업자본가 계급과 그들의 계급의식이 형성되었을 뿐만 아니라 미국 사회에서 근대 기업의 법적 구조(legal structure of modern corporation)에 대한 기본 틀이 갖추어졌고 이후 125년 이상 지속되었다고 할 수 있다(Vogel 1978, 55).

미국 자본주의 체제의 형성기의 특징은 다른 국가에 비해 미국에서는 기업과 국가 간 협력 체제(the corporate-state cooperation)가 거의 부재했다는 것이다. 미국에서 남북전쟁 이전에 정부와 기업 간 협력 관계는 거의 지방 수준에서만 수행되었다. 이런 과정에서 수립된 미국 자본가의 독자성과 반국가주의적 사고는 이후 100년 이상 지속된다(Hartz 1968; Handlin and Handlin 1969; Lively 1955, 81-96).

미국에서 남북전쟁 전 20여 년 간의 산업자본주의 형성기에 기존의 상업과 농업 수출에서 산업 혹은 제조업으로 경제성장의 중심이 옮겨 감에 따라 산업 엘리트들이 급격히 성장했다. 이 과정에서 미국 정부는 프랑스나 아시아 국가들과 달리 경제 발전 과정에 참여할 기회를 거의 가지지 못했다. 1837년 공황은 공공 규제와 국가 행정에 대한 시민들의 신뢰(public confidence)가 악화되는 데 기여했을 뿐이다. 1840년대 중반까지 사적 자본은 독자적으로 크게 성장하여 국가에 대해서 "국가가 경제적 문제에 간섭하는 않을 것"을 요구했다. 1840년대 미국 자본가들은 외국 투자를 유인할 능력과 자신감을 갖고 미국 정부의 지원이 불필요하다고 생각했다. 일단 하부구조가 완성되고 인디언들이 미시시피강 서쪽으로 사라진 후, 미국 자본가들은 유럽의 산업가들이 직면했던 어떤 장애도 마주하지 않았다. 미국 자본가들에게는 타도해야 할 귀족 계급도 없었고 반대하고 투쟁해야 할 외국 군대도 없었다. 특히 미국의 경우 유럽의 국가들과 달리 노동 세력의 약화로 인해 강한 국가를 필요로 하지 않았다. 미국의 노동운동은 사회주의적 경향을 보이지도 않았고 정치세력이 약했던 것이다. 그래서 산업화와 함께 노동계급의 규율(discipline)을 위해 강한 국가가 필요했던 유럽과 달리 미국의 경우 사회주의적 정치세력이 약하고 노동조직의 저항도 약해서 유럽과 같은 강한 국가가 필요하지 않았다. 그래서 미국 자본가들은 자신들이 주도(initiative)하여 미국의 자본주의 산업 체제를 창출하는 데 성공할 수 있었던 것이다.

남북전쟁 이후 연방정부는 미국의 산업 성장에 결정적인 역할을 수행했지만 자본가 계급의 독자성과 자율성을 침해하지는 않았다. 남북전쟁 이후 미국 정부는 철도 건설을 지원했고 국내 산업을 보호하기 위해서 관세를 수립했으며 노동계급의 스트라이커와 인디언 공격을 진압했다. 그러나 19세기 내내 이루어진 미국 정부의 이러한 지원과 행동이 다른 국가의 정책과 구별되는 것이 있다면, 그것은 정부가 경영의 자율성(managerial autonomy)에 대해서 결코 개입하지 않았다는 것이다. 사적 기업의 자율성을 철저히 보장한 것이다 (Vogel 1978, 57). 유럽이나 일본 같은 아시아 국가에서 산업 발전의 방향과 전략을 형성하기 위해서 국가가 적극인 노력을 했다면, 미국의 경우는 사적 기업들에 자율권을 주고 그저 수동적인 보조 역할을 했을 뿐이다. 미국의 산업화 시기를 통해서 경제 발전의 방향에 대한 중요한 결정은 사적 기업들의 손에 남아 있었다. 다른 선진 자본주의 국가들과 달리 미국 국가의 역할은 지도적이라기보다는 보조

적인(more supportive than directive) 역할에 머물렀다.[12]

미국 자본가들이 국가 개입에 대해 불신하는 또 다른 이유는 미국의 국가 관료제가 사적 기업체들의 발전보다 뒤처졌다는 사실 때문이다. 1차 대전 이후와 비슷하게 남북전쟁도 미국 관료제(public administration)의 발전에 커다란 역할을 하지 못했다. 규모와 크기가 일시적으로 증가했지만, 미국의 연방 관료제는 일단 자신들의 임무가 완료되자 급격히 축소되었다(Vogel 1978, 57). 1910년대까지 미국의 사적 영역에서는 근대 기업의 형태가 크게 발전하여 거의 완성 단계에 가깝게 발전했지만, 정치제도와 국가 행정조직의 발전은 훨씬 느렸다. 사적 영역에서는 거대 기업체의 사적 관료조직을 포함해서 기업 주주들(corporate shareholders)의 손에 부의 집중이 이루어졌고, 산업별로는 독과점체제(oligopolistic market structures)가 발전했다. 현재 미국 경제를 지배하는 거대 기업들—아메리칸 타바코(American Tabacco), 아머앤컴퍼니(Armour and Company), 스탠더드 오일[Standard Oil(지금의 엑손, Exxon)], 유나이티드 프루트[United Fruit(지금의 유나이티드 브랜즈, United Brands)], 유에스 러버(U.S. Rubber), 뒤퐁(Dupont), 싱거(Singer), 유에스 스틸(U.S. Streel), 웨스팅하우스(Westinghouse), 제너럴 일렉트릭(General Electric), 아메리칸 캔(American Can)—이 이미 1909년까지 수립되었고 국가 전체의 부를 전문적 경영인들이 관리하는 체제를 이루었다(Chandler, Jr.

---

12 남북전쟁을 전후로 미국 정부는 철도 건설과 같이 자본가에 대해 지원하지 않은 것은 아니었다. 그러나 그것의 성격은 유럽의 다른 나라들과 차이가 있다. 국가의 권위와 지도력은 약화되었다. 특히 연방정부와 유니언 퍼시픽 철도회사(the Union Pacific Railroad) 간의 관계는 미국의 국가와 사적 기업 간의 관계가 다른 국가의 그것과 어떻게 다른지를 명확히 보여준다(Farnham 1963, 662-80).

1959, 1-31).

미국의 사적 산업체들의 발전과 대조적으로 국가 관료제의 측면에서 현대적 관료 체제는 루스벨트 대통령 시기인 1920년대에 와서야 제대로 수립되었다고 할 수 있다. 1930년대 후반에 와서야 연방 정부의 연간 수입은 거대 사적 기업들의 재원과 필적할 수준에 도달했다. 미국에서 관료제는 사적 기업들의 행정조직에 비해 대단히 뒤늦게 발전한 셈이다. 미국의 관료적 조직 형태는 공적 국가조직이 아니라 사적 기업체에서 먼저 발전했던 것이다. 그 예는 1870년대와 1880년대의 철도 회사들에서 찾을 수 있다. 이에 비해 공적 관료조직이 출현한 시기는 50년 정도 뒤인 1920년대와 1930년대라고 할 수 있다(Chandler 1962). 이러한 사적 기업조직들의 선행하는 발전과 국가 관료조직의 후진성이라는 미국의 자본주의 발전 역사는 유럽의 선진 자본주의 국가들의 발전 방식과 대조적이라고 할 수 있다.[13] 유럽의 선진 자본주의 국가들에서는 강한 국가 관료제가 사적 영역의 그것보다 선행하거나 병행하는 정도로 발전에서 앞섰다. 이와 대조적으로 미국에서는 근대 관료조직이 사적 부문에서 먼저 발전했던 것이다.

이러한 산업화와 자본주의 발전의 상이한 역사적 과정으로 인해서 미국 부르주아지들의 국가에 대한 태도는 유럽 자본가들의 태도와 극명히 달라지게 되었다. 미국에서는 근대적 전문직업 경영인(The professionally managed), 거대 독과점적(oligopolistic)이고 다기능 조직을 가진 기업체(multidivisional firms)들이 이에 상응하는

---

13 미국과 유럽 관료제의 차이를 이해하기 위해서는 Lowi(1964)의 이익집단에 기초한 자유주의적 다원주의 정치와 프랑스 관료주의에 대한 Suleiman(1974)의 글을 비교해 보라.

국가 관료조직이 발전하기 훨씬 이전에 한 세대 앞서서 발전했던 것이다. 그래서 미국의 사적 비즈니스맨들은 국가 관료의 능력을 낮게 보는 경향이 있다. 이러한 경제적·자유주의적 국가관은 최근 들어 신자유주의적 입장이 지배적이게 되면서 더욱 강화되었다. 경제 발전은 사적 시장의 문제라는 자유주의적 전통하에 최근 신자유주의에서는 "어떤 정부이든지 시장에 개입하는 정부는 나쁘다."라는 입장으로 국가 개입에 대한 불신을 시속해 왔다.

3. 오바마 정부의 제조업 부활 정책

국가의 적극적 개입에 대한 뿌리 깊은 불신이라는 전통은 절대 불변의 고정된 것은 아니다. 위기와 새로운 실천을 통한 변화의 공간은 열려 있다. 2000년대 기업의 세계화에 따라 산업과 혁신 생태계가 약화되어 미국이 위기에 처하자, 미국은 여러 가지 새로운 해결책을 모색하는 정치적 과정에서 기존의 자유주의 중립적 국가 모델과는 구별되는 새로운 형태의 개입주의를 통해서 위기를 극복하고자 했다. 위기에 따른 새로운 해결책과 여러 세력들의 새로운 담론은 전통적 실천 방식에 변화의 가능성을 여는 계기를 마련했다. 특히 2008년 금융위기를 계기로 새롭게 집권한 오바마 행정부는 기존의 정책과 구별되는 새로운 해결책을 적극적으로 모색하게 되는데, 이것은 미국 제조업을 부활시키기 위한 조치들이었다. 이러한 오바마 행정부의 제조업 부활 정책은 기존의 월스트리트로 대변되는 신자유주의적 금융 중심의 집단과 중소업체가 군집해 있는 메인 스트리트 사이의 대립 담론과는 다른, 제3의 새로운 입장으로 첨단 제조업의 경쟁력 강화를 강조하는 입장이라고 할 수 있다. 이러한 미국의 새로운 제조업 부활 정책은 이후 트럼프 대통령에게도 연결되어 현재까지 지속되고 있으며 그 효과도 나타나기 시작하고 있다.

이러한 제조업 부활 정책은 기존의 신자유주의적 정책이나 과거 케인스주의적 개입주의와는 구별된다. 최근의 제조업 부활 정책은 금융 중심의 신자유주의적이고 중립적인 국가 모델과 달리 국가의 적극적인 개입을 주장한다. 다른 한편 과거 1950년대와 1960년대에 풍미했던 케인스주의적 국가 개입과 달리 최근의 제조업 부활 정책은 수요 측면(demand-side)의 개입이 아니라 공급 측면(supply side)에서 산업의 전후방에 필요한 요소들을 육성하는 데 초점을 두고 있다. 또한 전통적인 자유주의적이고 중립적인 국가에 기초한 앵글로색슨 자유시장 모델의 전형이라기보다는 기존의 발전 패턴에서 벗어난 '경로 혁신적' 성격을 보여준다고 할 수 있다. 즉, 오바마 이후 미국 행정부가 주도해서 추진한 제조업 부활 정책은 국가에 의한 혁신과 산업생태계의 재조성을 통해 미국의 경제 발전을 꾀했다는 점에서 자유주의 모델이라기보다는 국가 주도 모델에 보다 가까운 정책이라고 할 수 있다. 비록 새로운 제조업 부활 정책이 지배적 담론으로 자리를 잡고 완전한 성과를 보여준 것은 아니라 하더라도 한국에서 주목할 정도로 어느 정도의 성과를 보여준 것은 사실이다.[14] 그래서 2020년 현재 미국 제조업의 부활 조짐은 세계화 시대 신자유

---

14 한국에서 미국의 국가 주도 제조업 부활 정책에 대한 최근의 소개로는 산업통상자원부 (2019) 보고서와 산업경제연구원(KIET)의 박유미(2019)의 글, 대외경제정책연구원의 보고서인 김보민 외(2014)의 글을 참조하라.

주의 발전 모델의 유효성을 보여주기보다는 오히려 국가 주도 산업 정책과 재조정의 유효성을 보여주는 것이라고 할 수 있다. 다음에서는 오바마 정부 이후 가시화된 미국 제조업 부활 정책의 수립 배경과 실행 과정을 살펴볼 것이다.

1) 위기와 새로운 대안 모색

세계화에 따른 미국 제조업의 쇠퇴에 대한 염려와 대안 모색은 이미 2000년대 초반부터 공론화되기 시작했다. 2004년 미국 대통령 선거에서 이미 존 케리 민주당 대통령 후보는 해외로 일자리를 이전하는 기업들에 감세 혜택을 준 부시 대통령의 정책을 비판하면서 기업의 해외 이전과 국내 산업의 쇠퇴를 공론화했다.[15] 2000년대 초반에 실시된 한 여론조사에 따르면, 미국인의 약 51%가 세계화로 인해 일자리가 불안하다고 믿고 있었다(Berger 2005, 3, endnote 1). 2000년대 초 미국의 수많은 신문과 전문가들은 기업들의 세계화로 인해 미국 내의 일자리가 사라질 것이라고 예상했다. 예를 들면, 한 컨설팅 회사의 2003년 조사에 따르면 미국의 140만 개의 일자리가 향후 12년 이내에 미국에서 해외로 이전될 것이고 전체 실질 인구의 80%는 실질 임금이 떨어질 것이라고 예상했다(Berger 2005, 3-5; Janco Association 2003).

그러나 미국의 산업과 혁신 역량의 쇠퇴가 가장 크게 주목을 받기 시작한 때는 단연 2008년 금융위기 시기이다. 이 시기의 심각한

---

15 "미기업, 대선뒤 아웃소싱 늘 듯. 비용절감 위해 해외이전 가속화," 파이낸셜뉴스. 2004. 10. 18.

경제위기는 기존의 신자유주의적 낙관론보다는 세계화에 따른 비관론에 대한 예상이 현실화된 듯했다. 당시 실업률은 10% 이상을 상회했고 1930년대 대공황 이래 장기 실업은 최고조에 다다랐다. 위기가 너무 심각해서 정부는 장기적인 계획보다 우선 단기적 안정화 정책으로 경기부양책을 사용할 수밖에 없었다. 여전히 지배적이었던 신고전파 경제학자들을 중심으로 위기 처방을 냈는데, 그것은 구조적인 개혁보다는 긍정적인 성장률을 나타내도록 투자가 다시 살아날 수 있게 하는 가격 시그널에 초점을 둔 것이었다. 문제는 이러한 단기적인 거시경제 안정책이 장기적인 저투자(underinvestment in the economic assets) 문제를 다루거나 혁신 역량을 강화하여 장기적인 성장을 추동할 수 있도록 구조를 개선하기에는 한계가 있었다는 것이다(Bonvillian and Singer 2017, 101-2).

이러한 신고전파 경제학자들의 대안에 대해 문제를 제기하면서 힘을 얻기 시작한 것이 바로 기술 혁신과 이를 위한 국가의 적극적인 구조 개선책을 강조하는 입장이었다. 예를 들면, 새로운 미국 첨단 제조업의 부활을 강조하는 그룹의 대표 중 한 사람인 미국국립표준기술연구소(National Institute of Standards and Technology: NIST) 전임 의장 그레고리 테세이(Gregory Tassey)는 다음과 같이 임시방편적인 신고전파의 거시경제 대응을 비판하고 새로운 대안을 제시하고 있다.

공산품에서 35년간 미국의 무역적자는 단순히 경기 순환(business cycles), 통화 변동(currency shifts), 무역장벽 혹은 통화와 단기적인 재정정책의 비효율적 사용으로는 설명될 수 없다. 높은 생산성 성장이 해결책이다. 생산성의 고성장은 오직 지적, 물적, 인적, 조직적, 그리고 기술적 하부구조, 자본에 대한 장기적이고 지속적인 투자를 통해서만 성취될 수 있다. 이러한 긴박한 임무를 수행하기 위해서는 기술에 대한 투자를 강조하는 '공사 협력 성장 모델(a public-private asset growth model)'이 필요하다(Tassey 2012, 2).[16]

미국 첨단 제조업의 부활을 강조하는 그룹은 위기를 배경으로 신고전파 경제학자들의 조치들이 미국의 경쟁력 쇠락과 저성장 경향을 바꿀 수 있는 조치는 아니라고 비판하면서 새로운 대안으로 공사 협력 모델을 통한 혁신 생태계의 조성 정책을 제시했다.[17] 이러한 그룹은 위기를 배경으로 집권한 오바마 행정부에서 기존의 신자유주의적 입장과 투쟁하면서 서서히 힘을 얻기 시작했다. 오바마 행정부에서는 실제로 미국 제조업의 혁신과 부활을 위해서 많은 노력을 했다. 이러한 노력이 가능했던 이유는 MIT를 위시한 주요 대학에서 제조업을 중시하는 연구팀들이 조사하고 설득하는 과정이 있었고 오바마 대통령 본인도 미국 제조업 부활 정책을 적극 지지했기 때문이다.

---

16 Gregory Tassey(2012), "Beyond the Business Cycle: The Need for a Technology-Based Growth Strategy," Paper at NIST Economic Analysis Office, Washington, DC, p. 2.
17 오바마 행정부의 초기 대응은 위기의 급박성으로 인해 단기적인 개입과 금융의 안정화에 초점을 두었다. 오바마 행정부의 초기 위기 대응 방식에 대해서는 Di Tommaso and Schweitzer(2013, 96-111)를 참조하라.

2) 미국 제조업 부활의 정치적 과정

오바마 행정부에서 가시화된 미국 제조업 부활 정책은 어떻게 힘을 얻어 가시화되고 구체화되었는가? 이 정책을 위한 새로운 이론적 대안에서 주목할 만한 것은 우선 정책을 추진하는 주체세력의 형성이다. MIT와 백악관 과학기술정책부서(the White House Office of Science and Technology Policy: OSTP)를 중심으로 한 새로운 대안 논의와 이들의 협의체 구성이 중요하다. 그러나 이들의 주장이 일사천리로 채택된 것은 아니었다. 많은 반대와 신자유주의적인 입장에 대한 설득과 투쟁이 요구되었던 것이다. 여기에서는 이러한 정치적 과정을 살펴보고자 한다.

우선 2008년 금융위기를 계기로 미국 제조업의 부활을 강조하는 세력의 가시화로서 주목할 만한것은 MIT와 함께 백악관 과학기술정책부서라고 할 수 있다. 두 조직은 각각 2개의 독립된 프로젝트로 미국의 제조업 문제를 연구하고 새로운 대안을 제시하는 데 주력했다. 이들의 연구와 대안 모색을 바탕으로 미국 정부와 의회에서는 미국 제조업의 부활을 위한 정책과 노력이 시도되었던 것이다. 그리고 이들의 조직을 연계하는 많은 정책입안자들과 정치가들의 노력이 있었다.

특히 그중에서도 오바마 행정부의 론 블룸(Ron Bloom)에게 주목할 필요가 있다. 론 블룸은 오바마 행정부에서 2009년 위기에 처한 자동차 산업을 구제하기 위한 대통령 태스크포스팀의 선임자문관(a senior advisor on the President's Task Force on the Automotive Industry)으로 일하기 시작했다. 그는 이후 미국의 자동차 회사인 지엠과 크라이슬러(Chrysler)를 정부가 인수하여 재구조화(restructuring)하는 데 중추적인 역할을 함으로써 미국의 제조업이 붕괴하는 것을 저지하는 데 크게 기여했다. 또한 그는 자동차 문제를 해결한 이후 백악관 과학기술정책부를 이끌면서 2011년 1월 24일 '선진 제조 파트너십(Advanced Manufacturing Partnership: AMP)'을 조직하여 다우케미칼(The Dow Chemical Company)의 최고경영자인 앤드루 리비리스(Andrew Liveris)와 MIT 총장인 수전 헉필드(Susan Hockfield)와 함께 AMP 컨소시엄의 공동의장으로 일하면서 미국 제조업의 부활을 견인했다(Bonvillian and Singer 2017, 102, 107).

당시 헉필드는 2009년 3월 1일 MIT 전문교수 11명과의 회의(a roundtable of 11 MIT faculty)를 소집하여 미국이 불황에서 벗어날 혁신적인 방안을 강구하려고 했다.[18] 이들은 이후 2010년 3월 29일 후속 회의를 통해 '제조업을 위한 첨단기술들(advanced technologies for manufacturing)'에 초점을 두기로 했다. 이후 MIT 정치학과 교수인 수전 버거가 이끄는 MIT 연구팀은 심도 있고 광범위한 조사를 통해서 미국 제조업의 문제와 대안을 모색하고자 했다. MIT 연구팀은 2년 동안 약 250개가 넘는 미국 회사들과 전 세계에 걸쳐 1,000개가 넘는 기업을 대상으로 면담조사와 설문조사를 실시했다. 그리고 MIT 연구팀은 백악관의 정책입안자들과 미국의 주요 연구소 책임자들(agency officials)에게 자신들의 발견과 정책 방향에 대해 지속적으로 자문했다.[19]

18 "Summary of MIT Roundtable on Developing National Innovation Policies," March 1, 2010 from https://dc.mit.edu/sites/default/files/pdf/MIT%20Innovation%20Roundtable.pdf

MIT 연구팀은 AMP의 2012년 연구에 이어 2013년에는 혁신 경제 생산 프로젝트(Production in the Innovation Economy: PIE) 팀을 구성하여 연구를 시작했다. PIE 팀의 연구에서는 미국 기업들이 기존의 수직적으로 통합된 대기업 구조를 해체하고 보다 '가벼운 체제(asset light firms)'로 바뀜에 따라 미국의 혁신 생태계가 약화되었다고 진단했다. 미국의 대기업들이 단기적 금융 수익에 집착하여 아웃소싱과 오프쇼어링으로 돌아섬에 따라 기존에 대기업들이 제공하던 다양한 보완직 능력(complementary capabilities)과 산업공유재가 사라지게 되었다는 것이다. 더구나 미국의 은행들이 전국적·국제적 투자에 집중하면서 지역 은행들이 쇠퇴하게 되었다. 이로써 지역 중소기업들이 더욱 약화되었다고 한다.

다른 한편, MIT 연구팀의 노력과 동시에 백악관 과학기술정책부서도 미국 제조업을 부활시키기 위한 노력의 일환으로 적극적으로 연구하고 보고서를 만들었다. 이 연구에 따르면, 미국 혁신 체제의 문제는 정부의 국방연구소들과 대학들의 연구가 상업적 연구소와 다소 유리된 기초과학에 치중했다는 것이다. 그리고 사적 연구소들도 생산 과정의 기술과 공정에 초점을 맞추기보다는 보다 근본적인 기술개발에 초점을 두었다는 것이다. 과학기술정책부서는 이러한 기초연구 중심과 제조의 분리로 인해 제조업 주도의 혁신이 부재해서 2000년대 미국 제조업의 쇠퇴를 가져온 하나의 원인이 되었다고 평가했다. 그리고 연구와 상업적 제조업체의 긴밀한 연계, 그리고

19 다양한 첨단 분야에서 워싱턴 행정부에 대해 조언과 연계를 하기 위한 MIT의 브리핑 활동에 대해서는 MIT Washington Office(from http://dc.mit.edu/resources-links)의 다양한 활동을 참조하라.

제조업 주도의 혁신을 대안으로 제시했다. 또한 독일의 프라운호퍼 연구소 모델(Fraunhofer Society model)을 미국에 도입하겠다는 발상도 가지고 있었다(Bonvillian and Singer 2017, 104-5, 133).

그러나 미국 제조업 부활 정책을 구체화하는 과정에서 가장 주목해야 할 것은 분배 정의를 주창하는 케인스주의나 자유시장만을 강조하는 신자유주의와 다른, 위기 극복 방안으로 첨단 제조업의 육성을 강조하는 제3의 대안을 이끌어 갈 주체세력들의 연합이다. 대표적인 것이 오바마 행정부에서 미국 제조업의 부활을 주창한 백악관 과학기술정책부서, MIT 연구팀, 그리고 다우케미칼의 최고경영자들과 같은 주요 그룹이 하나의 연합으로 2011년 1월 조직한 '선진 제조 파트너십(Advanced Manufacturing Partnership: AMP)' 컨소시엄이다.

AMP는 3명의 공동의장—정부의 론 블룸, MIT 총장인 수전 헉필드, 다우케미칼의 최고경영자 앤드루 리버리스—이 말해주듯이 산업계, 학계, 그리고 정부 쪽에서 미국 제조업의 부활에 동의하는 주요 인사들로 구성되었다. 우선 산업계에서는 주요 대기업들—예를 들면, 화학 분야에서는 다우케미칼, 항공 분야에서는 노드럽 그루먼(Northrup Grumman)과 유나이티드 테크놀로지(United Technologies), 소비재 분야에서는 프록터 앤드 갬블(Procter and Gamble), 자동차 산업 분야에서는 포드(Ford), 반도체 분야에서는 인텔—의 최고경영자들이 참여했고, 대학 측에서는 엔지니어링과 응용과학 프로그램이 강한 MIT, 카네기 멜론 대학, 버클리 대학, 스탠포드 대학, 미시건 대학, 조지아텍 등 6개 대학의 총장들이, 그리고 정부 쪽에서는 전미경제위원회(National Economic Council) 의장 지니 스펄링

(Gene Sperling), 상업부 장관 레베카 블랭크(Rebecca Blank), 그리고 백악관에서는 경제자문위원회에서 제이슨 밀러(Jason Miller), 백악관 과학기술정책부서에서 데이비드 하트(David Hart)와 찰스 토르프(Charles Thorpe)가 참여했다. 게다가 행정부 산하의 주요 연구 관련 기관들(agencies), 예를 들면 미국국립표준기술연구소(National Institute of Standards and Technology: NSIT), 미국국립과학재단(National Science Foundation: NSF), 에너지부(Department of Energy: DOE), 국방부, 그리고 대통령 과학기술자문위원회에서 주요 인사들이 참여했다(산업통상자원부 2019, 15-16; Bonvillian and Singer 2017, 107-9).

　　AMP의 목표는 세계화에 따라 발생하는 미국의 "발명은 여기에서, 생산은 해외에서" 모델을 "발명도 여기에서, 생산도 여기에서(invents it here and manufactures it here)" 모델로 전환시키는 것이었다. AMP는 제조업을 위한 지속적인 혁신을 디자인할 공사 협력 파트너십을 수립하려고 했다.

　　오바마 행정부와 AMP는 독일의 프라운호퍼 연구소 모델을 토대로 '선진 제조 기구들(Advanced Manufacturing Institutes)'을 만들려고 했다. '선진 제조 기구들'은 프라운호퍼 연구기관들과 같이 AMP 그룹들이 평가한 첨단 분야의 기술개발 아이디어를 공사 협력 파트너십에서 실현하기 위한 기관이다. 독일의 프라운호퍼 체제(Fraunhofer system)에는 독일 전역에 걸쳐 약 60여 개의 연구기관이 있는데, 이들은 독일의 중소기업(Mittelstädler)과 거대 기업, 그리고 아카데미 연구기관들에 있는 엔지니어들 간의 협력을 통해 기술과 생산 공정을 혁신할 조건을 조성한다(Bonvillian and Singer 2017, 111).

그러나 미국에서 첨단 제조업 부활 정책이 오바마 행정부 안팎의 주체세력과 프로그램들에 의해서 형성되었지만, 이것이 쉽게 이루어진 것은 아니었다. 무엇보다 이 과정은 정부 안팎에서 지난한 반대와 투쟁 속에서 구체화되었다. 제조업 부활 그룹들은 자신들의 주장을 추진하는 데에서, 특히 기존에 지배적이었던 신자유주의적 입장의 그룹들로부터 심각한 반대에 부딪쳤다(Bonvillian and Singer 2017, 105). 예를 들면, 백악관 과학기술정책부서의 미국 제조업 부활 프로젝트 보고서는 예일 대학의 총장이자 대통령 과학기술자문위원회의의 지도자인 리처드 레빈(Richard Levin)의 문제제기로 그 발표조차 어려운 상황에 처했다. 레빈은 백악관 경제자문위원회 이사이자 하버드 대학의 전 총장인 로렌스 서머스(Lawrence Summers)와 긴밀히 협력하면서 과학기술정책부서의 미국 제조업 부활 프로젝트에 대한 반대의사를 표명하는 보고서를 작성했던 것이다. 또한 오바마 행정부에서 대통령 경제자문위원회 의장(2009~2010년)이었던 크리스티나 로머도 오바마 행정부에서 제조업을 부활시키기 위한 지원책을 마련하는 것에 반대했다. 로머는 『뉴욕 타임즈(*New York Times*)』 기고 글에서 "제조업자들이 특별한 대우를 받을 필요가 있는가?"라고 문제제기를 했다(Romer 2012). 이러한 과정은 신고전파 경제학자들과 엔지니어의 관점을 가진 새로운 집단 간의 대립이라고 볼 수도 있다.

그러나 신고전파 경제학자와 신자유주의자들의 반대에도 불구하고 오바마 대통령은 미국 첨단 제조업 부활 정책을 적극 지지했다. 제조업의 부활을 주장하는 그룹의 손을 들어준 것이다. 예를 들면, 오바마 대통령은 2011년 1월 전미경제위원회의 의장에 실용주의적 경제정책 입안자인 제네 펄링(Gene Perling)을 임명했다. 그리고 마침내 신자유주의자들의 반대에도 불구하고 「첨단 제조업에서 미국의 지도력 확보(Ensuring American Leadership in Advanced Manufacturing)」라는 제목의 보고서가 발표되었다. 이 보고서에서는 정보, 자동화, 컴퓨터, 소프트웨어, 센서, 네트워킹, 그리고 첨단 재료와 과학을 사용하는 새로운 상품과 공정을 첨단 제조업이라고 정의하고 연방정부의 지원을 통해 이 분야에서 미국의 글로벌 리더십을 획득하고자 했다. 또한 중소 제조업을 위한 '공유된 시설들과 하부구조'의 지원, 제조업 기술, 새로운 공정에 대한 연구개발, 제조업 디자인 방법을 개발하기 위한 산업-대학 파트너십(industry-university partnership)의 제안, 나아가 정부 부처 산하 연구기관들 간의 협력적 노력을 제안했다(Bonvillian and Singer 2017, 106-7).

그리고 오바마 대통령은 2012년 2월 대통령 연두국정연설(State of the Union Address)에서 미국 제조업의 부활을 적극 지지했다.[20] 그리고 3월에는 15개의 제조업 연구기관을 창설할 것을 요구했다. 오바마 대통령은 2013년 2월 연두국정연설에서 다시 한 번 더 제조업 연구기관의 창설을 지지했다.[21] AMP 팀과 함께 오바마 대통령은 FY2013 예산에 제조업 연구기관 설립 항목을 포함하기를 원했다. 그러나 미국 의회의 심각한 갈등 때문에 직접적으로 제조업 연구기관을 수립하는 것보다는 미국 연방정부 부처 산하 연구기관들

---

20 "President's State of the Union Address," *Wall Street Journal*. February 12, 2012.

21 White House(2013), "Remarks by the President in the State of the Union Address," February 12. from https://obamawhitehouse.archives.gov/the-press-office/2013/02/12/remarks-president-state-union-address

을 통해서 제조업 연구기관을 만드는 우회로를 택했다. 오바마 행정부의 에너지부와 국방부의 연구기관들에서 미국 제조업의 부활을 강조하는 사람들(Mantech crew)들은 제조업 연구기관을 지원하기로 하고, 이 작업을 국방부 산하 연구기관들이 리드하기로 합의했다. 그래서 나중에 3D 프린팅 기술개발에 초점을 둔 아메리카 메익스(America Makes)라는 첫 제조업 연구기관을 수립했다. 아메리카 메익스는 2012년 8월에 수립되었는데, 국방부뿐만 아니라 에너지부, 미국국립과학재단, 미국국립표준기술연구소, 미국항공우주국(National Aeronautics and Space Administration: NASA)에서도 펀드와 지원을 받았다(Bonvillian and Singer 2017, 111-12; America Makes from https://www.manufacturingusa.com/institutes/america-makes).

오바마 행정부 내에서 제조업 부활 프로젝트는 조직적으로 더욱 확대되었다. 특히 AMP는 더욱 세밀한 실천적 조직을 구체화했다. 우선 AMP 내부에 5개의 워킹 그룹(Working groups)을 만들었다. 이것은 제조업 기술 우선순위 분야를 평가하고 지원할 임무를 가진 테크놀로지 발전(Technology Development) 그룹, 중소기업들에 공통의 시설을 지원할 공유 인프라와 시설을 담당할 그룹, 선진 제조업을 위한 인력의 공급 방식을 찾아내기 위한 노동력 개발(Workforce Development) 그룹, 제조업 연구를 향상시킬 경제 혁신 정책을 담당할 정책 담당 그룹, 그리고 제조 기업들과 조직들을 연계할 외부연계(Outreach) 담당 그룹 등으로 이루어졌다. 이러한 역할 분담 속에서 AMP는 기존의 정책이 세금이나 무역 장벽에 초점을 맞추던 것에서 벗어나 미국 선진 제조업의 혁신 자체를 추구했다. AMP는 첨단 센서(advanced sensing), 프로세스 컨트롤(process control), 인포

매틱(infomatics), 첨단 재료 디자인, 영상(visualizastion) 등 핵심 기술 분야의 로드맵을 작성했다. 그리고 중소기업들을 대기업과 연계하는 제조업 혁신 기구(Manufacturing Innovation Institutes: MMIs)와 이 기구들의 전국적 네트워크(National Networks of Manufaturing Innovation (NNMI) institutes)를 제안했다. 제조업 혁신 기구는 연방 연구소에서 한 발명이 상업화되는 여러 과정—기술개발, 테크놀로지 전시(technology demonstration), 그리고 시스템과 하부 시스템 개발(system/subsystem development)—등을 통해서 기존의 공백을 메운다는 의도를 가지고 있었다. 제조업 혁신 기구는 기술개발을 지원할 뿐만 아니라 공유시설의 제공, 노동자의 훈련도 조직화하고자 했다(박유미 2019, 63-66; Bonvillian and Singer 2017, 113-14).

한편 이러한 연방정부 산하 연구기관들이 참여하여 제조업 중소기업들이 혁신적 발명을 상업화하는 것을 돕는 조치는 한편으로는 기존의 미국 혁신 체제로부터의 근본적인 변화라고 할 수 있다. 기존의 미국 혁신 체제는 제조업체들의 상업화에는 별로 관심이 없었다. 기존에 미국에서는 전통적으로 정부가 혁신적 연구개발을 주도해 온 것도 사실이다. 2차 대전 이후 미국 연방정부가 주도한 연구기관들, 특히 국방부 산하 연구기관들은 세계 최첨단(front-end)의 근본적인(breakthrough) 연구개발을 주도해 왔다. 예를 들면, 항공(aviation), 우주(space), 핵실험(Nuclear power), 전자(electronics), 컴퓨터(computing), 반도체와 인터넷 등에서 나타난 일련의 근본적 혁신 개발 사례들이 이를 잘 보여준다.[22]

---

22 미국에서 정부 주도 혁신 체제는 버논 루턴(Vernon Ruttan)이 강조하듯이 국방부의 역할이 주요하다. 미국의 혁신적인 연구에서 국방부의 역할에 대해서는 Ruttan(2006)을 참조

문제는 이러한 근본적이고 기초적인 혁신 체제의 연구개발에 초점을 둔 미국의 혁신 체제가 상업화 과정의 생산기술과 생산공정 기술의 산업화에는 별로 관심을 기울이지 않았다는 것이다. 기존에 미국의 혁신 체제는 국방이나 기초과학 중심이었고 생산공정의 상업화나 생산 과정의 혁신에 대해서는 상대적으로 등한시해 왔던 것이다. 이는 미국 연방정부의 연구개발비 지출을 보면 잘 알 수 있는데, 연방정부의 연구개발비를 분석해 보면 국방에 치중되어 있다는 것을 알 수 있다. 예를 들면, 미국 연방 연구개발 예산(Federal R&D budget)에서 51.2%는 국방 관련 연구개발(defense-oriented R&D)에 지출되었다. 대조적으로 OECD 대부분의 국가에서 국방 관련 연구개발은 평균 3.9%이다. 미국 연방 연구개발 예산에서 경제성장을 위한 지출은 전체 연구비 예산에서 단지 5%밖에 되지 않는다. 이에 비해 OECD 평균은 이보다 3배나 많다. 특히 핀란드와 한국의 경우는 각각 40%와 44%를 사용하고 있다(Atkinson and Ezell 2012, 76-77; OECD Main Science and Technology Indicators Database 참조).

　미국 국방부의 혁신적인 기초연구들이 보여주듯이, 연방정부 산하 연구기관들은 최첨단 연구를 주도해 왔지만 상업적 단계나 제조공정에 대해서는 관심이 별로 없었다. 2차 대전 이후 버네바 부시(Vannevar Bush)가 미국 연방 연구개발 체제(federal R&D system)를 만들 때 그것은 기초과학을 겨냥한 것이었고 생산기술이나 제조업은 주요 관심 사항이 아니었다. 왜냐하면 당시 미국은 대량생산체제의 압도적 우위를 기반으로 독일이나 일본을 훨씬 앞지르고 있었기

하라.

때문이다(Di Tommaso and Schweitzer 2013, 146-48, 168-72).

그러나 미국은 일본의 생산에 기초한 혁신 체제에 의해 글로벌 산업 능력 경쟁에서 밀리고 나서야 생산과 혁신이 서로 긴밀히 연계되어 있다는 사실을 자각하기 시작했다. 그러나 1990년대 이후 소프트웨어 산업이 혁신을 주도하자 미국은 다시금 생산에서 관심이 멀어졌다. 미국의 혁신을 위한 핵심 요소라고 할 수 있는 벤처자본이 생산이 없는 소프트웨어에 집중됨으로써 생산기술과 산업생태계에 대한 관심은 약해졌던 것이다.

이러한 기초연구와 국방 관련 우선의 미국 연구개발 체제는 2010년대 미국 혁신 생태계의 약화와 제조업의 위기를 경험하면서 근본적인 전환을 꾀하게 되었다. 오바마 행정부 이래 미국 연방정부가 참여한 제조업 부활 정책은 연방정부 산하 연구조직들의 자기 아이텐티티와 사고의 변화를 의미한다. 다시 말해서 미국 제조업의 부활은 대통령의 지지와 함께 연방정부 산하 연구기관들이 자기 조직의 임무와 성격에 대해 재평가하고 변화함으로써 보다 구체화되었다고 할 수 있었다.

예를 들면, 국방부는 미국 연방정부의 연구개발과 관련해서 가장 많은 자금과 기관을 거느리고 있다. 하지만 역사적으로 국방부는 국가안보 차원의 임무(national security mission)와 관련된 관점에서만 일을 해왔지 경제·산업적 차원에서 활동한 적은 거의 없었다. 국방부는 다른 부서의 연구기관들과 타협적이지 않은 경향을 보여주었다. 게다가 국방부의 연구는 제조업 기술개발과는 다소 거리가 있었다. 그럼에도 불구하고 2010년대 국방부의 제조기술 관련 인력들(Mantech crew)은 미국 제조업의 역량이 쇠퇴하는 것을 심각하게 받아들였다. 이들은 미국 제조업 역량의 쇠퇴가 미국의 군사적 우위에 심대한 악영향을 줄 것이라고 보았던 것이다(Bonvillian and Singer 2017, 139).

새로운 사고 전환을 바탕으로 오바마 행정부의 제조업 부활 정책은 과거 레이건 행정부의 시마텍과 같이 일시적인 것이 아니라 최근까지 확대 재생산되고 있다. 우선 주목할 만한 것은, 오바마 행정부가 2013년 9월 AMP 1.0 보고서에 기초하여 선진 제조업 파트너십을 다시 강조하면서 제2단계 발전 전략을 수립하고자 했다는 점이다. AMP 2.0 운영위원회(Steering Committee)는 다우케미칼의 최고경영자인 앤드루 리버리스와 MIT의 새로운 총장인 라파엘 레이프 (Rafael Reif, 수전 헉필드의 후임)가 공동의장을 맡고 있는데, 이들은 새로운 발전 전략을 추진했다(산업통상자원부 2019, 15-16; 김보민 외 2014, 9-13).

AMP의 정책은 기존 미국의 시장 중립적 정책이 아니라 일본과 한국 같은 발전 국가들이 흔히 사용하는 선택적·전략적 지원 정책을 구사했다. AMP 2.0 그룹은 우선 새롭게 등장하는 유망 제조 기술 분야를 조사하고 선택했는데, 그것은 기술적 측면에서 크게 세 분야—첨단 센서, 컨트롤(control) 기술, 제조를 위한 플랫폼(platforms for manufacturing), 영상, 인포매틱과 디지털 제조(digital manufacturing), 그리고 첨단 재료 제조(advanced materials manufacturing)—에 집중하는 것이었다. 그리고 미국 행정부는 이 전략적 선택 분야를 커버할 제조업 연구기관(manufacturing institutes)을 수립하고자 노력했다. 연방정부의 투자는 기존 기초연구 중심의 투자와 달리 연구개발과 상업화 제조 기술의 연계를 추구했다. AMP 2.0의 목적은 유망 분야에서 제조 기술에 대한 연구개발을 지원하고 추가적인 제도적 기구를 수립하는 것이었다. 새로운 지원 메커니즘은 제조업 센터와 기술 테스트 베드(technology test beds)를 포함했다. 그리고 이러한 연구와 지원의 하부구조는 산업과의 협력을 통해서 수립되었다. AMP 2.0 그룹은 기술 보증(skill certifications) 제도와 제조훈련 메뉴(manufacturing training toolkits), 그리고 견습생 프로그램을 개발했다. 그리고 '공사협력 업그레이드 투자 펀드(public-private scale-up investment fund)'를 제안하기도 했다(Bonvillian and Singer 2017, 121-23).

AMP 2.0 보고서는 AMP의 조사와 제안을 담아 2014년 10월 27일 오바마 대통령에게 직접 전달되었다. AMP 2.0 운영위원회 18명과 두 공동의장이 발표를 주도했다. 그리고 상업부 장관 페니 프리츠커(Penny Pritzker), 전미경제위원회 이사 제프리 지엔츠(Jeffrey Zients), 그리고 과학기술정책국(Office of Science and Technology Policy: OSTP) 이사인 존 홀드렌(John Holdren)이 참여하여 AMP 2.0 보고서를 실행하기 위한 단계를 토의했다. 이와 동시에 백악관은 새로운 견습생 훈련 프로그램과 2개의 제조업 연구기관 설립안을 포함한 실행 프로그램을 발표했다(Bonvillian and Singer 2017, 123).

한편 미국 제조업 부활 정책이 급속도로 확산될 수 있었던 또 다른 이유는 위기의 충격으로 이 정책이 미국 내의 정파와 정당을 넘어서 제조업의 부활에 대한 시민사회 내부의 광범위한 지지를 얻을 수 있었기 때문이다. 미국 제조업의 급격한 쇠퇴는 정파적인 공화당과 민주당의 대립을 넘어서, 그리고 자본과 노동의 대립을 넘어서 모두가 위기의식을 느끼게 했다. 특히 제조업의 쇠퇴에 따른 타격을 심하게 받은 미시건 같은 주는 당파를 벗어나 제조업 부활 정책을 지지했다. 그리고 자본의 경우도 기존의 국가 개입을 반대하는 입장에서 선회하여 적극적인 미국 제조업 부활 정책의 입법화를 지지했고 노동의 경우도 이를 지지했다. 이러한 광범위한 지지는 의회의 입법 과정에서 잘 나타난다.

AMP를 통한 오바마 행정부의 노력은 의회에서 입법화를 통해 실현되어야 했다. 그러나 미국 의회는 내부 갈등으로, 특히 심화된 이데올로기 분열로 인해서 2010년 이후 입법 능력이 대단히 축소되었다. 하지만 의회의 분열에도 불구하고 전미제조업자협회의 입법화 지지를 배경으로 공화, 민주 양당에 의한 입법화가 진행되었다. 이러한 전미제조업자협회의 입장은 2000년대까지 정부의 산업정책 개입을 반대하던 자본 측의 주장과는 구별되는 행동이라고 할 수 있다.

우선 상원 쪽에서 오하이오주 민주당 상원의원 셰로드 브라운(Sherrod Brown)이 미주리주 출신의 공화당 의원 로이 블런트(Roy Blunt)와 협력하여 2013년 8월 1일 미국제조업부활법(Revitalize American Manufacturing and Innovation: RAMI Act)을 도입했다. 이 법안의 핵심은 미국국립표준기술연구소의 지도하에 15개 제조업 연구기관을 수립할 것을 승인하는 것이다. 이 법안에 대해서 민주, 공화 양당의 다른 의원들도 지지를 표명하기 시작했다. 예를 들면, 미시건주 민주당원 데비 스테이베노(Debbie Stabenow), 캘리포니아주 공화당원 린드세이 그레이햄(Lindsey Graham)이 지지했다. 이 의원들은 모두 제조업의 쇠퇴에 심대한 영향을 받는 주의 의원이었다. 상원의 입법은 주요 제조업 협회들과 노동조직들의 지지를 받았다. 2013년 8월 2일 상원의 입법 발의에 연이어 하원에서도 양당 의원들의 지지에 기초하여 미국제조업부활법이 도입되었다(Bonvillian and Singer 2017, 126-27). 뉴욕주 공화당원 톰 테드(Tom Teed), 메사추세츠주 출신 민주당원 조 케네디(Joe Kennedy)가 입법을 발의했다. 이후 양쪽 정당에서 도합 100명의 의원이 공동 지지를 표명했다. 이후 세 번의 청문회를 거쳐 이 법안은 하원에서 통과되었다.[23]

2014년 12월 미국 상하 양원을 모두 통과한 미국제조업부활법에 기초하여 미국 행정부는 미국 전역에 15개 지역 제조 연구기관을 수립했다. 각 제조업 연구기관은 지역 제조업과 연관된 최첨단 생산기술, 재료와 생산공정의 혁신에 초점을 두었다. 이 연구기관들은 기존의 다른 연방 연구기관들(federal agencies)과 협력하고 기존의 중소 제조업체를 지원하는 '제조업 확장 파트너십'과도 연계되었다. 15개의 제조업 혁신 기구는 대학, 정부, 산업 간의 협력을 통해서 미국 제조업 혁신의 공백을 메우고자 했다(Bonvillian and Singer 2017, 128-31). 이 연구기관들의 그룹은 원래 '제조업 혁신을 위한 전미 네트워크(the National Network for Manufacturing Innovation: NNMI)'라고 명명되다가 2016년부터 '제조업 USA'로 이름을 고쳤다. 2016년까지 6개의 연구기관은 국방부가, 3개는 에너지부가 후원했다. 그리고 2017년 5개 연구소가 추가로 설립되어 총 14개 연구기관이 수립되었다(산업통상자원부 2019, 18-21; Bonvillian and Singer 2017, 141-43).[24]

---

23 House of Representatives 2296, Revitalize American Manufacturing and Innovation Act, 113th Congress 2nd Sess., Congress.gov, bill actions, from https://www.congress.gov/bill/113th-congress/house-bill/2296/actions

3) 2010년대 미국 제조업 부활 정책의 평가와 한계

2008년 금융위기 이후 오바마 행정부는 제조업의 혁신을 강화하여 경쟁력을 강화하고 새로운 일자리를 창출하고자 했다. 특히 MIT와 행정부 내의 산업 관련 전문가들의 노력과 연구에 기초한 AMP 1.0 보고서와 AMP 2.0 보고서를 통해서 오바마 행정부는 새로운 전략과 제도를 창출하고자 했다. 무엇보다 오바마 대통령의 제조업 부흥에 대한 적극적 지지를 통해 신자유주의적 반대에도 불구하고 미국 제조업의 경쟁력을 강화하기 위한 새로운 대안으로 국가의 적극적 개입 정책을 시도했다. 그리고 산업 전문가들과 미국 대학들의 우수 연구진이 참여하여 산학연 파트너십에 기초한 제조업 연구기관들을 건설함으로써 기존의 기초연구 중심에서 탈피하여 연구와 생산의 연계를 통해 혁신 역량을 강화하고자 했다. 이러한 국가 주도의 산업정책의 일환으로 다음의 별첨 도표에서 보듯이 14개의 연구기관을 신설하여 산학연 파트너십을 위한 제도적 기초를 마련했던 것이다.

미국 정부의 새로운 국가 개입주의에 기초한 제조업 부흥과 혁신 역량 강화 전략은, 미국 관련자들이 스스로 언급하듯이, 독일의 프라운호퍼 연구소 모델에서 배우려고 한 것이었다. 사실 프라운호퍼 연구소 모델은 단순히 미국만이 아니라 영국 등 다양한 나라에서 모방하고자 하는 모델이다.[25] 이 모델의 핵심은 산업에서 필요로 하는 기

---

24 구체적인 제조 연구기관들에 대한 설명은 이 장의 〈별첨〉을 참조하라.

25 독일의 프라운호퍼 연구소 모델은 영국도 모방하고자 하는 모델이다. 영국의 새로운 혁신전략 프로그램인 "테크놀로지와 혁신 센터(Technology and Innovation Centres: TICs)

술을 바탕으로 연구소와 실제 기업들의 연계를 강화하여 혁신 역량을 강화하는 것이다. 이 모델은 미국 국방부 산하 연구소들이나 에너지부 연구소들, 그리고 대학의 실험실이 기초과학에 초점을 둔 것과는 달리 산업이 필요로 하는 응용기술의 개발과 적용에 초점을 두었다. 이제 3장을 마치면서 본 연구에서는 오바마 행정부 이후 추진된 미국의 국가 주도 제조업 부활 정책을 비교적 시각에서 평가하고자 한다.

2010년대 미국의 국가 주도 제조업 부활 정책은 2020년 말 현재까지 많은 성과를 보여주고 있다. 비록 2008년 금융위기 이전의 수준으로 회복된 것은 아니지만, 그래도 "선진국에서 제조업의 쇠퇴는 필연적"이라는 신자유주의자들의 예상과 달리 미국의 제조업은 서서히 부활하는 기미를 보여주었다. 미국 제조업에서 일자리는 높은 생산성 향상에도 불구하고 2010년 약 1,207만 고용에서 2016년 1,290만 고용으로 크게 증가하여 6년 사이에 약 82만 9,000개의 일자리가 새롭게 창출되었다(OECD Data). 특히 제조업 연구기관들이 전략적으로 집중한 4개 분야—축적적 제조 기술(additive manufacturing) 첨단 로봇(advanced robotics), 롤투롤 생산공정 기술(roll-to-roll production technologies), 그리고 스마트 공장 기술(smart manufacturing technologies)—에서 미국 제조업은 효율성의 상승에 따른 비용 절감으로 약 1,000억 달러의 이득을 보았다(산업통상자원

에 대한 2011년 예비 보고서에 따르면, 영국은 프라운호퍼 연구소 모델을 따라서 혁신 펀드를 구성하려고 한다. House of Commons, Committee on Science and Technology(2011), "Technology and Innovation Centres." from https://publications.parliament.uk/pa/cm201011/cmselect/cmsctech/619/61902.htm

부 2019, 21-23; Bonvillian and Singer 2017, 186).

그러나 많은 긍정적 성과에도 불구하고 미국의 제조업 부활 노력이 여전히 많은 한계를 가지는 것도 또한 사실이다. 2010년대 미국의 제조업 부활을 위한 노력의 한계는 다음과 같다.

첫째, 미국의 산업 혁신 프로그램의 지원 규모가 다른 나라에 비해 대단히 제한적이고 적은 편이다. 미국의 '선진 제조업 혁신 프로그램'으로 수립된 14개의 연구기관은 1년 예산으로 약 2억 2,500만 달러를 사용한다. 그러나 독일의 프라운호퍼 체제만 하더라도 프라운호퍼 연구기관이 전국적으로 60여 개 존재하며, 1년 예산으로 약 20억 달러를 사용하고 있다(Germany Trade and Invest, July 2014). 좀 더 구체적으로 예를 들어 보면, 3D 프린팅 개발을 책임지고 있는 아메리카 메익스는 이 프로그램이 지속된 5년간 연방정부 지원금으로 약 5,000만 달러를 받았다. 이에 비해 산업 기반이 훨씬 적은 싱가포르는 관련 기술개발에 사용한 지출이 50억 달러를 기록하고 있다(Straits Times, March 17, 2016).

한편 미국에서 각 주의 중소 제조업자들을 지원하기 위한 프로그램인 '제조업 확장 파트너십'을 위한 연방정부의 지원은 매년 약 1억 3,000만 달러이다. 하지만 미국보다 더 적은 산업 환경을 가진 캐나다의 경우도 유사한 프로그램에 훨씬 더 많은 지원을 하고 있다. 무엇보다 현재 중국이 선진 제조업을 건설하기 위해서 투자한 돈은 3억 50만 달러로 미국에 비해서 월등히 많다(Kennedy, June 1, 2015; Xinhua 2016).

둘째, 미국 연방정부의 지원은 5년 한시적인 프로그램이다. 반면 독일의 프라운호퍼 연구소 모델은 반영구적이다. 독일의 프라운호퍼 연구기관들은 미국과 같이 5년이라는 기한을 두고 있지 않다. 반면 새로 수립된 미국의 연구기관들은 5년 후에는 연방정부의 지원이 끊긴다. 그래서 독일의 프라운호퍼 체제와 달리 미국의 연구기관들은 5년 뒤 연방정부의 지원이 끊긴 후 자생할 수 있는 구조와 방법을 찾아야 한다(Bonvillian and Singer 2017, 178).

2017년 미국에서는 선진 제조업 혁신 프로그램을 위해서 14개의 연구기관을 새롭게 5년 한시적으로 수립했지만 그것의 지속성 여부는 의문스럽다. 많은 연구기관 이사들(directors)이 언급하듯이, 연구기관들은 현재 '기부 피로(donor fatigue)'의 문제에 직면해 있다. 연구기관의 경비를 일정 정도 부담하고 있는 주요 대기업의 경우는 여러 연구 주제에 참여하고 있는데, 이들은 여러 주제로 투자가 너무 분산되는 것을 두려워하고 있다. 이들이 얼마나 오랫동안 지속적으로 지원할 수 있을지는 불투명하다. 또 다른 지원자인 주정부의 경우도 유사한 문제에 봉착해 있다. 심지어 제조업이 강한 주의 경우에도 참여할 수 있는 연구기관의 수에 한계가 있다(Bonvillian and Singer 2017, 185).

미국 기업들은 점점 연구개발에 투자하기를 꺼리거나 할 수 없는 지경에 이르고 있다. 왜냐하면 연구개발로부터 돌아오는 수익이 본질적으로 투기적이기 때문이다. 유명한 벨(Bell) 연구소의 붕괴 이후 미국 기업들은 기업체 스스로 내부에서 연구개발을 많이 하는 것을 꺼리는 경향이 있다(Bonvillian and Singer 2017, 166).

셋째, 미국 제조업 부활 정책은 연구와 산업 간의 긴밀한 연계를 강조하고 있지만 여전히 연구와 산업 간의 연계가 약한 편이다. 독일의 프라운호퍼 연구소 모델과 새로 생긴 미국의 제조업 부활을 위한 혁신 프로그램의 가장 큰 차이는 미국의 14개 연구기관과 산업 간의 연계가 독일에 비해서 약하다는 것이다. 프라운호퍼 연구소로 대변되는 독일의 혁신 체제는 '제조업 주도 혁신(manufacturing-led innovation)'이다. 그래서 독일의 경우 미국과 달리 생산 세계화 혹은 글로벌 아웃소싱의 와중에도 국내 산업생태계가 무너지지 않고 오히려 업그레이드되고 지속될 수 있었던 것이다. 이에 비해 미국의 신진 제조업 혁신 프로그램은 그 실행에서 여전히 산업과 다소 유리되어 있다. 미국의 선진 제조업 혁신 프로그램에 참여하는 대학의 과학자들이나 엔지니어들은 생산체제와 관련된 기술적 문제들(technology challenges around the production system)에 직접적으로 관여하지 않는 경향이 있다. 게다가 연방 연구개발 센터들도 생산이나 제조업 영역에 대해 여전히 관심 밖의 일로 여기는 경향이 있다(Bonvillian and Singer 2017, 178, 182).

미국과 대조적으로 독일의 프라운호퍼 체제에서는 엔지니어와 과학자들이 생산 및 생산공정과 연계된 기술 혁신에 직접 관여한다. 프라운호퍼 체제는 아카데미 과학자와 엔지니어가 산업 기술 이슈들(industry technology issues)에 대응하여 긴밀하게 협력하는 하나의 공동체를 형성하고 있다. 이 체제에서는 단순히 생산과 생산공정의 기술개발뿐만 아니라 기업들이 개발한 새로운 테크놀로지에 대한 검증(validation)을 제공함으로써 프라운호퍼 연구기관들과 산업 간의 긴밀한 연계를 발전시킨다. 그리고 연구기관들은 기업들의 상업화 단계에까지 긴밀히 관여하는 경향이 있다. 이와 같이 프라운호퍼 체제는 상업화 단계까지 지속적으로 연계를 확대할 뿐만 아니라 산업정책적 차원에서도 싱크 탱크의 역할을 한다(Bonvillian and

Singer 2017, 182).

이에 비해 미국의 경우는 전통적으로 기초 연구개발에 뛰어난 풍부한 연구소들을 가지고 있다. 예를 들면, 미국국립과학재단, 방위고등연구계획국(Defense Advanced Research Projects Agency: DARPA), 미국항공우주국, 미국국립표준기술연구소, 그리고 에너지부의 '에너지 효율과 재생에너지국(Office of Energy Efficiency and Renewable Energy: OEERE)' 등은 미국 기업들에 영향을 미칠 수 있는 근본적인 연구개발 프로그램들을 가지고 있다. 이 연구소들은 비록 제조업을 부활시키기 위해 간접적으로 지원하긴 하지만 여전히 국방과 에너지 일반에 대한 연구에 중점을 두며 사적 기업들과 제조업 연구기관들로부터는 다소 유리되어 있다(Bonvillian and Singer 2017, 183).

선진 제조업 혁신 프로그램으로 새롭게 수립된 미국의 14개 제조업 연구기관이 현재 직면한 문제는 연방정부, 특히 국방부의 연구개발 미션과 산업의 생산에서 요구하는 필요 사이에 여전히 간극이 크다는 것이다. 국방부의 연구소들같이 연방정부 연구소들은 자신들의 부서 과제들에 맞는 연구 분야에 집중하고 있다. 다시 말해, 연방정부 연구소들은 제조업 분야의 필요에 잘 맞춰져 있지 않다는 것이다. 국방부의 연구소들은 국방 관련, 그리고 에너지부의 연구소들은 에너지 기술 분야에 맞추어져 있다. 이들 부처 산하 연구기관들로부터 자금 후원을 받는 제조업 USA 프로그램의 제조업 연구기관들은 이 부처들의 임무와 과제에 초점을 맞추지 않을 수 없다. 비록 제조업 연구기관들이 산업 기업체들에 자문을 구하지만 여전히 연구 방향의 초점은 정부 부처들의 임무에 맞추어져 있는 편이다. 미국의 제조업 연구기관들은 정부 부처의 임무와 과제에 초점을 두다 보니 제조업의 실행 단계에는 상대적으로 관심이 부족하다. 대부분의 연구들이 초기 개발 단계에 초점을 둔 반면 상업화 관련 연구는 상대적으로 부족하다. 생산 과정에 관련된 기술, 전시(demonstration), 테스트(testing), 피드백 체계(feedback system)가 부재한 상태에서 제조업 연구기관들은 중소기업들의 혁신 역량을 지원하는 데 많은 한계를 가지고 있다. 왜냐하면 중소기업들이 요구하는 기술과 현재 제조업 연구기관들의 초점이 서로 다를 수 있기 때문이다(Bonvillian and Singer 2017, 164, 170-71).

또한 독일과 비교했을 때 현재 미국의 제조업 부활 정책에는 여전히 중소기업을 위한 금융 체제가 취약한 편이다. 독일의 경우는 기존의 중소기업들이 스케일업하는 것이 용이하도록 하는 금융 체제를 구비하고 있다. 미국은 벤처자본을 통해 완전히 새로운 아이디어와 발명, 그리고 이에 기초한 스타트업이 발전하기에 용이한 체제를 갖춘 반면, 독일의 경우는 기존의 강한 중소기업들이 기존 기술의 응용과 혁신을 통해 경쟁력을 강화하는 데 초점을 두고 있다. 독일 중소기업의 경우는 미국보다 가족 소유와 자체 재원 조달(self-financing), 그리고 지역 은행들의 대부에 훨씬 더 의존하는 편이다. 그리고 독일의 중소기업들은 지역 은행들과 긴밀한 관계를 유지함으로써 어려운 시기를 잘 견뎌낼 수 있다. 이러한 자금 조달 방식에 기초하여 독일의 중소기업들은 미국의 기업들과 달리 주식시장의 분석에 일희일비하기보다는 장기적인 성장과 생산 혁신 전략에 초점을 두게 된다(Berger 2013, 128-29). 독일 기업들은 완전히 근본적인 혁신보다는 기존의 생산관계와 네트워크를 이용하면서 현재의 생산을 응용하거나 생산공정을 변형시키는 혁신에 초점을 두는 경향이 있다. 이러한 과정에 프라운호퍼 체제의 역할이 중요한 것이다. 이에 비해 미국의 경우는 지역 은행들이 사라짐에 따라 중소기업들이 어려움을 겪고 있다. 대부분의 혁신 스타트업들은 여전히 기업 공개보다는 자금 마련을 위해 국내외 대기업들과 합병을 선택하는 경향이 있다. 그리고 미국의 중소기업들은 AMP에 참여하고 싶어 하지만 이를 위해서는 새로운 투자가 필요한데, 대부분의 중소기업들은 이러한 자본 여력이 부족한 형편이다(Berger 2013, 81-82)

끝으로 독일과 비교해서 미국의 산업생태계는 여전히 숙련 노동자의 부족이라는 문제에 직면해 있다. 비록 최근 미국의 제조업 부활 정책에서 제조업 연구기관들이 노동자에 대한 직업 훈련을 운영하고 있지만, 독일과 비교하여 미국의 경우 노동의 숙련을 높이는 직업 훈련이 잘 정비되어 있지 않다. 미국에서 노동은 주로 자유시장에 의존하기 때문에 숙련을 높이는 데 약점을 가지고 있다(Hall and Soskice 2001). 반면 독일의 경우 노조의 적극적인 지원하에 중앙집중화된 직업 훈련 방식을 가지고 있다. 최근 제조업 USA 프로그램에서 각 지역별로 직업 훈련을 도입하고 있지만 여전히 미약한 편이다. 제조업 연구기관들의 전문가들은 대부분 기술개발에 치중되어 있지 교육 전문가들이 아니다. 이 기관들은 연구개발에 초점을 두고 있고 교육 훈련에는 다소 소홀한 편이다.

〈별첨〉

다음은 13개 제조업 연구기관에 대한 약술이다.[26]

DMDII(Digital Manufacturing and Design Innovation Institute)

DMDII는 2014년 시카고에 허브를 두고 설립되었다. 디지털 매뉴팩처링은 동시적인 생산과 매뉴팩처링 과정의 획성(definitions)을 위해 시뮬레이션, 3차원 시각화, 애널리틱스(analytics), 협업 도구들과 함께 통합적인 컴퓨터 기반 시스템을 사용한다. 디자인 혁신은 전체 제조 과정의 끝에서 끝까지를 재해석하기 위해 이러한 기술, 도구, 그리고 상품을 적용할 수 있는 능력을 말한다.

DMDII에는 폭넓은 영역의 주요 회사와 많은 소규모 회사들, 그리고 11개 일류 대학을 포함한 201개의 구성원이 참여하고 있다. 이 연구소는 국방부 육군 맨테크 자금인 7,000만 달러와 산업 및 주의 부응기금(matching funds) 24억 8,000만 달러로 운영된다. 이것은 공급자들 간의 긴밀한 연결 관계를 육성하여 생산 디자인 비용을 낮추고 상품 수명 주기의 끝부터 끝까지 더 나은 연결고리를 통해 필요 자본량(capital requirement)을 줄임과 동시에 생산 비용을 낮추는 디지털 메뉴팩처링을 임무로 한다. 나아가 더 빠른 반복(iteration)을 통해 시장까지의 시간을 단축시키고 디지털 디자인, 디지털 공정, 디지털 공급 체인에서의 혁신을 개발하고 적용하며 새로운 상품을 개발하고 기존의 낡은(legacy) 상품을 혁신하는 것도 목표로 한다.

26 미국의 Manufacturing USA 산하 기구들에 대해서는 홈페이지 〈manufacturingusa.com/institutes〉와 Bonwillian and Singer(2017) Table 6-1, pp. 144-151을 참조하시오.

LIFT(Lightweight Innovations for Tomorrow)

LIFT는 2014년 미시건주에 위치한 디트로이트에 허브를 두고 설립되었으며 I-75 도로를 통해 미시건주, 오하이오주, 인디애나주, 테네시주, 그리고 켄터키주까지 지리적으로 확장했다. 경량과 첨단 금속들(Lightweight and advanced metals)은 국방, 에너지, 교통, 그리고 일반적 공학 생산에서의 다양한 시스템의 성과를 개선시킬 수 있는 주요 퍼포먼스의 향상과 더 큰 에너지 효율성을 제공한다. 경량 금속들은 풍력 터빈, 의학 기술, 압력 용기(pressure vessel), 그리고 대체 에너지 자원에 적용된다.

LIFT에는 17개의 대학과 금속 산업, 항공우주 산업, 자동차 공급 회사 등 크고 작은 다양한 분야의 회사들을 포함한 78개의 구성원이 참여하고 있다. 이 연구소는 해군 본부의 해군 연구 및 그것의 맨테크 프로그램을 통해 7,000만 달러를 지원받고 있다. 이 연구소의 임무는 경량 고성능 금속의 생산을 혁신하고 산업적 기반을 응용하여 이러한 새로운 기술을 확장 가능하게 하는 것이다. 이 연구소는 자동차, 항공우주, 조선, 철도, 제조, 그리고 다양한 영역들로 폭넓게 응용 가능한 융해, 가공 열처리 공정, 분말 공정, 민첩한 저비용 툴링(agile low-cost tooling), 도금, 그리고 결합(joining)에 관한 프로젝트에 착수하고 있다. 이 기관은 인력 교육에서 선도적인 역할을 담당하고 있다.

Power America-Next Generation Power Electronics

Power America는 광대역 반도체(wide-bandgap semiconductor) 기술을 발전시기기 위해 2015년에 출범했다. 이 기술은 실리콘 기반

기술보다 더 작고 더 빠르며 효율적인 반도체 물질을 통해 에너지 효율성과 전력 전자(power electronics)의 신뢰성을 향상시킬 수 있었다. 이러한 반도체 물질은 높은 온도에서 작동할 수 있었고 더 높은 전압을 막을 수 있었으며 더 적은 전력 손실 속에서 빠른 전환이 가능했을 뿐만 아니라 더 신뢰할 만했고 체계 수준에서 상당한 이점이 있었다. 이러한 능력은 전력 적용의 다양한 분야에서 무게, 부피, 수명 주기 비용을 줄일 수 있었다. 이러한 기술은 산업 모터 시스템, 가전제품, 데이터 센터, 그리고 태양과 풍력 등 재생 가능한 에너지의 전환을 포함한 다양한 분야에 적용할 수 있을 것이다. 만약 제한된 영역에서의 해당 기술이 광범위하게 도입된다면 산업 생산을 포함한 상당한 전자 전력의 절약을 매년 달성할 수 있다. 더 높은 생산 수준을 달성하는 것과 함께 광대역 기술의 높은 비용은 감소할 것으로 예상된다.

Power America는 7,000만 달러의 부응기금과 함께 에너지부의 에너지 효율과 재생에너지국 첨단 매뉴팩처링 부서로부터 7,000만 달러를 지원 받는다. 이 연구소는 17개의 산업 파트너와 5개 대학, 그리고 3개 실험실이 참여하며 노스캐롤라이나주의 롤리에 위치해 있다.

IACMI(Institute for Advanced Composites Manufacturing Innovation)

IACMI는 2015년에 설립되었으며, 50% 저렴하고 75%의 에너지를 덜 사용하며 95% 이상 재사용 및 재활용이 가능한 첨단 섬유질 폴리머(advanced fiber-reinforced polymer) 합성물을 수십 년 안에 개발하고 입증하는 것을 목표로 한다.

경량, 고강도, 고강성도 합성 물질은 여러 영역에 걸쳐 에너지 절약적 운송과 효율적인 전력 생산, 재생 가능한 전력 생산의 증진을 달성하게 해주는 핵심 기술로 인식된다. 이러한 경량, 고강도 합성물의 적용 범위는 자동차로부터 항공, 풍력 날개까지 다양하다.

이것을 달성하는 데에서의 제약으로는 고비용, 낮은 생산 속도, 합성 물질의 높은 제조 에너지 밀도, 재활용 불가능성과 더불어 디자인 모델링, 검수 도구 등의 개선 필요성과 규제 조건에의 적합성 등이 있다. 기술의 가속화와 매뉴팩처링 연구는 구성 재료의 생산부터 최종 복합체 구조의 제작까지 생산 비용과 성과 목표를 맞추는 것이 필요하다.

IACMI는 테네시주 녹스빌에 위치하며, 1억 8,000만 달러의 부응 기금과 함께 에너지부의 에너지 효율과 재생에너지국 첨단 매뉴팩처링 부서로부터 7,000만 달러를 지원받는다. 이 연구소에는 57개 회사와 15개의 대학 및 실험실, 그리고 다른 14개 조직이 참여한다.

AIM Photonics(American Institute for Manufacturing Integrated Photonics)

AIM Photonics는 2015년에 뉴욕주의 앨버니와 로체스터에 허브를 두고 설립되었다. 이 연구소의 목표는 통신, 새로운 고성능 컴퓨팅, 그리고 건강 산업에서의 진보를 가져올 센서와 이미징을 가능하게 하는 초고속 신호 송신장치를 개발하는 것이다.

통합적인 포토닉스(photonics)를 위해서는 다양한 광자와 전자장치들[예를 들어, 레이저, 탐지기, 도파관(wave-guides), 수동 구조

(passive structure), 변조기(modulator), 전자 조절기(electronic con-trols), 광학 상호연결기(optical interconnects) 등]을 나노 사이즈의 단일한 기질(substrate)에 통합하는 것이 필요하다. 이러한 다양한 요소들을 통합하는 것의 이점은 상당하다. 이는 시스템 디자인을 단순화하고, 시스템 성과를 개선하며, 구성 공간 및 전력 소모를 줄이고, 성과와 신뢰성을 개선하여 중요한 새로운 역량과 기능 실현이 낮은 비용으로 가능하도록 한다. 현재의 포토닉 매뉴팩처링 영역은 상호 연관되어 있지만 상당히 독립적인 사업, 조직, 그리고 활동의 집합에 불과하다. 이것은 생태계를 구축할 발전적 잠재력을 갖고 있다. 하지만 아직은 통합적인 광학 장비들의 비용 효율적인 디자인, 제작, 시험, 조립, 그리고 패키징을 위해 효율적으로 매뉴팩처링 기술을 혁신하는 데 필요한 조직과 집적된 시장의 힘이 결여된 상태이다.

AIM Photonics의 초점은 국내 파운드리, 통합적인 디자인 도구, 자동화된 패키징, 조립, 검수와 인력 개발을 아우르는 포토닉스 생태계를 만드는 것이다. 이 연구소에는 연방정부의 지원과 함께 200만 달러가 넘는 주 및 산업의 부응기금이 투입된다.

NextFlex- FHE(Flexible Hybrid Electronics)

NextFlex는 2015년 캘리포니아주 새너제이의 실리콘벨리 안에 허브를 두고 창설되었다. 이 연구소는 얇은 시모스(CMOS) 요소를 프린팅 과정에서 추가된 새로운 요소들과 결합하여 유연하고 확장 가능한 기체를 형성하는 적용성이 높은 장치를 목표로 한다. 이는 현재의 실리콘 가공 기계에는 부적합한 회로, 통신, 감지, 그리고 전력 원천을 위한 유연하고 혼합적인 요소를 의미한다.

FHE는 전통적인 전자회로가 구부리고 늘리고 또는 접는 등의 새로운 유연한 구조와 형식에서도 온전히 작동하도록 한다. 이러한 대단히 기능적인 장치는 구부러지고 불규칙적이며 늘려진 물질의 부분이 될 수 있다. 이러한 기술은 전통적 전자 패키징을 상업적·군사적 기술의 새로운 단계를 가능하게 할 새로운 형태로 확장할 수 있도록 한다. 이러한 예로는 의학 장치와 센서, 모니터, 구조적 또는 수단적 성과의 센서, 인터넷을 통한 상호 운용 센서, 물리적 위치를 감지하는 센서, 착용 가능한 퍼포먼스 또는 정보 장치, 로봇공학, 휴먼-로보틱 인터페이스 장치, 그리고 경량의 휴대 가능한 전자 시스템 등이 있다. 이는 착용 가능한 기술, 새로운 정보 장치와 센서, 의학 인공보철과 센서, 그리고 휴대용 센서 등의 응용을 포함한다.

이에 대해 국방부 맨테크가 7,500만 달러, 산업과 주, 그리고 지방정부가 9,600만 달러의 비용을 부담한다. 이 연구소에는 반도체 회사, 그들의 공급업체부터 항공우주와 생명과학 기업까지 22개의 기업 구성원과 17개 대학, 그리고 주 및 지역 기관들이 참여한다.

AFFOA(Advanced Functional Fabrics of America)

AFFOA는 2016년 4월에 발표되었고 2017년에 크고 작은 기업들, 대학들, 지역 대학을 포함한 80개의 구성원으로 시작되었다. 이 연구소의 본부는 메사추세츠주 케임브리지에 위치하고 있으며 여러 지역에 거점을 만들 계획이다.

과학의 진보는 전자기기, 센서, 그리고 통신 요소에 쓰일 수 있는 강도와 내염성, 전자 전도성을 포함한 특별한 속성을 섬유와 직물이

가질 수 있게 했다. 섬유와 직물의 이 새로운 범위는 특수 섬유, 산업 섬유, 전자 직물, 그리고 첨단 직물의 다양한 형태를 포함한다. 이것들은 이전까지 직물과 연결되지 못했던 통신, 조명, 냉각, 건강 모니터링, 배터리 저장, 그 외의 다른 새로운 기능을 가능하게 한다. 이러한 기술적 직물들은 합성 및 자연 섬유의 혼합물과 다물질 섬유를 바탕으로 하며, 이는 전통적인 착용 가능한 섬유를 넘어서 상업적·군사적 영역에서 다양히게 응·용·할 수 있다.

AFFOA에는 2억 4,000만 달러의 산업 및 주 단위 부응기금 지원과 함께 7,500만 달러의 국방부 맨테크 기금이 투입되었다. 이 연구소의 목표는 혁명적 섬유와 직물 제조업을 위해서 끝부터 끝까지의 혁신 생태계에서 민관 파트너십에 봉사하고, 매뉴팩처링 과정을 발전시키고 스케일을 상승시키는 국내 매뉴팩처링 시설의 레버리지 역할을 수행하는 것이다. 이 연구소는 디자인과 시뮬레이션 도구, 시범(pilot) 생산시설들, 공급자들과 함께하는 협력적 기반시설, 인력 개발의 기회에 기반한 빠른 생산 현실화의 기회를 보장할 계획이다. 이 연구소는 IT 기술과 지식장치들을 섬유와 결합시키면서 섬유 및 직물에서 혁명을 일으키려 한다.

Smart Manufacturing Innovation Institute

새로운 스마트 매뉴팩처링 혁신 연구소의 승자는 2016년 6월 버락 오바마 대통령에 의해 발표되었으며, 지금은 스타트업 수준으로 구성원들을 구축하고 있다. 이 연구소의 본부는 로스엔젤레스에 있다.

스마트 매뉴팩처링은 공장들과 회사들 간의 에너지, 생산성, 비용을 실시간 통제하는 새로운 수준을 가능하게 하기 위해 매뉴팩처링 과정에 지식과 통신기술을 수렴하는 것을 특징으로 한다. 이것은 AMP 2.0 보고서에서 연방정부의 지원이 필요한 높은 우선성 매뉴팩처링 기술 영역으로 간주되고 있다. 스마트 매뉴팩처링은 첨단 센서, 통제, 정보기술 과정과 플랫폼, 그리고 첨단 에너지와 생산 관리 시스템과 결합되어 다양한 산업 영역에서 에너지 효율과 매뉴팩처링 역량을 향상시킬 잠재력을 갖고 있다.

이 연구소의 예산 1억 4,000만 달러 중 에너지부의 첨단 매뉴팩처링 부서의 연방정부 기금이 이미 5년 넘게 7,000만 달러가 책정되었고, 나머지는 부응기금에 할당된다. 이 연구소는 에너지 소모를 줄이는 스마트 센서와 같은 장비를 통해 정보기술을 매뉴팩처링 과정과 결합시키는 데 초점을 맞출 것이다. 예를 들면, 탄소섬유 생산에서 첨단 센서를 시험하기 위해 에너지부의 IACMI와 협업할 예정이다. 이 연구소는 200개가 넘는 회사와 대학, 국가적 연구실, 그리고 비영리 단체와 파트너를 맺기를 기대하고 있다. 마이크로소프트(Microsoft Corp.), 알코아(Alcoa Inc.), 코닝(Corning Inc.), 엑손모빌(ExxonMobil), 구글(Google), 전미재생에너지실험실(the National Renewable Energy laboratory), 그리고 수많은 작은 기업들이 이 연구소의 파트너이다. 이 연구소는 5개의 센터를 출범시킬 계획을 갖고 있으며, 이 센터들은 대학과 연구실을 중심으로 캘리포니아(UCLA), 텍사스(Texas A&M), 노스캐롤라이나(North Carolina State University), 뉴욕(Rensselaer Polytechnic Institute), 그리고 워싱턴(Pacific Northwest National Laboratory)에 세워져 기술개발과 이전, 그리고 인력 교육에 초점을 맞출 예정이다.

RAPID(Rapid Advancement in Process Intensification
Deployment Institute)

2016년 12월 9일, 에너지부의 에너지 효율과 재생에너지국은 미국화학엔지니어기구(American Institute of Chemical Engineers)가 이끄는 컨소시엄이 에너지부의 후원을 받는 네 번째 연구소가 될 것이라고 발표했으며, 이것이 2030년에 미국의 에너지 생산성을 2배로 증대시키려는 부서 노력의 핵심 단계가 될 것이리고 밝혔다. 130개가 넘는 파트너로부터 민간 비용 분담과 더불어 7,000만 달러에 달하는 연방정부 기금을 지원받은 RAPID는 석유, 가스, 펄프, 제지, 그리고 다양한 국내 화학 제조업과 같은 산업의 매뉴팩처링 과정에서 국내의 에너지 생산성 및 에너지 효율성을 5년 이내에 20% 이상 향상시키는 기술적 돌파구를 마련하는 데 초점을 맞춘다.

전통적 화학 매뉴팩처링은 거대 규모의 에너지 집약적 과정에 의존했다. 새로운 기관은 혼합, 반응, 그리고 분리를 단일한 단계로 결합하는 것과 같은 다양한 복합적 과정을 에너지 생산성 및 효율성의 향상, 작업 비용 절감, 낭비 절감의 목표와 결합하여 모듈식(modular) 화학 공정 강화 방식의 레버리지를 높일 예정이다. 과정의 비약적 발전은 공장 작업장에서의 설비 공간을 급격하게 축소시키고 원료를 효율적으로 쓰면서 낭비를 줄일 수 있다. 예를 들면, 공정을 단순화하고 축소시킴으로써 이러한 접근이 원천으로부터 직접적인 천연가스 정제를 가능하게 해서 현재 에탄올 크래킹 과정에서 발생하는 절반의 에너지 손실을 막아 준다. 화학 산업 하나만 고려해도, 이러한 기술은 미국에서 공정 비용에 쓰이는 90억 달러 이상을 절약하게 한다.

NIIMBL(National Institute for Innovation in Manufacturing Biopharmaceuticals)

2016년 12월 16일 상무부 장관은 7,000만 달러를 새로운 NIIM-BL 연구소에 수여할 것을 밝혔다. 이 기관은 산업에서 제안한 영역을 다루는 첫 연구소이자 상무부가 처음으로 기금을 지원한 연구소이다. 에이전시는 열린 토픽 접근을 추구했는데, 이는 새로운 연구소가 이미 존재하는 연구소들이 현재 목표로 하지 않는 어떤 영역도 다룰 수 있도록 했다. 미국국립표준기술연구소는 지역 제조업의 핵심적인 기술 영역을 제안할 수 있는 산업 주도 컨소시엄을 가능하게하는 상향식 주제 선정 과정을 제공하기 위해 '산업이 제안한 주제를 둔 기관 간 경쟁대회(Industry-proposed Institutes Competition)'을 개최했다. 그 결과가 NIIMBL이었다.

NIIMBL은 생물약제학(biopharmaceutical) 제품을 위한 생산 과정을 변형하는 것을 목표로 한다. 전반적으로 이 연구소는 바이오팜 산업에 대한 미국의 선도적 지위를 더 발전시키고 의학 치료를 개선하며 새로운 교육 프로그램을 개발하는 것을 통해 바이오팜의 특정 기술에 매칭하는 자격을 갖춘 인력을 양산하는 것을 목표로 한다. 이러한 발표는 델라웨어 대학에서 이뤄졌고, 이 연구소는 상무부의 미국국립표준기술연구소와 파트너십을 맺을 예정이다. 연방정부 기금 지원 외에도, 새로운 연구소는 150개 회사, 교육기관, 연구단체, 조정단체, 비영리단체, 그리고 매뉴팩처링 확장 파트너십으로 구성된 컨소시엄의 부응기금으로부터 초기 투자금 1억 2,900만 달러를 받았다.

ARMI(Advanced Regenerative Manufacturing Institute)

2016년 12월 21일 국방부는 오늘날 '제조업 USA'가 된 '제조업 혁신을 위한 전미 네트워크'가 성취한 진보를 기념하기 위해 열린 백악관 행사에서 ARMI를 설립하기로 발표했다. 이는 국방부가 이끄는 일곱 번째 연구소가 될 예정이다.

뉴햄프셔의 상원의원과 주지사가 동시에 주 내에서 초당적으로 맨체스터밀야드에 본부가 위치할 바이오 매뉴팩처링 컨소시엄을 설립하기 위해 8,000만 달러를 지원한다는 발표에 참여했다. 데카 R&D 코퍼레이션(DEKA R&D Corporation)과 뉴햄프셔 대학, 그리고 다트머스-히치콕 보건 시스템(Dartmouth-Hitchcock health care system)이 포함된 연합이 이끄는 이 연구소는 환자에게 이식 가능한 조직 및 기관을 개발하고 바이오 매뉴팩처링을 하는 것을 목표로 한다. 데카의 설립자 딘 카멘(Dean Kamen)이 연구소를 이끌 것이다. 이 연구소는 세포와 조직을 고치고 대체하기 위한 다음 세대 매뉴팩처링 기술을 개척할 예정이다. 이것이 성공적이라면, 이러한 기술은 새로운 피부 또는 장기이식 차례를 기다리고 있는 수많은 미국인들을 위한 생명 보존 기관을 제조할 수 있는 역량을 가능하게 할 것이다. 이 연구소는 매뉴팩처링 물질 및 기술, 그리고 공정의 유효성, 재생산성, 접근성, 표준화를 개선시키는 것과 같이 새로운 합성 조직 및 기관을 생산하는 방식에 놓인 교차(cross-cutting) 매뉴팩처링의 난제를 해결하는 데 초점을 맞출 것이다. 3D 바이오프린팅, 세포과학, 과정 디자인부터 자동화된 제약(pharmaceutical) 스크리닝 방법부터 이러한 인명구조 물질을 빠르게 생산하고 수송하기 위한 공급 체인 전문가까지 다양한 분야와의 협력이 기대된다.

REMADE(Reducing Embodied Energy and Decreasing
Emissions in Materials Manufacturing)

REMADE는 2017년 1월 4일에 에너지부에 의해서 선택되었으며 뉴욕주 로체스터에 본부를 두고 '지속 가능한 제조업 혁신 연합(Sustainable Manufacturing Innovation Alliance)'을 운영할 목표를 가지고 출범했다. 이 연구소는 연방정부 기금으로부터 7,000만 달러와 100개가 넘는 민간 파트너로부터 7,000만 달러를 지원받아 운영될 예정이다. 이 기관은 금속과 섬유, 폴리머, 그리고 전자 폐기물 등과 같은 물질을 재사용, 재활용, 재생산하는 데 드는 기술의 비용을 낮추는 데 초점을 맞추고 2027년까지 전체 에너지 효율성의 50%를 증진하는 것을 목표로 한다. 에너지부가 말하기를 이러한 효율적 방식은 에너지 비용에서 몇 십억 달러를 절약하고 혁신적이고 새로운 매뉴팩처링 기술을 통해 미국의 경제적 경쟁력을 향상시킬 수 있다.

이 연구소는 재사용 및 재활용을 통해서 제조된 물질의 종합적인 수명주기 에너지 사용을 줄이는 것을 목표로 한다. 인간이 만든 물질들의 재사용, 재활용, 그리고 재생산을 위한 새로운 "요람에서 요람까지의 기술"을 개발하여 이를 수행한다. 매뉴팩처링은 국가의 총 에너지 사용의 3분의 1을 소모하며 그중 대부분의 에너지는 제조 과정에서 만들어진 물리적 상품에 구현되어 있다. 이러한 물질들을 더 나은 방식으로 재활용하는 새로운 기술은 미국의 제조업과 국가를 위해 매년 1,600조 BTU의 에너지를 절약할 수 있는데, 이는 2억 8,000만 배럴의 원유나 국가 전체의 한 달 원유 수입과 맞먹는다.

ARM(Advanced Robotics Manufacturing Institute)

국방부는 스마트 협력적 로봇공학에서 미국의 주도권을 세우는 데 초점을 맞추기 위해서 이 새로운 매뉴팩처링 연구소를 제안했다. 협력적 로봇공학은 인간과 함께 매끄럽고 안전하며 직관적으로 공정라인에서 무거운 물건을 운반하거나 정밀도를 요구하는 복잡하거나 위험한 임무를 다루는 일을 하는 첨단 로봇을 다룬다. 이 연구소는 사람들이 자신들을 보조하는 로봇과 협업함으로써 고품질 맞춤형 제품을 신뢰하고 효율적으로 생산함에 따라 국방과 우주부터 자동차와 건강까지 매뉴팩처링 영역의 넓은 길을 변화시킬 잠재력을 갖게 된다고 주장한다.

열네 번째 '제조업 USA' 연구소로 발표된 ARM은 국방부에 의해 2017년 1월 13일에 지정되었다. 본부는 피츠버그에 위치할 예정이며, 제안 그룹은 카네기멜론 대학이 소집한 그룹이었다. 이 연구소는 상당히 큰 팀으로 구성되며, 여기에는 31개 주의 84개 산업 파트너, 35개 대학, 그리고 다른 40개 그룹이 포함된다. 연방정부와 산업 및 주의 분담 비용은 총 2억 5,000만 달러이며, 이 중 연방정부의 부담이 8,000만 달러이다. 클렘슨 대학 워크포커 개발센터(Clemson University's Center for Workfocre Development)가 연구소의 인력 교육 프로그램을 담당할 것이다.

국방부는 성명에서 이 연구소의 필요성을 다음과 같이 설명했다.

로봇공학의 이용은 이미 매뉴팩처링 환경에서 존재했으나, 오늘날의 로봇들은 전형적으로 비싸고 단일한 목적만을 수행하며 재프로그램되는 것이 어렵고 안전을 위해 인간으로부터 고립될 필요가 있다. 로봇공학은 국방 및 다른 산업 매뉴팩처링의 필요를 위해 요구되는 정밀성을 달성하기 위해서 점차 필요성이 증대한다. 그러나 자본 비용과 사용의 복잡성 때문에 중소 규모의 제조업체들은 이러한 기술을 이용하기가 어렵다. 따라서 ARM의 임무는 활발한 매뉴팩처링 혁신 생태계라는 약속을 현실화하기 위해 다양한 분야 – 센서 기술, 최종 작용체(end-effector) 발달, 소프트웨어와 인공지능, 재료과학, 인간 및 기계 행동 모델링, 품질보증 등 – 로부터 산업적 실천과 제도적 지식을 통합함으로써 로봇기술을 창조하고 배치하는 것이다. ARM 내부에서 상당한 진화의 시기가 무르익은 기술로 협력적 로봇공학, 로봇 통제(학습, 통제, 재목적화), 솜씨 좋은 조작, 자동 항법 장치와 운행, 지각 및 센싱, 그리고 테스트, 검증, 확인 등이 있다.

국방부는 이 분야의 국제 경쟁에서 미국이 더 나은 위치를 차지하기 위해서는 더 발전된 조직과 협력이 필요하다는 점을 언급하면서 현재 국내의 매뉴팩처링 로봇공학 기술 역량이 파편화되어 있다고 평가했다.

제4장

국가 조정 자본주의: 일본을 중심으로

일본과 한국의 경우에는 세계화에도 불구하고 국내 생산과 혁신 능력을 상당히 향상시켰다. 특히 한국의 경우는 1990년대 중반 이후 지속적으로 생산을 세계화했음에도 불구하고 국내 제조업의 생산 능력이나 혁신 능력을 꾸준히 향상시켜 왔다. 앞 장에서 살펴보았듯이, 미국의 경우는 생산 세계화 과정에서 조정되지 않은 기업들이 단기적 수익과 주주가치를 추구하는 과정에서 국내의 산업공유재가 상실됨에 따라 기업들의 세계화와 함께 국내 생산과 혁신 능력에서 많은 손실을 가져왔다. 이에 비해 일본과 한국의 경우는 세계화 과정에서 자유시장 체제에 의존한 미국과 달리 국가의 적극적인 개입을 통하여 국내의 산업생태계를 재조정했다. 특히 한국의 경우 1997년 외환위기 이후 기업들의 급격한 세계화에도 불구하고 국가의 적극적인 개입과 조정을 통하여 기존의 '투입 주도(input-driven) 경제'에서 '지식 집약적 혁신 경제'로 전환함으로써 국제 경쟁력을 고양했다. 일본의 경우도 기업들의 세계화와 함께 '잃어버린 20년'이라고 할 정도로 장기간 불황을 거쳤지만 미국의 경우에 비해 상대적으로 국내 혁신 능력을 유지해 왔다. 게다가 2010년대에 들어와서는 국가의 적극적인 노력으로 기존의 폐쇄적 혁신 체제를 벗어나 '개방형 혁신 체제'로 성공적으로 변신함으로써 국내 혁신 능력을 새롭게 업그레이드하고 있다.

유사한 세계화 과정에서 일본과 한국의 '국가 주도 조정 체제(statist coordination economies)'는 어떻게 미국과 같은 '자유시장 경제(liberal market economies)'와는 다른 결과를 보여주었는가? 국가 주도 조정 자본주의는 기업들의 세계화에 어떻게 대응했는가?

물론 국가 주도 조정 자본주의 모델이라고 할 수 있는 일본과 한국이 국내 생산과 혁신 능력을 고양한 데에서 항상 좋은 성과 혹은 유사한 성과를 보여준 것은 아니다. 일본의 경우 1980년대에 국가 조정 모델에 기초한 성장의 절정을 경험했지만, 이후 1980년대 말에서부터 2000년대 전반까지 정치경제적으로 대단히 어려운 시기를 경험했다. 경쟁국인 독일, 동아시아의 한국, 중국에 비해서 일본은 상대적으로 혁신 능력을 향상시키는 데 정체를 보여주었다. 왜 유사한 국가 주도 조정 체제에도 불구하고 한국에 비해 일본은 심각한 정체를 경험했는가? 시기적으로 볼 때 일본은 1980년대까지는 국가 조정 체제하에서 엄청난 경제적 성공을 거두었지만, 이후에는 이것이 오히려 장애로 작용했다. 이는 유사한 국가 조정 체제라 하더라도 직면한 문제에 대한 해결 방식에 차이가 있음을 말해 준다. 왜 일본의 국가 주도 조정 모델은 1980년대까지의 성공에도 불구하고 1990년대 이후 빛을 잃기 시작했는가? 그리고 2010년대 이후 어떻게 다시 혁신 능력을 고양할 수 있었는가?

이 장에서는 기업들의 세계화 과정에서 미국의 '자유시장 경제', 독일 같은 '사회 조정 자본주의'와는 다른 '국가 주도 조정 자본주의(statist coordinated economies)'의 적용 방식을 이해하기 위해 일본을 중심으로 살펴볼 것이다. 한국의 사례는 일본과의 비교 차원에서 간략히 언급할 것이다.[1] 본 연구에서 특히 일본을 중심으로 국가 주도 조정 자본주의의 적용 방식을 살펴보고자 하는 이유는 일본이 한국에 비해 산업화와 세계화의 선발주자이기 때문만은 아니다. 일본이 미국과 독일에 버금가는 선진 경제대국이면서 동시에 수많은 정치경제 문헌들에서 미국의 자유시장 경제, 독일의 사회 조정 자본주의와 구별되는 국가 주도 조정 자본주의의 전형(ideal type)으로 비교되어 왔기 때문이기도 하다. 게다가 1980년대까지 일본의 국가 주도 조정 자본주의의 전성기, 이후의 장기불황, 그리고 최근의 개혁에 따른 새로운 혁신 능력의 고양은 다른 모델과 구별되는 국가 주도 조정 자본주의 자체의 강점과 약점을 잘 보여준다.

이 장에서는 우선 생산 세계화 과정에서 국가 주도 조정 자본주의라 할 수 있는 일본과 한국의 국내 생산과 혁신 역량의 변화 과정을 미국과 같은 자유시장 체제와 비교해서 간략히 보여준다. 다음으로는 일본을 중심으로 1980년대까지 엄청난 성공을 거둔 국가 주도 조정 자본주의 모델은 무엇인지, 그리고 1990년대에 일본의 자본주의 모델이 왜 빛을 잃기 시작했는지를 살펴볼 것이다. 그리고 마지막으로 기업들의 세계화 과정과 장기침체의 위기를 경험한 후 '2010

---

1 기업의 세계화에 따른 한국 경제의 적응 과정에 대해서는 권형기(2018); (2019); Kwon (2021); Politics and Society(2017)의 김경미 박사와의 공저를 참조하라.

년대 일본 자본주의는 어떻게 변화했는지', '왜 일본은 미국식 자유시장 체제로 수렴하지 않고 새로운 국가 주도 체제를 발전시켰는지'에 초점을 두어 변화의 정치를 추적한다.

1. 세계화와 일본 모델의 위기와 해체

1980년대까지 세계를 놀라게 할 정도의 고도 성장과 발전을 보여주었던 일본은 1990년대 들어서면서 '잃어버린 10년'이라고 불릴 정도로 심각하고 장기적인 위기 국면에 접어들었다. 일본 기업들의 세계화는 이러한 장기침체기에 급격히 진행되었다. 따라서 일본 자본주의가 기업들의 세계화 때문에 1990년대에 위기에 처한 것이 아니라 오히려 일본 기업의 세계화가 일본 자본주의의 경쟁력이 쇠퇴한 결과라고 할 수 있다. 이 절에서는 일본 기업들의 세계화의 독특성과 그것이 일본 국내에 미친 영향을 살펴보기 이전에 먼저 1980년대까지 각광을 받던 일본의 자본주의 모델이란 무엇이었는지, 그리고 왜 1990년대에 일본 자본주의가 빛을 잃기 시작했는지를 살펴보고자 한다.

1) 일본 자본주의 모델의 전통적 특성

많은 비교정치경제 문헌에서 일본 자본주의 체제의 전통적인 특성은 미국과 영국의 자유주의 체제와 다르고 독일과 북유럽의 사회 조정 자본주의와도 구별된다고 말한다. 일본 자본주의는 국가의 전략적 조정과 개입에 기초한 경제 발전 모델이면서 동시에 상호 관계주의(relationalism)에 기초한 기업 간 관계(inter-firm relations)와 노사관계(employer-employee relations)를 특징으로 한다. 이러한 일본 자본주의 모델은 기존의 포디즘이나 테일러주의에 기초한 미국식 대량생산체제의 약점―경직성과 혁신 부재―을 극복하고 생산 과정에서 보다 지속적 혁신을 가능하게 하는 유연생산체제(flexible production system)―이른바 '린 생산체제(lean production)'―를 발전시켰고, 이는 1970년대와 1980년대에 세계를 놀라게 할 정도로 눈부신 경쟁력을 보여주었다(Womack, et al. 1990).

국가에 의한 전략산업 육성, 그리고 폐쇄적이지만 신뢰에 기초한 협력을 통한 혁신이라는 일본 모델의 장점은 반도체에서 정밀기계, 전자, 자동차, 소재, 그리고 중기계 등 다양한 산업에서 일본 산업이 세계 최고로 올라서도록 했다(Johnstone 1999). 특히 일본의 생산과 혁신 체계의 우수성을 보여준 대표적인 사건이 1980년대 초 일본의 전자 회사들이 컴퓨터 산업에서 미국의 아이비엠(IBM)을 넘어섰던 일이다. 그후 1980년대 중반 메모리 반도체 시장에서도 일본 기업들의 시장 점유율이 크게 성장했다(Macher et al. 1998, 107-36; Cole and Whittaker 2006, 9). 많은 정치경제학자들은 이러한 일본 자본주의 모델의 핵심 요소로 정부의 전략적 산업정책과 함께 장기투자를 가능케 한 자본 조직, 협력적 노사관계와 기업관계를 들고 있다(Aoki 1988; Fujimoto 2004; Johnson 1982). 여기에서는 국가-산업 관계(State-Industry Relations), 기업 간 관계, 그리고 노사관계의 세 가지 측면에서 일본 자본주의 모델의 전통적인 특성을 간략히 살펴보고자 한다.

국가-산업 관계

일본 자본주의 모델의 전통적인 특징으로 가장 흔히 언급되는 것은 발전주의 국가(developmental state)이다. 일본의 산업정책은 1949년 수립된 통상산업성[MITI, 2001년 이후에는 경제통상산업성(METI)]이 주도적으로 수행했는데, 이것이 흔히 일본식 발전주의 국가 모델의 핵심이다(Johnson 1982; Nakano 2011, 2-3). 일본의 국가 주도 발전주의에 관한 문헌들에 따르면, 통상산업성 경제 관료들의 주도로 수립된 발전주의 국가 전략은 일본의 경제정책의 대부분을 차지하면서 일본의 정치경제에 지속적인 영향을 미쳤다(Schaede 2000, 2). 이러한 일본의 발전주의 국가는 사적 경제 영역에 전략적으로 개입한다는 점에서 영미식 자유주의 국가와 다르다. 미국과 같은 자유주의 체제에서 국가는 시장행위자들에게 중립적이며 시장에 직접적으로 개입하지 않는다. 구체적·전략적 목표는 시장의 사적 행위자들에 의한 다양한 시도로 구성되는 것이지 국가가 정할 수 있는 것이 아니라고 보기 때문이다. 따라서 자유주의 국가의 역할은 모두에게 공통으로 적용될 수 있는 기초연구에 대한 지원이나 도로 같은 인프라 건설, 그리고 시장행위자들의 갈등 중재에 제한된다. 이는 국민경제 발전의 방향을 설정하고 특정 산업이나 기업들을 선택적으로 후원하는 발전국가와는 구별된다. 또한 일본의 국가 주도 조정 체제는 국가가 수요(demand)가 아닌 공급(supply) 영역에 직접적이고 전략적인 개입을 한다는 점에서 유럽의 복지국가 체제와도 구별된다.

전후 일본의 산업정책을 보면, 2차 대전 이후 1950년대까지는 경제활동과 재원 배분에서 정부의 직접적인 통제와 보호주의가 중심이었다. 이 시기의 정책은 가장 중요한 기간 산업을 재건하는 것을 목표로 석탄과 철강 생산에 국내 재원을 집중하는 것이었다. 예를 들면, 1946년에서 1948년 사이 '최우선 생산체제(Priority Production System: PPS)'하에서 정부는 국내 재원, 노동, 펀드를 이 두 산업에 집중하도록 유도했다. 1946년 '상품수급임시조절법(The Temporary Commondities Demand and Supply Adjustment Law)'을 통해 일본 성부는 생산과 소비에 대해 금시하고 제한할 수 있는 통세수단을 갖게 되었다. 또한 정부는 외국환과 외국자본을 통제하고 분배함으로써 생산을 조정했다. 최우선 생산체제로 대변되는 일본 정부의 경제에 대한 직접 통제는 거의 1950년대 말까지 지속되었다(Okuno-Fuji-wara 1991, 276-77).

사실 일본의 국가 주도 조정 자본주의 모델 혹은 '일본 주식회사(Japan, Inc.)'라고 칭할 수 있는 모델의 대표적인 시기는 1960년에서 1973년의 고도 성장기라고 할 수 있다. 또한 이 시기는 일본의 산업정책의 전성기라고도 할 수 있다. 1960년에서 1970년 사이 일본의 연평균 실질 경제성장률은 11.6%였다. 이러한 고도 성장은 중화학공업 수출의 급증으로 이루어졌다. 이전 시기와 달리 고도 성장기에 일본 정부는 통제를 보다 완화하고 무역과 외환 거래에서 자유화를 추구했다. 비슷한 시기 남미의 많은 나라들과 달리 일본은 무역 자유화와 수출을 추구하면서도 동시에 국내 기업들의 국제 경쟁력을 강화하기 위해서 산업정책을 적극 활용했던 것이다.

이 시기 일본의 산업정책은 전략산업을 선정하고 집중 육성하는 통상산업성에 의해 주도되었다. 통상산업성은 크게 세 가지 기준으로 핵심 전략산업을 선정했다. 생산성의 성장이 높을 것으로 기대되는 산업(생산성 성장), 세계경제와 함께 수요가 크게 증가하여 소득 증가가 예상되는 산업(소득 탄력성), 연관 산업이 파급 효과로 성장하여 고용을 크게 창출할 것으로 예상되는 산업(고용 연관성) 등이 그 기준이다. 이에 기초하여 통상산업성은 자동차, 전기, 전자 등의 주요 산업을 선정하여 국내시장 보호, 세금 혜택, 보조금 등 다양한 방식으로 집중 지원하고 육성했다. 또한 세계시장에서 경쟁력을 가지도록 국내 기업들끼리 지나친 경쟁에 돌입하는 것을 제어했다. 이를 위해 기업들의 사적 투자를 인위적으로 조정하고 전문화를 유도했으며 규모의 경제를 실현하기 위해 기업 간 합병도 조장했다. 그리고 산업정책의 수립과 거버넌스를 위해 정부와 기업들, 그리고 학자들이 참여하는 논의 구조를 발전시켰다(Okuno-Fujiwara 1991, 278-79).

일본의 국가 주도 발전주의는 정부 관료와 기업 엘리트들 간의 다소 폐쇄적 네트워크하에서 상호 관계주의에 기초하여 긴밀한 협상과 협력을 통해서 이루어졌다는 점에서 1970년대 한국의 권위주의적 발전국가와도 다소 차이가 있다. 일본에서 정부와 산업 간의 관계는 비공식적이었고, 주로 정부 관료와 관련 산업협회 대표들, 기업대표들 간의 반복적인 협상 혹은 "비정상적으로 많은 상호 협상(unusual amount of mutual consultation)"을 특징으로 했다(Schaede 1995). 또한 이러한 정부 관료와 산업 엘리트들 간의 상호 관계주의는 대단히 폐쇄적이어서 새로운 외부자들이 참여하는 것을 제한하는 배타적 경향을 보여주기도 했다. 집단적 협상은 일반 시민들에게 공개되기보다는 "장막 뒤에서(closed doors)" 이루어지는 편이었다. 예를 들면, 1986년 4월과 1998년 7월 사이에 일본 정부는 약 10,000

개의 규제를 도입·수정하고 철폐했다. 그러나 이 중에서 단지 100개 정도만 실제 시행 전에 공시(public notice)되었고 단지 16개만 공론화(public comment) 과정을 거쳤다(Yomiuri Shinbun, Oct. 15, 1988; Kishii 1999, 56; Hatch 2010, 48-49). 이처럼 폐쇄적·집단적 협상을 통해 긴밀한 협력을 도출하고 조정하는 일본 국가의 역할은 민간업계와는 독립된 지위에서 '마스터 플랜(master plan)'을 짜고 일방적으로 지도하는 한국의 권위주의 발전국가와는 다른 것이었다. 그래서 일본의 국가는 지도자가 아니라 집단적 협상을 통한 산업 후견인(midwife)의 역할을 했다고 할 수 있다(Evans 1995, 13-16).

또한 일본의 발전주의 국가의 또 다른 특징은 '작은 정부'였다. 정부가 경제에 적극적으로 개입했음에도 불구하고 오히려 일본 국가는 대부분의 선진국가들에 비해 관료 집단과 공적 부문이 크지 않았다. 예를 들면, 1990년대 중반 일본에서 중앙정부와 지방정부에서 일하는 인력은 전체 일본 노동력의 6.5%에 불과했다. 반면 미국은 14.2%, 독일은 14.1%, 영국은 11.9%였다. GDP 대비 정부지출이라는 측면에서도 일본은 상대적으로 작다(Hatch 2010, 48, footnote 16).

작은 정부에도 불구하고 일본 국가가 산업 엘리트와 관계를 조정할 수 있었던 수단은 다른 데 있었다. 그것은 협력적 관계에 기초한 것으로, 대표적인 것이 바로 '행정지도(gyosei shido, administrative guidance)'이다. 경제통상산업성과 재무성(MOF)은 재량권(discretionary power)를 많이 행사했다. 산업계도 비공식적 규제를 선호하는 편이었다. 왜냐하면 지속적인 협상이 가능하기 때문이다. 밖으로 정보가 잘 새나가지 않는 배타적 성격에 기초한 비공식적 협력과 신뢰를 바탕으로 정부 관료는 재량권을 행사할 수 있었던 것이다. 두

번째는 흔히 '아마쿠다리(amakudari)'라는 것이다. 이는 퇴직한 관료가 자신이 근무했던 부서와 관련된 민간 기업에 좋은 조건으로 재취업하는 제도로 일종의 '볼모(hostage)' 체제이다(Hatch 2010, 48-50).[2]

한편 관료와 기업 간의 긴밀한 협력에 의존하는 일본 발전주의의 특징은 산업정책의 입안에서 의회의 역할이 대단히 제한적인 반면 주로 특정 부처 고위 관료들의 역할은 강화하는 경향을 낳았다. 비록 최근에는 학계의 전문가들이 참여하는 경우도 있어서 핵심 참여자들의 범위가 넓어지긴 했지만 여전히 관료 주도로 산업정책 입안이 이루어지는 것이 사실이다(Hatch 2010, 50).

이처럼 일본의 국가 주도 조정 체제는 관료의 일방적 지시가 아니라 산업계와의 폐쇄적 논의 구조를 바탕으로 한 협력과 협상 체제를 통해서 운영되었다. 최근에는 사적 기업들의 주도권이 더욱 강화되고 과거와 같은 전략적·선별적 산업 육성 정책은 상대적으로 약화되는 경향을 보여주기도 한다(Nakano 2011, 2-3). 그러나 2000년대 이후 일본 생산체제의 혁신 과정에서 볼 수 있듯이 일본 국가 특유의 조정 역할은 새로운 산업정책을 통해 여전히 지속되고 있다.

협력적 기업 관계(Interfirm Networks)

1980년대까지 일본의 생산 모델에서 혁신의 기초는 바로 신뢰에 기초한 기업 간 협력 관계였다. 많은 정치경제 문헌에서는 일본 산

---

2   대니얼 오키모토(Daniel Okimoto)는 아마쿠다리를 관료 주도 체제(bureaucrat-led system)로 보는 반면(Okimoto 1989), 켄트 캘더(Kent Calder)는 산업 주도 체제(industry-led system)로 보기도 한다(Calder 1989).

업의 혁신 능력을 이러한 게이레츠(Keiretsu, 계열)로 대변되는 기업 간 장기 협력 관계에서 찾고 있다. 게이레츠라는 일본 특유의 기업 간 네트워크는 크게 두 가지로, 수평적 네트워크와 수직적 네트워크가 있다. 수평적 네트워크는 주로 금융기관, 무역회사들, 그리고 제조업 회사들의 다양한 결합으로 이루어진다. 반면 수직적 네트워크는 제조업 원청회사와 부품 공급회사 혹은 하청기업들로 구성된다.

일본의 기업 간 네트워크는 미국식 기업 네트워크와는 구별된다. 흔히 미국의 혁신과 기업가 정신(entrepreneurship)을 대표하는 실리콘밸리 모델(Silicon Valley model)도 네트워크에 기초한다(Saxenian 1994). 그러나 미국의 실리콘밸리 네트워크는 일본의 기업 간 관계보다 훨씬 덜 지속적이고(less durable) '점심을 같이하는' 개인들 간의 관계와 같이 비공식적이다. 이에 비해 일본의 기업 간 관계는 거시적 차원에서는 순환출자(cross-shareholdings), 임원 교환(director transfers), 그리고 특혜적 거래(preferential trade and lending flows)에 기초해 있고, 미시적으로는 소비자와 부품 공급자(customer-supplier)라는 전형적인 관계에서 신뢰(trust)와 상호성(reciprocity), 그리고 관계의 안전성을 기초로 하고 있다. 이러한 기업 간 관계는 상호 간에 관계 특수적인 정보의 교환과 협력을 원활하게 하는 강점을 가진다고 한다(Williamson 1996; Lincoln and Gerlach 2004).

장기 협력 관계에 기초한 일본의 기업 간 관계는 경쟁이 없다는 것을 의미하지는 않는다. 오히려 경쟁이 대단히 심하다. 그러나 경쟁이 항상 시장가격 차원에서 이루어지는 것은 아니라는 것이다. 그리고 시장에서 경쟁의 단위가 개별 기업이 아니라는 것도 주목할 만한 사실이다. 일본에서 기업 간 경쟁은 비가격 차원에서, 예를 들면 질과 서비스 차원에서, 그리고 개별 회사 차원이 아니라 종종 관련 회사 집단(affiliated blocs of firms) 차원에서 이루어진다. 또한 일본에서는 과다경쟁(excess competition)의 폐해에 대한 인식, 이것이 전체 국가 이익(national interests)에 반한다는 인식이 널리 퍼져 있다. 예를 들면, 건설 수주에 있어서도 지나친 경쟁을 막으려 한다. 주목할 만한 것은 이러한 경쟁을 조정하는 데 종종 정부가 개입한다는 점이다(Hatch 2010, 51-52).

많은 정치경제 문헌들에서 일본 모델의 국제 경쟁력 혹은 지속적인 혁신을 가능하게 하는 구조로 주목받는 것은 수직적이지만 협력적인 부품 하청 관계이다. 이는 미국의 갈등적 시장 관계(arms-length and adversarial relationship of American manufacturer-supplier relations)와 구별된다. 미국의 시장 관계에서는 원청회사가 부품업체들의 전문지식에 접근하는 것을 거부하기 때문에 일본과 같이 협력적 관계에서 나오는 시너지가 부재하다(Helper 1991). 반면 일본의 원청회사와 하청업체들은 관계의 안정성에 기초한 협력 관계를 통해 관계 특수적인 정보의 흐름을 용이하게 한다. 그래서 일본의 기업 간 관계에서는 원청회사들이 부품업체들의 전문 지식과 창조적 아이디어를 제품 개발의 초기 단계에서부터 이용할 수 있다. 한 기업이 다른 기업의 일상적 지식에 접근할 수 있게 하고 다른 기업의 암묵적인 지식을 이용할 수 있게 함으로써 협력적 배움과 혁신을 용이하게 하는 것이다. 이러한 일본의 기업 간 관계는 혁신의 원천이자 일본 기술의 창출과 확산, 그리고 상업화에 크게 기여한다고 여겨져 왔다(Imai et al. 1985).

또한 일본의 기업 간 관계는 혁신적인 아이디어의 상업화에 크게 기여함으로써 일본의 경쟁력을 강화했다. 미국의 실리콘밸리 모델은 혁신적 아이디어를 생산하는 것으로 유명하지만 기업의 혁신적인 아이디어를 상업화하는 데는 한계를 보인다는 지적을 받아 왔다. 실리콘밸리 모델은 독립적인 발명가, 벤처자본에 의한 스타트업의 설립과 혁신에 주요한 역할을 하는 것으로 알려져 있다. 그러나 이들 기업이 대량생산에 기초한 상업화를 하려면 부품과 생산조직, 그리고 기대 자본이 필요한데, 실리콘밸리 모델은 여기에서 약점을 보인다는 것이다(Teece 1998).

이와 대조적으로 일본의 경우, 연구 개발은 주로 대기업들에 의해 이루어졌다. 그러나 이들 대기업은 부품 생산 과정에서 주변의 중소 부품업체들이 부품의 상업화를 용이하게 할 수 있도록 도와준다. 즉, 일본의 게이레츠 기업 간 관계에서 리더 회사는 상업화 네트워크의 기업들을 전적으로 통제하기보다는 주요한 학습과 혁신을 이끌어 감으로써 전체 네트워크의 혁신과 상업화를 도와준다. 그리고 리더 회사는 주위의 위성 같은 부품업체들의 도움으로 자신의 전문성에 보다 집중할 수 있다. 이는 게이레츠가 주로 핵심 기업들이 혁신과 상업화 과정에서 스핀오프(spin-offs)한 후 자본에 참여한 회사들로 형성되었기 때문에 가능했다(Aoki 1987).

협력적 노사관계(Cooperative Employer-Employee Relations)

일본 기업의 또 다른 특징은 장기간의 고용에 기초한 노사 협력 관계를 바탕으로 높은 숙련과 협력적 노동을 통해 생산 과정에서 지속적인 혁신(카이젠)을 도모해 왔다는 것이다. 자유시장 원리에 기초한 미국의 갈등적 노사관계와 달리 일본의 협력적 노사관계는 평생

직장(lifetime employment), 연공서열에 기초한 임금(seniority-based pay), 그리고 기업별 노조(enterprise union)와 같은 제도에 기초해 있었다.

일본의 장기적 노사관계는 숙련 노동의 충성(loyalty)과 회사 측의 고용 안정, 연공서열에 기초한 임금 사이의 교환에 기반을 둔 '암묵적인 사회적 협약'이다. 이러한 협약에 기초한 일본 기업 내부의 협력은 노동이 이데올로기 투쟁을 포기한 이후에 가능하게 되었다. 일본 기업에서 경영진들의 이해는 단기수익의 극대화 혹은 주주가치의 극대화를 추구하는 것보다는 회사의 장기적인 발전에 있다. 또한 일본의 경영진들은 자본과 노동 사이에서 중재자(arbiter) 역할을 한다. 이러한 일본의 기업지배구조 모델을 내부자 모델(insider model)이라고 한다면, 영국과 미국의 기업지배구조는 공개형 모델(open model)이라고 할 수 있다.

주목할 만한 것은 회사 내부의 협력적 노사관계가 일본의 협력적 기업 간 관계에도 부분적으로 영향을 미쳤다는 점이다. 일본 회사의 경영자들은 오랜 기간 한 회사에서 성장하기 때문에 회사와 자신을 동일시하고, 그래서 자신들의 이익과 동료들을 보호하기 위해 다른 회사들과 협력적 관계를 맺으려는 경향을 보인다. 아키라 수에히로(Akira Suehiro)와 네이트나파 웨일러드색(Natenapha Wailerdsak)의 경험 조사에 따르면, 일본 회사의 이사들(directors)과 운영자들(executives) 중에서 거의 90%가 자신의 현재 회사 혹은 제휴 회사에서 장기간 승진을 거쳐서 현재의 지위에 올랐다고 한다(Suehiro and Wailerdsak 2004). 이 과정에서 일본 회사의 경영진들은 내부 문화와 일체감을 통해 사회화되었다(Dore 2005).

2) 1990년대 일본 모델의 위기

1980년대까지 각광을 받던 일본 자본주의 모델은 1990년대 들어와서 점점 문제를 노정했다. 1990년대 초 버블 경제의 폭발 이후 금융 분야에 위기가 도래했고 1990년대 후반에는 당시까지 경쟁력을 가졌던 제조업에서 문제가 두드러졌다. 일본 제조업 회사들의 이윤율은 저하했고, 특히 전자 산업 대기업의 경우 심각한 적자에 시달려야 했다. 당시까지 최고 수준이던 반도체 전자 산업에서 경쟁력이 무너지기 시작했던 것이다. 1989년에서 1993년 사이 세계 최고 수준이던 일본의 전자 기업들은 이후 세계 경쟁에서 지속적으로 뒤처졌다(Cole and Whittaker 2006, 4).[3]

일본 기업들은 급작스러운 경쟁력 저하에 대응하기 위해 동남아시아 등지로 생산을 이전하면서 새로운 글로벌 네트워크를 구축했다. 그리고 이러한 글로벌 생산 네트워크가 일본 정부와 기업 대표들 간의 수많은 협상과 조정을 통해 수립되면서 미국 기업의 해외 생산과 달리 일본에서는 본국과 해외 생산기지 간에 긴밀한 연계와 협력이 이루어졌다. 그럼에도 불구하고 한국과 달리 일본은 국내 생산이 직면한 문제를 해외 이전을 통해 해결함으로써 오히려 문제 해결을 지연시키는 효과가 발생했다. 다음 절에서 일본의 해외 생산의 확대가 가지는 의미를 보다 자세히 살펴보기 이전에, 여기에서는 우선 1980년대까지 각광받던 일본 자본주의 모델이 1990년대에 들어

---

3 최근에는 구글(Google), 테슬라(Tesla), 우버(Uber) 등 미국 기업들이 개척한 자율주행차(automated driving car)의 등장으로 일본이 강세이던 자동차 산업조차 위협받는 실정이다(Kushida 2018a, 13-14).

와서 왜 갑작스레 위기에 빠졌는지를 살펴보고자 한다.

1990년대 이후 일본 모델이 위기에 봉착하게 된 첫 번째 원인은 미국과 유럽의 경쟁 기업들이 일본 생산 모델의 우수성을 창조적으로 배우고 적응함으로써 1990년대 국제 경쟁의 양상이 바뀌었기 때문이다. 일본의 유연하고 혁신적인 생산방식에 비해 경직된 포디즘과 갈등적 관계에 기초한 조직 구조로 상대적으로 경쟁에서 밀리던 미국과 유럽의 기업들은 일본 모델에 영감을 받아 새로운 유연생산방식을 채택하고 개혁을 진행했다. 이로 인해 경쟁국 기업들이 경쟁력을 회복하게 됨에 따라 일본의 경쟁력은 잠식되기 시작했다(Kwon 2005; Cole and Whittaker 2006, 4-5). 예를 들면, 1990년대 들어 ICT 산업에서 유럽과 미국의 기업들은 약진한 반면 일본 기업들의 성장은 약화되었다. 〈표 4-1〉에서 볼 수 있듯이, 1995년에서 2000년 사이 컴퓨터 기기, 통신 기기, 전자부품 수출에서 일본의 연

표 4-1 ICT 기기 수출(1990~2000년)

단위: 100만 달러, 성장률 %

수출		1990	1995	2000	연평균 성장률 2000/95
컴퓨터 기기	미국	23,005	34,476	54,685	9.7
	일본	18,584	29,521	27,558	-1.4
	유럽	40,119	66,460	94,131	7.2
통신 기기	미국	4,063	10,933	20,680	13.6
	일본	5,614	6,904	8,106	3.3
	유럽	9,541	26,440	69,179	21.2
전자부품	미국	13,826	27,668	70,001	20.4
	일본	14,678	43,270	50,348	3.1
	유럽	16,330	36,393	55,972	9.0

출처: OECD, ITS Database; Cole and Whittaker(2006), p. 4.

평균 성장률은 각각 -1.4%, 3.3%, 3.1%에 그친 반면, 미국의 경우는 9.7%, 13.6%, 20.4%, 유럽의 경우는 7.2%, 21.2%, 9.0%에 달했다.

유럽과 미국의 기업들은 1980년대 들어 일본 기업들과의 경쟁에서 밀리면서 일본의 생산체제를 벤치마킹하는 혁신을 통해서 경쟁력 회복에 나섰다. 1980년대와 1990년대 전반 일본의 생산 모델은 유럽과 미국은 물론 전 세계적으로 확산되기 시작했다. 지속적 개선[continuous improvement, 카이젠(Kaizen)], 제품 개발주기 단축, 부품 공급업체 관리(management of suppliers), 품질 관리(total quality management), 적기 납품(just-in-time delivery) 등 일본 생산방식의 우월성을 따라 배우는 것이 하나의 열풍처럼 번졌다.

한국과 대만 같은 후발주자들의 경우도 일본 기업이 머뭇거리는 사이 새로운 적응 모델을 발전시킴으로써 약진을 거듭했다. 예를 들면, 한국의 삼성전자는 1990년대 중반 핸드폰(cell phone) 사업에서 적극적으로 글로벌 스탠다드를 도입함으로써 세계시장에서 급성장했다. 반면 일본은 세계적인 기술력에도 불구하고 주로 국내시장에 집중함으로써 세계시장에서의 경쟁력이 약화되었다. LCD 시장에서도 일본 기업들의 점유율은 1999년 62%이던 것이 2002년에는 24%로 줄어들었다. 2004년 일본의 LCD 회사들[샤프(Sharp), 도시바(Toshiba), 히다치(Hitachi)]의 평균 이윤율은 5.4%에 불과한 반면, 한국의 삼성과 엘지(LG)의 평균 이윤율은 34.2%, 그리고 대만의 에이유옵트로닉스(AUO), 시엠오(CMO), 청화픽처튜브[CPT(TFT)], 지디아이(GDI), 한스타(Hannstar)의 평균 이윤율은 25.9%였다(Cole and Whittaker 2006, 7). 일본의 기업들은 상대적인 경쟁력 상실과 이에 따른 이윤 축소, 그리고 재투자 축소라는 악순환에 접어들었다.

그런데 주목할 만한 사실은 경쟁국들이 일본의 방식을 단순히 모방만 한 것이 아니라 자신들에게 맞게 새롭게 창조적으로 적용함으로써 경쟁력을 향상시켰다는 것이다. 예를 들면, 미국과 독일 기업들은 일본의 유연 모델에 기초하여 기존의 대량생산체제의 '구상과 실행의 분리'에서 오는 혁신 부재의 문제를 극복하기 위해 '다기능 팀(cross-functional team)' 방식으로 작업장을 재조직했다. 또 기존의 안정적인 대량생산체제를 유지하기 위한 조직이었던 '수직적 통합 체제(Vertically Integrated In-House System)'에서 벗어나 핵심 분야에 집중하면서 다양한 부품업체들의 전문성을 살리는 아웃소싱 체제와 기업 간 협력 체제를 새로 도입했다.

그런데 흥미로운 것은 이 과정에서 어떻게 기업 간 거버넌스를 만들 것인가라는 측면에서 일본과는 다른 새로운 방식을 창출했다는 점이다(Kwon 2005). 예를 들면, 미국 기업들은 모듈 생산과 국제적인 글로벌 생산 네트워크를 적극적으로 활용하기 시작했다. 전자산업의 경우, 미국 기업들은 공장 없는 제조업(fabless)으로 본국에서는 디자인에만 초점을 두고 대신 대만의 파운드리 모델(foundry model)과 국제적 협력 관계를 이룸으로써 국내 기업들에 기초한 일본보다 훨씬 빠른 혁신 능력을 가진 조직을 만들었던 것이다(Cole and Whittaker 2006, 5).

앞서 살펴본 것처럼 1980년대까지 일본 생산 모델의 성공 비결은 기업 내부에서는 다양한 부서들 간에, 그리고 기업 외부로는 다양한 부품업체들과 원청기업 간에 장기적인 거래 관계에 기초하여 지속적으로 품질 개선을 했다는 것이다. 일본의 기업 체제는 기업 내의 노사관계든 부처들 간의 관계든 혹은 하청업체들 간의 관계든,

장기적인 인간관계에 기초한 회사 특수적인 인적 자본(firm-specific human capital)과 자산에 기초한 장점을 살린 체제였다. 즉, 일본 기업들의 통합된 하청이나 장기근속에 기초한 유연생산체제는 주로 개인화된 상호 관계에 기초한 유연성이었다(Dore 1987). 일본식 유연생산체제는 계열사 간 장기거래의 기업 관계, 그리고 장기근속에 기초한 노사협력 체제로, 과거 미국식 단기적 자유시장 관계에 비해 거래비용을 낮추었고 과거 미국의 수직적으로 통합된 대량생산체제 기업 조직에 비해 훨씬 유연하고 지속적인 혁신이 가능했다(Baldwin and Clark 2000; Sturgeon 2002; Fujimoto et al. 2001; Futimoto 2002, 23; Cole and Whittaker 2006, 8-9).

그러나 일본의 유연생산체제는 대량생산체제에 비해서는 우월했지만 경쟁국들이 새롭게 받아들이기 시작한 모듈 체제나 글로벌 생산 네트워크에 비해서는 지나치게 폐쇄적이고 결정 과정도 느렸으며 이에 따라 혁신 능력도 떨어졌다. 모듈 생산과 글로벌 생산 네트워크에 기초한 새로운 개방형 혁신 체제는 기존 일본의 '일국적 폐쇄적 구조에 기초한 협력 체제'에 비해서 월등히 높은 혁신 능력과 경제적 효율성을 보여주었다(Inagami and Whittaker 2005, 141-2). 예를 들면, 개인용 컴퓨터 산업에서 미국의 델(Dell)은 국제적인 부품 생산자들과의 연계를 통해서 '수주 생산(build-to-order)' 모델을 만들었다. 이것은 기존 일본의 일국 내 하청에 기초한 장기거래보다 훨씬 더 빠르고 효율적인 생산체제였다. 이러한 방식은 이후 특히 미국 기업들에서 모듈생산체제에 기초한 글로벌 생산 네트워크의 발전을 낳았다(Cole and Whittaker 2006, 5-6).

1990년대에 미국이 발전시킨 모듈생산방식은 코드화된 모듈 부품들 간의 조합을 통해 소비자들의 기호에 보다 더 유연하게 적응했고 기업 간 조정 비용을 감소시키는 데에도 기여했다. 모듈 생산은 소비자들의 기호에 맞춰 다양한 제품과 서비스를 조합할 수 있는 능력을 부여했다. 이것은 소비자의 기호에 맞춘 유연한 결합에 기초한 대량생산체제였다. 모듈 생산에서 거대한 부품들(모듈들) 간의 상호 접점(interface)에서의 정보는 대체로 코드화, 규격화되어 있다. 따라서 새로운 모듈생산방식은 일본식 장기거래에 기초한 긴밀한 협력 관계에 비해서 훨씬 더 개방적이고 거버넌스도 용이할 뿐만 아니라 다양한 부품들의 결합을 통해서 다양한 제품의 생산이 신속하게 이루어질 수 있어서 결과적으로 생산의 효율과 속도 면에서 뛰어나다. 또한 대규모 단위의 부품 모듈은 교환이 가능하고 다양한 조합이 용이하기 때문에 소비자들의 다양한 수요에 유연하게 접근할 수 있다.

게다가 미국과 독일의 기업들은 기존의 일국 체제를 벗어나 국경을 넘어 생산요소들의 최적의 조합(best combination of inputs)을 찾는 글로벌 네트워크를 적극적으로 조직함으로서 혁신 능력과 경제적 효율성을 더욱 높일 수 있었다. 반도체 산업을 예로 들면, 1980년대에는 일본 기업들이 약진했던 것에 반해 1990년대에는 미국 기업들의 성장이 두드러졌다. 이것은 한편으로는 미국 기업들이 일본 기업들의 유연생산체제의 이점을 배우면서도 동시에 새로운 생산방식을 도입함으로써 시장 점유율을 회복하기 시작했기 때문이다. 미국 기업들은 기존의 수직적으로 통합된 생산체제에서 벗어나 많은 부분을 아웃소싱으로 돌리고 외부의 전문 기업들과의 네트워크를 통해서 경쟁력을 회복했다. 더구나 글로벌 네트워크를 통해서 대만의 거대 모듈 생산 전문업체들과 국제적 생산 연계—소위 파운드리 모델(Foundry Model)로, 여기에서 미국 기업들은 주로 공장 없는 반도체 회사(fabless semiconductor firms)로 디자인 부문을 전문화하고 대신 생산은 아시아, 특히 대만의 파운드리 회사들과의 연계를 이용하는 국제 네트워크―를 만듦으로써 국제 경쟁력을 더욱 높일 수 있었다(Macher et al. 1998, 119-20; Chesbrough 2006; Sturgeon 2002).

이에 비해 일본 기업들은 여전히 기존 모델의 우수성에 대한 확신에 기초하여 적극적인 변화에 소극적이었다. 반도체 생산을 예로 들면, 일본의 반도체 생산은 여전히 거대한 전자기기 회사의 한 지사 형태로 운영되었다. 1990년대 후반과 2000년대 초에 거대한 손실을 경험한 후에 일본 기업들은 결국 문제를 극복하지 못하고 메모리 반도체 사업에서 철수했다(Cole and Whittaker 2006, 11; Kushida 2018a, 3; Vogel 2006).

다음 절에서 구체적으로 살펴보겠지만, 이후 일본도 경쟁국의 글로벌 네트워크에 적응하기 위해 글로벌 생산 네트워크를 본격적으로 건설했지만, 2000년대 전반까지 여전히 민족주의적·폐쇄적 구조의 약점을 벗어나지 못한 상태로 국내 개혁은 지연되었다.

3) 일본 기업의 세계화와 혁신 체제 개혁의 지연

일본 기업들도 격화된 국제 경쟁에 적응하기 위해서 생산 세계화를 추구했다. 그러나 초기 일본 기업들의 생산 세계화는 비용 절감을 주 목적으로 본국의 생산 모델을 그대로 해외로 이전하여 해외 현지에 민족주의적(nationally-oriented) 글로벌 생산 네트워크를 수립하는 형태로 이루어졌다. 이러한 방식은 일본 기업들의 양적 성장에는 기여했지만 본국의 생산과 혁신 능력은 여전히 과거 모델에 의존함으로써 국제 경쟁력을 향상시키는 데 한계가 있었다. 더 큰 문제는 생산기지의 해외 이전이 국내 생산의 개혁을 회피하고 지연시키는 원인이 되었다는 것이다.

일본이 해외 투자에 눈을 돌리기 시작한 것은 1960년대의 엄청난 무역흑자를 배경으로 한 것이었다. 1985년 플라자 합의(Plaza Accord) 이후 일본 기업들은 더욱 해외 진출을 증가시켰다. 이때 일본의 해외 직접투자(FDI)는 수출 장벽을 회피하는 것이 주 목적으로 투자처는 주로 수출 지역인 북미를 향했다. 그러나 1990년대 초반까지만 해도 일본 기업들은 여전히 해외 생산을 늘리는 데 주저했고, 본격적인 글로벌 생산체제를 구축해야 한다는 생각을 가지지는 않았다. 1994년 기준 일본 제조업체들의 총생산에서 해외 생산이 차지하는 비중은 단지 8.6%에 불과했다. 그러나 1990년대 중반 이후 일본은 지속적으로 해외 생산을 늘렸고 그 결과 2000년대 중·후반 일본의 핵심 산업인 자동차와 전자 산업에서 해외 생산 비중이 국내 생산을 넘어섰다(경제통상산업성 METI yearly surveys).

특히 일본이 본격적으로 국제분업에 기초하여 국경을 넘어 생산을 조직할 목적으로 한 해외 투자는 1990년대 아시아 지역주의에 기초한 투자라고 할 수 있다. 일본 제조업체들의 총 해외 직접투자에서 아시아의 비중은 1990년대 들어 점점 더 증가하다가 1995년에는 전체에서 40%가 넘었고 1997년에도 그 비중이 약 38%(7억 4,000만 달러)에 달했다. 이는 1990년대 전반부 일본의 중소 부품업체들이 아시아로 대거 진출하면서 일본 하청업체들의 해외 기지가 아시아 지역에 집중되었기 때문이다. 예를 들면, 1990년대 중반 일본의 제조업체 중 컴퓨터 부품의 74%, 시청각 부품(audiovisual components)의 59%, 그리고 전기전자 부품의 84% 등이 아시아 지역에 분포했다. 그리고 1990년대 중반부터는 중국이 아세안 4개국(Asean-4)을 대체하면서 새로운 투자 지역으로 부상했다(Hatch 2010, 74-79).

아시아 지역에 기초한 국제적 생산체제의 구축은 미국을 비롯한 서방 국가들의 자유화 압력에 대한 일본의 선택이기도 했지만(Schoppa 1997), 동시에 1980년대 후반부터 진행되어 온 일본의 경제위기에 대한 대응이기도 했다. 서방 국가들이 일본에 자유화를 종용했지만 동시에 일본의 엘리트들도 일본의 위기가 폐쇄적이고 선택적인 상호주의(selective relationalism) 때문이라는 것을 인식하고 있었다. 일본의 엘리트들이 생각한 선택지는 크게 두 가지였다. 하나는 기존의 국가 조정과 폐쇄적 협력 체제를 해체하고 자유시장 체제(unfettered markets)를 도입하는 것이고, 다른 하나는 기존의 생산 네트워크를 해외로 확장하는 것이었다.

일본 기업들은 1990년대에 문제에 봉착하자 해결책으로 아시아로의 확장에 눈을 돌렸다. 아시아에 투자한 제조업 기업들은 엄청난 성공을 거두었다. 그러자 정부 관료들도 적극적으로 동남아시아 진출을 조장했다. 그리고 곧 일본의 학자들도 이 방향의 해결에 박수를 보내기 시작했다. 일본 엘리트들의 아시아 진출에 대한 기본 생각은 아시아에서 거대 지역공동체 혹은 네트워크—일제시대의 대동아공영권과 유사—를 구성하고 여기에서 일본이 핵심을 차지함으로써 발생하는 이점을 살린다는 것이었다. 위기에 직면한 일본의 엘리트들은 전면적인 체제 개혁보다는 기존 체제의 해외 확장을 통해 해결책을 모색했던 것이다. 그리고 이러한 선택은 일본 국내 체제의 개혁을 더욱 지연시키는 결과를 가져왔다. 여기에서는 일본 기업의 세계화 과정이 미국 등 다른 경쟁국들과 다른 어떤 독특성을 가지고 어떻게 본국의 혁신 체제 개혁에 장애로 작용했는지를 살펴보고자 한다.

일본 세계화의 독특성

일본 기업들의 세계화 방식은 자유시장 원리에 기초한 미국 기업의 해외 진출과 달리 조정적 방식에 기초했다. 그러나 이는 서유럽 기업들의 조정 방식과도 구별되는 민족주의적 네트워크에 기초해 있다는 독특성을 지닌다. 켈러 도레무스(Keller Doremus) 등과 루이스 폴리(Louis Pauly)와 사이먼 라이시(Simon Reich)가 지적하듯이, 일본 기업들의 세계화 방식은 본국의 제도에 기초한 민족주의적 성격을 보여준다(Doremus et al. 1998, 3; Pauly and Reich 1997). 이러한 성격은 일본의 세계화 방식의 세 가지 특성으로 구성된다. 본국과 해외지사 간의 위계적이고 긴밀한 관계에 기초한 본국 중심주의, 본국의 폐쇄적 기업 간 협력 관계의 해외 이전, 국가의 적극적 조정이 그것이다. 이에 대해서 보다 자세히 살펴보기로 하자.

일본 기업들의 세계화 방식의 독특성으로 우선 본국의 모기업과 해외지사 간의 위계적이고 긴밀한 관계에 기초한 본국 중심주의를 들 수 있다. 일본 기업들은 아시아 지역에서의 국제분업을 기초로 해외 자회사와 아시아의 다른 부품업체들 간의 생산과 내부 교역(intrafirm trade)을 조정했고, 이것이 아시아 지역 내의 무역을 지배했다. 이에 따라 일본 기업의 해외 생산과 본국에서의 생산과 수출은 긴밀히 연관되어 있다(Hatch 2010, 83-84).

　일본 기업들의 생산 세계화 초기 과정에 대한 많은 경험 연구들에 따르면, 국경을 초월한 기업의 확장과 생산 네트워크의 건설에서 일본 기업들은 본국의 모기업이 거의 모든 것을 통제한다는 것을 보여준다. 히로유키 이타미(Hiroyuki Itami)는 일본의 해외지사와 본사가 매우 긴밀히 연계되어 있다고 주장한다(Itami 1998, 21). 조첸 레게위(Jochen Legewie)는 동남아시아의 일본 기업과 미국 기업에 대한 경험 연구를 통해 "일본의 해외지사들은 미국의 해외지사들보다 자율성이 훨씬 낮다."라고 결론을 내린 바 있다(Legewie 1999, 18). 미첼 세지위크(Mitchell Sedgwick)와 다카마사 나카시마(Takamasa Nakashima)의 연구에서도 유사하게 일본 기업의 해외지사는 본사의 경영 원칙과 정책을 거의 수정 없이 수행한다고 지적한다(Sedgwick 1996, 29-30; Nakashima 1998, 14). 그 외 쿨원트 싱(Kulwant Singh) 등, 에드워드 첸(Edward Chen)과 테레사 왕(Teresa Wong), 젠하우 투(Jenn-haw Tu), 아누워 알리(Anuwar Ali), 히로아키 타카하시(Hiroaki Takahashi)의 연구들에서는 모두 일본 본사와 해외지사 간의 관계가 대단히 위계적인 노동분업을 통해 이루어지고 있다는 것을 보여준다(Singh et al. 1998, 155-79; Chen and Wong 1997, 96; Tu 1997, 73; Ali 1994, 121; Takahashi 1996, 58). 이들에 따르면, 아시아에 진출한 일본 기업들은 전형적으로 상명하달식(top-down) 방식 혹은 관료적 방식(bureaucratic way)으로 해외지사를 운영한다. 해외지사는 일본 본사의 요구와 지시에 충실히 따르도록 하는 것이 일반적인 경향이다(Ernst 2006)

　이는 일본 기업들이 해외로 진출할 때 본국의 생산방식이 그대로 유지되는 것을 중요하게 생각했기 때문이다. 이에 따라 일본 기업들은 해외지사에 일본 본토의 생산기법들, 현장교육(on-the-job training), 연공서열제(seniority-based system) 등을 그대로 이전했다. 또 해외 현지 생산에서도 지역 인력(local staffs)을 중용하기보다는 계속해서 일본인 경영자에 의존하는 경향을 보여주었다. 산티칸 밍산(Santikarn Mingsarn)에 따르면, 태국의 일본 자회사(Japanese affiliates)에서 일하는 태국인 관리자들이 태국에 있는 일본 자회사의 요직(top position)으로 승진하는 경우는 거의 없다고 한다(Mingsarn 1994, 84). 일반적으로도 미국 기업들의 해외지사에서 미국인이 아닌 사람들이 최고경영진(top management jobs)에 있는 경우는 약 55%나 되는 반면, 일본 기업들의 전 세계 해외지사에서 비일본인(non-Japanese)이 핵심 자리에 오르는 경우는 겨우 23%에 불과하다(Ali 1994, 119; Sedgwick 1996, 20; Stewart 1985, 13-14; Hatch 2010, 91).

일본 기업들의 세계화 과정의 또 다른 독특성은 기업 내부의 조직적 특성뿐만 아니라 본국의 계열 하청 관계를 해외 현지에 그대로 이전했다는 데 있다. 일본 기업의 해외 현지 부품조달체계와 기업 간 관계는 일본 내에서 이미 수립된 수직적 분업 체계를 해외로 그대로 이전하는 경향을 보여주었다. 대부분의 일본 하청업체들은 '원청기업 추종 투자(follow-the-leader investment, zuihan shinshustu)'의 형태로 해외 현지 생산을 시작했다. 실제로 1995년 일본의 전체 해외 직접투자(Japanese FDI)의 56%는 일본 하청업체들에 의해서 이루어졌는데, 이것의 대부분은 '원청기업 추종 투자'였다(JETRO 1997, 190; Mukoyama 1996, 7). 예를 들면, 일본의 기계 산업 협회인

'키카이 신코 쿄카이(Kikai Shinko Kyokai)'의 경험 조사에 따르면, 금속가공 산업(metalworking industry)의 일본 하청업체들은 그들의 일본 원청기업들(customers)을 쫓아서 중국 북동쪽으로 생산기지를 이전했다(Kikai Shinko Kyokai 1995, 94). 그리고 자동차 산업에서도 2000년 도요타가 텐진에 공장을 건설하자 주요 부품업체들도 그 지역에 잇달아 공장을 건설했다. 이러한 현상은 중국뿐만 아니라 태국 등 동남아시아 지역에서도 유사하게 나타났다. 봉고트 아누로이(Bonggot Anuroj)의 경험 연구에 따르면, 태국에 있는 일본 기업들은 서구 국가의 기업들에 비해서 본국에서 동반 진출한 하청업체들을 더 많이 이용한다(Anuroj 1995, 113). 또 일본 기업들이 본국의 하청 관계에 기초한 해외 부품조달체계를 구축하는 과정에서 기존에 있던 현지 부품업체들은 밀려나고 일본의 하청업체들이 그 자리를 대체해 왔다(Suehiro 1998, 31).

이를 토대로 1990년대 일본의 제조업 기업들은 완제품을 생산하기 위한 아시아 지역 생산 네트워크를 수립했다. 이 생산 네트워크 내에서 일본 기업들은 주로 아시아 지역에 흩어져 있는 일본의 자회사나 계열 부품업체들이 만든 부품을 사용했다. 이러한 경향은 특히 일본의 핵심 산업이라고 할 수 있는 전자와 자동차 산업에서 두드러진 특징으로 나타났다. 일본의 통상산업성 조사(MITI 1998, 213, 220)에 따르면, 아시아의 금융위기가 막 시작되었을 즈음 일본의 전자회사들에 의한 아시아 지역 수출의 약 60%는 기업 내부거래(intrafirm channels)로 이루어졌고, 아시아 지역 내 수입의 약 46%도 기업 내부거래였다.

마지막으로, 일본 기업의 민족주의적 해외 생산 네트워크의 수립은 미국 및 서유럽 기업의 세계화와 달리 국가가 적극적으로 개입하고 조정했다는 특징을 가진다. 해외 생산기지를 구축하는 과정에서 일본 기업들은 일본의 정부 관료들과 긴밀하게 협력했고 일본 정부는 기업들이 해외에서 안정적인 생산체계를 수립할 수 있도록 적극적으로 조정하고 지원했다(Mingsarn 1993, 24 Panglaykim 1983, 17). 특히 일본 정부와 기업들의 이러한 협력은 아시아에서 일본 기업들을 선두로 한 '안행형(flying geese) 국제분업 구조'를 건설함으로써 일본 기업의 경쟁력을 높일 수 있다는 공유된 인식에 기초했다. 통상산업성은 지역적 차원에서 이러한 국제분업을 구성하는 데 적극적으로 개입했다. 일본 관료들의 개입 방식은 주로 새로운 원조 플랜(New AID plan)을 통해서였다. 이 플랜에서 관료들은 개별 국가들이 발전시킬 특정 사업을 파악하고 지원했다.

예를 들면, 1989년 일본 정부는 일본 기업의 아시아 진출을 지원하기 위해 일본국제개발협력기구(Japan International Development Cooperation: JAIDO)를 통해서 해외경제협력펀드(the Overseas Economic Cooperation Fund: OECF)를 조성했다. JAIDO는 일본경제단체연합회(the Japan business federation, Keidanren, 이하 경단련)과 하나의 팀을 형성하여 개발도상국들에 저리의 융자(low interest loans)를 제공했는데, 이를 토대로 개발도상국과 일본의 생산을 연계시켰다. 일본산 자재와 기계의 구입이나 일본 엔지니어의 고용 등을 조건으로 개발도상국에 저리의 융자를 제공한 것이다. 예를 들면, 아시아 개도국에 지원된 공적개발원조(Official Development Assistance: ODA) 중 대표적으로 약 300억 달러 규모의 '미야자와 이니셔티브(Miyazawa Initiative)'는 주로 댐, 다리, 전기시설, 전화와 같이 생산을 위한 사회기반시설을 건설하는 것을 지원하는 융자였다. 일본 정부는 이를 통해 일본 기업들이 해외 현지에서 생산 시스템을 용이하게 구축하도록 지원하고 개발도상국들이 사회기반시설의 건설 과정에 필요한 대부분의 장비와 자재, 부품을 일본 기업들로부터 구입하도록 연계했다(Hatch 2010, 80-81, 95).

주목할 만한 것은 이러한 일본 정부의 해외개발원조 과정이 궁극적으로 일본의 개별 기업 혹은 기업 네트워크의 진락에 따라 진행되었다는 것이다(Hatch 2010, 82, 86). 예를 들면, 일본은 아시아 국가들이 일본으로부터 기술을 수입할 때 매우 세밀한 조건을 받아들이도록 함으로써 일본으로부터의 기술 도입이 곧 일본의 특정 제품 구매나 특정 업체와의 거래와 연결되도록 했다. 그리고 일본 기술이 적용된 제품을 특정 시장으로 수출하는 것을 제한할 것을 요구하기도 했다(Hatch and Yamamura 1996, 108).

이처럼 1990년대 일본 기업들의 해외 진출과 함께 수립된 아시아 지역 생산 네트워크는 일본 정부와 기업들의 협력을 통한 공적개발원조, 관료들의 정책 조언(policy advice), 해외 직접투자, 생산기술의 지도와 수출대금 결제방식의 조정 등에 기초해 있었다. 실제로 일본은 아시아 지역의 양자 간 공적개발원조(bilateral ODA)의 최대 원조국이며 아시아 제조업에 대한 해외 직접투자의 최대 투자국이었다. 그리고 일본국제협력기구(Japan International Cooperation Agency: JICA)는 개발도상국가들의 산업과 거시경제정책을 수립하는 데 깊게 개입했다. 예를 들면, 일본의 경제 관료들은 1980년대와 1990년대에 태국이 5개년 경제발전계획을 수립하는 데 정책 조언을 제공했다. 이외에도 일본의 통상산업성은 아시아 지역에 상당한 규모의 조직적 역량을 구축함으로써 아시아 지역 국가들이 경제발전계획을 수립하고 조정하는 데 개입했다(Inomatsu 1998, 57; Kano 1996, 81). 이를 통해 1990년대 일본의 정부 관료들과 산업 경영자들은 공동의 전략적 목표인 "아시아 국가들의 상이한 기술 발전 수준에 기초한 지역적 국제분업 구조 구축"을 추진했던 것이다.

일본 기업 세계화의 국내적 효과

해외에서 민족주의적 생산 네트워크의 건설, 해외 생산과 본국의 긴밀한 연계 등을 특징으로 하는 일본의 국가 조정 체제는 자유시장 체제에 기초한 미국의 생산 세계화와 달리 기업들의 해외 생산의 확장이 곧장 국내 생산의 공동화로 나타나지는 않았다. 오히려 해외 생산의 증대가 부품과 소재의 수출을 촉진하기도 했다. 그러나 일본의 해외 생산 전략은 본국의 혁신 역량이 국제 경쟁에서 심각한 문제를 노정할 때 이를 개혁하려는 노력을 회피하고 지연시킴으로써 일본 기업 전체의 혁신 역량을 상대적으로 약화시킨 요인으로 작용했다. 여기에서는 2000년대 후반 일본이 지지부진하던 개혁 작업에 한층 변화된 모습을 보이기 이전에 기업들의 세계화가 국내의 생산과 혁신 역량에 어떤 영향을 미쳤는지를 살펴보기로 한다.

일본 기업들의 민족주의적 해외 생산 네트워크와 해외와 본국의 연계 구조는 본국의 생산에 어떤 영향을 미쳤는가? 첫째, 일본 기업들은 미국과 달리 해외 현지에서 본국으로의 역수입 비율이 상당히 낮은 편이었다. 일본의 선택적 상호주의에 기초한 폐쇄적 구조와 해외와 본국의 연계 구조는 해외에서의 역수입으로 인해 국내 기업과 국내 하청 관계가 피해를 입는 것을 막았다. 후키나리 기무라(Fukinari Kimura)의 경험 연구에 따르면, 일본 기업들은 해외 생산이 본국의 생산체계를 약화시키기보다 오히려 강화하는 방향으로 작용하도록 노력한다(Kimura 1996, 12). 일본의 모기업들은 해외로부터 오는 역수입이 국내 생산과 고용을 줄이는 것을 막으려는 경향이 있다는 것이다. 또한 일본 기업들은 조정이 없는 급격한 해외 확장으로 본국의 부품업체들(home-based suppliers)과 관계가 약화되는 것을 방지하려고 한다. 1994년 약 900개에 달하는, 아시아 지역에 진출한 일본의 제조업체들을 대상으로 하여 이루어진 통상산업성의 연구는 이러한 경향을 잘 보여준다(MITI 1996, 73-74). 이 연구에 따르면, 15년 혹은 그 이상의 기간 동안 아시아에서 일한 일본의 해외 기업들조차 지속적으로 중간재의 상당 부분을 일본 모기업의 부품업체들로부터 수입해서 사용한다고 한다. 이 연구에서는 진출 시기별로 1992~1994년, 1989~1988년, 1983~1985년, 그리고 1982년 이전으로 기업들을 구분하여 일본의 해외지사가 일본 본토로부터 중간재를 얼마나 수입하는지를 검토했다. 연구의 결과는 시간이 지나면 본국으로부터의 수입이 줄고 점점 로컬화할 것이라는 통상산업성의 예상이 완전이 빗나갔음을 보여준다. 통상산업성의 또 다른 분석에 따르면, 이로 인해 일본 업체의 아시아 해외 생산이 미국 기업의 해외 생산과 달리 본국의 수출을 줄이는 것이 아니라 오히려 본국의 무역흑자에 크게 기여했다(MITI 1998b, 260-61).

미국과 달리 일본 기업의 해외 확장이 오히려 본국의 생산을 증가시킨 이유는 앞에서 살펴보았듯이 국가와 기업들의 조정 체제에 기초한 국제분업의 수립 때문이었다. 일본 기업은 아시아로 확장하면서 자본재, 중간재, 그리고 고부가가치의 부품을 아시아로 수출하고, 아시아 지역에서는 일본 기업으로부터 수입한 중간재, 핵심 부품을 단순 조립해서 미국이나 유럽으로 수출하는 분업구조를 발전시켰던 것이다(Kawai and Urata 1996; Ernst 2006, 172).

예를 들면, 일본의 전자 산업 기업들은 아시아 지역에 적극적으로 수직 계열화된 하청거래 사슬을 수립했다. 이 구조에서 기술집약적 생산은 일본에, 자본집약적 생산(capital-intensive production)은 아시아 신흥공업국(NIEs)에, 그리고 노동집약적 생산(labor intensive production)은 중국과 아세안 4개국에 위치했다. 즉, 일본의 다국적 기업의 아시아 지역 자회사들은 하이테크 부품은 일본으로부터, 보다 덜 복잡한 부품은 아시아 신흥공업국들로부터, 가장 단순하고 규격화된 부품은 중국이나 아세안 4개국으로부터 수입하여 최종 상품을 조립했다. 예를 들면, 말레이시아 소니(Sony)는 VCR의 조립라인을 말레이시아의 방기에 두고 집적회로(integrated circuits)나 하이테크 부품은 일본에서 수입했고, 다소 단순한 인쇄회로기판(printed circuit boards)은 싱가포르에서 수입했다. 그 외 단순한 테이프 데크(tape decks)와 다른 단순 규격 부품은 말레이시아의 현지 부품업체들 혹은 말레이시아의 현지 일본 기업들로부터 조달했다.

일본 자동차 산업의 경우도 이와 유사한 국제분업구조를 보여준다. 예를 들면, 도요타는 필리핀의 자회사를 통해서 트랜스미션(transmission)을 생산하고, 인도네시아에서는 가솔린 엔진을, 말레이시아에서는 전기 부품을, 그리고 태국에서는 디젤 엔진 부품을 생산했다(Hatch 2010, 82-83). 에이 타무라(Ei Tamura)의 연구에 따르면, 일본의 다국적 기업은 일본에서는 높은 기술을 요하는 프로토타입 생산(prototype production)을 주로 하는 반면 규격화된 부품은 주로 아시아 지역에서 생산하는 구조를 취했다(Tamura 1996, 22).

그러나 본국 중심주의에 기초한 국내 생산관계의 해외 이전을 중심으로 하는 일본의 조정적 생산 세계화는, 비록 미국과 달리 해외 생산이 본국 산업의 공동화로 직결되는 효과는 상대적으로 약했지만 다른 한편으로는 국내 생산체제의 개혁을 지연시키는 효과도 동시에 가졌다. 앞에서 살펴보았듯이, 일본 기업들은 해외 생산을 확대하기 이전에 이미 폐쇄적 하청구조에서 오는 혁신 능력의 한계로 인해 혁신에 성공한 미국과 독일, 그리고 새롭게 추격해 오는 한국과 중국에 비해 경쟁력이 약화되어 가는 상태였다. 하지만 일본은 '폐쇄적 구조에 기초한 유연생산체제'의 문제점을 고치기보다는 오히려 글로벌 네트워크의 수립을 통한 양적 확장에 초점을 둠으로써 국내 개혁의 문제를 회피했다.

레너드 쇼파(Leonard Schoppa), T. 펨펠(T. Pempel), 이베스 티베르기엔(Yves Tiberghien), 그리고 월터 해치(Walter Hatch) 등 일본의 많은 정치경제 문헌들은 1990년대와 2000년대 해외 생산의 확장과 함께 일본의 국내 개혁이 지연되었다는 점에 주목하고 있다(Schoppa 2006: Pempel 1998: Tiberghien 2007: Hatch 2010). 이들에 따르면, 국내 개혁을 요구해야 할 대기업들이나 주요 핵심 내부자들이 국내에 남아 개혁의 목소리(voice)를 높이기보다는 오히려 동남아시아나 해외로 이전(exit)함으로써 국내 개혁의 압력이 약화되었다. 1990년대 일본 기업들의 해외 생산은 국내의 높은 비용구조를 회피하는 방법이었다. 게다가 일본의 해외지사들은 막대한 이윤을 창출했다. 1990년대 일본 기업들이 고전하고 있을 때 이들의 이윤 대부분은 아시아 지역에서 발생했다. 예를 들면, 1990년대 동안 마츠시타

(Matsushita)는 해외 이윤의 절반 이상을 동아시아 지역에서 벌어들였다. 심지어 2001년 이 전자회사가 북미, 유럽, 그리고 일본 국내 등에서 총 2,118억 달러의 손실을 낳았을 때에도 아시아 지역에서는 450억 엔의 흑자를 보았다. 마츠시타 글로벌 전략계획 이사인 아사카 도시마사(Asaka Toshimasa)는 "그 이윤이 없었다면 우리가 본국에서 오랫동안 해 왔던 우리의 사업방식을 계속 유지할 수 있었을지 나는 확신할 수 없다."라고 말하기도 했다(Hatch 2010, 144). 일본의 엘리트들은 해외로 생산을 이전함으로써 일본의 제도를 버린 것이 아니라, 오히려 일본의 문제를 함께 해외로 이전함으로써 일본의 국내 제도를 그대로 유지할 수 있었던 것이다.

그러나 변화된 국제 경쟁구도하에 폐쇄적 구조의 일본 모델을 지속하는 것은 그 경직성으로 인해 많은 비용을 낳았다. 내부자 거래에 초점을 둔 일본의 폐쇄적 상호주의는 내부자끼리의 '강한 유대(strong ties)'를 통해 1980년대까지 미국의 경직된 대량생산체제와 자유시장 관계에 비해 거래비용을 줄이고 상대적으로 유연한 적응이 가능했던 이점이 있었다. 하지만 1990년대 이후 새로운 유연생산체제를 도입한 미국, 독일 등 경쟁국에 비해 일본의 생산 모델은 상대적으로 비용이 많이 들었다. 일본의 폐쇄적 네트워크가 고정된 내부자들의 거래에만 제한됨으로써 일본 기업들은 새로운 정보와 기회를 포착하기 어려웠고 이를 포착한 외부자들은 기존의 네트워크 자원에 접근하기가 어려웠다. 이러한 비용은 소득 불균형의 확대, 일반 복지비용의 증가, 기업가 활동의 저조, 혁신 능력의 저조로 나타났다.

예를 들면, 일본의 주요 기업들은 과일에서부터 가구에 이르기까지 모든 부분에서 높은 가격을 지불해야 했다. 그리고 폐쇄적 구조에서 내부자와 외부자들 간의 소득 불균형은 더욱 더 커져 갔다. 1990년대 이전에는 임금이 충분히 좋았고 일자리도 많았다. 그래서 외부자들에게도 간접적 보상(side payment)이 이루어질 수 있었다. 그러나 1990년대에는 이것이 점점 어려워졌다. 중소 부품업체들의 경우도 핵심 내부자인 경우에는 세계화와 더불어 더욱 성장한 반면 그렇지 못한 경우에는 더욱 어려운 상황에 처했다. 1998년 일본의 도산 기업의 약 47.1%가 영세 기업이었고, 48.2%는 중소 규모의 기업이었다(Hatch 2010, 177-79).

무엇보다 일본의 폐쇄적 상호주의에 기초한 생산 모델이 초래한 혁신 능력의 약화가 가장 심각한 문제였다.[4] 특히 2000년대 이후 ICT 산업을 비롯한 급격한 테크놀로지의 변화를 배경으로 생산 체제가 변화하는 상황에서 일본의 전통적인 폐쇄적 유연생산체제는 첨단산업에서 오는 새로운 정보와 혁신을 받아들이기에 많은 어려움을 가지고 있었다(Rtischev and Cole 2003, 3; Steffensen 1998, 519; Okimoto and Nishi 1996, 203). 일본의 네트워크는 급진적 혁신보다는 불확실성을 회피하고 내부 관계의 안정화를 추구하는 경향이 있다. 그러나 일본의 정치경제 전문가 고조 야마무라(Kozo Yamamura) 교수는 21세기 혁신 경쟁의 시대에는 이러한 내부자들의 협력 체제에 기초한 일본 모델은 경쟁력이 떨어질 수밖에 없다고 지적한 바

---

4 일본의 쇠퇴를 분석하는 이론과 설명에는 여러 가지가 있다. 예를 들면, 에몬 핑글톤(Eamonn Fingleton)과 애덤 포젠(Adam Posen)은 잘못된 정책의 혼용에 주목한다(Fingleton 2000; Posen 1998). 그리고 리처드 카츠(Richard Katz)는 신자유주의적 입장에서 일본의 지나친 보호와 규제를 비판한다(Katz 1998). 혹은 일부 학자들은 일본의 전통적 문화가 혁신을 지체시킨다고 주장한다.

있다(Yamamura 2003).

　'글로벌 기업가 조사(The Global Entrepreneurship Monitor)'에 따르면, 일본은 2000년 21개 선진 자본주의 국가 중에서 혁신 스타트업 능력에서 거의 최하위에 위치했다. 일본의 스타트업 탄생 비율(start-up rate)은 단지 3%로 미국의 14%에 비해 월등히 낮다. 그리고 일본에서 스타트업 대부분은 대기업과 관련되어 있다. 1991년에서 1996년 사이 일본의 스타트업 기업들 중에서 단지 8.7%만이 실질적인 독립 회사이다. 그 외 대부분의 기업들은 대기업 혹은 모기업과 연계된 회사들이다. 이처럼 독립적이지 못하고 대기업 의존적인 스타트업의 문제는 이들 역시 대기업들과 유사하게 '위험 회피적으로(risk-averse)' 행동한다는 것이다. 실제로 일본의 스타트업 기업들은 기술혁신보다는 대기업 임원들과의 인적 연계를 통한 비용 절감에 초점을 두는 경향이 있다(Hatch 2010, 188-91). 일본에서 대기업들과 독립된 벤처 스타트업이 생기기 어려운 이유는 기존의 네트워크 밖에서는 새로운 수요업체와 부품업체, 숙련 인력, 그리고 자본을 찾기가 쉽지 않기 때문이다. 즉, 폐쇄적 구조가 혁신에의 도전을 약화시킨다고 할 수 있다.

　이처럼 본국의 전통적 유연생산체제에 기초한 일본 기업들의 세계화는 미국에서 비조정 체계에 의한 기업의 세계화가 모국의 산업 공유재 공동화 현상을 초래한 것과 달리 기존 체제의 문제를 개혁하지 않고 지연시키도록 함으로써 혁신 역량을 약화시켰던 것이다. 일본의 세계화는 본국 체제와의 연계에 기초한 국제분업구조를 구축하는 데 매달림으로써 산업 공동화 현상을 막는 듯이 보였지만, 본국에서의 생산과 혁신 역량의 약화를 막지 못함으로써 실제 국제 경쟁력은 감소시키는 결과를 가져왔다. 이로 인해 1990년대 후반 일본의 압도적 기술력에 기초한 수직적 국제분업구조인 '안행형' 모델은 서서히 무너지기 시작했고, 일본 정부와 기업의 엘리트들이 누렸던 아시아에서의 상대적 지위도 약화되기 시작했던 것이다.

여기에서 주목할 만한 사실은 아시아 지역에 대한 투자에서 기존에 선두를 달리던 일본을 제치고 미국과 유럽이 새로운 리더로 부상했다는 것이다. 이러한 투자국 순위의 변화는 무엇보다 일본의 혁신 체제가 약화한 데 따른 상대적 경쟁력의 쇠퇴를 반영한 것이라고 할 수 있다. 1990년대 후반 일본의 기술 혁신이 급격하게 느려지면서 안행형 구조를 이끌던 일본의 선도성과 기술 이전은 둔화되었다. 상대적 기술 격차가 줄어든 것을 배경으로 일본 기업들이 아시아 국가들로 기술 이전을 하기를 꺼리게 된 것이다. 그러자 아시아 국가들의 엘리트들은 이에 저항하여 새로운 기술 협력 파트너를 찾기 시작했다. 예를 들면, 말레이시아는 일본의 자동차 회사를 통한 자동차 기술 도입이 어렵게 되자 일본을 제치고 프랑스의 시트로엥(Citro-en)과 기술 협력을 맺었다. 또 다른 사례로 태국은 일본으로부터 기술 이전이 줄어들자 미국과 독일의 기업들을 초청했다(Hatch 2010, 205-6). 이제 일본은 본국 혁신 역량의 약화로 인해 해외에서도 점점 더 경쟁력이 약화되었고 새로운 조정을 요구하게 되었던 것이다.

국제분업 전략의 변화: 수직적 통합에서 수평적 통합으로

1990년대 내내 본국에서의 혁신이 지연되는 사이 미국과 유럽의 경쟁 회사들이 재도약하고 아시아 신흥국들이 급부상하면서 일본 기업들은 심각한 경쟁에 휘말렸다. 2000년대 들어 이러한 압력은 수

직적 통합(vertical integration)구조에 기초했던 일본의 아시아 국제 분업 체제를 보다 수평적(horizontal) 형태로 변화시켰다. 기존의 수 직적 분업구조는 삼각무역 패턴(triangular trade pattern)으로, 일본 의 모기업이 하이테크 부품을 제공하면 해외 공장에서 조립하여 완 성품을 미국과 유럽 시장에 수출하는 구조였다. 그러나 2000년대 들 어와서 이러한 구조는 변화하기 시작했다.

첫째, 판매의 방향(sale direction)이 변화했다. 아시아 지역의 일 본 생산 네트워크가 다른 선진 지역이 아닌 아시아 지역 내의 소비 를 위한 생산을 강화시키기 시작한 것이다. 1990년대에는 대부분의 판매가 서구 시장으로 향했고 일본으로의 역수출은 적었다. 그러나 2000년 이후 일본으로의 역수출이 증가했다.

둘째, 중간재의 구입에서 본국에 의존하는 경향이 크게 줄었다. 경쟁에 밀리기 시작한 일본 기업들의 대응은 우선 비용을 줄이기 위 해 기존의 일본 부품업체를 이용하기보다는 해외 현지 부품업체들 로부터 조달을 늘리고 지역 자본과 기술에 대한 의존을 증가시키는 것이었다. 일본 총리부의 경제사회연구소(Prime Minister's Economic and Social Research Institute)의 조사에 따르면, 2000년대 전반 해외 에 나가 있던 일본의 회사 4개 중 3개는 가격 폭락으로 이윤을 상실 하고 있었는데, 이들 중 70%는 기존의 부품업체를 교체하겠다는 계 획을 가지고 있었다(Hatch 2010, 84, 214). 예를 들면, 2000년대 초에 태국의 도요타 공장은 생산 과정에 사용되는 거의 모든 부품을 현 지 조달하겠다는 계획을 세웠다. 실제로 1990년 아시아 지역의 일본 회사들은 중간재 구입의 약 40%를 일본에 의존했던 반면 2005년에 는 이 비율이 31%로 줄었든 것으로 조사된 바 있다. 이는 일본 본국의 수출 감소 효과를 초래했다. 2002년 동남아시아의 일본 기업들의 42.5%는 부품의 절반 이상을 일본의 자회사들로부터 조달하는 것으로 조사되었는데, 이는 1998년 47%에서 4.5%p 줄어든 것이다. 심지어 자기 계열사에 배타적으로 의존하던 기업들도 경쟁 상대 계열의 부품사 혹은 완전히 독립된 부품회사들로부터 부품을 구매하기 시작했다. 특히 중국에서 계열사 연계가 없는 업체들로부터의 부품 조달이 증가했다.[5] 또 지역의 기술력이 상승하면서 일본 기업들은 새로운 모델과 고품질(high-end) 상품을 아시아, 특히 중국에서 생산하기 시작했다. 이와 함께 지역 엔지니어들에게 의존하는 경향도 높아졌다(Hatch 2010, 215-17).

셋째, 자본의 흐름도 변화했다. 중국 기업들이 오히려 일본 기업들을 흡수합병하기 시작했다. 이것은 일본 기업들이 아시아 기업들보다 뒤처지게 되었다는 것을 의미하지는 않는다. 다만 한국, 일본, 중국의 기업들이 이전보다 더욱 수평적으로 협력하는 경향을 보여주게 되었다는 것이다(Hatch 2010, 218-19).

그러나 이러한 변화의 움직임에도 불구하고 2000년대 들어서도 한참 동안 일본은 기존 모델의 위기에 적극적으로 대응하지 못했던 것으로 보인다. 경쟁에서 살아남기 위해 해외로 진출한 기업들의 노력에도 불구하고 무엇보다 국내에서의 개혁이 여전히 지연되고 있었기 때문이다. 국가 주도의 조정 체제에 기초한 일본은 2012년 아베 정부가 들어서기 이전까지 총리의 잦은 교체와 정치적 불안정으로 인해 일관된 구조개혁은 고사하고 정책의 지속성 자체가 어려웠

---

5   "Small Firms Join Exodus to China, Seeking Lower Costs, Local Markets," *Nikkei Weekly*. April 29, 2002.

다. 그러나 일본보다 조금 늦게 1990년대 후반 이후 주요 산업 기업들의 생산 세계화가 본격화된 한국의 경험은 일본과는 다른 결과를 보여준다. 다음에서는 '국가 주도 조정 체제'의 또 다른 모델인 한국을 비교 사례로 간략히 살펴봄으로써 일본의 생산 세계화의 문제가 무엇이었는지 다시 한 번 짚어 보고자 한다.

비교 사례: 한국의 국가 주도 조정 체제[6]

조정적 세계화가 항상 국내 생산과 혁신의 향상을 약화시키는 것은 아니다. 5장에서 살펴보겠지만, 독일과 같은 조정 체제는 미국과 달리 생산 세계화 과정에서 사회적 조정을 통해 본국의 생산과 혁신 역량을 더욱 강화했다. 무엇보다 한국의 사례는 국가 주도 조정 체제가 반드시 본국의 혁신 역량의 약화로 귀결되는 것은 아니라는 점을 보여준다. 국가 조정 체제로서 한국은 일본과 유사하게 기업들의 해외 확장 과정에서 '해외 생산과 본국의 생산 연계', 그리고 '본국의 부품업체를 이용한 해외 생산 네트워크의 수립'이라는 방식을 발전시켰지만, 일본과 달리 기업의 세계화와 함께 국내 혁신 및 생산 역량은 더욱 고양되었다. 왜 유사한 세계화 전략에도 불구하고 한국은 일본과 다른 결과를 얻을 수 있었는가? 한국과 일본의 국가 조정 체제는 어떤 점에서 달랐는가?

중요한 차이는, 일본의 생산 세계화가 국내에서 발전시킨 협력적 하청 관계를 그대로 해외로 이전함으로써 국내 생산의 고비용 구조에 대한 회피와 생산 역량의 양적 확대에 초점을 둔 반면, 한국의 생

---

6 한국의 세계화 과정에 대해서는 저자의 글들, 권형기(2019); Kwon and Kim(2020); Kim and Kwon(2017)을 참조하라.

산 세계화는 해외 생산의 경쟁력을 위해 국내의 생산관계 및 혁신 역량의 질적 향상에 초점을 두었다는 데 있다. 한국 기업들의 생산 세계화는 지연되었던 국내 생산 모델—수입 부품의 조립 생산에 기초한 수출 모델—의 혁신을 더 이상 회피할 수 없는 문제로 부각시켰다.

그러나 주목할 만한 것은 한국 기업들의 세계화 전략이 처음부터 국내 생산관계의 혁신에 기초하여 민족주의적 국제 생신 네트워크를 수립하는 데 있었던 것은 아니라는 점이다. 무엇보다 일본의 경우는 기존의 국내 하청 관계를 해외로 이전하는 것만으로 해외에서 상대적으로 경쟁력이 있는 부품조달체계를 구축하는 것이 가능했지만, 한국의 경우는 본국의 생산체제 혁신을 통한 부품업체들의 업그레이드 없이는 원청 대기업들이 해외에서 본국의 하청업체들을 이용하는 것이 불가능한 상황이었다. 왜냐하면 한국의 중소 부품업체는 일본의 부품업체와 달리 기존의 대기업 중심 지원에 기초한 한국의 발전 전략에 따라 상당히 저발전되어 있었고 국제 경쟁력도 약했기 때문이다. 그러나 한국의 원청 대기업들은 세계화의 과정에서 해외 현지에서의 경험—해외 현지에서 글로벌 부품업체를 이용하거나 현지 기업을 이용하는 것의 어려움—을 통해서 자신이 통제 가능한 국내 부품업체를 이용하는 것이 낫다는 판단, 그러나 현재 상태의 부품업체가 아니라 국내 부품업체의 업그레이드와 새로운 생산관계의 혁신을 전제로 국내 하청업체들과의 협업이 필요하다는 점을 인식하면서 자신들의 전략을 수정했다.

1990년대에 본격적으로 해외 생산을 시작한 한국 기업들이 해외 현지에서 부품조달체계를 구축하는 방식에는 크게 세 가지 옵션

이 있었다. 하나는 독일의 보쉬(Bosch), 미국의 델파이(Delphi) 같은 글로벌 부품업체들을 이용하여 부품을 조달하는 것이고, 또 다른 하나는 현지 부품업체들을 이용하는 것, 그리고 마지막으로는 본국의 부품업체들을 이용하는 것이었다. 한국 기업들은 처음에는 독자적으로 진출해서 해외 생산 현지의 부품업체 혹은 글로벌 부품업체를 이용하는 것을 선호했다. 대기업 입장에서는 당시만 해도 한국의 부품업체들이 규모도 작고 기술력도 떨어지는 상태였기 때문에 해외 현지 부품업체나 글로벌 부품업체들과 생산 네트워크를 구축하고자 했다(오규창 1995, 73-80). 중소기업의 경우에도 국내의 하청 관계가 지나치게 위계적이고 착취적이라는 데 불만을 가지고 있었기 때문에 독자적으로 해외에 진출하여 현지에서 새로운 고객을 찾는 것이 우선적인 전략이었다(정헌주 2002, 98). 많은 정치경제학자들이 지적하듯이, 한국의 전통적인 기업 간 관계는 일본처럼 협력적 관계가 아니라 대기업 중심의 위계적·착취적 관계에 기초해 있었기 때문이다.

그러나 대기업이든 중소기업이든 한국 기업들의 독자적 해외진출 전략은 대부분 실패했다. 해외 생산 현지에 부품 조달 네트워크를 구축하는 과정에서 심각한 문제에 직면했기 때문이다. 선진국에 진출한 경우는 현지의 인건비가 너무 비싸 생산비용이 상승한다는 것이 문제였고, 후진국에 진출한 경우는 글로벌 부품업체들을 이용해야 했는데 이들은 앞서 진출해 있던 선진국 경쟁 기업들과 이미 거래를 하고 있던 중이었기 때문에 그들과 거래하는 것은 경쟁력이 없었다. 이는 생산 세계화의 후발주자(latecomer)가 가지는 불리함이었다. 덧붙여 규모 면에서도 한국 기업들은 글로벌 부품업체들을 상대하기에 불리한 입장에 있었다. 값싼 현지 업체를 이용하기에는 품질 면에서 신뢰성이 떨어졌다. 독자 진출한 중소 부품업체들의 경우는 한국에서처럼 안정적인 고객을 확보하는 데 어려움을 겪었고 규모의 영세성 때문에 현지 국가의 행정적 요구 등에 적절히 대응하는 데 역부족이었다.

결국 후발주자의 불리함을 극복하기 위해 한국의 대기업들은 일본 기업들처럼 해외 현지에 민족주의적 생산 네트워크를 구축하는 전략으로 선회하기 시작했다. 하지만 한국의 경우는 국내의 하청 관계를 이용해 해외 생산 네트워크를 조직하기 위해서는 일본과 달리 국내 생산체제의 개혁과 국내 중소 부품업체의 육성을 필요로 했다. 한국은 전통적으로 부품 산업이 발전하지 않은 상태에서 조립 대기업 중심의 수출 체제를 구축하다 보니 중소 부품업체들의 성장이 지체되어 있었기 때문이다. 그래서 원청 대기업이 해외 현지에서 부품 조달의 어려움에 직면한 1990년대 이후 반성적으로 국내 중소 부품업체의 육성과 기업 관계의 개혁에 관심을 가지게 되었던 것이다. 이에 비해 일본의 경우는 1980년대에 이미 일국 생산체제에서 발달된 중소 부품업체들을 전제로 협력적 기업 간 관계를 유지하고 있었다. 그러나 이러한 폐쇄적 협력 체제가 1990년대에 와서 경쟁력의 한계에 도달했을 때 일본은 글로벌 생산체제를 본격적으로 건설하기 시작했고, 그것은 본국의 혁신을 지연시키는 효과를 가지게 되었던 것이다.

요컨대 한국 기업들이 해외 생산을 확대하는 과정은 일본과 같이 국내 생산방식의 일방적 확장이 아니라 반대로 해외 생산 네트워크의 수립 과정에서 나타나는 문제를 해결하기 위한 본국 생산체제의 업그레이드를 수반했다. 국내 부품업체들의 독자적인 기술력 부족과 규모의 영세성에도 불구하고 해외 진출 대기업들이 국내의 하청 관계를 이용하여 해외 생산 네트워크를 수립하는 전략으로 전환하고 또 이것이 성공할 수 있었던 이유는 한국 정부의 국내 생산체제에 대한 혁신 노력이 중소 부품업체들의 역량 혁신에 초점을 두었기 때문이다.

덧붙여 유사한 국가 조정 체제로서 한국 정부와 일본 정부의 역할에 중요한 차이가 있다. 기업들의 세계화 과정에서 일본 정부는 아시아 지역에 일본 중심의 수직적 국제분업 체계를 수립한다는 계획하에 민간 기업들과 적극적으로 협력하고 그들을 지원했다. 그러나 일본 정부는 기존의 생산체제에 제기된 문제를 회피함으로써 개혁을 지연시켰다. 반면 한국 정부는 기업들의 세계화에 직접 개입하기보다는 국내 생산 모델의 혁신에 초점을 두었다. 한국 정부는 일본 정부와 달리 주요 산업의 대표 기업들의 생산 세계화를 국내 생산의 위기로 인식했으며 해외 진출 기업들을 적극 지원하기보다는 국내 생산체제를 혁신하는 데 초점을 두었다.

첫째, 한국 정부는 기업들의 세계화 과정에 직접 개입하기보다는 국내 생산체계를 혁신하는 데 초점을 두어 산업정책의 방향을 전환했다. 1990년대 말 이후 한국 정부는 완제품 조립 산업의 국민경제 대표 기업(national champions)을 육성하는 것에서 혁신 주도적 부품소재 산업을 병행 발전시키는 것으로 산업정책의 목표를 전환했다. 새로운 정책의 초점은 더 이상 물리적 자원을 동원하는 것이 아니라 연구개발 활동에 대한 지원을 강화하는 데 있었다. OECD 과학기술지표(OECD Main Science and Technology Indicators)에 따르면, 한국의 GDP 대비 연구개발 지출 비중은 1991년까지도 1.7%에 지나지 않았지만 2014년에는 4.3%로 증가했는데, 이는 OECD 국가 중 최고 수준이었다. 반면 다른 주요 선진국들은 같은 기간 연구개발 지출 비중에 큰 변화가 없었다. 예를 들면, 미국의 GDP 대비 연구개발 지출 비중은 1991년 2.6%에서 2014년 2.7%로 거의 변화가 없었고 독일의 연구개발 지출 비중은 같은 기간 2.4%에서 2.9% 로 소폭 증가하는 데 그쳤다. 이는 1990년대 이후 한국의 연구개발 지출이 다른 나라들에 비해 크게 증가해 왔음을 보여준다. 이러한 한국의 연구개발 지출 규모의 성장은 혁신 주도형 산업 체계를 수립하고자 한 정부의 정책 방향과 맥을 같이한다.

둘째, 한국 정부의 새로운 산업정책이 기업들의 생산 세계화가 오히려 국내 하청 관계를 강화하는 데 중요한 역할을 할 수 있도록 했던 것은 단순한 물적 지원이 아니라 산업의 연계를 강화하고 협력적 혁신 생태계를 수립하는 데 초점을 두었기 때문이다. 예를 들면, 한국 정부는 혁신 생태계를 조성하기 위한 연구개발 컨소시엄을 강화했다. 한국 정부는 정부출연 연구기관과 완제품 대기업, 부품업체, 대학 연구소 등이 공동으로 참여하는 연구개발 컨소시엄을 구성하기 위해 노력해 왔다. 이러한 연구개발 컨소시엄에서 정부와 정부출연 연구기관은 주관기관으로 참여해서 조정자의 역할을 하고 기업은 실질적인 연구개발의 주체가 되었다. 정부는 먼저 업계와 학계, 공공/민간 연구기관의 연구자들을 대상으로 기술개발에 대한 수요조사를 실시하여 우선적으로 개발해야 할 기술을 선정한다. 수요 조사의 과정에서는 다양한 산업협회들의 도움을 얻기도 한다. 기술개발 과제가 선정되면 생산기술연구원과 같은 정부출연 연구기관들이 실질적인 정부 정책의 집행기관 역할을 한다. 이들은 기업과 공공, 민간의 연구기관들을 대상으로 과제 공모를 실시하여 참여 기업과 연구기관을 선정하고 연구가 진행되는 동안에는 지속적인 모니터링과 평가를 실시한다. 또한 정부출연 연구기관들은 스스로 정부 과제에 참여하여 독자적인 기획 연구과제를 수행하기도 하고 기업들과 함께 컨소시엄을 구성해 정부 과제를 수행하기도 한다(자동차부품연구원 면담조사 2010. 5. 31; 한국전자통신연구원 면담조사 2013. 4. 18; 한국산업기술진흥원 면담조사 2015. 6. 4; 한국기계산업진흥회 2015. 6. 24; 카메라 렌즈 제조업체 면담조사 2015. 11. 12).

실제로 수요자 연계형 프로젝트와 같은 한국 정부의 혁신 생태계 조성 정책은 국내 혁신 역량의 고양이라는 측면에서 연구개발 활동에 대한 단순한 금융 지원보다 훨씬 큰 성과를 거뒀다. 중소기업에 대한 정부의 연구개발 지출의 일반적인 사업화 성공률은 대략 40% 정도인 반면, 수요자 연계형 연구개발 프로젝트의 사업화 성공률은 78%에 달한다(서울경제 2010. 2. 2). 또한 컨소시엄 형태의 집단적 학습 및 혁신 역량의 강화 방식은 미국 방식인 개별 연구개발에 대한 조세 지원이나 보조금 지원 방식보다 지속적인 혁신에 훨씬 효과적인 것으로 보인다. 기업들, 특히 중소 중견기업들에 중요한 것은 단순한 정부의 금융 지원 규모가 아니라 컨소시엄 참여를 통해 형성된 협력 네트워크 자체였다. 삼성전자 스마트폰에 렌즈를 공급하는 중견 부품업체의 경영진에 따르면, 기업의 입장에서 정부가 지원하는 공동연구개발 과제에 참여하는 것은 단지 금융 지원뿐만 아니라 정부출연 연구기관, 수요 기업 등과 꾸준히 연계를 가질 수 있도록 하기 때문에 자체 혁신 역량을 강화하고 경쟁력을 향상시키는 데 크게 기여했다고 한다(카메라 렌즈 제조업체 면담조사 2015. 11. 12).

이처럼 한국 정부가 지원한 공식적인 혁신 네트워크와 민간 기업과 연구기관들 간의 비공식적 네트워크는 상호 시너지 효과를 통해 집단적 혁신 생태계와 산업공유재를 강화하고 증진시켰다. 공식/비공식 네트워크를 통해 공유된 상호 간의 정보가 빠른 혁신을 가능하게 하고 잠재적인 혁신의 가능성을 높인 것이다. 특히 기업 외부의 공식/비공식 혁신 네트워크는 독자적인 기술개발 역량을 갖추지 못한 중소 부품업체들이 제한된 여건에도 불구하고 기술개발을 지속하는 데 중요한 역할을 하고 있다(반도체장비 제조업체 면담조사 2015. 11. 19). 혁신 네트워크를 통한 공동 학습과 혁신 역량을 강화하는 데 초점을 둔 한국의 새로운 산업정책은 미국의 개별 기업에 대한 연구개발 조세 혜택이나 보조금 지원에 초점을 둔 방식과 구별된다.

이처럼 일본과 달리 한국의 세계화 과정에서 국내 생산의 혁신 역량이 유실되기보다 강화되고 지속적으로 재생산될 수 있었던 것은 사적 기업의 자유로운 선택의 결과가 아니라 산업 역량을 강화하고자 하는 국가의 의도적인 노력과 함께 이에 대한 민간 행위자들의 적응(adaptation)의 결과였다. 이에 반해 일본은 훨씬 더 경쟁력 있는 생산 및 혁신 역량을 가지고 있었음에도 불구하고 세계화가 일본 경제의 회생에 도움이 되기보다는 기존 체제의 개혁을 지연시키는 효과를 낳았다. 이는 무엇보다 1990년대 경제위기 속에서 전통적인 의미의 국가 조정 방식이 유효하게 작동하지 않았기 때문이다. 위기를 해결하기 위해서는 정치 개혁을 통한 새로운 국가 발전 비전과 실행력이 필요했는데, 일본의 국내 개혁 정치는 2012년 아베 정부가 들어서서 안정적인 집권과 일관된 정책 집행을 하기 전까지는 상당히 지지부진했다.

2. 폐쇄형에서 개방형 혁신 체제로의 전환

1990년대 이후 지속된 개혁 조치에도 지지부진하던 일본 경제는 2012년 아베 정부의 수립과 함께 활기를 띠기 시작했다. 이른바 '아베노믹스'로 불린 일본 경제의 부흥은 한편으로는 팽창적 통화정책에 의존하면서도 다른 한편으로는 보다 근본적인 정책 및 제도의 변화를 수반했다. 아베 정부는 기존의 '폐쇄적 상호주의 전략'에 기초한 일본의 경제 모델을 '개방형 혁신 전략'으로 본격적으로 전환하는 데 성공했다. 주목할 만한 사실은 미국식 실리콘밸리 모델을 모방하려는 노력 속에서도 미국식 신자유주의적 자본주의 체제로 전환하기보다는 새로운 혼합형(hybridity) 체제로 적응해 갔다는 것이다(Vogel 2006). 이 절에서는 어떻게 이러한 변화가 발생했는지 그 정치적 과정을 살펴보기 이전에 우선 개혁의 결과로 무엇이 얼마나 변했는지, 그리고 그것의 성과는 어느 정도인지를 살펴보고자 한다.

2013년경부터 일본 정부와 기업, 그리고 대학과 공공 연구기관들은 이른바 '개방형 혁신'의 일본판 모델을 모색하기 시작했다.[7] 2010년대 이후 등장한 일본의 혁신 모델인 '개방형 혁신 전략'은 기

---

7 '개방형 혁신' 개념은 2003년 하버드 대학의 헨리 체스브로(Henry Chesbrough) 교수가 주창한 것으로, 기업 내부뿐만 아니라 기업 외부의 아이디어와 기술을 의도적으로 유통시키고 이를 활용하는 혁신의 새로운 패러다임으로 주목받았다. Chesbrough(2003), "Open Innovation- the New Imperative for Creating and Profiting from Technology."

존의 대기업 자사 중심주의 혹은 일부 거래 기업과의 폐쇄적 네트워크 구조에서 벗어나 대기업, 중소 벤처기업, 대학과 공적 연구기관, 벤처자본, 그리고 정부가 주요한 혁신의 주체로 참여하고 이들 간의 다양한 상호 교류와 협력을 통해 연구와 상업화에 주력하는 새로운 혁신 생태계를 만드는 데 목표를 두고 있다(정성춘 2020, 17-19).

2000년대 초반까지만 하더라도 일본 기업들은 여전히 자사 중심주의에 기초한 대기업과 이에 연계된 소수의 기술력 있는 거래 기업 간의 폐쇄적 구조를 기반으로 한 협력 관계를 유지하고 있었다. 대기업은 자사의 중앙연구소와 기술을 갖춘 중견 기업들을 중심으로 내부에서 개발된 기술과 지식재산권의 독점적 보호 전략을 추구했다. 이 체제에서 대학과 공공 연구기관들은 시장의 수요와 별개로 기초연구를 수행하는 데 초점을 두었다. 기업과 대학 간의 협동 연구가 있다고 하더라고 최근에 나타난, 조직 간의 포괄적 협력에 기초한 대규모의 본격적인 연구라기보다는 기업의 연구부서와 대학 내 개별 연구자 간의 소규모의 비정기적인 공동연구가 대부분이었다(정성춘 2020, 17-18).

그러나 이러한 체제는 1990년대 중반 이후 그 한계가 드러나기 시작했고, 일본은 점진적인 변화와 개혁을 통해서 2020년 현재 미국의 실리콘밸리와 유사한 보다 개방적인 스타트업 생태계(Startup Ecosystem)를 만드는 데 성공했다. 겐지 쿠시다(Kenji Kushida)의 연구들이 보여주듯이, 일본은 2010년대 이후 새로운 개방형 혁신 체제를 구축한다(Kushida 2017, 2018a, 2018b). 일본의 개방형 혁신 체제에서는 〈표 4-2〉에서 보듯이 전통적인 대기업 중심주의와 달리 미국의 실리콘밸리처럼 혁신 기업들이 성장할 수 있는 금융 체제, 노동

표 4-2 일본의 스타트업 혁신 생태계: 1990년대 중반과 2016년 비교

	1990년대 중반	2016년 일본 변화
금융 벤처자본의 정도	은행 중심의 금융 체제: 대부분의 혁신 기업들은 전통적인 은행 대부를 통해 자금 조달	벤처 산업의 성장과 새로운 금융: 독립적 벤처자본의 성장, 중소 자본시장을 통한 자금 조달
노동시장 숙련 인력의 다양성과 유동성	연공서열에 기초한 장기고용: 노동시장의 유동성이 낮음, 엘리트 인력은 대기업 중심으로 평생고용 보장	노동시장의 유동성 증가, 특히 IT와 외국계 회사를 중심으로 대기업에서 일할 기회와 그것이 갖는 위신(prestige)이 낮아짐
산학연 협력 산업과 대학, 정부의 연계	수많은 공식적 규제로 인해서 협력이 어려움	대학의 혁신 기술을 가지고 스타트업을 육성하려는 대학, 벤처회사, 정부의 적극적인 노력
대·중소기업 대기업과 혁신 중소기업의 공생	대기업의 회사 내 연구개발에 기초한 폐쇄적 혁신 체제, 대기업은 스타트업과의 거래에 관심 없음	대기업은 개방형 혁신 체제에 보다 관심을 가짐, 벤처펀드에 참여, 스타트업과 협력 거래
혁신 기업가 정신 (entrepreneurship): 혁신 기업가를 육성하려는 사회 체제	혁신 기업가 정신은 대기업과 정부에 명성이 낮음	혁신 기업이 되는 것이 대기업에 대해서 사회적으로 높은 신망 얻음, 성공적 스타트업의 사례 증가
전문 서비스 혁신 기업들을 위한 전문 서비스	전문 서비스 환경이 열악함	스타트업에 초점을 둔 서비스에서 로펌과 회계회사들이 증가, 스타트업을 육성하고 이득을 봄

출처: Kushida(2018b), p. 94.

시장의 유연성 강화, 대학과 산학 협력을 통한 혁신적인 생태계 강화, 그리고 대기업의 개방성 등이 발전했다. 2010년대 일본의 변화된 '혁신 생태계'를 보다 구체적으로 살펴보면 다음과 같다.

1) 기업 간 관계의 변화

우선 주목할 만한 것은 전통적인 기업 간 관계의 변화이다. 2000

년대의 많은 경험 연구들에서는 과거 일본의 기업 간 네트워크가 기술과 글로벌 네트워크의 빠른 변화에 오히려 역기능적으로 작용했다고 주장한다. 그래서 일본의 게이레츠에 기초한 폐쇄적 하청 관계가 서서히 해체되고 새로운 기업 간 관계로 바뀌어 가고 있다는 것이다. 실제로 2000년대 일본의 기업 간 관계는 1980년대 기업 간 파트너십과 달리 게이레츠의 구조적 관계에 의존하지 않고 보다 열린 관계로 변화했다. 특히 새로운 연구개발 협력 관계는 전통적인 게이레츠 관계에서 벗어나 이를 무시하는 경향까지 보여준다(Lincoln 2006, 217).

일본을 대표하는 자동차 회사 도요타의 하청 관계는 일본의 기업 간 관계의 변화를 보여주는 대표적인 사례이다. 도요타의 변화는 일본의 기업 간 관계의 변화 전반을 알 수 있는 척도라고 할 수 있다. 도요타의 하청 관계는 전통적으로 일본의 긴밀한 협력 관계의 대표적 모델로 인식되어 왔기 때문이다. 일본의 전통적인 협력적 기업 간 관계를 얘기할 때 도요타와 그 부품업체인 덴소(Denso)와의 관계가 흔히 언급된다. 덴소는 도요타 회사의 스핀오프를 통해 세워졌으며 오랜 기간 도요타의 싱글 소싱(single sourcing)처로 긴밀한 협력 관계의 이점을 누려 왔다(Nishguchi and Beaudet 1999; Dyer and Nobeoka 2000). 그러나 글로벌 경쟁이 격화되고 기술 발전이 급속히 빨라짐에 따라 전통적인 닫힌 구조의 게이레츠 관계는 보다 개방적인 형태로 변화해 갔다. 예를 들면, 도요타는 단기간에 트럭(Hino)과 미니카(Daihatsu)와 같은 새로운 생산라인으로 생산을 확장해야 할 필요성에 따라 새로운 테크놀로지를 가진 부품업체들과 협력할 필요를 크게 느꼈다. 특히 전기 부품업체들의 능력이 더욱 요구되자 도요타는 전기 관련 부품 생산을 회사 내부로 옮겼다. 이로 인해 기존에 덴소와 거래하던 주문량이 상당 부분 축소되었다(Ahmadjian and Lincoln 2001; Lincoln 2006, 224-28).

도요타가 기존의 하청 관계를 변화시키면서까지 변화를 추구한 이유는 무엇인가? 우선 경쟁의 격화로 인해 도요타도 더 많은 학습(learning)이 필요했다. 또한 덴소와 같은 하나의 부품업체에 과도하게 의존함으로써 도요타의 상대적 힘(leverage)이 약화되었다고 인식했다. 도요타가 덴소에 싱글 소싱을 하면서 덴소에 대한 의존성이 높아진 반면, 덴소는 미국으로 진출한 후 다른 많은 원청회사들과 거래함으로써 상대적 자율성이 더욱 높아졌던 것이다. 또한 도요타는 덴소가 미국 기업들과 거래하면서 도요타와의 거래에서 쌓였던 지식을 경쟁사에 넘길 것을 두려워했다(Lincoln 2006, 226-27).

전통적인 계열에 기초한 기업 간 관계는 내부 기업들 간의 신뢰와 익숙함, 그리고 용이한 조직 정비라는 이점을 가짐에도 불구하고 그룹 내부에서만 연합하는 것(intragroup alliances)은 재료, 기술, 문화 등 생산의 여러 측면의 상이한 조합으로부터 나오는 이점을 살릴 수 없다는 약점이 있었다. 문제는 연구개발에서 특히 두드러졌다. 드미트리 리츠세프(Dimitry Ritschev)와 로버트 콜(Robert Cole)의 일본 게이레츠 연구에 따르면, "게이레츠 내부를 지향하는 연구개발은 게이레츠를 가로지르는 연합에서 오는 이점을 방해한다."라고 지적하고 있다(Ritschev and Cole 2003). 전통적으로 일본의 기업 간 협력은 게이레츠 그룹을 넘나들면서 거래하는 것을 터부시해 왔다. 그러나 일본의 기업 간 관계 전문가인 제임스 링컨(James Lincoln)과 미첼 걸라치(Michael Gerlach)가 수행한 일본의 전자 산업 128개 회사의 기업 간 관계에 대한 경험 연구에 따르면, 1990년대부터 이미 기업 간 관계에 변화가 나타나기 시작했다(Lincoln and Gerlach 2004). 즉, 1986년에서 1991년 사이 일본 기업들은 주로 동일한 그룹 내부의 다른 회사들과 연합을 형성한 반면, 1992년에서 1997년 사이에는 전통적인 연합의 형태가 점차 감소하고 있다는 것이다. 특히 연구개발 영역에서는 전통적인 수직적 게이레츠의 의미가 거의 사라졌고 다만 비연구개발(non R&D) 영역에서만 전통적 게이레츠가 남아 있다. 링컨과 걸라치는 일본의 게이레츠 기업 간 관계의 형성과 변화를 추적한 후 다음과 같이 언급하고 있다.

> 일본의 비즈니스 연계는 지난 50여 년 동안 게이레츠가 대표하는 안정적인 거시-구조적 협력을 이루어 (일본 모델을) 상징해 왔다. 그래서 이들 연계는 기업들에 비즈니스 거래의 고정적인 제약으로 나타났다. (그러나) 포스트버블 네트워크(post-bubble network)는 다르다. 이것은 보다 미시적이고 전략적이다. 다시 말해 덜 양자적이고 덜 게이레츠적이게 되었다. 일본 자본주의는 여전히 네트워크 자본주의이다. (…) 그러나 그것은 근본적으로 변화하고 있다. 기업들은 과거와는 다른 방식으로 자신의 비즈니스 어젠다를 강화하기 위해 기업 간 관계를 이용하고 있다. 게이레츠에 구속되기보다는 기업의 경쟁력에 이점을 줄 수 있는 파트너십을 추구하고 있는 것이다 (Lincoln and Gerlach 2004, 103, 354).

또한 수직적이고 닫힌 관계에서 신뢰를 바탕으로 한 협력 체제를 구축했던 전통적인 일본의 기업 간 관계는 새로운 혁신 스타트업 기업들이 출현하기에는 불리한 조건으로 작용했다. 그러나 새로운 환경에서는 스타트업 기업들이 더 쉽게 만들어지고 기존의 대기업과 협력하는 것이 더 용이하다. 최근 일본에서는 대기업 간, 그리고 대기업과 벤처기업 간의 수평적 협력이 증가하는 추세이다. 예를 들면, 혼다(Honda), 코니카미놀타(Konica Minolta), 온쿄(onkyo) 등 10개의 일본 기업이 공동 참여하여 로봇공학 관련 사업을 위한 회사 3개를 설립했다. 이러한 연합체 기업의 창설은 일본에서 이례적이라고 할 수 있다(Kushida 2018a, 25). 기업 간 관계의 변화는 자본 모델(finance model)의 변화와 함께 혁신 기업이 출현하고 성장하는 데 크게 기여하고 있다.

2) 자본 모델의 변화와 벤처기업의 증가

일본에서 혁신적인 벤처기업의 증가는 기업 간 관계의 변화와 함께 제도적으로는 자본 모델의 개혁에 크게 의존한다. 전후 일본의 자본 모델은 은행 중심의 금융 체제였다. 은행들은 국내 저축을 기초로 산업과 가계에 대출을 해주는 기본적인 자본 매개 조직이었다. 특히 일본의 '주거래은행 체제(main bank system)'는 거대 은행이 은행 대출을 받은 기업을 지속적으로 모니터링하는 체제였다. 그런데 이러한 체제에서는 미국과 같이 신기술에 기초한 고위험의 혁신 기업에 투자하는 벤처자본이 성장하기 어려웠다. 예를 들면, 1990년대에 벤처 사업이 유행하자 스타트업을 설립하고자 하는 기업가들은 은행에서 대출을 받기 위해 개인 자산을 담보로 제공해야 했다. 즉, 이러한 체제에서 실패는 곧 개인의 파산으로 귀결되기 때문에 새로운 혁신 기업가적 정신을 발휘한다는 것은 개인적으로 지나치게 위험한 일이었다(Imai ed. 1998). 이러한 체제는 2000년대 들어서도 한동안 지속되었다. 2000년대 이후 많은 벤처투자 회사들이 성장했지만 대부분 전통적인 금융회사들의 자회사에 불과했던 것이다. 특히 이들 벤처자본의 직원들은 감점제(point subtraction system)에 의해 개인 성과를 평가받는 체제에서 일했는데, 이런 제도하에서 직원들은 위험 회피적 투자 행태를 보여줄 수밖에 없었다(Kushida 2018a, 17).

그러나 〈표 4-3〉에서 볼 수 있듯이, 2010년대 이후 일본의 혁신 생태계는 크게 바뀌기 시작했다. 우선 과거에 비해 일본의 벤처자본 규모가 크게 증가했다. 과거에 벤처자본이 거의 부재했던 것에 비하면 이제는 미국을 제외한 다른 모든 선진국과 비교할 때 일본의 벤처자본은 크게 성장했다고 할 수 있다.

벤처자본에 의한 일본 내의 벤처기업 투자도 지속적인 증가세를 보여주고 있다. 2018년도 벤처자본의 국내 투자액(사업회사 CVC

표 4-3 벤처자본 투자 금액 비교

단위: 10억 달러

국가 | 연도	2010	2015
일본	1.29	1.11
독일	0.97	0.87
프랑스	0.80	0.84
영국	0.79	0.62
이스라엘	0.41	0.65
한국	0.96	1.78
미국 전체	23.52	59.70
실리콘 밸리	9.39	27.76

출처: Kushida(2018b), p. 89, table 4.3.

의 투자액은 제외)은 1,640억 엔으로 6년 연속 증가세를 보여주었다. 벤처자본이 아닌 일본 기업에 의한 벤처 투자(CVC)도 크게 증가했다. 2018년도 투자액은 약 3,500억 엔으로 2013년에 비해 무려 8배나 증가했다. 그리고 일본의 스타트업 투자도 해마다 꾸준히 증가해서 2010년 705억 엔에서 2019년 약 4,462억 엔(약 5조 913억 원)으로 사상 최고치를 기록했다. 일본의 스타트업 기업 수도 2010년 968개사에서 코로나 팬데믹이 확산되기 직전인 2018년에는 2,055개사로 크게 증가했다(차석록 2020; 정성춘 2020, 103).

벤처자본의 증대는 대학발 벤처 육성 정책에도 영향을 미쳤다. 2020년 현재 일본에서는 과거와 달리 대학발 벤처기업들이 다수 성장하고 있다. 예를 들면, 츠쿠바 대학에서 나온 인간의 움직임을 도와주는 로봇 수트(robotic suits)를 만드는 사이버딘(Cyberdyne), 게이오 대학발 스파이더 합성 실크를 만드는 스파이버(Spiber), 나고야 대학의 교수들이 만든 뉴프로테인(Nuprotein) 등 대학에서 나온 혁신 스타트업 기업의 수가 급증하고 있다. 또 대학발 혁신 기업뿐만 아니라 농부들에게 트랙터를 손쉽게 운전할 수 있는 GPS 앱을 개발하여 스마트폰에 제공하는 애그리 인포 디자인(Agri Info Design) 기업 같이 정부 산하 연구소들에서도 새로운 혁신 스타트업이 창출되고 있다(Kushida 2017, 12-15).[8]

---

8 구체적인 벤처 스타트업 기업의 리스트에 대해서는 Kushida(2017), pp. 21-22, Figure 3을 참조하라.

3) 노동시장의 변화

노동시장에서 엘리트 인력들의 움직임을 보면 과거에는 주로 대기업으로만 향했지만 최근에는 혁신적인 벤처로 향하고 있다. 전통적으로 일본의 엘리트들은 대기업 내부에서 평생고용제도(lifetime employment)를 기초로 승진하는 것이 주요한 커리어였다. 이를 반영해서 사회적으로도 대기업 직장이 가장 신망이 높았다. 그러나 최근 일본의 젊은 엘리트 사이에서는 대기업에서 평생직장을 가지는 것이 크게 매력적이지 않게 되었다. 오히려 혁신 스타트업에서 직장생활을 시작하는 것이 엘리트들의 주요한 커리어 선택지로 각광을 받기 시작했다.

1980년대까지 일본은 기술과 시장 면에서뿐만 아니라 위신(prestige)과 문화적 가치 면에서도 대기업이 일본의 산업 전체를 지배하는 구조였다. 엘리트 대학생들은 대기업에 입사해서 평생직장으로 여기고 다니는 것이 하나의 규범이었다. 반면 스타트업을 설립하거나 스타트업에 들어간다는 것은 배척되는 경향이 있었다. 호리에 다카후미(堀江貴文)의 스캔들[9]이 보여주듯이, 2000년대 초기까지만 하더라도 벤처기업은 결코 사회적으로 높게 평가받지 못했다. 그러나 2010년 이후 벤처기업가들은 사회적 명성을 얻기 시작했다. 이전까지 주로 전통적인 대기업들에만 우호적이었던 『닛케이(*Nikkei*)』같은 주요 신문들도 최근에는 스타트업 기업들을 위한 생태계에 초점을 두게 되었다(Kushida 2018a, 14-15, 27).

---

9 혁신 벤처기업가로 활약하면서 매스미디어에서 센세이션을 일으켰던 호리에는 이후 부정 회계혐의로 감옥 신세를 졌다.

4) 대기업과 혁신 기업의 공생

최근 일본의 '개방형 혁신 생태계'는 일본의 자본주의가 여전히 대기업 중심이긴 하지만 새로운 혁신 스타트업과 대기업의 공생 관계를 기반으로 하는 체제로 바뀌었다는 것을 의미한다. 2010년대 이후 일본 내의 스타트업 생태계가 엄청난 성장을 할 수 있었던 데는 혁신 스타트업과 기존의 대기업 간에 형성되어 온 협력적 공생 관계가 중요한 역할을 했다.

일본에서는 전통적으로 대기업들이 스타트업과 거래하고 협력하기를 꺼려 왔다. 그러나 최근에는 대기업들이 적극적으로 혁신 스타트업들과 협력하고 때론 이들의 혁신 기술을 이용하기 위해 적극적인 인수합병에 나서기도 한다. 또한 혁신 스타트업들 역시 대기업과의 파트너십을 통해 성장을 도모하고자 하면서 공생 관계가 발전하고 있다. 정보통신기술의 발전에 따른 격화된 경쟁에 적응하기 위해서 혁신 기업들은 대기업과 새로운 차원에서 파트너십과 협력 관계를 발전시켜 왔다.

예를 들면, 도쿄 대학의 컴퓨터 과학자들이 2014년에 수립한 스타트업인 프리퍼드 네트워크(Preferred Networks)는 인공지능(AI)에 기초한 머신러닝(machine learning), 알고리즘 및 도구(algorithms and tools)를 개발하고 있는데, 일본의 자동차 산업 대기업인 도요타와 공장로봇 생산업체인 파누크(Fanuc)는 프리퍼드 네트워크와 협력하여 새로운 공장로봇을 위한 시스템을 개발하고 있다. 그리고 세계 중장비 산업의 리더라고 할 수 있는 코마츠(Komatsu)는 인공지능의 혁신을 적극 활용하여 경쟁력을 높이고 있다. 코마츠는 자동화된 덤프 트럭을 위한 센서 기술과 인공지능 체제를 외부에서 구매하여 내부적으로 다시 통합했다. 그리고 개방형 혁신을 통해 드론 회사들과도 협력하고 있다(Kushida 2017, 17, 27-28).

이러한 혁신 기업과 대기업의 공생 관계는 혁신의 불안정성을 피하는 데 초점을 두었던 대기업의 성향 자체가 변화했다는 것을 의미한다. 기존의 평생고용에 기초한 안정적 노사관계와 수직적 하청 관계와 같은 폐쇄적 관계를 유지하던 일본의 대기업들은 보다 열린 관계(greater openness)와 새로운 혁신 기업들과 공생 협력 관계를 적극적으로 구축하려는 전략으로 선회했다. 반면 공개적이고 암묵적인 시장 보호는 이제 일본에서는 찾아보기 어려워지고 있다. 일본 대기업들은 새로운 핵심 비즈니스를 창출하고(core business offerings) 새로운 혁신의 소스를 찾기 위해 외부 혁신 기업들과의 협업을 확대해 왔다. 이러한 일본 대기업들의 개방적 혁신 전략은 일본 국내의 혁신 스타트업뿐만 아니라 미국의 실리콘밸리 혁신 기업들과의 연계도 강화하는 것으로 나타나고 있다. 예를 들면, 코마츠, 혼다, 도요타, 야마하(Yamaha), 파누크 같은 일본 대기업들은 실리콘밸리의 대학 및 혁신 기업들과 연계를 맺고 있다(Kushida 2017, 2, 28-37).

5) 대학과 산업의 협력 체제 구축

일본은 과거 대기업과 중견기업 내부에 거대 연구소를 두고 상업적 연구개발을 주로 하던 폐쇄적 자사 중심주의 체제에서 보다 개방된 혁신 체제로 전환하고자 산학협력체제를 강화하고 있다. 이러한 노력은 2010년대 들어 본격화되면서 2020년 현재 뚜렷한 변화의 조짐을 보이고 있을 정도로 성과를 보이고 있다.

첫째, 대학이 산업체와의 공동연구, 수탁연구, 지적재산과 같은 연구를 통해서 벌어들인 연구자금 수입액은 2018년 약 3,432억 엔으로 전년 대비 4.3% 증가했다. 이 부분에서 정부를 제외한 순수 민간 기업들부터 들어온 연구자금 수입액은 1,075억 엔으로 전년에 비해 12.0% 증가했다. 내용 면에서 보면 약 3분의 2가 민간 기업과 대학의 공동연구이다. 대학과 민간 기업의 공동연구에서 나오는 수입액은 2003년 15억 엔에 불과하던 것이 2018년에는 683억 엔으로 엄청나게 증가했다. 산학 공동연구의 건수도 2005년 11,054건에서 2018년 27,383건으로 약 2.5배 증가했다(정성춘 2020, 41-42). 비록 1건당 규모는 대부분 1,000만 엔 미만의 연구가 95.5%를 차지하고 있고 1,000만 엔 이상의 대형 연구는 4.5%로 소수이지만, 2000년대 전반에 비해서는 엄청나게 증가했다는 것을 알 수 있다.

둘째, 대학의 특허 출원 건수를 보면 2018년 기준 9,529건으로 지난 5년간 지속적인 증가세를 보여주었다. 일본 대학의 특허 보유 건수는 2005년 2,755건에서 2018년 46,038건으로 크게 증가했다. 이는 일본 대학의 지식소유권 활동이 크게 증가했다는 것을 의미한다. 그리고 일본 대학의 '지식재산권 등에 따른 수입액'의 추이를 보면 2005년에는 10억 엔에도 미치지 못하던 것이 2018년에는 60억 엔에 육박했다. 이러한 대학의 지식재산 생산 활동은 특히 2012년 아베 정부의 대학 개혁 이후 뚜렷한 증가세를 보여준다(정성춘 2020, 45-47).

셋째, 대학의 산학 협력 활동 중에서 중요한 분야로 대학발 벤처 기업 활동이 있다. 현재 일본에서는 대학발 벤처 붐이 일고 있어 관런 활동이 급격히 증가하고 있다. 경제통상산업성의 조사에 따르면, 대학발 벤처기업 수는 1994년 겨우 97개사에 불과하던 것이 2018년 2,278개사로 증가했다. 이들 벤처기업의 매출액은 글로벌 금융위기 이후 지속적인 증가세를 보여 2007년 1,053억 엔에서 2016년에는 2,327억 엔으로 2배 이상 증가했다(정성춘 2020, 53-56).

넷째, 민간 기업과 대학의 산학 협력을 위한 조직 정비의 일환으로 가장 두드러진 것 중의 하나는 대학연구 행정관(university research administrator) 인력을 확충한 것이다. 대학연구 행정관은 연구자의 연구 활동을 지원하는 단순 행정직 업무를 담당하는 것이 아니라 연구자와 함께 연구 활동을 기획하고 관리하며 동시에 연구 성과의 활용도를 높일 수 있는 지원 활동을 수행한다. 이를 위해 대학연구 행정관은 기술 종자의 발견에서부터 사업화까지의 전 과정에 대한 폭넓은 이해를 필요로 한다. 일본에서 대학연구 행정관을 배치한 기관은 2018년 169개로 2017년의 146개에 비해 23개 기관이 증가했다. 대학연구 행정관의 수도 2013년 696명에서 2018년 1,459명으로 증가했다. 그리고 이들의 전직 구성을 보면 42%가 민간 기업에서 왔고, 40%는 대학에서, 그리고 10%는 공적 연구기관 출신이다. 이들은 기업에서 경험을 갖춘, 업무 경험이 풍부한 50~60대의 인력이 주를 이룬다(정성춘 2020, 49-50).

6) 혁신의 성공 사례: 바이오 산업

일본의 변화된 혁신 체제는 일본의 첨단산업에서 혁신 역량을 강화했다. 여기서는 대표적 사례로 일본 바이오 산업의 성장 과정을 간략히 살펴볼 것이다. 일본 바이오 산업은 1980년대와 1990년대만 하더라도 바이오 기술개발과 바이오 상업화의 측면에서 미국만 아니라 유럽의 주요국가들에 비해서도 뒤쳐져 있었다(Okamoto 2007, 2-7). 또한 1990년대까지 일본 바이오 산업의 혁신 구조는 과거 일본의 전형적인 혁신 구조의 특징을 그대로 보여준다. 1990년대까지 일본 바이오 산업의 상업화는 대기업이 주도했는데, 대기업은 의약 부문의 특허 과정을 독점 지배하면서 전체 바이오 기술 특허권의 86%를 차지하고 있었다. 대조적으로 미국의 경우는 전체 특허의 대부분이 대학이나 연구기관, 그리고 벤처기업들에서 발생했다(Lehrer and Asakawa 2004, 927). 이는 미국과 달리 과거 일본의 혁신 체제에서 대학과 기업 간의 협력과 공동연구가 매우 낮은 수준이었기 때문이다.

그러나 2000년대 이후 일본 바이오 산업은 급격히 성장한다. 1990년대 초반 일본의 바이오 의학 부문은 세계 매출액의 12.6%에 불과했는데, 2005년에는 약 22%를 차지할 만큼 급격히 성장했다(Okamoto 2007, 5). 그리고 일본의 바이오 기술 시장의 규모도 2005년 약 1조 7,6000억 엔으로 이는 세계에서 두 번째로 크다. 바이오 벤처기업의 수도 급속히 성장했는데, 1990년대에는 평균 100여 개에 불과하던 바이오 벤처가 2017년에는 대학발 바이오 벤처기업만 하더라도 약 659개로 대학발 IT 관련 벤처(614개)와 함께 일본에서 대학발 벤처기업의 핵심을 이루고 있다. 당장 2017년 한 해만 하더라도 바이오 관련 스타트업의 수는 86개 신생기업이 성장하여 전년 대비 약 13%나 증가했다(Rodergas 2018, 30-31; 김시윤 2012, 698-99).

보다 구체적으로 바이오플라스틱 산업을 살펴보자. 기존의 석유

화학에 기초한 플라스틱 산업이 환경과 기후 문제로 인해 쇠퇴하자 대안으로 바이오플라스틱 산업이 국제적인 환경 규제에 대응할 수 있는 새로운 기술 산업으로 부상했다. 특히 2013년에 발효된 교토의 정서에 따라 탄소세 도입으로 이산화탄소를 발생시키는 석유 기반 고분자 산업의 경쟁력이 약화되자 신생 바이오 기술에 기초한 친환경 고분자 소재 생산에 초점이 모아지고 있다. 이러한 고기술 혁신 산업에서 일본은 개방형 혁신 체제를 통해 빠르게 성장하고 있다. 예를 들면, 2000년대 초반부터 2012년까지 바이오플라스틱 특허 출원에서 국적별로 보면 일본이 55%로 선두에 있고 뒤를 이어 미국 13%, 유럽 5%로 따라가는 형국이다(정현주 외 2014, 498).

주목할 만한 것은 이러한 일본의 특허 출원이 증가한 것이 개방형 협력 체제에 기초해 있다는 점이다. 일본의 경우 상위 10개 출원인 중 도요타는 56건, 도레이(Toyay)는 24건, 테이진(Teijin)은 20건, 무사시노(Musashino) 화학실험실은 14건의 개방형 혁신 특허를 출원했다. 또한 일본의 개방형 협력 체제는 주로 기업 간 협력이 주를 이루며 3개 이상의 주체가 협력 관계를 형성하는 것이 특징이다(정현주 외 2014, 500).

또한 일본의 바이오플라스틱 산업의 개방형 혁신 체제는 일본 정부가 개입한 발전주의적·전략적 성격을 잘 보여준다. 일본은 2000년대 초부터 바이오매스의 활용에 초점을 두기 시작해서, 2010년대에 본격적으로 바이오플라스틱의 기술개발 및 활용을 위한 정부의 적극적 개입이 이루어졌다. 일본은 2002년 관련 부처가 포괄적 국가전략인 "바이오기술 전략 대강"을 제정하고 2007년에는 "바이오기술 전략 로드맵"을 발표하여 바이오매스의 활용 촉진책을 도입했다.

그리고 2010년 "바이오매스 활용 추진 기본계획"에서는 산학관 연구기관을 연계하여 셀룰로오스계, 조류 등 차세대 바이오매스의 실용화와 바이오매스를 활용하기 위한 기술개발을 가속화하는 전략을 중점적으로 추진했다(정현주 외 2014, 504).

3. 변화의 정치

일본은 전통적인 '폐쇄적 유연 체제'에서 장기간의 개혁 지체를 보여주다가 2010년대 이후 본격적으로 '개방형 혁신 체제로 성공적으로 전환했다. 그런데 일본의 개방형 혁신 체제는 미국식의 자유시장 체제로 수렴하는 것은 아니었다. 기업들의 생산 세계화로 인해 일본 모델의 개혁이 지연되면서 1990년대 후반 개혁의 압력이 더욱 가중되었을 때, 일본에서는 미국식 신자유주의 모델이 개혁의 대안으로 부상했고 기존의 일본식 네트워크 자본주의와 국가 주도 조정은 상대적으로 약화되는 듯 보였다. 그러나 일본은 미국식 개방형 체제에 영향을 받았지만 미국식 자유시장 체제로 이행하기보다는 새로운 국가 정책과 조정에 의한 개방형 네트워크 체제로 전환했다. 어떻게 이러한 새로운 '개방형 혁신 체제'가 수립될 수 있었는가? 왜 일본은 미국식 신자유주의 모델로 가지 않았는가? 1990년대까지 지체되었던 국가 주도 개혁이 어떻게 2010년대 이후 다시 힘을 얻을 수 있었는가?

이 절에서는 일본이 어떻게 미국식 자유시장 모델로 이행한 것도 아니고 과거 전통적인 폐쇄적 네트워크를 지속한 것도 아닌 새로운 개방형 협력 체제로 전환할 수 있었는지 그 정치적 과정을 살펴보고 자 한다. 이를 위해 먼저 개혁이 구체화되고 그 효과가 가시화된 아 베 정부에서의 개혁 정치를 살펴보고자 한다. 다음으로는 아베 정부 의 개혁이 그 이전의 개혁 조치들과 달리 효과를 발휘하기 시작한 배경으로 산업정책의 거버넌스 구조의 개혁에 초점을 두어 살펴볼 것이다. 마지막으로 정당정치와 이데올로기 투쟁의 과정을 살펴봄 으로써 일본 체제 개혁의 방향이 형성되어 온 담론정치를 개괄할 것 이다.

1) 아베 정부의 개혁: 개방형 혁신 체제의 수립

개혁의 지체로 2000년대에 들어서도 지지부진하던 일본은 2010 년대 이후 '개방형 혁신 모델'로의 전환에 성공하며 경제 부흥을 맞 이했다. 이러한 전환을 주도한 것은 무엇보다 국가였다. 1990년대 이후 다양한 개혁의 시도와 실험이 없었던 것은 아니지만 정치적 불 안정과 국가 정책의 일관성 부족으로 인해 개혁이 지체되었던 반면, 2012년에 집권한 아베 정부는 전후 가장 긴 안정적 집권에 기초하 여 기존에 시도되었던 여러 개혁 시도를 토대로 일관된 국가 정책을 통해 일본 경제의 구조 개혁을 추진할 수 있었다. 이 시기에 주요하 게 추진된 일본 정부의 경제 개혁 정책을 일컫는 표현인 '아베노믹 스'는 흔히 세 가지 주요한 측면으로 나뉘는데, 첫째는 공격적인 통 화팽창 정책, 둘째는 경기 부양을 위한 재정정책(fiscal stimulus), 셋 째는 경제적 구조 개혁이다. 바로 이 세 번째 측면이 그동안 지지부 진하던 일본 자본주의 구조 개혁으로, 이것은 기존의 폐쇄적 관계

자본주의 모델에서 '개방형 혁신 전략'으로의 전환을 의미한다.

아베 정부 시기에 본격화된 '개방형 혁신 모델'은 기존의 대기업 자사 중심주의 혹은 일부 계열사 중견 기업과의 폐쇄적 네트워크 구조에서 벗어나 벤처기업, 대학과 공적 연구기관을 비롯한 다양한 혁신의 주체로 구성된 새로운 혁신 생태계를 만드는 것이다. 이는 대기업과 벤처기업, 대학과 산업의 협력을 강화하는 데 초점이 있었다. 아베 정부는 에너지 같은 부문에서는 전통적인 산업정책 이니셔티브를 유지한 반면, 로봇공학과 건강보건 영역의 센서 기술(sensor technology) 같은 최첨단 과학기술의 개발 및 상업화에서는 기존의 제도를 개혁함으로써 미국과는 다른 새로운 산업정책으로 일본 기업들이 국제 경쟁력을 가질 수 있도록 적극 지원했다. 그동안 제대로 수행되지 못하던 국가 주도 조정 체제에 기초한 개혁이 아베 정부가 들어서면서 현실적인 모습으로 드러나기 시작했던 것이다. 게다가 더 중요한 것은 국가의 의지와 노력이 구체화하면서 주요 민간 행위자들, 특히 기업과 대학의 인식 변화와 혁신 노력도 현실화하기 시작했다는 데 있다. 아베노믹스는 이처럼 국가 주도하에 기업과 대학의 체제 개혁, 나아가 일본의 국가 혁신 체제 자체를 변화시킴으로써 마침내 지연되었던 개혁을 성공시키고 일본의 경제 회복을 가져왔다. 다음에서는 아베 정부가 추진한 '개방형 혁신 전략'과 더불어 기업과 대학의 인식 변화와 개혁 노력을 구체적으로 살펴보고자 한다.

개방형 혁신 체제를 위한 정부의 노력

2010년대 이후 자리잡은 일본의 개방형 혁신 체제의 핵심은 '대학 개혁과 산학 협력의 강화'이다. 그리고 무엇보다 이는 연구개발의 강화, 벤처기업의 육성, 연구 인력의 양성, 산학 협력과 지역 클러스터의 육성을 실현하기 위한 일본 정부의 개혁 노력에 기인했다. 일본 정부의 개혁은 개혁 시도에도 불구하고 그 성과가 지지부진했던 아베 정부 이전과 이후로 나눠 볼 수 있다.

일본 정부가 대학과 기업들의 협력을 촉진하기 위해 노력을 기울이기 시작한 것은 1990년대부터이다. 1995년 일본 정부는 "과학기술기본법"을 제정했고, 이에 근거해서 5년 단위로 "과학기술 기본계획"을 수립하기 시작했다. 1998년에는 "대학 등의 기술에 관한 연구 성과의 민간사업자 이전 촉진에 관한 법률"(통상적으로 "대학 등 기술이전촉진법"이라 칭함)을 제정하고 시행했다. 이에 기초하여 대학에서는 산학 협력을 담당할 대학의 주요 기관으로 '기술이전기구(Technology Licensing Organization: TLO)'가 등장했다. 2001년에는 과학기술 전략을 총괄하는 컨트롤타워로 '종합과학기술회의'를 설치하여 과학기술 전략의 체계적 수립과 추진을 위한 조직을 정비했다(정성춘 2020, 14-15; 김시윤 2012, 10). 또한 일본 정부는 재정적 지원을 하기 위하여 산업기반정비기금을 기술 이전 사업을 위하여 사용할 수 있도록 허용했다. 이에 따라 대학의 '기술이전기구'를 설치하는 데 필요한 자금 조달 및 기술 이전에 관한 정보를 수집하고 제공하기 위하여 기금을 사용하는 것이 가능해졌다(이경희 2006, 194-95).

또한 일본 정부는 대학의 지적 소유권의 상업화와 혁신적 기업가들의 양성이 주목을 받자 이와 관련된 다양한 조직과 연구센터를 설립하는 데 힘을 기울였다. 이러한 방향은 아베 정부 이전에 이미 시작되었는데, 정부는 대학과 산업의 협동 연구를 강화하고 대학 연구에 산업 측의 투자를 증가시키며 대학에서 나온 상업화할 수 있는 지식을 증가시키고 대학과 지역 중소기업들 간의 협력 강도를 높이는 것 등을 강조했다. 일본 정부는 1998년에서 2002년 사이 미국의 베이-돌 법안에서 영감을 받아 대학에서 기업들로 기술 이전을 조장하는 여러 가지 법률을 통과시켰다. 이를 바탕으로 일본 정부는 산학연 협력 체제를 구성하기 위한 여러 가지 조치를 취했다(Cole and Whittaker 2006, 18-19; Nagata 2018).

또한 일본 정부는 2000년대 들어 새로운 산업정책을 모색하기 시작했다. 2001년에 수립된 제2차 과학기술기본계획(the Second Basic Plan for Science and Technology)은 이러한 시도를 반영한 것이다. 제2차 과학기술기본계획에서 일본은 전략적 재원 안배로 생명공학, IT, 환경과학, 나노기술과 소재(Nanotechnology and Materials)를 선택적으로 강조했다. 그러나 이 기본계획만 하더라도 장기간의 경기침체를 해결하기 위한 단기 해결책의 성격이 강했다. 이후 정부뿐만 아니라 산업 측에서도 일본의 혁신 능력을 제고하기 위한 장기계획이 필요하다는 견해가 지배적이게 되었다. 그래서 2006년경 일본 정부는 "새로운 기본계획(the new Basic Plan)"을 수립했는데, 이것은 생명, 안전, 문화 면에서 질적 고양을 강조하는 혁신 체제 비전이었다(Arimoto 2006, 248-249).

일본 정부는 새로운 산업정책을 모색하고 실행하는 과정에서 기업, 대학 등 민간 혁신 주체들과도 적극적으로 협력했다. 예를 들면, 경제통상산업성은 2002년 미츠비시 연구소(Mitsubishi Research Institute: MRI)와 과학기술관리 컨소시엄을 수립했다. 미츠비시 연구소는 많은 대학들을 초청해서 과학기술관리 프로그램(MOT courses)를 개발했고, 경제통상산업성은 경제적 어려움에도 불구하고 과학기술을 관리하기 위해서 거대한 펀드(약 30억 엔)를 조성했다(Cole and Whittaker 2006, 17).

또한 과학기술에 기초한 혁신 전략을 추진하기 위한 조직 개편도 2000년대 초에 이루어졌다. 2001년 일본 정부는 행정부의 개혁을 통해 내각에 '과학기술정책위원회(the Council for Science and Technology Policy)'를 신설했다. 과학기술정책위원회는 내각에 수립된 '경제 및 재정 정책위원회(the Council for Economic and Fiscal Policy)'와 함께 총리의 경제·산업정책의 권한을 강화하는 제도였다. 과학기술정책위원회는 과학기술과 관련된 모든 정책을 감시 감독한다. 또한 일본 정부는 보다 체계적이고 통합적인 과학기술정책을 위하여 이전의 문부성(Ministry of Education and Culture)과 과학기술청(the Science and Technology Agency)을 합쳐서 새로운 문부과학성(the Ministry of Education, Culture, Sports, Science and Technology: MEXT)을 만들었다. 이 부처는 초등학교에서부터 박사후 단계까지 모든 과학 훈련의 분야를 관장한다. 그리고 기초과학에서부터 대학과 산업의 협력까지 혁신의 대부분을 커버한다(Arimoto 2006, 241).

덧붙여 일본 정부는 연구자 조직들도 개혁했는데, 2005년 10월 일본과학위원회(the Science Council of Japan)가 새로운 형태로 출범했다. 이 위원회는 과거와 같이 단순한 로비 단체가 아니라 과학정책을 위한 상향식(bottom-up) 제언을 위한 대표 조직이 되었다. 위원회의 주요 기능은 과학정책의 형성에 중요한 감시와 균형 조절이다(Arimoto 2006, 242). 그 외에도 '사회경제 발전을 위한 일본생산성센터(the Japan Productivity Centre for Socio-Economic Development: JPC-SED)'는 2001년 '기술 및 혁신 관리를 위한 일본연구센터(the Japan Research Centre for Technology and Innovation Management: TIM-Japan)'를 수립했다. 그리고 일본 정부의 지역 클러스터 육성 노력에 힘입어 지역 대학의 연구소들은 지역 기반 기업들의 최고경영자들의 세미나를 조직하기도 했다(Cole and Whittaker 2006, 17).

이처럼 아베 정부 이전에도 일본 정부의 실험과 혁신 노력은 꾸준히 지속되고 있었다. 그러나 이러한 노력은 아베 정부 이후에야 국가 주도의 전면적인 개혁 드라이브와 함께 실질적인 성과로 나타나기 시작했다. 이전의 노력에 비해 아베 정부의 개혁 조치들은 그 목표와 실행 계획 면에서 훨씬 더 구체적이었다. 무엇보다 아베 정부의 강력한 개혁 드라이브는 민간 혁신 주체들의 적극적인 변화를 이끌어 냈다는 점에서 달랐다.

아베 정부의 새로운 일본 경제 구조개혁 정책은 2013년 6월에 발표된 「일본재건전략(Japan Revitalization Strategy)」에 잘 나타나 있다. 이 보고서는 일본이 20여 년 동안 저성장의 늪에 빠졌다는 점을 인정하는 것부터 시작하여 생산성의 향상과 경제성장을 회복할 수 있는 로드맵을 제시했다. 로드맵에 따르면, 첫째, 정부는 민간 기업들이 최대한의 역량을 발휘해서 전례 없는 속도로 새로운 비즈니스를 창출하도록 자본 투자(capital investment)를 과감히 지원한다. 둘째, 경제 재건 프로젝트로 규제 개혁과 인력 양성, 특히 이전에 충분히 활용되지 않았던 여성 인력과 청년 인력의 양성과 활용을 강조한다. 셋째, 신제품, 새로운 서비스와 시스템의 개발을 통해 새로운 시장을 창출한다. 이러한 조치들을 통해 정부, 대학, 사적 기업을 전략적 분야에 총동원함으로써 일본을 '기술 주도(technology-driven)' 일본으로 탈바꿈시키겠다는 전략이다. 이러한 전략을 위해 과학기술정책위원회의 기능을 강화하고 혁신적인 연구를 적극 지원한다. 마지막으로 이러한 개혁 전략을 통해서 얻은 모든 이득에 대해 공정한 분배를 보장한다. 아베 정부는 실행에 있어서도 구체적인 성과 지표들(Key Performance Indicators: KPIs)과 목표, 실행 일정 등 구체적인 액션 플랜을 수립했다. 그리고 2017년경에는 중간평가를 통해서 핵심성과 지표의 목표를 상향 조정하는 등 전략을 재점검하여 실질적인 성과를 내는 데 주력했다(Kushida 2018a, 7-11).

이러한 전략하에 특히 아베 정부에서 강조된 부분은 대학 개혁과 벤처기업의 육성, 대학과 중소기업 간의 협력 정책이다. 이와 관련해 아베 정부가 수립한 구체적인 목표는 2020년까지 기업과 대학 혹은 기업과 국립연구소 간의 대규모 공동연구의 수를 2배로 늘릴 것, 2025년까지 대학과 국립연구소에 대한 기업들의 투자를 3배로 늘릴 것, 2020년까지 대학발 특허 건수를 늘릴 것, 대학의 운영비용에 대한 보조를 제공함으로써 대학에 전략적 개혁 이니셔니브를 지원할 것 등이었다(Kushida 2018a, 22).

일본 정부는 개방형 혁신 체제의 핵심인 스타트업 혁신 생태계를 조성하기 위한 투자를 선봉에서 이끌기 위해 2009년 '일본혁신네트워크회사(The Innovation Network Corporation of Japan: INCJ)'를 수립했다. 당시 이 회사는 정부의 2,860억 엔과 도요타, 캐논(Canon) 등 일본의 주요 26개 기업으로부터 140억 엔을 모아 총 3,000억 엔의 펀드로 시작되었다. 게다가 정부는 1억 8,000억 엔을 추가로 대부 보증으로 제공함으로서 이 회사는 총 2억 엔을 투자할 수 있었다. 일본혁신네트워크 회사는 15년을 기한으로 정부와 사적 기업들이 공동으로 운영하는 체제이다(Kushida 2017, 19). 이 외에도 일본 정부는 대학발 혁신 스타트업의 펀드 조성을 지원하고 정부 산하 연구소발 혁신 스타트업의 설립을 지원하는 등 스타트업 생태계를 조성하기 위한 노력을 경주했다.

아베 정부는 벤처 투자의 비중을 2배로 늘리기 위한 노력하에 적극적인 벤처자본 개혁을 단행했다. 이러한 조치는 일본의 벤처자본이 미국에 비해서는 작지만 다른 G7 선진국들에 비해서는 크게 증가하는 데 중요한 역할을 했을 뿐만 아니라 무엇보다 전통적인 은행과 금융회사의 자회사가 아닌 독립적인 벤처자본이 증가하는 데 크게 기여했다. 2014년과 2015년 지표에 따르면, 새로운 펀드들에 투자된 자본 중 독립 펀드(independent funds)의 비중이 가장 크다. 2014년 독립 벤처자본은 42%, 기업 벤처자본은 43%였고, 2015년에 독립 펀드는 35%, 기업 벤처자본은 28%, 금융기관 벤처자본은 18%였다(Kushida 2018, 18).

나아가 일본 정부는 벤처기업에 대한 출자를 확대하기 위해 2020년부터 이른바 개방형 혁신 촉진 세제를 도입했다. 이 제도에 따르면, 대기업이 설립 10년 미만의 미상장 기업에 1억 엔 이상을 출자하면 출자액의 25%를 소득 공제한다. 이를 통해 일본 정부는 대기업들이 타 업종의 벤처기업으로부터 혁신적인 기술과 비즈니스 모델을 도입하는 것을 촉진하고자 했다(차석록 2020; 정성춘 2020, 103). 게다가 벤처기업가들이 쉽게 활동할 수 있도록 여러 법률가와 회사들로 구성된 생태계를 조성하는 데에도 관심을 기울였다(Kushi-da 2018a, 28).

아베 정부는 개방형 혁신 전략을 추진하기 위해서 많은 선별적 보조금을 토대로 대학의 적극적인 개혁을 주문했다. 일본 정부는 2013년부터 '연구대학 강화촉진사업'을 시행하여 세계적 수준의 우수 연구 활동을 하는 대학을 선정하고 향후 10년간 매년 2~4억 엔 규모의 보조금을 집중 지원하고 있다. 또한 2016년부터는 "국립대학법인법"을 개정하여 '지정국립대학법인' 제도를 신설했다. 지정국립대학법인으로 선별되면 대학은 자체 경영의 자율성을 높일 수 있고 운영비 교부금 등 정부 보조금을 집중적으로 배분받는 등 다양한 유인책을 제공한다(정성춘 2020, 32).

아베 정부의 산합 협력 정책은 또 다른 혁신 정책인 지역 클러스터의 조성과 맥이 닿아 있다. 과거에 지역 클러스터 조성사업이 단순히 거대 회사들을 특정 지역에 유치하는 것이었다면 최근 정책의 핵심은 지역 기업들과 대학들 간의 협력을 이용하여 보다 발전된 새로운 프로젝트를 수행하는 것이 되었다. 이는 지역의 산업이 세계적인 경쟁력을 획득할 수 있도록 도와준다. 또한 이는 생산 세계화에 따른 지역의 공동화에 대한 대안이기도 하다(Arimoto 2006, 250-51). 특히 대학과 중소기업 협력 정책은 '중소기업의 부활과 생산성 고양'이라는 프로그램을 통한 지역 클러스터와 산업생태계 육성 정책으로 나타났다. 이는 2021년까지 지방에서 개발된 기술을 이용하는 200개의 대규모 프로그램을 지원하는 '산업-학계-정부 협동 프로그램'을 만들고 향후 5년 동안 1,000개의 프로젝트를 추진하는 것이다. 이 프로그램의 목표는 중소기업의 경쟁력을 고양하는 것이다

(Kushida 2018a, 23).

개방형 혁신 체제를 위한 아베 정부의 또 다른 노력은 고급인력의 양성과 함께 유연노동시장을 통한 혁신 역량을 강화하고 벤처기업을 육성하는 것이다. 이 역시 산학 협력을 통해 이루어진다. 대학들은 기업과 함께 기업 직원들의 재교육과 지속 교육을 위한 교육 프로그램을 개발하는 데 협력했다(Arimoto 2006, 246). 이를 위해 대학의 교육 내용도 변화했다. 과거에 대학의 과학교육이 아카데미 연구자를 양성하는 데 초점을 두었다면 현재 일본의 대학은 혁신을 위한 다양한 직업군을 훈련하는 데 강조점을 두기 시작했다. 일반 관리자, 기술 관리자, 지적재산권 보호와 저널리즘 등 다양한 직업군을 겨냥한 과학교육 프로그램이 개발되었다. 이를 위해 일본의 경단련과 문부과학성은 학부와 대학원 수준에서 과학 인턴십을 확대하는 프로그램을 지원했다(Arimoto 2006, 243).

그리고 일본 정부는 혁신을 위해서 과학자들을 비롯해 해외 엘리트들(brains)을 일본으로 끌어들이기 위해 노력했다(Arimoto 2006, 244). 기존 일본의 전후 경제 모델은 외국인들에 대해 폐쇄적이었다. 1980년대 중반 이민자들의 유입을 다소 열어 놓은 것은 주로 조립 공정이나 건설 같은 힘든 작업에서 비숙련 노동의 부족을 메우기 위해서였다. 그러나 아베 정부에서는 해외 고급인력을 유치하기 위한 목표를 세웠다. 예를 들면, 2016년까지 1,500개의 대학 교수직을 해외 지원자들에게 개방한다는 정책을 시행했다. 해외 유학생의 경우도 2013년 14만 명에서 2020년 30만 명으로 확대하겠다는 목표를 세웠다. 그리고 숙련공 이주(skilled immigration) 목표도 2020년까지 1만 명에서 2022년까지 2만 명으로 2배 확대했다.[10] 또한 일본은 과학기술자들의 성장을 촉진하기 위한 경력 체제를 정비했다 (Arimoto 2006, 244-45). 아베 정부는 실업 기간 없이 일자리를 바꿀 수 있도록 하는 노동시장의 유연성을 강화했다. 그리고 특정 기술 분야—사이버안보(cybersecurity) 기술을 포함한 IT 관련 기술—에서 인력을 양성하는 데 초점을 두었다(Kushida 2018a, 21).

무엇보다 일본 정부는 노동시장의 유연성을 강화하여 벤처기업을 육성하고자 했다. 일본의 전통적인 평생고용제도는 대기업에서 숙련도를 높이고 유연생산체제를 가능하게 하여 일본 생산체제의 강점으로 강조되었지만 혁신적인 벤처기업의 등장에 대해서는 장애로 작용했다. 대기업의 평생고용제도하에서 우수 대학의 뛰어난 인력은 혁신적인 벤처기업을 창업하거나 취업하기보다는 대기업에 취업하는 것을 우선시했다. 게다가 노동 유연성의 부재로 경험 있는 인력이 스타트업으로 이동하는 경우도 드물었다. 그러나 1990년 후반 이후 일본 정부는 기업 스톡옵션 제도의 도입, 고용 유연성을 강화한 노동법 개정과 같은 규제 개혁으로 혁신적인 스타트업을 위한 환경을 변화시켰다. 이와 맞물려 샤프와 도시바 같은 거대 기업들이 위기에 봉착하면서 기존에 대기업에 묶여 있던 고급인력이 방출됨으로써 스타트업 기업들에게 풍부한 숙련 노동력이 제공되는 환경이 마련되었다. 그리고 규제 개혁으로 많은 외국 기업들이 일본으로 들어옴에 따라 엘리트 대학의 졸업생들이 자신의 기업가 정신을 발휘할 수 있는 루트와 방법이 늘어났고, 이것은 기존 대기업 중심의 기업 문화와 달리 새로운 혁신적 벤처기업이 활성화될 수 있는 환경

10 그러나 아베 정권하에서 이 부분은 큰 성과를 내지는 못했다(Kushida 2018a, 20).

을 조성했다(Kushida 2018a, 21; Kushida 2017).[11]

이상에서 보듯이 일본이 기존의 대기업 집단 중심의 '폐쇄적 혁신 체제'에서 새로운 벤처기업들과 대학을 포함한 새로운 '개방형 혁신 체제'로 전환할 수 있었던 것은 2010년대 이후 일본 정부 주도의 개혁 정책이 주효했기 때문이다. 그러나 이러한 전환은 비록 국가의 이니셔티브가 있기는 했지만 대기업과 대학들의 적극적인 협조와 혁신 노력 없이는 불가능했다. 다음에서는 전환을 가능하게 했던 대기업의 인식 변화와 대학의 개혁에 대해 각각 살펴볼 것이다.

대기업의 인식 변화

사실 대기업 집단 중심의 일본 경제구조에서 대기업의 적극적인 협조 없이는 체제가 변화하기 어렵다. 아베 정부의 출범 이후 본격화된 '개방형 혁신 정책'이 효과를 낼 수 있었던 데는 경쟁 환경의 변화와 함께 대기업의 인식 변화가 중요하게 작용했다. 1990년대 중반 일본 정부가 이미 산학 협력을 위한 여러 조치들을 취했지만 실질적으로 개혁이 추진되었던 것은 정부의 일방적인 조치 때문이 아니라 인식이 변화한 기업들과 정부 관료들의 협력과 공동 노력 때문이라고 할 수 있다.

일본의 대기업들은 전통적으로 외부와의 협력보다는 자사 내부에 중앙연구소를 설립하여 기초연구에서부터 응용연구에 이르는 전 과정을 기업 내에서 해결하는 체제를 발전시켰다. 1980년대까지 일본 경제의 추격 단계 시기에 대기업의 중앙연구소는 선진국의 과학

---

11 2015년 기준 혁신 스타트업들의 절대 다수가 일본의 엘리트 대학들의 졸업자들에 의해 설립되었다(Kushida 2018a, 21).

기술을 도입하여 이를 개량하고 상품화하는 연구에 초점을 두었다. 이는 일본의 대기업들이 자사의 기술 역량을 중시하고 대학과의 산학 협력은 무시하는 경향을 갖는 데 영향을 미쳤다. 이러한 경향 속에 일본에서는 1980년대 이후 버블 경제가 붕괴하기 전인 1990년대 초반까지 고도성장에 기초해서 기업 내부에서 기초연구를 강화하는 '기업들의 기초연구 전성기'를 누렸다. 그러나 일본 경제의 거품이 붕괴되자 대기업들은 기초연구를 수행할 여력이 약화되었고 경영 성과에 직접적으로 관련된 제품화 연구를 중시하는 경향으로 전환했다. 그러나 위기가 본격화된 1990년대에도 산학 협력은 그렇게 활발하지 못했다(정성춘 2020, 13-14). 이는 앞에서 언급한 대기업 자사 중심주의 한 단면이기도 하다.

자사 중심주의와 폐쇄적 협력 체제에 기초했던 일본 대기업들이 산학 협력에 관심을 가지게 된 것은 1990년대 후반이다. 이전까지 일본 대기업들은 고위험의 모험적인 기술개발 프로젝트를 추진하려고 하지 않았다. 그러나 1990년대 후반부터 2000년대 전반 일본 정부와 기업의 엘리트들은 일본 경제의 거품 붕괴와 구조적 위기의 심각성에 대해 인식하기 시작했다. 앞에서도 이미 언급했듯이, 이 시기 일본 기업들과 정부 고위관료들은 긴밀한 협의를 통해서 국가 위기를 극복하기 위한 대안으로 새로운 혁신 체제가 필요하다는 인식을 공유했다. 이들은 일본 경제의 구조적 문제를 극복하기 위해서 "생산성의 향상이 필요하며 이를 위해서는 국가 혁신 체제의 구축이 필요하다."라고 인식했다.

이는 2000년대 들어 미국과 유럽의 부활, 그리고 중국과 동아시아 국가들의 추격이라는 변화된 국제 경쟁 질서에 직면하면서 일본의 기업 엘리트와 정부 관료들이 갖게 된 위기의식에 기인한다. 더구나 기술과 시장 수요의 격심한 변화로 제품의 수명은 크게 단축되고, 인공지능, 사물인터넷(IoT), 빅데이터로 대변되는 기술개발의 속도 경쟁이 더욱 가속화면서 기존의 자사 중심주의적, 폐쇄적 혁신 체제와 종신고용과 연공서열에 기초한 임노동관계로는 빠른 혁신을 따라갈 수 없다는 위기의식이 더욱 심화되었다. 또한 버블 경제의 붕괴 이후 기업들의 자체적인 혁신 역량도 크게 약화되었다. 대기업들이 자사 내부의 중앙연구소를 중심으로 수행하던 기초연구가 자금난에 직면하여 약화되고 이후 단기적인 실용화 연구로 편향되면서 기초연구 역량이 크게 하락한 것이다. 그 결과 2000년대 상위 10% 보정논문 수 전체에서 일본 기업들이 생산한 논문은 4%에 불과했다(정성춘 2020, 24-25).

국제 경쟁 질서의 변화, 기술 및 시장 수요의 급변, 자체적인 혁신 역량의 한계 등에 직면한 일본 대기업들은 전통적인 자사 중심주의를 벗어나 스스로 대학 및 외부기관과의 협력을 통해 혁신 역량을 강화하는 전략으로 전환했다. 이를 위해 우선 일본 기업들은 대학에서 적극적인 개혁을 수행하여 개방형 혁신 전략에 동참할 것을 요구했고 외부 대학과의 적극적인 공동연구를 추진하기 시작했다. 예를 들면, 전자 산업의 히타치는 일반 소비자를 대상으로 한 전자제품 생산에서 경쟁력을 상실한 후 사회 인프라 분야로 사업을 확장하여 기업 경쟁력을 유지하려 하고 있었다. 이 과정에서 히타치는 2015년부터 기업 단독의 혁신이 어렵다는 것을 인식하고 대안으로 대학과 연구기관 등과의 협력 연구를 통한 개방형 혁신 체제를 지향하게 되었다. 히타치는 이러한 연구개발 체제 전환의 일환으로 도쿄 대학과 포괄적 협력 계약을 체결하고 일본 정부의 '소사이어티 5.0(Society 5.0)' 비전을 실현하기 위해 기술개발과 사업화를 추진하고 있다(정성춘 2020, 69). 또한 일본의 대표적인 전자회사 소니도 2014년까지만 하더라도 독자적인 신사업 육성 제도를 통해 기존의 자사 중심주의에 기초한 획기적인 히트상품을 개발하는 것을 위기 극복의 탈출구로 삼았다. 그러나 이 제도를 통해 5년간 발굴한 14개의 신사업이 모두 부진하자 소니는 2018년 독자적인 상품개발 전략을 버리고 타기업이나 대학 등 외부 자원과 연계하는 오픈 이노베이션 전략을 도입하기 시작했다(정성춘 2020, 2).

대기업들의 이러한 전략 변화는 일본 정부의 정책과 공조로 본격적인 대학 개혁을 추동했다. 아베 정부에서 대학 개혁 목표를 설정하고 실행에 옮긴 것은 경단련의 보고서에 기초했다. 경단련의 보고서에 따르면, 일본 산업계는 대학들이 단순한 학문의 전당이 아니라 혁신 창출의 거점이 되어야 한다는 점을 강조하고 이를 위해 대학이 연구 중심의 역할과 산학 협력을 하기 위해 조직을 정비할 것을 요구했다(정성춘 2020, 32).

대학 개혁과 산학 협력

일본 정부가 주도한 개방형 혁신 체제는 무엇보다 대학의 개혁과 이에 기초한 활발한 산학 협력을 필요로 했다. 일본의 '개방형 혁신 체제'를 수립하기 위한 핵심은 대학 개혁을 통한 연구 역량의 강화, 대학과 기업의 연계, 대학의 고급인력 육성을 통한 벤처기업 육성, 그리고 지역의 혁신 생태계를 강화하는 것이었기 때문이다. 결국 대학의 개혁이 중요한 핵심 축이라고 할 수 있다. 그런데 기존의 체제에서 대기업들은 자사 중심주의에 기초하여 기업 외부의 위험도가 높은 실험과 연구에 대한 투자에 소극적이었고, 다른 한편으로 대학들은 일반 기능교육과 상업화될 수 있는 기술과는 유리된 기초연구에만 초점을 두었다(Arimoto 2006, 249). 그러나 대기업의 인식이 변화하고 아베 정부의 혁신 정책이 대학 개혁과 산학 협력에 초점을 두면서 대학도 적극적인 개혁 조치에 나서기 시작했다.

기존의 일본 체제에서 대학은 상아탑에 머물면서 기업과의 현실적·조직적 연계를 꺼려 했다(Arimoto 2006, 249). 이로 인해 1990년대 이전에 일본에서는 대학과 기업 간의 공동 협력은 거의 부재했다고 할 수 있다. 이는 무엇보다 산학 협력에 대한 부정적 인식과 문화 때문이었다. 1960년대 이후 상아탑을 자처해 온 일본의 대학 내부에서 산학 협력은 비판의 대상이었다. 이로 인해 공과대학과 기업의 공동연구가 곤란할 정도였다. 게다가 1990년대 후반까지만 해도 일본의 대학들이 산업계와 협력하는 데에는 제도적으로도 많은 어려움이 있었다. 예를 들면, 국립대학의 교수들은 공무원으로 간주되어 대학 외부의 일에 참여하는 것(예를 들어, 스타트업 경영 참여 등)이 허용되지 않았다(Kushida 2018a, 22; 정성춘 2020, 13). 국립대학 교수들이 기업에 자문을 제공하거나 개별 기업의 임원으로 활동하는 것이 엄격히 금지되었던 것이다. 그 결과 일본의 대학 교수들이 기술개발의 상업화에 참여하는 일은 미국 대학의 교수들과 달리 대단히 저조한 수준이었다(Lau 2002, 4-5; 김시윤 2012, 10).

그러나 정부의 개혁 노력과 인센티브에 호응하면서 일본의 대학들도 구체적이고 적극적인 혁신체제로의 전환을 시작했다. 우선 일본의 대학들은 조직 정비에 착수했다. 특히 국립대학들은 일본의 산업계와 정부가 원하는 대로 산학 협력을 하기 위해 학내 체제를 정비했다. 2010년대 중·후반 도쿄 대학, 교토 대학, 오사카 대학 등 상위권 국립대학들은 산학 협력을 추진해 오던 기존의 조직을 대폭 개편했다.[12]

첫째, 산학 협력 총괄조직을 총장 직속으로 신설하고 본부의 기능을 강화했다. 도쿄 대학에서는 2016년 '산학협창추진본부'를, 교토 대학에서는 2012년 '산관학연계본부'를, 오사카 대학에서는 '신학공창섭외본부'를 수립하고 산업계에서 대학과 협력을 맺을 조직을 분명히 했다. 이 총괄조직들은 대학의 연구 결과물을 홍보하고 적극적으로 민간 기업들과 협력할 수 있는 창구와 전 과정을 조정하는 컨트롤 타워 역할을 했다. 구체적 활동 내용은 민간 기업과의 공동연구 기획 및 실시, 사업적 가치가 있는 지식재산의 생성과 활용 촉진, 그리고 벤처의 활성화 등이다.

예를 들면, 도쿄 대학은 총장 직속 기구로 산학협창추진본부를 설치하고 산하 조직으로 '혁신추진부'와 '지적재산부'를 두고 있다. 먼저 혁신추진부는 기업과의 공동연구, 벤처기업의 창업과 성장 지원을 주요 업무로 한다. 보다 구체적으로 이 기구는 도쿄 대학의 연구 성과를 바탕으로 어떤 분야에서 민간 기업들이 공동연구를 선호하는지 기업들을 대상으로 수요 조사를 실시하고, 기업의 수요에 적절하게 대응할 수 있는 학내 연구자 집단에 대한 리스트를 작성하며, 이들 연구자와 기업 간의 면담을 주선하고, 공동연구 계약을 체결하기 위한 실질적 지원을 한다. 또한 도쿄 대학과 해외 기업 간의

---

12 이하 일본의 대학 개혁은 정성춘(2020)의 연구에 많이 의존했음을 밝혀 둔다.

공동연구를 활성화하는 것을 도모하며, 산업계와 학내 연구자 간의 인적 네트워크를 형성하고 유지할 수 있도록 컨소시엄, 과학기술교류포럼과 같은 다양한 인적 교류 프로그램을 운영한다. 지적재산부는 법적·제도적 지원 체제를 통해 학내 연구자들의 발명에 대한 시장가치 평가, 출원, 라이센스 계약 체결 등의 과정에서 지적 창작물을 보호하고 이용을 촉진하는 것을 도모하고 있다. 오사카 대학이나 큐슈 대학에서도 유사한 조직을 수립해 기업과 함께 기업들의 수요에 적극 대응하는 공동연구 강좌와 연구 프로그램을 개발하고 있다. 그리고 대학 연구센터들은 학내 벤처기업의 창업 및 성장을 지원하기 위한 창업 경영상담 인큐베이션 시설을 제공하고 기업가 정신 교육 프로젝트를 지원하며 벤처 자금을 지원하고 법무 및 경영 상담 원스톱 창구를 운영하고 있다(과학기술정보통신부 2019).

둘째, 2010년대 중·후반 이후 민간 기업과 대학의 공동연구는 기존의 개별 연구자들 간의 연계를 통한 공동연구가 아니라 조직과 조직 간의, 다시 말해 대학과 기업 조직 전체 사이의 포괄적 계약을 통한 지속적이고 체계적인 공동연구에 기초해 있다. 예를 들면, 도쿄 대학은 다이킨(Daikin)과 히타치 같은 대기업과 포괄 계약을 체결했다. 또 교토 대학은 2020년 일본전신전화공사(NTT), 다이킨, 프랑스 국립과학연구센터, 바이엘약품 주식회사, 토에이(Toei) 주식회사, 히타치 제작소, 동양신약, 파나소닉(Panasonic), 바스프(BASF) SE 등과 포괄적 공동연구 계약을 체결했다(정성춘 2020, 71-72). 특히 교토 대학와 독일의 바이엘약품 주식회사의 공동연구는 조직 대 조직 간에 포괄적 계약을 맺은 모범 사례이다. 교토 대학과 바이엘사의 협력을 보면 연구 주제 자체를 공동으로 탐색하는 것에서부터 새로운 강좌 개설과 연구자 교류, 그리고 연구의 상업화에 이르기까지 포괄적인 분야에서 상호 협력할 것을 합의하고 있다. 바이엘사의 입장에서는 신약 분야에서 단순한 생물학적 지식만으로는 경쟁력을 유지하기 어렵다는 판단에서 교토 대학이 가지고 있는 다양한 분야의 기술적 강점을 결합하여 새로운 의약품을 개발하고자 하는 의도를 가지고 있었고, 대학의 입장에서는 연구자금의 획득과 연구 및 교육 환경의 개선을 목적으로 바이엘사와의 협력을 모색했다. 오사카 대학의 협력도 주목할 만하다. 오사카 대학은 신약개발 분야에서 면역학 프론티어 연구센터와 츄가이(Chugai) 제약 간에 포괄 계약을 체결했다. 이 계약에서 츄가이 제약은 연간 10억 엔을 10년에 걸쳐 지불하는 대신 센터의 연구 성과를 가장 먼저 볼 수 있는 권리를 얻었다. 츄가이 제약은 신약개발 비용이 급증하자 자사의 연구개발 이외의 연구 성과를 활용하지 않을 수 없다고 판단했다. 오사카 대학의 면역학 분야는 세계 6위로 약 160명의 연구자가 세계 최첨단의 연구를 수행하고 있기 때문에 여기에서 나오는 연구 성과를 적극 활용하기를 기대하고 있다(정성춘 2020, 82).

일본의 개방형 혁신 체제에서 민간 기업과 대학의 협력은 이제 '공동연구에서 사업 제휴'로 발전하는 양상을 보여준다. 일본의 대학들과 기업들은 단순히 공동연구 파트너를 넘어서 사업 파트너로 발전하고 있다(Nagata 2018, 22). 예를 들면, 오사카 대학은 츄가이 제약과의 공동연구에서 보듯이 바이오 벤처기업 및 제약회사들과 중요한 산학 협력을 발전시키고 있다. 제약회사들은 기초연구 단계에서는 공동연구 형태로 산학 협력을 추진하다가 일정한 성과가 나오면 대학발 벤처기업들과 사업 제휴 형태로 산학 협력을 추진하고 있다. 특히 벤처기업과의 사업 제휴는 대학의 연구자들이 사업적 관점에서 공동연구를 진행하도록 유도할 수 있다. 그리고 사업 제휴로 발전하는 경우 외부의 벤처자본으로부터 자금 조달이 훨씬 용이하다는 점에서 공동연구에 비해 더 많은 장점을 가지기 때문에 제약회사의 입장에서 더욱 선호하는 경향이 있다. 오사카 대학은 이와 같은 신약 분야 벤처기업들과 왕성하게 사업 제휴를 진행한 가장 대표적 사례이다. 오사카 대학은 이러한 공동연구와 사업 제휴의 활성화를 통해 연구비의 규모가 1,000만 엔을 넘는 대형 공동연구 부문에서 도쿄 대학보다 더 높은 수입을 올리고 있다. 오사카 대학은 비경쟁적 기초연구 분야에서는 여러 기업들과 네트워크를 형성하는 한편 경쟁 분야에서는 특정 기업과의 대형 공동연구를 추진하고 있다. 경쟁 분야 연구는 특정 기업의 핵심 사업 역량을 강화하기 위하여 비공개로 이루어지는 연구이다(Ranga, Mroczkowski, and Araiso 2017, 80-83; 정성춘 2020, 84, 92).

셋째, 일본의 대학들은 벤처 창업을 적극 지원하고 있다. 도쿄 대학은 벤처 창업에서 매우 독보적인 성과를 보여주고 있다. 이 대학은 대학발 벤처기업의 수가 타 대학에 비해 2배 이상 많다. 2019년에는 학내 인큐베이션 시설을 대폭적으로 확충하여 학내에서 만들어진 벤처기업의 본사를 대학 내에 입주시키고 있다. 2020년 현재 40개의 벤처기업이 대학 시설 내부에서 성장하여 독립했고, 현재는 32개의 벤처기업이 입주해 있다. 도쿄 대학은 벤처기업을 육성하기 위해서 외부의 창업 및 벤처 전문가로 구성된 '토다이 멘토즈'를 만들어 매주 경영상담회를 개최하고 교직원이나 학생이 벤처 창업을 위해 상담할 수 있는 원스톱 상담창구를 운영하고 있다. 또한 2004

년 '도쿄대학엣지캐피털'을 설립하여 현재까지 총 4개의 펀드를 조성하고 있는데, 누적 금액 543억 엔을 100개 이상의 기업에 투자하고 있다. 오사카 대학에서도 벤처 창업을 지원하기 위해 대학 내 상담창구를 운영 중이며 지원 펀드 규모도 약 8억 엔 정도이다. 그리고 연구 행정관 실무담당자는 66명이고 연구 행정관 1인당 연구자 수는 72명에 달한다(Ranga, Mroczkowski, and Araiso 2017, 80-83; Motohashi 2005; 정성춘 2020, 84, 92-93, 97).

도쿄 대학, 교토 대학과 같은 국립대학들은 일본 정부로부터 연구 성과의 사업화 촉진 정책에 기초하여 지원을 받고 있다. 예를 들면, 도쿄 대학은 정부로부터 437억 엔을 지원받아서 대학발 벤처기업에 대한 자금 지원을 대폭적으로 강화하고 있다. 오사카 대학과 교토 대학도 일본 정부의 자금 지원을 바탕으로 도쿄 대학과 유사한 벤처자본 회사를 설립하여 자금을 지원하고 있다. 2013년 1월 일본 정부는 "일본 경제 재생을 위한 긴급경제대책"에 의거하여 도쿄 대학, 교토 대학, 오사카 대학, 토호쿠 대학 등 4개 국립대학에 합계 1,000억 엔을 출자하여 대학발 벤처자본 회사를 설립하여 벤처기업에 대한 투자를 주요 목적으로 하는 투자 펀드를 설립하도록 했다. 이들 대학의 벤처자본은 이후 추가적으로 펀드를 설립하고 있어서 대학발 벤처 투자 여건이 대폭 개선되고 있다(정성춘 2020, 97).

이상에서 보듯이 일본은 1990년대 내내, 그리고 2000년대 초반까지도 개혁의 지체로 인해 어려움을 겪었지만 2010년대 들어 국가의 적극적인 이니셔티브를 통해 국민경제의 혁신 역량을 강화할 수 있었다. 이러한 국가 주도 조정 체제는 1990년대와 2000년대 전반에는 국가 지도력의 약화와 정치적 불안정을 배경으로 그 유효성이

의심받았지만, 2010년대 이후 안정적인 정치를 바탕으로 국가의 이니셔티브를 통해서 사회 주요 집단의 변화를 유도하고 조정함으로써 새로운 '개방형 혁신 체제'로의 전환을 만들어 냈다.

2) 국가의 산업정책과 거버넌스의 변화

이 절에서는 미국식 신자유주의도 아니고 전통적인 일본 모델의 고수도 아닌 새로운 일본식 개방형 혁신 체제가 어떤 특징을 가지고 있으며 그것이 어떻게 2010년대 이후 정착될 수 있었는지를 살펴보고자 한다. 앞에서 살펴본 것처럼 일본 개혁의 실행 과정에서 주목할 만한 사실은 국가 주도 조정 방식을 통한 개혁이 중요했다는 것이다. 문제는 1990년대 말까지는 다양한 개혁을 시도했음에도 불구하고 국가가 주도권을 가질 수 없었다는 데 있다. 그런 점에서 2000년대 고이즈미 준이치로(小泉純一郎) 정부에서의 제도 개혁은 아베 정부의 개혁 드라이브를 뒷받침하는 데 중요한 역할을 했다. 2000년대 들어 일본의 대부분의 정책 입안자들은 세계화 과정 속에서도 국가 내부의 혁신 능력을 배양하는 것이 중요하고 이를 위해서는 단순히 자유시장이 아니라 국가의 조정과 개입을 통해 공동의 자원(commons)을 모으는 것이 중요하다고 강조하기 시작했다. 이러한 목소리는 아베 정부의 안정적인 정치권력하에서 새로운 개방형 혁신 생태계를 수립하는 데 중요한 역할을 했다. 새로운 혁신 역량을 강화하기 위해서는 기업과 사적 조직들의 변화도 중요하지만 국가 개입의 방향과 조정 역할에서의 새로운 변화가 무엇보다 필요했던 것이다. 이 절에서는 먼저 2000년대 이후 일본 정부의 산업정책이 어떤 점에서 1990년대와 달라졌는지 그 특징을 먼저 살펴보고, 변화가 실행될 수 있는 정치 제도적 거버넌스 구조가 어떻게 변화했는지를 살펴볼 것이다.

우선 주목해야 할 것은 일본의 국가 개입의 독특성이다. 미국의 경우도 국방부에서 방위와 관련된 주요 기초연구를 한 후 스핀오프를 통해 혁신적인 상업화를 추구하면서 국가가 연구 역량의 강화를 통해 경제 혁신에 주요한 역할을 한다. 그러나 미국 국방부의 지원은 자유주의적 원칙에 기초하여 일반적인 인프라 건설과 같이 시장 행위자들에게 중립적이고 모두가 이용할 수 있는 기초연구에 치중하는 편이다. 이에 비해 일본과 같은 발전국가들의 경우는 대부분의 연구 지원이 '전략적 산업정책(strategic industrial policy)'에 해당한다. 즉, 경제적·산업적 측면에서 주요한 산업의 선택적 육성에 초점을 두고 있다. 예를 들면, 최근 일본은 경제성장을 위한 바이오 산업, 그리고 헬스케어를 위한 로봇공학과 첨단센서 연구와 같은 산업을 전략적으로 육성하고 있다(Rodergas 2018, 32; Kushida 2018a, 23-24).

그런데 이러한 선택적·전략적 개입은 유효할 경우 효율적일 수 있지만 어떤 기술을 선택하는지에 따라서 실패할 가능성도 있다. 과거에 발전주의 국가에서 선택한 기술 표준이 글로벌 표준이 되지 못하고 국내용으로만 이용됨으로써 국제시장에서는 실패했던 사례가 보여주듯이 국가의 선택 방향이 틀릴 수 있다(Kushida 2011). 또한 발전국가는 일본의 1990년대가 보여주듯이 경쟁력이 떨어진 기업들을 보호하는 데 초점을 둠으로써 혁신을 불가능하게 하고 변화를 지연시킬 수도 있다. 그래서 일본과 같은 전략적 국가 개입주의는 민간 기업들의 수요 파악은 물론 그들과의 긴밀한 협력을 필요로 하며 동시에 민간 기업들의 집단적 '무임승차(free-rider)' 경향에 끌려 다니지 않고 적극적으로 개혁을 주도할 필요성도 제기된다.[13]

2010년대에 등장한 일본의 개방형 혁신 체제로의 전환은 이러한 일본 특유의 개입주의적 국가 정책에 기초한다. 일본은 1990년대의 위기에 대한 반성으로 국가의 적극적인 산업 육성 정책을 고려하기 시작했다. 그것은 바이오, IT, 로봇공학 같은 전략적 산업을 선택하여 국가가 적극적인 산업 육성 정책을 수립하는 것을 의미했다. 또한 보다 중요한 것은 개입주의적 국가 정책을 통해서 일본이 새로운 혁신 체제를 수립하고자 했다는 것이다(김시윤 2012, 694).

일본 국가의 새로운 경제·산업 정책은 1990년대 말 이후 서서히 등장했다. 1980년대와 1990년대 일본의 산업정책이 주로 시장 교정적 정책이었다면, 1990년대 말부터는 다시 전략적·선별적 육성 정책으로 전환하기 시작했다. 일본 정부는 바이오, 로봇공학 등 전략 산업을 선정하여 집중 육성했다. 다만 새로운 전략적 산업정책이 과거와 다른 점은 과거의 산업정책이 주로 직접적인 보조금과 재원의 재분배에 초점을 둔 것이라면 최근에는 직접적 보조금보다는 연구개발비의 지원에 초점을 둔다는 것이다. 그리고 과거에는 기업별·산업별 직접 지원에 초점을 두었다면 최근에는 산업 전체의 생태계를 조성하는 데 초점을 두며 이를 위해 개방적 혁신 생태계를 조성한다는 것이 주요 목표이다. 마지막으로 기존의 산업정책이 주로 대기업에 대한 지원에 초점을 맞추었다면 최근의 산업정책은 대기업, 중소 벤처기업, 그리고 대학과 연구소들의 혁신과 이들 간의 네트워크 형

---

13 피터 에반스(Peter Evans)는 이러한 발전주의적 국가의 개입주의를 지칭해서 "연계된 자율성(embedded autonomy)"이라는 개념을 주장한다(Evans 1995).

성에 주안점을 둔다는 것에 큰 차이가 있다. 특히 대학과 기업 간의 연계 강화를 통해 대학의 기술, 지식, 발명이 빠르게 상업화될 수 있도록 연계하는 것이 신산업정책의 핵심이다(김시윤 2012, 14).

이러한 신산업정책 혹은 혁신 정책은 단순한 재원의 재분배에 초점을 두기보다는 교육정책, 산업정책, 과학기술정책 등 전통적으로는 분리되어 왔던 다양한 분야를 아우르는 종합적 정책을 시야에 넣고 있다. 이러한 종합적 정책을 위해서 일본 정부는 1990년대 후반부터 부처 간의 경쟁을 조정하고 종합적인 계획과 체계적인 산업정책을 수립하고 실시하기 위한 제도를 마련했다. 일본 정부는 1996년 첫 번째 과학기술 발전 청사진을 제시한 데에 이어 2000년대 들어와서 "제2차 과학기술기본계획"을 수립했다. 일본 정부는 이 계획에 기초하여 핵심 산업 분야를 선별하고 연구개발 펀딩을 집중하는 전략적·선별적 산업정책을 구사했다. 기본계획에서는 생명공학, IT, 환경과학, 나노기술과 소재 등 4개 분야를 국가 전략 산업으로 선택했다. 주목할 만한 것은 일본이 일반적인 기초과학이 아니라 자국의 경제 발전에 핵심적인 4개의 특수한 분야를 선택과 집중의 원리에 따라 선택했다는 점이다(Lehrer and Asakawa 2004, 933).

예를 들면, 일본 정부는 바이오 산업을 국가의 전략적 산업으로 선정하고 정부의 과학기술 예산의 약 27%를 생명공학 분야에 집중투자하고 있다. 그리고 기존에 각각 독립적으로 바이오 관련 정책을 추진하던 문부성, 후생성, 농림수산성, 통상산업성, 그리고 과학기술청 등의 부처를 총괄하는 협의를 하기 위해 정부의 '각료회의'에서 공동 논의를 하고 정책을 수립했다. 이에 따라 "과학기술기본계획"은 하나의 부처가 아니라 총리를 비롯한 6개 부처의 장관, 교수, 기업가들이 참여하는 새로운 혁신 체제인 '과학기술정책회의'에서 수립되었다. 1999년에 발표된 "바이오기술 산업의 창조를 위한 기본전략"(이하 기본전략)은 각료회의 최고 수준의 협의에 의해 결정되었다. 이는 기존의 부처별 경쟁, 부처 할거주의와 부처 간 중복을 지양하고 보다 체계적인 조정이 가능한 종합적 거버넌스가 구축되었다는 것을 의미한다(Rodergas 2018, 30-34; 김시윤 2012, 9-10).

그런데 주목할 만한 사실은 비록 2000년대 들어 새로운 경제·산업 정책이 수립되어 왔지만 이들 대안이 곧장 실행된 것은 아니었다는 점이다. 반대로 수많은 지연과 지체가 있어 왔다. 개혁이 지연된 이유는 무엇보다 개혁의 주체 세력인 관료의 상대적 약화와 함께 정치의 불안정성 때문이었다. 일본이 2010년대 이후 새로운 혁신 체제를 수립할 수 있었던 것은 이러한 불안정한 거버넌스와 정책 결정 구조가 변했기 때문이다.

1980년대 이전까지 일본의 전통적인 발전주의 국가에서 정치는 중앙정부의 관료들(central government officials)이 주도했다(Johnson 1982). 1955년 이래 자민당의 안정적인 집권을 배경으로 1960년대와 1970년대의 고도성장기, 특히 이케다 하야토(池田速人) 총리(1960~1964년)와 사토 에이사쿠(佐藤榮作) 총리(1964~1972년) 시기 일본의 고도성장은 국가의 주요한 산업정책을 통해 설명될 수 있다. 일본의 발전주의 국가의 전성기에 일본의 정책 결정 과정은 정부의 관료가 주도하고 자민당 정치인이 영향을 미치는 구조였다. 내각 외부의 여당 의원들은 상대적으로 영향이 적었고, 이들은 정책연구회(Policy Affairs Research Council: PARC) 같은 비공식적 조직을 통해서 정책 결정에 영향을 미쳤다. 여기에 특정 분야의 전문가들인 조쿠진(族, Zoku gi'in)들이 속해 있었다(Inoguchi and Iwai 1987).

그러나 1990년대 들어 발전주의 국가에 대한 비판과 함께 정치 영역에서 신자유주의 개혁이 이루어지면서 일본 정치는 크게 바뀌기 시작했다. 1994년 정치 개혁으로 소선거구제와 비례대표제, 정당 지원금이 도입되었고 각 정당은 중앙집중화되었다. 1997년의 행정개혁은 관료에 대한 총리와 내각의 권한을 강화했다. 특히 고이즈미 총리 시기(2001~2006년)에 총리 권력의 강화가 더욱 분명해졌다. 또한 많은 문헌들에서는 일본에서 기존의 관료들이 전통적인 영향력을 상실하는 대신 사적 기업들이 보다 더 많은 책임과 위험을 부담하게 되었다고 지적한다(Vogel 2006; Schaede 2008).

그러나 다원주의 이론에 기초한 일본의 많은 연구들은 일본에서 국가가 특정한 의도와 목표를 가지고 사회 형성적 개입을 한다는 것을 무시하는 경향이 있다(Smith 2005, 37; Mogaki 2019, 13-14). 다원주의 문헌들은 주로 사회 내부의 집단에 초점을 두고 암묵적으로 국가는 집단들 간의 경쟁이 이루어지는 중립적인 투쟁의 장이라고 전제한다. 이는 일본에서 국가는 새로운 도전에 대응하기 위해 사회를 적극적으로 형성하려는 노력을 통해서 사회의 지배적인 행위자로 자신의 위치를 재규정해 왔다는 것을 간과한다.

일본 국가는 1980년대 이후 변화해 왔지만 여전히 정책 결정에서 상대적으로 우월한 지배적 지위(asymmetric dominance position)를 유지하고 있다. 일본 국가의 재구성(the reconstitution of the Japanese state)은 핵심 엘리트 내부의 권력 변화를 통해서 이루어졌다. 내각의 장관들, 내각 외부의 유력 정치인들, 고위 관료와 같은 일본의 권력 엘리트 내부의 관계 변화는 일본의 전통적인 발전주의 국가의 성격을 변화시켜 왔다. 예를 들면, 1980년대와 1990년대에는 내각 외부의 유력한 여당 정치인들이 정책 결정자로, 그리고 고위 관료는 전략가(strategists)로, 정보통신기술 등 주요 산업에서의 정책과 규제를 결정해 왔다. 그런데 2000년대에는 비록 전통적인 고위 관료들의 역할을 완전히 넘겨받은 것은 아니지만 내각이 지배적인 행위자로 등장했다. 그러나 이러한 변화는 일본 국가의 근본적인 성격을 변화시키지는 못했다. 즉, 핵심 권력 엘리트들의 비대칭적 지배자체를 없애지는 못했던 것이다. 오히려 핵심 권력 엘리트들이 국가의 재구성을 주도했다고 할 수 있다. 권력 엘리트들이 발전주의 대신에 다른 방법을 취하자 권력 행사의 방식도 변화했다. 결국 일본국가의 본질은 특정한 정책 결정 방식에 있는 것이 아니라 정책 결정 방식의 변화를 통해서 지속하고 있는 국가 엘리트의 지배라는 것이다. 이 지점에서 일본 국가의 성격은 다원주의적 설명이 제시하는 중립적 장으로서의 국가와 구별된다(Mogaki 2019, 16-17).

고이즈미 총리 시기에 일본 정치의 주요한 대립은 여당과 야당보다는 여당인 자민당 내부에서 총리와 내각의 장관들을 한편으로하고 내각 외부의 의원들을 다른 한편으로 하는 세력들 사이에 있었다. 특히 2005년 우정국 개혁을 두고 자민당 내부에서 내각 외부정치인들(politicians outside the Cabinet)의 저항에 대항해서 개혁을 주창한 총리부인 칸테이(Kantei)[14]와 내각 장관들의 승리는 일본국가기구에서 총리부와 내각에 힘이 집중되는 과정을 잘 보여준다(Mogaki 2019, 6-7).

14 한국의 청와대와 같은 의미이다.

또한 정책 결정 과정의 변화로 인해 정부 관료들의 통치 방식도 변화했다. 과거 행정지도와 시장진입 허가 같은 관료의 재량적 수단(discretionary measures)에 기초하던 것이 점차 시장행위자들의 네트워크를 감독하는 것과 같은 규칙에 기초한 거버넌스로 바뀌었다(Mogaki 2015). 특히 2000년대 전반 고이즈미 총리 시기에 신자유주의적인 레토릭하에서 행정 개혁은 "관에서 사적인 이니셔티브로의 전환(from the official to the private)"을 강조했다. 고이즈미 행정부는 공공투자를 줄이고 민영화(예를 들어, 고속도로 건설사업, 우편사업 등)와 탈규제, 탈집중화를 추구했던 것이다(Mogaki 2019, 7). 그러나 앞에서 이미 살펴보았듯이 일본이 신자유주의로 완전히 전환한 것은 아니었다. 여전히 일본 내에는 전통적인 엘리트들의 저항을 통해 국가 주도 조정 등 관계 자본주의 요소가 뿌리 깊게 존재했다.

민주당 정부(2009~2012년)하에서는 신자유주의적 개혁이 더욱 강화되는 듯이 보였지만, 실제로는 민주당 정부의 혼란 속에서 신자유주의적 개혁이 성공하지 못했다. 민주당 정부는 오히려 자민당 정부에 있던 정책연구회를 부활시키고 적극 활용함으로써 자민당 정부에서 수립된 전통적 거버넌스 방식으로 후퇴하는 듯이 보였다. 그럼에도 불구하고 과거 자민당 정부와 달리 총리부 권한의 강화는 새로운 거버넌스 내에서도 지속되었다. 그리고 내각 외부의 여당 의원들의 권한도 과거에 비해 약화되었다. 다만 민주당 정부에서 새로운 거버넌스가 안정적으로 자리를 잡았다고 할 수는 없었다. 왜냐하면 고이즈미 시기 이래 총리부의 권한 강화와 내각 외부 정치인들의 권한 약화 등 새로운 경향은 강화되었지만, 민주당 정부하에서는 통치 능력(governing ability)이 부재했기 때문이다(Mogaki 2019, 8). 예를 들면, 민주당은 당내 합의를 형성하는 것에 실패했을 뿐만 아니라 당의 목표를 성취하기 위해 관료들을 동원하는 데에도 실패했다. 그리고 이 때문에 선출직 정치인들에 의한 정책 결정 체제의 도입과 같은 거버넌스를 개혁하려는 시도도 실패했다(Zakowski 2015). 특히 2010년 선거 패배 이후 민주당 정부는 정책적 결과를 산출할 수 있는 능력이 전혀 없었다.

2012년 선거로 다시 집권한 자민당은 정책연구회 같은 과거의 정책 결정 구조를 복원했다. 그러나 총리의 권한을 강화하는 경향은 여전히 새로운 거버넌스로 자리를 굳혔다. 1997년의 행정 개혁과 고위공직자 임명에 대한 내각의 감독을 보장하는 2014년 내각인사처(the Cabinet Bureau of Personal Afffairs)의 설치 같은 조치에 의해 총리 권력의 제도적 기초가 강화되었다. 또한 칸테이, 내각 최고비서와 다른 내각 장관들의 권한도 강화되었다(Mogaki 2019, 8-9). 그리고 과거와 달리 아베 정부에서 각 부처는 핵심 전략가(key strategists)로서의 위상이 약화되었다. 찰머스 존슨(Chalmers Johnson)이 언급했던 정부 부처들의 명확한 영향력은 2012년 이후 제한되었다(Johnson 1982). 그리고 2012년 이후 자민당 행정부에서는 내부의 갈등은 물론 민주당(DPJ, 2016년 DP) 같은 야당이 약화됨으로써 안정적으로 정책을 추진할 수 있는 조건이 마련되었다(Mogaki 2019, 9).

그러나 제도적 조건이 마련되었다 하더라도 그 자체로 개혁의 방향을 설명할 수는 없다. 미국식 자유시장으로의 전면적인 전환도 아니고 기존 일본 모델의 고수도 아닌 새로운 일본식 개방형 혁신 체제는 어떻게 형성될 수 있었는가?

3) 이데올로기 투쟁과 정당 정치

1990년대 이후 일본의 특징은 해외에서는 일본 본국 중심주의에 기초한 생산 네트워크를 수립하는 한편 국내에서는 기존의 네트워크에 기초한 일본 자본주의 모델을 개혁하기 위해 대안으로 미국식 '주주 자본주의(shareholder capitalism)'를 추구하는 방향으로 돌아선 것이다. 그러나 결과적으로 볼 때 일본은 미국식 주주 자본주의로의 근본적인 변화(wholesale change)를 겪지 않았다. 기업지배구조의 개혁에서 볼 수 있듯이 단지 형식적인 사외이사제를 도입했을 뿐 실질적인 의미에서 기존의 '이해관계자 자본주의(stakeholder capitalism)'의 큰 틀은 변하지 않았다. 이해관계자들이 참여하는 조정적 자본주의의 틀 내부에서 새로운 적응의 모습을 보여준 것이다. 또한 이러한 적응의 방향은 2000년대 중반 이후, 본격적으로는 2010년대 이후 아베 정부의 개혁을 통해 가시화되었다. 여기에서는 일본이 1990년대 이후 국내 체제를 개혁하기 위해 다양한 신자유주의적 조치들을 도입했음에도 불구하고 왜 미국식 자유시장 혹은 주주 자본주의로 전환하지 않았는지, 2000년대 이후 어떻게 새로운 대안이 만들어지고 힘을 얻게 되었는지를 살펴보기 위해서 대안적 이데올로기 경쟁과 정당 차원의 담론정치를 살펴보고자 한다.

일본 정치경제 전문가인 스티븐 보겔(Steven Vogel)은 일본 자본주의의 개혁 과정을 크게 보아 두 라운드로 나눈다(Vogel 2019). 제1라운드는 1995년에서 2005년 사이의 1차 시기로 미국식 신자유주의 대안이 득세한 때이다. 이 시기에는 일본 경제가 무너지는 것이 가시화된 반면 미국 경제는 새롭게 부활한 것을 배경으로 정부와 산업의 다양한 논의 패널에서 미국식 성공 비결과 미국식 신자유주의적 주주 자본주의 모델을 배우자는 주장이 득세했다. 신자유주의 그룹은 새로운 자본가 협회인 일본기업인협회(the Japan Association of Corporate Executives, Keizai Doyukai, 이하 도유카이)를 설립했고 신고전파 경제학자들과 함께 미국식 자유시장 모델이 대안이라고 적극 주장했다. 특히 신자유주의 엘리트 그룹의 몇몇 핵심 인사는 고이즈미 총리 시기에 내각에 들어가 영향력을 더욱 강화했다. 한편 유사한 관점에서 울리케 샤에드(Ulrike Schaede)는 1998년에서 2006년 사이가 일본의 정책과 기업 수준의 개혁에서 '전략적 전환점(strategic inflection point)'이 된 때라고 규정한다(Schaede 2008, 1-2).

제2라운드는 2006년 이후부터 아베 총리의 집권기이다. 특히 2012년 아베 정부의 출범 이후 일본 정부는 새로운 산업정책과 조정을 통해서 미국식 자유시장 체제나 주주 자본주의와는 다른 새로운 성장 전략을 제시하면서 개혁을 주도해 갔다. 제2라운드의 시작이라고 할 수 있는 사건은 2006년 고이즈미 총리의 퇴각으로 이후 고이즈미 총리 시기에 득세하던 신자유주의는 영향력이 약화된 반면 일본식 조정 자본주의를 강조하는 전통적 그룹이 다시 힘을 얻었다. 제2라운드에서 개혁 방향의 전환으로 인해 정치 영역에서뿐만 아니라 민간 비즈니스 차원에서도 전면적인 신자유주의 개혁으로 나아가기보다는 기존의 네트워크 자본주의를 변형하고 지속하는 새로운 혼합을 보여주었다(Gotoh 2020; Vogel 2019, 122).

1990년대 이후 일본의 개혁 방식과 과정은 미국식의 개혁과 근본적으로 달랐다. 일본의 자본주의 개혁 방식은 미국의 승자독식 혹은 금융자본 같은 일부 집단의 힘에 기초한 신속한 결정보다는 이해관계자들 간의 지속적인 협의와 조정을 통한 적응 과정이라고 할 수 있다. 일본의 자본주의 위기를 극복하는 정치는 네트워크에 기초한 상호 조율과 조정을 통한 느린 과정이었다. 앨버트 허시먼(Albert Hirschman)의 용어를 사용한다면 "Exit(관계 단절)"보다는 "Voice(협의와 협상)"가 중심이라고 할 수 있다. 기업들은 전통적 이해관계자들인 노동자들 및 핵심 부품업체들과 관계를 끊고 새로운 익명의 시장 관계로 일방적이고 전면적으로 전환한 것이 아니라 새로운 적응을 위해 그들과 지속적으로 협의하고 조정했다. 일본 기업들은 불황의 긴 터널에서 노동자들을 해고하기보다는 핵심 노동자들의 임금을 억제하고 전체 기업그룹 내부에서 노동의 이동을 협상했다. 또한 핵심 부품업체들을 포기하는 대신에 부품업체들에 압력을 가해 어떻게든 품질을 향상시키거나 가격을 낮추는 방법을 찾고자 했다.

이러한 일본 기업들의 전략은 정부의 정책 개혁 방향에 커다란 영향을 미쳤다. 기업들은 일본 정부가 그들에게 보다 많은 적응의 여지와 시간을 줄 것을 요구했다. 이에 따라 1995년에서 2012년까지 정부는 대체로 기존의 가치 있는 제도들을 보전하면서 새로운 환경에 적응하고자 하는 산업계의 고민을 공유하고 개혁을 주도하고 재촉하기보다는 기업들의 노력을 지켜보는 편이었다. 그러나 2012년 이후 10여 년간 아베 총리 시기에는 산업계와의 구체적인 조정과 조율 과정에도 불구하고 정부가 산업계보다 한 발 앞서서 개혁을 주도하는 쪽으로 변화했다. 다음에서는 1990년대 중반 이후 일본 체제의 개혁을 둘러싼 대안적 담론정치를 두 시기로 나누어 살펴보고자 한다.

제1라운드: 신자유주의 담론의 우세(1995~2006년)

일본에서는 1990년대 중반 이후 미국식 자유시장 모델에 기초하여 일본 자본주의의 개혁을 주장하는 신자유주의 엘리트 그룹의 공세가 강했다. 일본에서 미국식 시장 자유주의를 주장하는 그룹은 주로 개혁적 관료와 정치인, 신고전파 경제학자들, 도유카이, 비일본 기업들, 그리고 미국의 신용평가사들이다. 미국인 주주를 중심으로 하는 외국인 주주 그룹은 자신들의 주식 소유가 증가함에 따라 일본 기업지배구조의 개혁 논쟁에서 보다 큰 영향력을 가지게 되었다. 외국인 주식 소유자들은 2005년 현재 도쿄주식상장사들의 소유권의 약 25%를 가지고 있었다. 특히 주일미국상공회의소(the American Chamber of Commerce in Japan: ACCJ)는 최소 1명 이상의 사외이사를 둘 것을 요구하며 정부에 압력을 가했다. 이들은 미국식 자유시장 체제와 주주 자본주의를 모델로 일본을 개혁하자고 주장했다 (Gotoh 2020, 126, 130; Vogel 2019, 122).

반면 반자유시장 그룹(anti-liberal free market camp)은 개입주의적 국가 관료(interventionist bureaucrats), 보수 정치인들(conservative politicians), 경단련, 일본의 법률 엘리트, 은행과 일본의 신용평가사들 등이다. 이들은 미국식 신자유주의 개혁에 저항하고 일본식 네트워크 혹은 '이해관계자 자본주의'를 주창했다(Gotoh 2020, 126, 130).

일본의 개혁 과정에서 일본기업인협회인 도유카이와 보수적 경단련은 각각 신자유주의적 주주 자본주의의 주창자와 이해관계자 자본주의 모델을 주장하는 진영을 대표하여 구체적인 이데올로기와 프로그램을 만들어 낸 핵심 조직이었다고 할 수 있다. 도유카이는 원래 마르크스주의적 영향이 없지 않았지만 2차 대전 이후 뉴딜의 생각을 받아들였고, 1980년대 이후에는 미국의 이데올로기에 영향을 받아 신자유주의 개혁을 주창해 왔다(Okazaki et al. 1996). 반면 경단련은 전시 일본의 주요 산업에서 전쟁 물자를 통제하고 공급하는 일을 통해 정부를 도와준 단체라고 할 수 있는 중요산업통제회의(the Important Industry Control Council)의 후신이다. 자연히 경단련은 반자유시장직 이데올로기와 제도를 받아들이게 되었다. 일본에서 가장 큰 산업협회인 경단련은 많은 피고용인들과 함께 가장 광범위한 제조업체들에 기초해 있다. 경단련의 핵심 소속업체들은 일본의 주요 산업인 기계화학과 철강에 해당하는 제조업체들이다. 이들은 전통적으로 일본 정부의 경제정책과 신용기관들에 영향을 받아 왔던 것이다(Matsutani 2009, 111-13; Teranishi 2003, 202-8).

일본 자본주의의 위기에 대한 해결과 대안을 두고 1990년대 중반부터 2000년대 중반까지 지속된 이데올로기 싸움에서 양 진영은 상이한 대안을 가지고 경쟁했다. 경단련은 도유카이의 주주 자본주의의 대안으로 이해관계자 자본주의, 개인주의에 대한 대안으로 집단주의적 관점, 기업가 정신과 달리 행정가의 조정, 시장 자유주의에 대한 대안으로 반시장적 조정, 상업적 모럴(morals)에 대안으로 후견인 모럴(guardian morals), 시스템 지지 반대와 달리 시스템 지지 찬성을 제시하며 다른 목소리를 냈던 것이다. 1994년 2월의 이른바 '이마이-미야우치 논쟁(Imai-Miyauchi controversy)'은 경단련의 이해관계자 자본주의 입장과 도유카이의 신자유주의 입장을 잘 보여준다. 이마이 다카시(今井敬)도 도유카이의 회원이지만 일본제철(Nippon Steel)의 회장으로 경단련의 가장 핵심 멤버였다(Kawakita

2011, 227-29; Asahi Shimbun 2009, 2-3).

미야우치 요시히코(宮内義彦)가 주장하기를, "회사를 위해 가장 중요한 것은 주주들에게 보상할 수 있는 정도이다. 회사의 경영인은 고용과 그 상태가 어때야 하는지를 고려할 필요가 없다."라고 했다. 이마이는 대꾸하기를, "만약 당신이 진정으로 그렇게 생각한다면, 당신은 우리나라의 배신자(traitor)요. 우리는 그런 목적으로 우리 회사들을 운영해 오지는 않았습니다." 닛산(Nissan) 자동차의 부회장인 하나와 요시카즈(塙義一)는 이마이를 지지하면서 이렇게 말한다. "만약 평생고용이 끝장난다면 최고경영인이 그 책임을 져야 하고 먼저 물러나야 할 것이다." 반면 우시오 지로(牛尾治朗)는 미야우치를 두둔하며 이렇게 말했다. "평생고용과 연공서열 임금제는 우리의 역전된 인구 피라미드와 노령사회라는 조건에서는 더 이상 지속 가능하지 않을 것이다."(Asahi Shimbun 2009, 2-3; Gotoh 2020, 135에서 재인용)

미야우치와 우시오는 도유카이의 주주 자본주의와 신자유주의 입장을 표명한 반면, 이마이와 하나와는 경단련의 이해관계자 자본주의의 입장을 잘 보여주었다. 경단련의 이마이와 하나와는 도유카이의 기업가들과 달리 대기업에서 내부적으로 승진한 행정가로 관료와 대기업, 그리고 자민당을 연결하는 전통적인 엘리트 네트워크의 한가운데에 있었다. 반면 우시오, 미야우치, 그리고 시이나 다케오(椎名武雄) 등 도유카이의 신자유주의자들은 미국 자회사들의 최고경영자이거나 실질적인 기업 설립자였다. 커리어 배경에서 두 엘리트 집단은 커다란 차이가 난다. 이런 차이를 배경으로 도유카이는 자본가들과 앙트레프레뉴어(entrepreneur) 기업가들이 사회적 연계에 의해 제약을 받아서는 안 되고 일본에서 기득권(vested interests)은 이해관계자 자본주의의 비효율성을 대표한다고 주장했다. 반면 경단련의 최고경영자들은 통제되지 않은 자본주의는 자기들의 하부 동맹세력인 정규직의 평생고용을 위협할 뿐만 아니라 자본시장으로부터 자신들의 회사 경영진의 독립성조차 위태롭게 할 것이라고 믿었다. 그래서 평생고용과 내부승진 경영인들의 독립성은 체계적 지원(systemic support)을 통해 보호해야 한다고 주장했다(Gotoh 2020, 135-36).

그러나 1990년대와 2000년대 초반에 먼저 힘을 얻은 쪽은 신자유주의 그룹이었다. 1990년대에 일본식 이해관계자 자본주의 혹은 조정 자본주의 모델은 일본 자본주의의 위기와 함께 심각한 위기에 봉착했다. 게다가 재무성 관료들을 비롯한 일본 관료들의 부패 스캔들,[15] 그리고 자민당 의원들의 금권정치(money politics) 스캔들로 인해 1993년 7월 총선에서 자민당이 패배했고 기존의 보수적 일본식 관계 자본주의를 주장하는 흐름은 비판과 개혁의 대상이 되었다.

이와 함께 의회와 관료사회, 그리고 민간 업계에 시장 자유주의자들(market liberals)의 수가 증가했다. 특히 기존의 일본식 관계 자본주의 모델의 위기로 인해 도유카이 내부에서도 시장 자유주의자들이 득세하면서 도유카이 자체의 이데올로기에 변화를 가져왔다

---

15 재무성 관료들은 금융기관에 대한 선택적 혜택과 대우를 제공하면서 그 대가로 술자리와 저녁 접대를 받았다. 이 과정에서 5명의 재무성 고위관료가 체포되었고 재무성 장관은 사임했으며 이로 인해 재무성의 파워는 약화되었다.

(Okazaki et al. 1996). 1991년에서 1995년 사이 도유카이의 의장인 하야미 마사루(速水優)는 고도성장기의 사회적 일체감에 의존하던 기존의 일본 모델은 더 이상 작동하지 않고 이제는 새롭게 변해야 한다고 강조했다. 하야미는 소매시장과 부동산, 헬스케어, 식료품, 금융, 수송, IT 산업 등에서 탈규제와 자유시장으로 전환할 것을 주장했다.

하야미의 뒤를 이어 1995년에서 1999년 사이 도유카이 의장을 지낸 우시오는 도유카이의 신자유주의적 성향을 더욱 강화했다. 우시오는 1957년 미국의 버클리 대학을 졸업하고 1964년 램프 제조사인 우시오 전자(Ushio Electric)를 설립했다. 우시오 전자는 덩치가 작았기 때문에 기존의 경단련에서는 주요한 영향력을 가질 수 없었다. 이러한 배경에서 우시오는 오랫동안 기존의 일본 자본주의 체제의 개혁을 강조하는 신자유주의적 성향의 재계 지도자 역할을 했다. 그는 일본국유철도(Japan National Railways), 일본전신전화공사, 일본담배산업(Japan Tabacco)의 민영화에 깊숙이 관여했고, 이후에도 정보통신 산업의 탈규제화에 적극 개입했다.

버블 경제가 끝난 이후 도유카이는 4명의 시장 자유주의자들을 협회의 부의장으로 임명했다. 고바야시 요타로(小林陽太郎, 후지제록스 의장), 미야우치(오릭스 최고경영자), 시이나(일본 아이비엠 의장), 모기 유자부로(茂木友三郎, 기코만 의장) 등이다. 이들은 모두 미국 대학 교육을 받았고 이데올로기적으로 하야미와 우시오에 가까웠다. 이들의 부의장 임명은 시기적으로 자민당의 실각과 호소가와 모리히로(細川護熙) 내각(1993~1994년)의 출범이라는 정치적 사건과 결합되었다. 호소가와 정부는 자민당 이외의 8개 정당 간 연합으로 구성되었는데, 자민당 정부의 개혁 실패를 비판하면서 탈규제와 정치적 부패를 막기 위한 개혁을 강조했다(Rosenbluth and Thies 2010, 99-101; Tiberghien 2007, 109). 고바야시를 비롯한 도유카이 부회장 4인방은 일본 자본주의의 위기를 극복하기 위한 대안으로 미국식 자유시장 모델을 도입하고자 했다. 이들은 특히 하시모토 류타로(橋本龍太郎) 정부(1996~1998년)와 고이즈미 정부(2001~2006년)에서 더욱 힘을 얻었다고 할 수 있다(Gotoh 2020, 127).

하시모토 총리는 보수 정객이었지만 그가 집권했을 당시 자민당은 정치적 스캔들로 비판의 대상이 되었고 금융 부문 채무 불이행 문제(bad debt problem)에 봉착했다. 자민당은 신자유주의 개혁을 주장하는 뉴프론티어 정당과 기존의 관료 주도 체제에 대한 개혁을 주장하는 신생 정당 사키가케에 대항해야 했다. 하시모토 정부는 내각에 행정개혁위원회(Administrative Reform Council)를 수립하고 행정, 재정구조, 금융 체제, 사회 안전, 경제구조, 교육의 6개 분야에서 개혁을 추진하고자 했다(Toya 2006, 174-75).

1996년 하시모토 내각의 행정 개혁의 일부분으로 '탈규제위원회(Deregulation Committee)'가 신설되었다. 여기에 도유카이 부의장인 미야우치가 도유카이의 추천으로 위원회 의장이 되었다. 미야우치는 관료의 권위와 통제, 그리고 규제는 기업과 경제 발전에 장애일 뿐이라고 믿었다(Kawakita 2011, 151-53). 미야우치의 자본주의 관점은 내부적으로 승진한 기존의 일본 기업 임원들의 관점과는 상당히 달랐다. 탈규제위원회는 점점 확장하여 2001년 고이즈미 내각에서 '규제개혁위원회(the Council for Regulatory Reform)'로 개명했다. 미야우치는 고이즈미 총리와 가까운 친분 덕분에 앞의 탈규제위원회에 이어 규제개혁위원회에서도 연이어 위원장을 맡았다(Kawakita 2011, 151-52). 이 기간 동안 규제개혁위원회는 임시직에서부터 금융서비스에 이르기까지 도유카이의 주요 임원들과 도유카이와 가까운 학자들을 끌어들였다.

도유카이의 정치적 영향력이 가장 높았던 때는 2001년에서 2006년 사이 고이즈미 내각의 '경제재정정책위원회(the Council on Economic and Fiscal Policy)'에 당시 도유카이 회장이던 우시오가 참여할 때였다. 경제재정정책위원회는 고이즈미 내각에서 가장 중요한 정책결정기구로 총리가 의장이고 10명의 위원으로 구성되었다. 위원에는 경제재정부 장관[다케나카 헤이조(竹中平蔵)], 중앙은행장, 그리고 4명의 민간 부문 위원으로 우시오, 오쿠다 히로시(奧田碩, 도요타 회장), 그리고 2명의 신자유주의 경제학자 혼마 마사아키(本間正明)와 요시카와 히로시(吉川洋)가 포함되었다. 다케나카 장관은 고이즈미 정부의 개혁 프로그램의 핵심 인물이었는데, 그의 관점은 우시오, 마사아키의 입장과 유사했다. 도유카이 임원들의 신자유주의 정책 제안은 재정 건전화, 부실대출 중단, 탈규제, 세금 개혁과 민영화 등이었다(Gotoh 2020, 133-34).

고이즈미는 자민당의 주류(mainstream)는 아니었다. 그는 정치 불신과 장기 불황에 대한 대안으로 구조 개혁을 제시했던 것이다(Kamikawa 2010, 1-10). 고이즈미 정부는 광범위한 분야에서 개혁─금융, 통신, 소매 시장의 탈규제, 공공사업의 축소, 우정저축제도(the postal savings system)와 고속도로건설국의 민영화─을 단행했다(Gotoh 2020, 133-34).

그러나 일본은 미국식 주주 자본주의로 완전히 전환하지는 못했다. 고이즈미 정부의 신자유주의 개혁은 고이즈미 총리의 퇴진과 함께 약화되었다. 일본에서 시장 자유주의로의 완전한 이행이 실패했다는 것을 보여주는 대표적 사례는 시장주의적 금융 개혁의 실패이다. 일본 정부는 1990년대 동안 금융 부문의 탈규제화를 추구했다. 하지만 기존의 은행 중심에서 자유시장 논리에 기초한 금융 체제로의 근본적 이행은 일어나지 않았다. 일본의 국내 회사채(corporate bonds)는 2000년 62조 엔에서 2016년 60조 엔으로 미미하게 줄었을 뿐이다. 이는 GDP 대비 11%로 미국의 금융시장 회사채(corporate bonds)가 GDP 대비 45%인 것을 감안하면 미국식 주주 자본주의와 대조적이다. 반면 여전히 일본 기업의 자본 조달 구조에서 은행 대출(bank loans)은 2016년 약 400조 엔으로 대부분을 차지한다. 또한 일본은 다른 선진국에 비해 해외유입 직접투자(inward FDI)가 상당히 적은 편이다. 2016년 GDP 대비 해외유입 직접투자는 겨우 3.8%에 불과하다. 이는 미국의 35.2%, 영국의 55.7%에 비하면 턱없이 적다. 더구나 가까운 다른 조정 자본주의 국가인 중국의 24.5%, 한국의 12.4%에 비해서도 상당히 적은 편이다(Gotoh 2020, 127).

2000년대 들어 신자유주의 개혁을 주장하며 목소리를 높였던 일본의 기관 투자자들(institutional investors)의 시도도 그렇게 성공적이지 못했다. 몇몇 기관 투자자는 기업의 성과를 보다 세밀하게 모니터링하고 수익을 높이기 위해 적극적인 투자 전략을 제시하기도 했다. 일본의 국내외 헤지펀드들은 2000년대 초반 적극적 전략으로 약간의 수익을 얻기도 했다. 그러나 이들의 노력은 결국 제지되었고 무엇보다 일본의 주요 기업들의 비즈니스 전략을 바꾸는 데 전반적으로 실패했다(Buchanan, Chai, and Deakin 2012, 153-239; Vogel

2019, 127-28).

　1990년대 이후 일본의 경제위기 속에서 모색된 신자유주의적 개혁이 의도된 대로 미국식 신자유주의로의 근본적인 전환을 가져오지 못한 이유는 무엇보다 신자유주의가 득세한 시기에도 개혁에 반대하는 전통적 엘리트들의 저항이 만만치 않았기 때문이다. 그러나 더 중요한 것은 일본식 관계 자본주의 모델의 지지자들이 변화를 거부하고 기존의 전통적 일본 모델에만 집착한 것이 아니라 국제 정치경제 질서의 변화를 배경으로 새로운 대안을 모색하고 적응하려는 노력을 해 왔다는 데 있다. 이러한 노력은 신자유주의자들의 주장과 다른 대안을 제시할 뿐만 아니라 전통적 모델과도 다른 새로운 적응 방향의 가능성을 제시하려는 시도이기도 했다. 1990년대 일본 자본주의의 위기와 국제 정치경제 질서의 변화로 인해 기존의 일본 네트워크 자본주의 모델의 지지자들도 새로운 환경에 적응하지 않을 수 없었다. 예를 들면, 평생고용은 엔고의 상황에서 인력 비용을 감당해야 했다. 더구나 높아진 국제 자본의 유동성과 저임금 지역의 경쟁을 의식하면서 경단련은 도유카이와 같이 임시직 서비스에 대한 탈규제에 찬성했다. 그러나 경단련의 실질적 목표는 도유카이와 다소 달랐다. 도유카이는 비정규직뿐만 아니라 정규직에 대한 탈규제도 강조한 반면, 경단련의 탈규제 목적은 저임금의 비정규직을 고용함으로써 기존의 정규직 평생고용 제도를 보호하는 것이었다. 경단련은 기존의 정규직을 보호하기 위해서 비정규직을 이용할 수 있다고 생각했던 것이다(Gotoh 2020, 136-37; Yun 2016, 485; Vogel 2006, 56). 그리고 경단련은 도유카이와 달리 근본적인 신자유주의적 구조 개혁보다는 불황 시기에 경제를 부양할 여러 세금과 지원 정책 등 정부의 체계적 지원을 요구했다(Schoppa 2006, 147).

관계 자본주의를 주장하는 경단련 같은 집단이 1990년대 이후 세력이 약화되었다고는 하지만 결코 사회적 목소리를 상실한 것은 아니었던 것이다. 심지어 신자유주의 개혁 세력의 정점이라고 할 수 있는 고이즈미 내각 시기에도 경단련은 득세한 도유카이에 비하면 수세적이었지만 여전히 일본식 이해관계자 자본주의 모델의 기본틀을 유지하는 데 기여했다. 특히 어려운 경제 상황에서 도유카이 같은 신자유주의 세력이 주장하듯이 근본적인 구조 개혁을 추진하기에는 많은 한계가 있었고, 고이즈미 정부는 일반 시민들의 고통을 덜기 위해 경단련 같은 이해관계자 자본주의 엘리트들이 주장하는 '체계적 후원(systemic support)'을 외면할 수 없었다. 고이즈미 내각이 구조 개혁에 따른 경제적 어려움을 완화하기 위해 레소나 은행(Resona Bank)의 공적 구제, 정부 지원에 기초한 기업 구조조정 펀드의 설립, 통화의 양적 팽창 등의 조치를 도입한 것은 경단련의 요구가 일정 정도 반영된 것이라 할 수 있다(Gotoh 2020, 139-40).

제2라운드: 반신자유주의 그룹의 저항과 변화

2006년 이후 고이즈미 내각이 물러나면서 일본의 개혁을 둘러싼 역사적 흐름은 다시 일본식 관계 자본주의 흐름으로 돌아서기 시작했다. 이해관계자 자본주의 모델을 주장하는 엘리트들이 수세적 상황을 버텨 내자 개혁의 흐름이 반대로 변화하기 시작했던 것이다. 고이즈미 총리는 전통적인 자민당에 뿌리를 둔 세력을 가진 정치인이 아니었기 때문에 외부의 일반 시민들의 지지(popularity among voters)에 의존했다. 그런데 이제 고이즈미 내각의 신자유주의적 개혁에 대한 비판적 여론이 더욱 힘을 받기 시작했다. 고이즈미 내각의 신자유주의적 구조 개혁이 소득 불평등을 더욱 심화시켰다는 비판이 득세하기 시작했던 것이다(Kamikawa 2010, 311). 이러한 비판 속에서 고이즈미 내각은 개혁을 지속하기가 어려웠고 시계의 추는 이제 반대로 움직이기 시작했다.

보다 주목할 만한 사실은 정규직 노동자들과 중소기업가들 등 전통적인 일본 모델의 지지자들 사이에서 신자유주의적 금융자본가들의 힘이 점점 강화되는 것에 대한 두려움이 높아지면서 반신자유주의적 연합이 강화되고 신자유주의 개혁에 대한 비판의 수위가 더욱 높아졌다는 것이다. 일본 정부는 신자유주의 구조 개혁의 고통을 덜기 위해 통화의 양적 팽창을 단행했는데, 이것은 일본의 금융시장에서 공격적 투자펀드들과 기업가들에 의한 투기적 게임(speculative money games)을 부추겼다. 반시장주의적 엘리트들, 정규직 노동자들, 중소자본가들은 이러한 투기적 펀드들과 이른바 앙트레프레뉴어 기업가들이 많은 이윤을 챙기는 것에 비판적 시각을 보냈다. 보수적인 기업들은 앙트레프레뉴어 기업가들, 특히 IT 스타트업들에 대해서 경멸적인 감정을 가지고 있었다. 경단련은 주요 소비자 신용회사들이 크게 성장했다 하더라도 2002년 말까지 그들에게 회원 자격을 주지 않았다(Mainichi Shimbun, 12 Nov. 2002).

여기에다 2006년 발생한 라이브도어와 무라카미 펀드 사건(the Livedoor and Murakimi Fund incidents)은 신자유주의자들에 대한 반감이 사회 전반적으로 확산되는 계기로 작용했다. 일본의 검찰청은 IT와 금융에서 급격히 성장한 라이브도어의 최고경영자인 호리에 다카후미를 증권법 위반 혐의로 2006년 1월에 체포하고 사기 혐의로 기소했다. 라이브도어는 주식분할과 일련의 합병을 통해서 자본을 급격히 불려 왔다. 호리에는 젊고 패기 있는 최고경영자로 기존의 일본 자본주의를 비판하고 새로운 주주 자본주의를 강하게 주장하면서 사회적 주목을 받아 온 인물이었다. 체포 5개월 후 도쿄증권거래소는 라이브도어가 제출한 연례 주식보고서가 거짓이었다는 이유로 회사의 상장을 철회했다. 또한 일본의 검찰청은 개혁주의적 관료이자 주주 액티브펀드로 무라카미 펀드의 설립자인 무라카미 요시아키(村上世彰)를 라이브도어 주식의 내부거래 행위로 체포했다. 호리에와 무라카미는 사회적으로 주목받는 신자유주의 엘리트들이었고 서로 친분이 깊었다.

기존의 올림푸스(Olympus)나 도시바 같은 거대 기업들의 회계부정과 비교하면 작은 금액이라 할 수 있지만, 매스미디어와 여론에서 호리에와 무라카미는 '부도덕한 금전 숭배자(immoral money worshippers)' 혹은 '탐욕스러운 신자유주의자들(greedy neoliberals)'로 비판받았다. 이러한 비판은 곧 이들이 주창한 신자유주의적 주주 자본주의에 대한 비판으로 연결되었다. 일본의 법률 엘리트들도 다른 보수주의적 엘리트들과 같이 반시장주의적 규범을 공유했다. 이들은 무라카미 같은 극단적 이윤 추구 세력에 대한 비판적 시각을 가지고 있었다. 호리에와 무라카미에 대한 엄격한 처벌은 다른 금융자본가들과 앙트레프레뉴어 기업가들에게 명확한 경고로 받아들여졌다(Gotoh 2020, 140-41).

무라카미와 라이브도어 사건을 계기로 시장 자유주의자들, 특히 도유카이의 힘은 약화되었다. 왜냐하면 무라카미는 미야우치와 우시오 같은 도유카이의 핵심 멤버들과 긴밀한 관계를 유지하고 있었고 호리에도 고이즈미 내각의 개혁주의적 핵심 인물들과 긴밀한 관계를 가지고 있었기 때문이다. 이 사건을 계기로 고이즈미 내각이 추진한 구조 개혁에 대한 비판은 더욱 거세졌다고 할 수 있다. 비판 여론은 고이즈미의 신자유주의 개혁 때문에 저임금 비정규직이 증가했고 소득 불평등이 더욱 심화되었다고 주장했다. 게다가 2007년 여름부터 시작된 글로벌 금융위기는 신자유주의적 금융화와 주주 자본주의에 대한 비판에 더욱 힘을 불어넣었고 반신자유주의적 흐름이 일본에서 높은 지지를 받는 계기를 부여했다(Gotoh 2020, 141-42).

글로벌 금융위기를 계기로 기존의 일본식 관계 자본주의적 모델을 강조하던 그룹은 새로운 기회의 창을 얻었고 미국식 주주 자본주의를 비판하고 새로운 대안을 제시하면서 힘을 얻기 시작했다. 경단련 같은 이해관계자 자본주의 모델의 주창자들은 이미 2006년부터 신자유주의에 대한 대안을 제시해 왔다. 2006년 6월 고이즈미 내각이 막을 내리기 바로 직전 경단련은 "일본에 적합한 기업지배구조체계(A Suitable Corporate Governance System for Japan)"라는 제목의 정책 제안서를 발간했다(Keidanrern 2006). 이 보고서의 주장은 다음과 같다. 첫째, 기업들은 피고용인과 지역공동체 등 다양한 이해관계자들을 고려해서 사회적 가치를 창출해야 하는 사회적 책임을 가지고 있다. 둘째, 기업 경영은 개별 사회의 다양한 문화, 전통, 사회적 규범과 관습에 기초해야 한다. 셋째, 외국에서 새로운 기업 거버넌스 방식을 도입할 때는 일본에 토착화해야지 무조건 받아들여서는 안 된다.

그런데 여기서 주목할 만한 사실은 경단련 같은 이해관계자 자본주의 모델 주창자들의 주장이 결코 과거 모델로 돌아가자는 것이 아니었다는 점이다. 그들도 이미 일본이 과거 모델에 더 이상 의존할 수 없다는 것을 인정했지만, 그럼에도 불구하고 미국식 신자유주의적 시장 자본주의를 그대로 받아들일 수는 없다고 주장했다. 이들은 변화된 상황에서 새로운 적응을 필요로 한다는 것을 인정하고 새로운 대안을 제시함으로써 지지를 얻을 수 있었다. 이들이 주목했던 가장 중요한 문제는 "일본의 제조업체들이 해외 생산을 늘리면서 일본 국내에서 산업 공동화가 발생하는 것을 어떻게 막고 일본 경제가 국제 경쟁력을 회복할 것인가" 하는 것이었다.

일본 기업들은 1980년대 중반 엔고와 함께 아시아 개도국들의 성장으로 국제 경쟁력이 약화되자 국내 생산을 아시아의 다른 나라로 이전하기 시작했다. 그리고 국내 노동자들의 일자리와 임금을 삭감했다. GDP 대비 일본의 해외 직접투자는 1996년 5.3%이던 것이 2017년에는 30.7%로 급격히 증가했다. 이는 중국의 12.3%에 비해서도 대단히 높은 수치이다(Schoppa 2006; Hatch 2010, 199). 그러나 기업들이 생산을 해외로 이전하는 와중에 일본은 새로운 앙트레프레뉴어 기업들을 육성하는 데는 실패했다. 그리고 글로벌 자본과 인재들을 끌어들이는 데도 성공하지 못했다. 결국 일본은 1990년대 이후 전반적으로 산업 경쟁력이 약화되어 왔던 것이다. 이와 함께 일본의 평균 가계소득도 줄어들었다. 기존의 일자리와 정규직을 보호하려는 노력은 비정규직 일자리의 증가를 초래했다. 이러한 경제 상황에서 경단련 같은 이해관계자 자본주의 모델 주창자들의 주된 관심은 기업들의 세계화와 개방성이라는 변화된 상황을 받아들이면서도 신자유주의와는 다른 새로운 혁신 역량을 어떻게 육성할 것인가하는 데 있었던 것이다.

더구나 이해관계자 자본주의 모델을 주창한 정부의 경제통상산업성 관료들도 고전적인 산업정책을 고수하지는 않았다. 이 관료들은 과거에는 직접적인 지원책을 통한 연구개발을 중시했다. 기존의 관료들은 주주 자본주의 모델을 주장하는 신자유주의자들의 주장과 달리 기업의 낮은 자기자본수익률(low return on equity)에 대해서 별로 신경을 쓰지 않았다. 관료들은 비록 기업들의 자기자본수익률이 낮더라도 산업의 하부구조와 연구개발이 튼튼하면 투자가들은 알아서 투자할 것이고 경제 전반은 문제가 없을 것으로 생각했다. 그러나 이제 경제통상산업성 관료들도 점점 반대편의 신자유주의적 주장을 고려하기 시작했다. 즉, 금융적 수익성 문제의 중요성을 고려한 것이다. 이들은 "자기자본수익률이 낮으면 기업들은 일본을 떠날 수 있다. 단순히 연구개발과 하부구조에 대한 투자가 가져올 수 있는 자연스러운 선순환만으로는 경제를 지탱하기 어렵다. 그래서 새로운 선순환 구조, 금융적 경로를 고려해야 한다."라는 것을 강조했다(Vogel 2019, 126). 그래서 경제통상산업성은 히토츠바시 대학의 유명한 금융 전문 교수인 이토 쿠니오(伊藤邦雄)를 중심으로 일본 기업의 수익율을 높이는 방법을 조사하기 위한 연구그룹을 조직했다. 또한 기업 가치를 높이기 위한 방안으로 투자자들과 기업들의 대화를 촉진하는 실무그룹을 조직했다(Vogel 2019, 126).

이상과 같이 제1라운드에서 힘을 얻었던 신자유주의 그룹이 자신들의 의도대로 개혁을 추진하는 데 한계에 봉착하자 2006년 이후 분위기가 반전하여 이해관계자 자본주의 모델을 주창하는 쪽으로 돌아섰다. 특히 주목할 만한 사실은 경단련이나 경제통상산업성 관료들이 과거의 모델에 집착하지 않았고 신자유주의자들이 제기한 문제와 변화된 상황을 고려하여 새로운 대안을 제시하기 시작함으로써 더욱 힘을 얻었다는 것이다. 이러한 투쟁과 대립 속에서 일본의 개혁은 미국식 신자유주의로 수렴된 것도 아니고 전통적인 이해관계자 자본주의 모델을 지속한 것도 아니었다.

제5장

세계화와 사회적 조정: 독일

국민 대표 기업들이 글로벌 경쟁에 맞서기 위해 다양한 생산요소를 글로벌 차원에서 재조직하는 글로벌 생산 네트워크의 구성은 미국의 사례에서처럼 항상 국내 경제에 부정적인 효과를 가져오는 것은 아니다. 독일의 경우 오히려 생산 세계화 과정에서도 국내 산업의 경쟁력을 강화하는 방향으로 나아갔다. 독일은 제조업 부문에서 고용 수준의 큰 변화 없이 현상 유지를 하고 있지만 실제 내용 면에서 보면 고부가가치의 전문 인력으로 고용이 전환되었다. 게다가 독일 산업은 자동차 산업이나 기계 산업(machine tool industry) 등 전통적으로 강세인 산업에서 단순 해외 이전이 아닌 국내 혁신 능력의 고양을 통해 다시금 국제 경쟁력을 강화했다. 그리고 하이테크 산업에서 국제 경쟁력이 더욱 강화되어 미국과 달리 하이테크 산업에서의 무역흑자는 지속적으로 증가했다. 독일의 국민 대표 기업들은 미국과 유사하게 글로벌 생산 네트워크를 수립하기 위해 해외 생산을 늘렸지만, 미국과 달리 독일 국내 산업의 생산과 혁신 역량이 이 과정에서 강화되었던 것이다.

어떻게 이것이 가능했는가? 어떻게 독일은 기업들의 세계화에도 불구하고 국내 생산과 혁신 역량을 강화할 수 있었는가? 이것은 신자유주의자들이 흔히 주장하듯이 자유로운 자본 이동의 자연스러운 결과는 아니다. 미국에서 보듯이 자본과 생산요소의 자연스러운 이동은 오히려 국내 생산의 네트워크 손상과 공백을 유발해서 국민경제에서 혁신 역량을 약화시킬 수 있다. 독일이 미국과 상이한 경로를 걷는 이유는 미국과 달리 독일의 경우 기업들의 글로벌화 과정에서도 국내 산업과 혁신 생태계가 약화되지 않고 오히려 강화되었기 때문이다. 어떻게 생산 세계화에도 불구하고 독일은 국내 혁신 생태계를 강화할 수 있었는가? 본 연구에서 강조하고자 하는 바는 이것이 미국의 자본 일방적 조정과 구별되는 독일의 사회적 조정 때문이라는 점이다.

독일의 경우 연방정부뿐만 아니라 산업협회(trade associations), 노동조합(labor unions), 직장평의회(works councils) 등의 다양한 사회행위자들 간의 투쟁과 사회적 협의의 과정이라는 사회적 조정을 통해서 기업들의 해외 생산 과정에서도 국내 산업의 생산과 혁신 역량을 강화할 수 있었다. 미국의 경우 금융화와 세계화를 배경으로 주주가치 우선주의에 기초하여 국내 혁신 생태계를 향상시키기보다는 개별 자본의 이익을 추구하는 기업의 글로벌화가 이루어지는 과정에서 전체 산업 차원의 산업공유재가 소실되었다.

이와 대조적으로, 독일의 경우 기업들의 글로벌화 과정에서 산업협회, 노동조합, 직장평의회 등 다양한 이해관계자들 간의 협의를 통해서 상호 조정하는 과정에서 '주주가치 우선주의'는 약화되고 집단적 조정을 통하여 국내 산업생태계의 업그레이드를 추구할 수 있었다. 독일 기업들은 글로벌 생산 네트워크를 강화하기 위해 주주가치보다는 오히려 국내 산업생태계의 이점을 이용하려 했고 해외 생산과 국내 생산을 연계하고 보완하고자 했다. 그리고 해외 생산의 필요성에 맞추어 독일의 국내 혁신 능력을 더욱 강화했다. 이러한 국내 혁신 생태계의 강화는 기업과 투자자들의 요구에 대한 노동조합과 직장평의회의 적극적 대안 제시뿐만 아니라 원청회사들의 요구에 보다 능동적으로 대응하기 위한 중소 부품업체들의 집단적 협의와 같은 사회적 조정의 결과이다. 독일에서는 신자유주의적 금융화와 세계화에도 불구하고 구체적인 실행 과정에서 여러 층위의 다양한 이해당사자들 간의 상호 투쟁과 조정, 그리고 합의 모색이라는 사회적 조정으로 인해 미국의 주주가치 우선주의와는 상이한 발전 방식을 보여주었던 것이다.

이 장에서는 우선 기업들의 세계화가 독일의 국민경제에 미친 영향을 살펴볼 것이다. 특히 미국과의 비교를 통해서 독일과 미국의 국민경제가 세계화 속에서 얼마나 다른 경로를 걸었는지 간략히 살펴볼 것이다. 그런 다음 유사한 생산 세계화에도 불구하고 독일은 왜 미국과는 다른 길을 걷게 되었는지를 분석할 것이다. 미국과 다른 독일의 방식을 이해하기 위해서 우선 독일 기업들이 어떻게 해외 생산을 했는지, 다시 말해 기업들의 글로벌화 과정에서 해외 생산과 국내 생산의 연계가 어떻게 이루어졌는지 그 원인을 분석할 것이다. 그런 다음 미국과 구별되는 독일의 해외 생산과 국내 생산의 연계 및 국내 생산의 업그레이드가 어떻게 가능했는지 그 정치적 과정을 분석할 것이다. 정치적 과정도 원청회사와 중소 부품업체들 간의 기업 간 관계와, 해외 생산의 결정, 그리고 기업지배구조를 둘러싼 노사 간 관계의 측면에서 어떻게 사회적 조정이 이루어지는지를 구분해서 분석할 것이다.

1. 기업의 세계화와 독일의 국민경제

이 절에서는 어떻게 독일이 미국과 다른 방식으로 세계화에 적응하게 되었는지 살펴보기 이전에 유사한 금융화와 세계화 경향에도 불구하고 독일은 실제로 얼마나 미국과 다른 경로를 보이는지를 간략히 살펴볼 것이다. 독일 기업들은 미국 기업들과 유사하게 1990년대 이후 해외 생산을 크게 확장했다. 특히 독일의 주력 산업이라고 할 수 있는 자동차, 화학, 금속 산업은 글로벌 경쟁에 적응하기 위해서 새로운 글로벌 네트워크를 이용하지 않을 수 없었다. 그러나 이러한 독일 기업의 글로벌화에도 불구하고 미국과 비교했을 때 독일의 국내 생산의 공동화 현상은 약하다고 할 수 있다.

사실 기업들의 생산 세계화가 국민경제에 미치는 영향을 파악하기란 쉽지 않다. 세계화의 영향과 그 결과가 산업별로 다양하게 나타나기 때문이다. 본 연구에서는 세계화가 국민경제에 미치는 영향을 분석하기 위해서 의류와 같은 사양산업이 아니라 첨단전자와 자동차 같은 국민경제의 수출 주력 기업들에 초점을 맞추고자 한다. 선진국에서 의류 산업과 같은 노동집약적 산업의 경우는 해외 이전으로 국내 생산을 포기하는 경우가 허다하다. 그러나 문제는 각국의 주력 산업이다. 노동집약적 산업의 경우 기업들의 글로벌화가 아니라 하더라도 국내에서 산업 간 이동을 통해서 축소되거나 소멸되기 때문이다. 그러나 선진국의 주력 산업인 전자와 자동차 산업 같은 경우 해외 이전이 곧장 국내 산업의 공동화로 나타날 경우 국민경제에 직접적인 영향을 준다. 특히 선진국의 수출 주도 산업의 경우 해외 이전이 국내 산업의 공동화로 나타날 경우 국가경제의 발전 방식 자체에 변화를 초래할 수 있다. 그래서 본 연구에서는 자동차와 전자 같은 주력 산업에 초점을 맞추는 것이다.

독일 기업들의 세계화가 국민경제에 미치는 영향을 분석하기 위해 우선 주목할 만한 사실은 자동차와 금속 산업과 같이 독일의 주력 수출 산업도 미국과 유사하게 1990년대 이후 해외 생산을 확장했다는 것이다. 예를 들어, 독일 기업들의 자동차 생산을 보면 전체 독일 기업의 승용차 생산에서 해외 생산이 차지하는 비율은 1995년에는 33.2% 정도였다. 그러나 그 비율은 15년 뒤인 2010년에는 국내 생산의 수준을 넘어 52.3%, 그리고 2018년에는 68.7%로 증가했다.[1] 자동차 원청회사들이 해외로 이전하자 독일의 중소 부품업체들도 이들을 따라 해외로 생산을 확장했다. 독일의 부품업체들에 대한 연구조사에 따르면, 2006년 이미 독일 부품업체들의 약 47%가 동유럽과 중앙유럽으로 생산을 확장했다(Ernst and Young 2006; Kwon 2012, 585).

유의할 사실은 독일의 주력 산업인 자동차, 전자, 기계 등에서 해

---

[1] 독일의 자동차 생산 관련 지표는 Verband der Automobilindustrie(VDA)의 공식 지표들을 참조하라. VDA figures from https://www.vda.de/en/services/facts-and-figures/annual-figures/automobile-production.html.

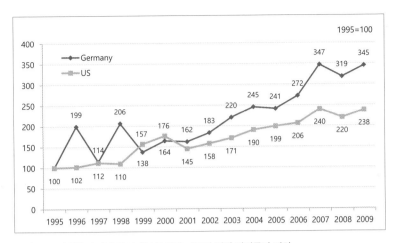

그림 5-1 자동차와 기계 산업에서 독일과 미국의 해외 직접투자 변화

출처: OECD statistics database.
참고: 국제표준산업분류(ISIC)의 29(기계 산업), 34(자동차와 트레일러)와 35(그 외 수송장비)
　　데이터.

외 이전은 미국에 비해서 결코 작지 않았다는 것이다. 〈그림 5-1〉에
서 보듯이, 자동차와 기계 산업에서 1995년에서 2010년 사이 독일
과 미국의 해외 직접투자를 보면 오히려 독일이 더 급격히 증가하고
있다는 것을 알 수 있다. 〈그림 5-1〉은 자동차와 기계 산업에서 독일
과 미국 기업들의 해외 직접투자의 누적 투자량의 증감을 보여준다.
자동차와 기계 산업에서 미국과 독일 기업들의 해외 투자는 생산 세
계화 추세가 가속화되는 1995년에서 2009년 사이에 꾸준히 증가하
고 있다는 것을 알 수 있다. 특히 독일의 주력 수출 산업인 자동차와
기계 산업에서 독일 기업들의 해외 직접투자는 1995년 205억 달러
에서 2009년에는 약 710억 달러로, 1995년의 수준(100으로 산정)에
비하면 345%나 증가했다. 미국의 경우도 1995년 약 466억 달러에
서 2009년 약 1,178억 달러로, 1995년 수준에 비해 약 238%나 증가

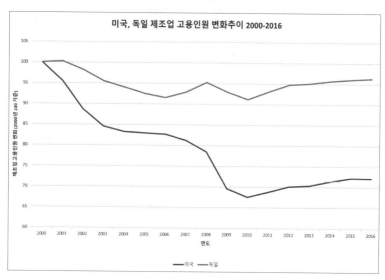

그림 5-2 전체 제조업에서 고용 변화
출처 : OECD Database.

했다. 이러한 해외 투자는 자동차와 기계 산업만이 아니라 전자 같
은 다른 주력 산업에서도 유사하게 증가했다.

그런데 보다 주목할 만한 사실은 유사한 해외 생산의 확장에도
불구하고 그것이 국내 경제에 미치는 영향이 국가에 따라 크게 차이
가 난다는 것이다. 미국의 경우 앞의 3장에서 살펴보았듯이 미국의
주력 기업들의 해외 생산으로 인해 국내 생산과 일자리가 줄어들었
다. 그러나 독일의 경우는 주력 산업에서 기업들의 해외 생산이 곧
장 국내 산업의 공동화로 나타난 것은 아니었다.

〈그림 5-2〉는 해외 생산이 본격화된 이후 2000년에서 코로나
팬데믹 상황이 벌어지기 직전인 2016년 사이 미국과 독일에서 전
체 제조업 고용 인원의 변화를 보여준다. 미국의 경우는 2000년
17,876,000명에서 2016년 12,903,000명으로 약 500만 명의 일자리

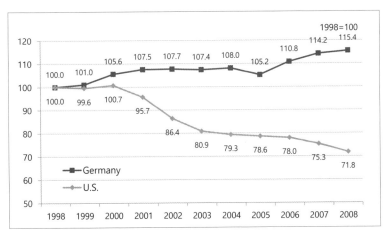

그림 5-3 자동차와 전자 산업에서 독일과 미국의 고용 변화

출처: ILO database.

참고: 국제표준산업분류(ISIC) 34(자동차와 트레일러)와 31, 32, 33(전자와 관련 산업).

가 줄어들었다. 2016년 미국 제조업의 고용은 2000년의 수준(100)
에 비해 72.1% 수준으로 축소되었다. 이에 비해 독일의 경우는 2000
년 7,828,000명 고용에서 2016년 7,539,000명으로 거의 현상을 유
지했다. 즉, 2016년 독일 제조업의 고용은 2000년의 수준(100)에 비
해 96.3% 수준으로 약간 줄었지만 일정 수준을 유지하는 경향을 보
여준다.

　해외 생산의 확장에도 불구하고 국내 생산의 유지 내지 확장은
자동차, 전자, 기계 같은 독일의 주력 산업에서 더욱 뚜렷하게 나타
난다. 자동차와 전자 산업은 생산 세계화가 가장 많이 진행된 산업
이자 미국과 독일의 주력 산업이라고 할 수 있다. 그런데 해외 생
산이 많았던 1998년에서 2008년 사이 이 주력 산업들에서 독일
과 미국의 국내 고용 변화는 커다란 차이를 보여준다. 자동차와 전
자 산업에서 미국은 1998년 약 3,977,600명을 고용했으나 2008년

2,857,700으로 고용량이 크게 줄었다. 1998년 수준을 100으로 산정했을 때 2008년은 71.8% 수준이다. 이에 비해 독일의 경우는 1998년 1,820,000명에서 2008년 2,101,000명으로 오히려 고용량이 증가했다. 독일은 1998년 수준(100)에 비해 2008년 115.4% 수준으로 증가했다.

이러한 현상은 기계 산업과 자동차 산업에서도 그대로 드러난다. 기계와 자동차 산업에서 독일과 미국의 1998년 고용 수준을 100으로 두었을 때 2008년 미국의 고용은 1998년 수준에 비해 77.7%로 줄어든 반면 독일의 경우는 111.6%로 증가했던 것이다. 자동차 산업만 두고 보았을 때 차이는 더욱 분명해진다. 2008년 미국의 고용은 1998년 수준(100)에 비해 69.0% 수준으로 줄어든 반면 독일의 2008년 고용은 1,122,000명으로 1998년 815,000명에서 크게 증가했는데, 2008년 고용은 1998년 수준(100)에 비해 137.7% 수준으로 증가한 것이다.

그런데 보다 주목할 만한 사실은 단순한 일자리의 유지나 생성이 아니다. 보다 중요한 것은 고부가가치 생산과 혁신 역량의 고양을 통한 국제 경쟁력의 강화라고 할 수 있다. 미국의 경우 앞의 3장에서 이미 살펴보았듯이 주력 기업들의 생산과 연구개발의 해외 이전으로 인해 국내 생산과 혁신 역량이 약화되었다. 그러나 독일의 경우 기업들의 해외 투자와 글로벌 생산 네트워크의 재조직화가 오히려 국내 생산방식의 재조정과 혁신 역량의 강화와 함께 이루어졌다. 그래서 해외 생산의 확장 과정에서도 독일과 미국의 하이테크 산업에서 국제 경쟁력은 상당한 차이를 보여준다.

〈그림 5-4〉는 2000년에서 2015년 사이 하이테크 산업에서 독일

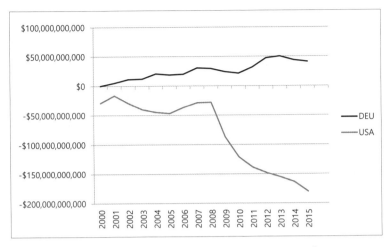

그림 5-4 하이테크 산업에서 독일과 미국의 무역수지 변화(2000~2015년)

과 미국의 무역수지(trade balance)의 변화를 보여준다. 하이테크 산업에서 미국의 무역수지는 2000년 28,885,121,598달러 적자에서 2015년에는 180,113,415,688달러 적자로 그 적자 폭이 더욱 크게 증가했다. 이에 비해 독일의 하이테크 산업에서 무역수지는 2000년 150,554,000달러 흑자에서 2015년 40,970,041,029 흑자로 흑자 폭이 약 272%나 크게 증가했다.

앞의 3장에서 이미 살펴보았듯이, 미국의 경우는 기업들의 해외 생산으로 인해 국내 생산과 혁신 역량이 약화된 반면 독일의 경우는 기업들의 해외 생산 과정이 글로벌 차원에서 생산의 재조직화와 함께 진행되면서 국내 생산과 혁신 능력의 향상으로 귀결되었다. 다음에서 좀 더 자세히 살펴보겠지만, 독일은 기업들의 해외 생산 과정에서 사회적 조정을 통해 기존의 생산방식을 새로운 고부가가치를 창출하는 혁신적 생산방식으로 재조정했다. 일례로 독일 기업들이 해외 생산을 늘리는 사이 국내에서는 단순히 일자리만 유지되거나 창출된 것이 아니라 국내 직업 내용(job profiles)이 바뀌었다. 이러한 독일의 혁신 노력은 미국 자동차 기업들과 대조적이다. 미국의 경우는 생산 세계화 과정 중에서도 노동자 숙련 비율은 크게 변화가 없었다. 예를 들면, 1980년에서 2004년 사이 미국 자동차 산업에서 생산직 블루칼라 노동자들의 비율은 거의 일정하게 약 80% 수준으로 지속되었다(Kwon 2012, 587-89).

미국과 대조적으로 독일의 경우 많은 경험 연구들이 보여주듯이 독일 기업들이 생산을 세계화하는 사이 독일 국내에서는 저기술(low-skilled)과 저임금(low wages) 일자리는 줄어든 반면 고부가가치와 연구개발 관련 직업이 크게 증가했다(Nunnenkamp 2004; Bernaciak 2010, 129). 예를 들면, 한 경험적 연구에 따르면 독일 자동차 산업에서 생산 혁신과 관련이 적은 비숙련 화이트칼라 노동자(unskilled whitecollar workers, Ungelernte Angestellte)의 수는 해외 생산이 크게 증가한 1996년에서 2001년 사이 약 55%나 줄어든 반면 숙련 노동자(skilled workers, Facharbeiter)의 수는 같은 기간 약 16%나 증가했다(Jürgens and Meissner 2005, 227; Jürgens and Krzywdzinski 2010, 106). 특히 독일은 생산 세계화 과정에서 유연한 혁신 생산 체제를 강화하기 위해서 부품업체들과의 협력을 강화했는데, 독일의 중소 부품업체들은 같은 기간 숙련 노동자를 64%나 증가시켰다. 또한 독일 자동차 회사들은 경영과 연구개발에 관련된 전문직(Qualifizierte Angestellte)을 94%나 늘렸다. 1995년에서 2002년 사이 독일 자동차 산업에서 연구개발과 관련된 인력은 77,000명으로 약 50% 증가했다. 원래 독일은 숙련 노동자의 비율이 높은 편이었지만 생산 세계화 과정에서 개발과 혁신 능력을 더욱 강화하기 위해서 숙련 노동자의 비율을 더욱 늘렸던 것이다. 그래서 2008년 정도에는 숙련 노동이 전체 고용의 약 78.6%로 증가한 반면 비숙련 노동은 단지 16.6% 정도로 축소되었다. 또한 미국의 경우 기업들이 고품질 혁신을 위한 노력보다는 비용 절감 차원에서 생산을 해외로 이전한 반면 독일의 경우는 비용 절감 차원보다는 글로벌 차원에서 독일식 고품질 생산을 위해 국내의 연구개발을 강화하기 위한 투자를 더욱 늘렸던 것이다. 미국국립과학재단의 연구개발 강도 데이터에 따르면, 미국 자동차 산업에서 연구개발의 강도는 전체 판매액의 약 2.5%에 불과했다. 그리고 전체 제조업에서 연구개발의 강도는 평균 2.3% 정도였다. 이에 비해 독일 자동차 산업은 매년 판매액의 7%에서 8% 정도를 제품 개발과 혁신을 위해서 투자했다(Jürgens and Meissner 2005, 22; Jürgens and Krzywdzinski 2010, 107; Kwon 2012, 587-88).

생산을 글로벌화하는 과정에서 독일 기업들은 미국 기업들과 달리 국내 생산과 혁신 능력을 더욱 강화했다. 이것은 단순히 인력의 재배치와 업그레이드만을 의미하지는 않는다. 보다 중요한 것은 생산방식과 발전 모델을 재조직하는 것이다. 다음 절에서 이것을 보다 구체적으로 살펴볼 것이다.

2. 생산 세계화와 국내 생산의 재조직

이 절에서는 독일 기업들이 생산을 글로벌 차원에서 재조직하는 과정에서 기존의 일국 체제하에서 운영하던 생산방식을 어떻게 재조정했는지 살펴볼 것이다. 독일은 미국과 달리 기업들이 생산을 세계화했음에도 불구하고 국내 생산과 혁신 능력이 약화된 것이 아니라 오히려 향상되고 강화되었다. 앞 절에서 살펴보았듯이, 독일 기업들은 해외 생산을 늘리는 와중에도 국내 생산을 유지하고, 나아가 국내의 연구개발과 혁신 역량을 강화했기 때문이다. 이러한 혁신 역량의 강화는 단순히 연구 인력의 증가만을 의미하지는 않는다. 생산의 글로벌화 과정은 전통적인 일국 생산체제에 기초한 생산방식에서 글로벌 생산 네트워크의 구축을 위한 새로운 조정을 요구하는 과정이기도 했기 때문이다. 미국의 경우는 국내 비용의 절감과 높은 수익이라는 금융적 가치에 기초하여 자유롭게 생산지를 선택함으로써 생산의 체계적 조직화라는 측면에서 해외 생산과 국내 생산 간의 연계가 약했던 반면 독일의 경우는 미국과 달랐다. 독일 기업들은 글로벌 생산 네트워크를 건설하면서 해외 생산과 국내 생산의 긴밀한 연계를 추구하고 글로벌 차원의 생산을 조직하기 위해 오히려 국내의 관리 역량과 혁신 역량을 강화했다.

독일은 생산 세계화 과정에서 어떻게 국내 생산방식을 재조직했는가? 다음 절에서 독일 기업들이 미국과 달리 어떻게 국내 생산방식을 업그레이드하게 되었는지 그 원인이 되는 정치적 과정을 살펴보기 이전에, 이 절에서는 독일 기업들이 해외 생산을 늘리는 과정에서 어떻게 국제적인 분업을 조직했고 이를 위해 국내 생산방식을 어떻게 재조직했는지를 살펴볼 것이다.

1) 독일 기업의 세계화 방식

독일 기업들의 생산의 세계화 방식과 국제분업의 재조직화는 미국의 그것과 달랐다. 미국의 경우 생산과 혁신 역량의 재조직화라는 관점보다는 금융 수익의 관점에서 주주가치를 가장 많이 실현할 수 있는 생산요소들의 결합을 추구하면서 생산을 자유로이 재조직했다. 그래서 국내 생산과 혁신 역량의 고양이라는 관점은 의미가 없었다. 미국에서는 산업적 연계와 혁신 역량이라는 관점보다는 기업의 금융 수익과 주주가치가 중요했던 것이다. 반면 독일의 경우는 기업들이 글로벌 생산을 보다 체계적으로 관리하고 혁신 역량을 고양하기 위해서 본국 독일에 관리와 혁신의 중심지라는 새로운 의미를 부여했다. 그래서 생산의 해외 이전에도 불구하고 모국의 연구개발과 혁신 역량은 더욱 강화되었다. 생산의 세계화 과정이 기존의 일국 체제에 기초한 전통적 독일 생산 모델을 해체하고 새롭게 재편할 것을 요구했던 것이다. 즉, 국제분업의 재조직화와 함께 이에 상응하는 모국 생산체제의 재편도 함께 요구되었다. 독일 내부의 전통적 생산방식의 해체와 새로운 적응을 살펴보기 이전에, 먼저 독일 기업들이 어떻게 세계화했는지, 그리고 어떻게 해외 부품조달체계를 구축했는지를 살펴보기로 하자.

독일 기업들의 세계화 과정에서 미국과 구별되는 특징으로 가장 주목할 만한 것은 모국 생산기지의 강화이다. 미국 기업들이 해외 생산과 연구개발을 늘리면서 국내의 연구개발과 생산 능력이 약화되는 경향과 대조적으로 독일의 경우는 연구와 혁신의 중심을 모국에 두고 있다는 것이다. 미국 기업의 경우 해외 투자를 늘리는 것은 곧 국내 투자를 축소하는 것으로, 해외 투자와 국내 투자는 마치 제로섬(zero-sum) 관계처럼 나타났다. 예를 들면, 미국의 제조회사들이 국내 투자에 대비 해외 투자를 2000년 33%에서 2009년 77%로 늘리는 동안 미국 GNP에서 미국 기업들의 국내 지출은 50% 축소되었다. 연구개발 투자의 경우에도 유사하다. 1998년에서 2007년 사이 미국 기업들이 연구개발에 한 투자에서 국내 투자에 비해 해외 투자가 2.5배나 많이 증가했다. 득히 미국 기업들의 하이테크 산업에 대한 투자는 대부분 아시아 지역으로 흘러갔다. 예를 들면, 클린 테크놀로지(clean technology) 산업에서 2009년에서 2013년 사이 중국, 일본, 한국과 같은 아시아 국가들이 투자의 중심이 됨으로써 이들 3국에 대한 투자는 약 5,090억 달러였던 것에 비해 미국 국내에는 단지 1,720억 달러만이 투자되었다(Atkinson and Ezell 2012, 22-23, 45, 65). 이에 비해 독일의 경우 기업들이 해외 생산을 늘리는 과정에서 국내 생산과 혁신 역량을 강화하는 방향으로 투자했다.

독일 기업들도 1990년대부터 2000년대 중반까지 생산을 동유럽과 중국 등지로 이전하는 경향을 보여주었다. 초기에는 저가 모델이나 이미 개발이 끝난 모델을 해외로 이전하는 한편 국내에서는 고부가가치 생산이나 정밀기술을 요하는 생산을 유지하는 경향이 있었다(Krzywdzinski 2014). 그러나 차츰 시간이 지남에 따라 지리적 분업이 점차 약화되어 독일 내의 생산과 저임금 국가의 생산이 직접적인 경쟁 관계가 되는 상황이 나타나기도 했다. 해외 현지 소비자를 두고 벌이는 새로운 경쟁 속에서 독일 기업들은 점점 더 모든 제품의 영역에서 비용 절감의 압력을 받게 되었고, 동시에 현지 소비자들의 구미에 맞는 높은 품질의 상품을 공급해야 한다는 요구에 직면하게 되었던 것이다. 독일 기업들은 더 이상 가격 경쟁에서 다소 자유롭지 않게 되었다. 예를 들면, 독일 기업들은 최고급 틈새시장(high end niches)에서 가격 경쟁을 피하기보다는 중국과 같은 신흥시장들(emerging markets)에서 현지 생산을 해야 했고, 이들 신흥시장에서 격화된 경쟁에 적응하기 위해 혁신과 비용 절감, 그리고 현지 부품조달체계의 재조정을 요구받았다(Herrigel 2015, 140). 독일 기업들은 이러한 신흥시장에서의 경쟁에 적응하기 위해 해외 현지 생산지에서 엔지니어링 능력과 연구개발 능력을 강화해야 했다. 해외 현지에서 새로운 부품조달체계를 마련하고 연구개발 능력, 엔지니어, 그리고 생산 능력을 조율해야 했던 것이다.

이러한 해외 현지 생산에서 엔지니어링 능력과 연구개발 능력, 그리고 생산 능력의 향상은 본국 생산에 어떤 영향을 미쳤는가? 1990년대 해외 생산이 확장된 초기 단계에서의 독일처럼 본국과 해외 생산의 분업이 약화되면서 직접적인 생산지 경쟁에 돌입할 수도 있고, 미국처럼 해외로 생산과 연구개발이 빠져나가고 본국에서는 공동화 현상이 일어날 수도 있었다. 그러나 독일 기업들의 해외 생산 확장에서 주목할 만한 것은 해외 생산이 국내 생산의 대체나 축소로 나타난 것은 아니었다는 점이다(Kwon: 2012; Herrigel 2013; 2015).

해외 생산은 오히려 독일 국내에서 생산과 개발 능력을 유지하고 향상하는 것으로 나타났다. 왜 그랬는가? 미국과 달리 독일에서는 단순히 금융자본의 일방적 결정에 의한 주주가치 우선주의보다는 다양한 이해관계자들의 협의 과정에서 글로벌 생산체제의 효과적 재구성이 이루어졌기 때문이다. 글로벌 차원에서의 생산 역량과 혁신 경쟁력의 향상이라는 관점에서 독일의 이해관계자들은 해외 현지 생산이 늘어날수록 현지에서의 적응 능력과 경쟁력을 높이기 위해 본국에서의 지원과 조정 능력을 더욱 요구하게 되었다. 해외 현지 생산의 엔지니어링을 응용하고 적응하기 위한 연구개발이 필요하면 할수록 해외 지원을 위해서 본국에서 엔지니어링과 디자인 능력을 향상할 것, 그래서 새로운 글로벌 역할 분담을 형성할 것을 요구했던 것이다.

세계화 과정에서 독일이 보여준 독특성은 생산시설의 측면에서는 해외 생산이 빠르게 성장하는 편이었지만 연구개발의 측면에서는 해외 이전보다는 국내 역량의 강화를 추구했다는 것이다. 물론 연구개발 시설도 해외로 이전하는 일이 증가했지만, 해외 기지의 연구개발 역할은 제한적이었고 국내의 연구개발을 위한 투자는 확대되었다. 독일 기업이 연구개발을 이전하는 경우는 2006년 2.6%이던 것이 2012년에는 1.4%로 줄었다(Zanker and Hovat 2015). 해외 연구개발 시설의 경우 해외 시장에 특화된 상품을 생산하기 위해 현지 시설에 대한 기술적 지원을 하는 역할에 다소 제한되어 있었다. 다시 말하면 핵심적인 연구개발은 독일 내에서 이루어졌다는 것이다(Krzywdzinski 2014; Herrigel, Voskamp, and Wittke 2017).

또한 독일 기업은 해외 생산을 늘리면서도 '국내 생산에 기초한 수출'은 결코 줄이지 않았다. 예를 들면, 독일의 자동차 회사들에서 가장 첨단의 고부가가치 제품(the most high-end vehicles)은 여전히 독일에서 만들어지고 세계 여러 곳으로 수출된다. 이러한 모습은 기계 산업과 같은 독일의 다른 주요 산업에서도 관찰된다(Herrigel 2015, 139). 그래서 미국과는 대조적으로 해외 생산과 함께 독일 기업들의 고용은 줄거나 대체되기보다는 현상유지에 가까웠던 것이다. 다만 앞에서 언급했듯이 일자리의 내용이 크게 바뀌었다. 생산에 직접 투입되는 단순 일자리나 단순한 사무용 일자리는 줄어든 반면 기술을 요하는 일자리와 기술 수준은 높아졌다(Herrigel 2015, 134).

2) 해외 현지의 생산 조직화

독일 기업의 해외 생산의 확장과 국내 생산의 연계를 보다 구체적으로 살펴보기 위해 이제 독일 기업들이 해외 현지에서 어떻게 활동하는지 구체적으로 살펴보자. 해외 생산지에 따라 약간의 차이가 있지만, 독일의 경우 해외 생산지가 본국의 생산을 대체하기보다는 본국의 생산을 모방하거나 본국의 생산 능력을 확장하도록 작용했다. 독일 기업들은 해외 현지에서 경쟁하기 위해 본국의 혁신 능력과 조정 능력을 더욱 강화하는 방식을 택했던 것이다. 여기서는 가장 대표적인 해외 생산지라고 할 수 있는 중국의 경우를 중심으로 살펴볼 것이다.

최근 글로벌 생산 네트워크의 수립 과정에서 선진국의 기업들은 중국과 같은 해외 현지에서 새로운 부품조달체계와 생산체제의 수립을 필요로 한다. 독일 기업들은 저비용 제품을 생산하는 전략을 추구하기보다는 고품질 상품을 생산하려고 노력했다. 그래서 해외 현지에서의 새로운 부품조달체계를 위해 '고기술 생산 클러스터(sophisticated production clusters)'를 만들어서 해외 현지에서 경쟁력을 높이고자 했다. 이러한 해외 현지 클러스터는 독일 본국의 자동차 혹은 기계 생산체계가 운영되는 생산 클러스터를 모방하거나 보완하면서 형성되었다(Herrigel, Voskamp, and Wittke 2017, 80-141).

중국과 같은 해외 현지에서 독일 기업들의 '고기술 생산 클러스터' 구축 전략은 현지의 지역 부품업체를 중심으로 값싼 생산 네트워크를 구축하는 미국의 전략과 구별된다. 미국의 경우 본국의 부품업체와 관계가 절연되고 해외에서는 값싼 부품업체에 의존하는 전략을 구사함으로써 해외 생산이 본국 부품업체들을 대체하는 효과를 가져왔다. 그러나 독일의 경우 고품질 클러스터 전략을 추구함으로써 해외 현지의 생산과 본국의 생산 및 혁신 역량을 연계하고 이용하게 되었다.

다국적 기업들 간의 경쟁이 격화되자 독일 기업들은 현지 부품업체들에 보다 많은 요구를 하기 시작했다. 새로운 모델을 개발하기 위한 혁신 능력과 생산공정의 지속적인 혁신과 비용 절감, 안정적인 배달체계와 같은 부분에서 요구가 더 까다로워졌다. 이 과정에서 독일의 원청회사들은 중국의 토착 기업들이 품질 기준이나 배달에서 성공적이지 못했기 때문에 자국의 부품업체들을 이용하는 경향이 높아졌다. 독일의 원청회사들은 중국의 토착 기업들보다는 본국의 부품업체 혹은 선진 부품업체들을 이용했다.

자동차 산업을 예로 들면, 1차와 2차 부품 조달은 주로 선진국의 부품업체들이 차지했고, 2차 내지 3차는 중국의 토착 기업들이 차지했다. 특히 독일의 원청회사들의 경우 테크놀로지 강도가 높아지자 부품조달체계에서 중국의 토착 기업들은 줄어든 반면 독일의 부품업체가 확대되었다(Herrigel, Voskamp, and Wittke 2017, 91-92). 이는 단지 중국에서만의 경우는 아니다. 브라질과 동유럽 같은 개발도상국에서 품질 강도와 혁신 강도가 높아지자, 이것이 독일의 부품업체들에는 기회로 작용했다. 독일의 많은 1차 부품업체들은 1990년대 중반 이후 개발도상국으로 생산을 확장하기 시작했다(Depner 2006, 103ff). 비록 독일의 부품조달체계가 한국과 일본 같은 한 회사의 계열조직으로 묶이는 것은 아니라 하더라도, 독일의 중소 부품업체들은 자체의 높은 테크놀로지와 혁신 능력을 토대로 해외 현지에서 원청회사들과 협력 관계를 유지할 수 있었다.

3) 독일 생산체제의 해체와 변화

독일 기업들의 해외 생산 확장의 특징은 미국과 달리 본국의 생산지에 중심을 둔다는 것이다. 이러한 본국 중심성은 기존 모델의 지속 때문이 아니라 기업들의 글로벌화 과정에서 국내 생산과 혁신의 대규모 재조직화에 따른 결과이기도 하다. 만약 독일에서 기존의 생산체제가 그대로 유지되었더라면 1990년대 해외 생산 확장의 초기 과정에서 관찰할 수 있듯이 해외 생산기지와 본국의 역할 분담이 약해지고 둘 사이의 관계는 직접적인 경쟁과 대체로 귀결되었을 것이다. 기존 생산체제의 해체와 재적응 과정에서 벌어진 갈등과 투쟁의 정치적 과정은 다음 절에서 구체적으로 살펴보기로 하고, 여기에서는 기존의 독일 생산체제의 독특성과 그것이 글로벌화 과정에서 어느 방향으로 얼마나 변화했는지를 살펴볼 것이다.

많은 정치경제 문헌에서 기존의 독일 생산체제 모델을 흔히 '다품종 고품질 생산체제(Diversified Quality Production: DQP)'라고 한다(Sorge and Streeck 2016; Streeck 1991; 1992). '다품종 고품질 생산체제'는 시장의 포화 상태에서 제품의 혁신 비율을 높이고 소비자의 취향에 맞게 상품을 개발하고 생산함으로써 프리미엄 가격을 유지하는 생산체제를 의미한다. 이 체제는 과거 장인생산체제(Craft system)와 달리 대량생산을 포기하지 않는다. 하지만 포디즘과 달리 생산자의 일방적 규격화에 따른 소비자의 다양한 선호를 무시하지도 않는다. 독일의 다품종 고품질 생산체제는 대량생산과 함께 다양한 소비자들의 취향에 맞추기 위해 전체의 생산을 작은 단위(small batches of customized products)로 나누고 이를 토대로 소비자의 기호에 맞게 유연하게 결합하는 유연생산체제를 형성한다(Sorge and Streeck 2016, 1; Sabel and Piore 1984).

이러한 독일의 독특한 생산체제는 미국의 포디즘이나 테일러리즘과 구별되는 체제로 1970년대 오일 쇼크 등을 배경으로 보다 분명하게 수립되었다. 예를 들면, 존 콕스(Joan Cox)와 헤르베르트 크리그바움(Herbert Kriegbaum)의 경험적 연구에서는 독일의 3개 주요 산업에서 독일 기업들이 영국 기업들보다 더 소비자 취향에 맞추어져 있고(more customized) 덜 규격화된 유연생산(non-routine production)체제로 이동했다는 점을 보여주고 있다(Cox and Kriegbaum 1980). 이를 통해 독일은 영국보다 더 많은 이윤의 마진과 고용을 유지하고 있다는 것이다.

이러한 독일의 다품종 고품질 생산체제는 영미식 자유시장체제와는 다른 독특한 정치사회적 제도를 필요로 했다. 제도주의자들은 흔히 이러한 제도 조건이 부재한 나라에서는 독일의 다품종 고품질 생산체제가 어렵다고 주장하기도 한다. 구체적으로 보면, 이 생산체제는 제품의 혁신과 빠른 시장 수요의 변화에 적응하기 위해서 영미식 자유시장체제와 같이 노동의 고용과 해고에 의존하는 외적 유연성보다는 높은 기술의 축적을 기초로 다양한 기능과 작업의 재배치에 의존하는 내적 유연성(internal flexibility)에 기초했다. 이를 위해서는 안정적이고 높은 수준의 직업 훈련과 교육, 그리고 화합적인 노사 협력 관계가 필요했던 것이다. 노사관계의 측면에서는 높은 고용 안정과 함께 높은 임금과 평등한 임금체계를 필요로 했다. 만약 임금체계가 불평등할 경우 기업들은 고기술(high skills)을 사용하는 생산체제보다 저임금에 의존한 생산 전략을 경쟁적으로 추구하거나 고기술 인력을 서로 유치하는 경쟁 과정(head-hunting)을 통해서 흔히 미국의 자유노동시장에서 보이듯이 사회 전체적으로는 기술 축적이 낮은 상태로 빠질 수 있다(Sorge and Streeck 2016, 1-2).

다품종 고품질 생산체제가 가능하기 위해서는 무엇보다 사회 전체적으로 높은 생산기술의 축적이 필요하고 이를 위한 직업 훈련과 교육이 잘 발전되어야 한다. 그리고 다양한 기술의 재배치를 통해 유연생산이 가능한 조직구조를 갖추어야 한다. 이를 위해 권위의 탈집중화와 노사 간 민주적 협력 체제가 필요하다(Streeck 1991, 37-42). 이를 구현하기 위한 구체적 제도로는 강한 노조(strong unions), 경영 차원에 대한 참여를 통한 공동의사결정제, 그리고 중앙집중적 임금 협상을 통한 평등한 고임금의 유지 등이 있다(Sorge and Streeck 2016, 9). 또한 독일의 다품종 고품질 생산체제는 뛰어난 산업생태계와 결합되어 있다는 것이 특징이다. 독일 기업들은 기술대학과 잘 발달된 연구개발 네트워크를 유지하고 있고 기업 간 관계도 보다 긴밀한 협력 체제를 유지하고 있다. 그리고 생산 엔지니어들이 높은 직업 지위(higher status)를 유지하고 있다. 이것은 프랑스와 독일의 차이이기도 하다(Sorge and Maurice 1990).

그런데 독일 사회의 독특한 제도에 기초한 기존의 다품종 고품질 생산체제도 1990년대에 본격화된 금융과 생산의 세계화와 함께 해체되는 경향을 보여주었다. 1990년대 생산과 금융의 세계화와 함께 기존의 독일 일국 내에 기초한 제도적 조건이 약화되거나 해체되었기 때문이다. 우선 생산의 자유로운 이전과 자본의 이동으로 인해서 노사 간의 힘의 관계가 변화했다. 이것은 과거 평등한 고임금 구조를 유지하던 임금협상체계의 해체를 위시한 많은 변화를 의미했다.

우선 1989년 이후 독일의 고용주들은 외국에서, 특히 동유럽과 중국에서 높은 기술을 가진 노동자들을 독일보다 월등히 낮은 임금으로 쉽게 찾을 수 있게 되었다. 노동시장에서 고용주들의 이동성(employer mobility)은 기술의 발전으로 더욱 강화되었다. 그리고 노동시장의 세계화와 함께 생산체제의 세계화도 이루어졌다. 해외 생산체제에서 노동조합은 더욱 약화되었다. 이것은 기업들이 독일 내부의 생산체제와는 다른 보다 단순한 생산체제를 실험할 수 있게 해주었다. 해외 생산지에서 새로운 생산을 실험하고 보다 효율적인 생산방식을 수립한 것은 독일의 국내 생산에서 노동조합과 직장평의회에 거대한 압력으로 작용했던 것이다(Sorge and Streeck 2016, 11). 그래서 독일의 평등한 임금과 안정된 고용을 기반으로 한 기존의 체제는 이후 이중적 노동시장체제로 변화했다. 즉, 고임금의 안정적 일자리는 높은 기술 수준을 갖춘 노동자들에게 주어졌고 한편으로는 비정규직 일자리가 증가했던 것이다(Artus 2013; Bosch et al. 2007; Haipeter 2013).

또한 독일의 중소 부품업체들은 비용 절감 압력에 적응하기 위해서 기존의 중앙집중화된 임금협상에서 이탈하고자 했다. 중소 부품업체들은 탈중앙집중화된 임금협상을 통해서 독일 내부에서도 보다 낮은 임금 비용을 달성해 경쟁을 강화하고자 했다. 이것은 독일의 기존의 중앙집중적 임금협상체계를 약화시키고 노동시장의 이중성을 더욱 강화하는 결과를 가져왔다.

문제는 "세계화에 따른 독일의 기존 정치경제 모델의 해체를 어떻게 이해할 것인가" 하는 것이다. 대부분의 정치경제 문헌들에서는 독일 노동조합의 쇠퇴와 생산 세계화에 따른 전통적인 독일 생산체제의 붕괴를 비관적으로 안타까워했다. 독일의 노동조직은 자신들의 일자리를 보호하기 위해서 우선 임금협상에서 많은 양보를 해야 했다.[2] 그리고 독일의 조정 자본주의가 영미식 신자유주의로 수렴하고 있다고 평가했다(Streeck 2009; Bosch et al. 2007; Hassel 2011; Thelen and Palier 2010). 그러나 이 제도주의적 전통의 분석들에서는 세계화 과정에서 독일이 어떻게 영미식 자유시장 모델과 구별되는 새로운 적응 방식과 대안적 모델을 구성해 갔는지에 대해서는 상대적으로 분석이 약했던 것이 사실이다.

독일의 정치경제 모델은 세계화와 금융화 과정에서 어떻게 미국과 다른 적응을 해 왔는가? 결론적으로 말하자면, 많은 신자유주의자들이 예상하는 것과 달리 독일의 조정 자본주의는 영미식 자유시장체제로 수렴했던 것은 아니었다. 독일의 생산체제는 저임금, 저비용 생산체제로 전환하기 보다는 여전히 고품질 생산체제를 유지했다. 2005년 한 경험연구에 따르면, 독일은 여전히 고품질 시장의 선두라고 할 수 있다. 베른드 베노르(Bernd Venohr)에 따르면, 독일은

---

2   세계화의 흐름 속에서 독일 노사관계의 변화에 대해서는 Rehder(2003); Streeck(2009); Hassel(1999)을 참조하라.

고품질 나사(quality screws)에서부터 고품질 세탁기(quality washing machines)에 이르기까지 1,000품목 이상의 제품에서 세계 최고의 고품질 리더(world product quality leaders) 지위를 유지하고 있다. 또한 루프트한자 테크닉(Lufthansa Technik)은 항공 산업 및 정비 서비스에서 최강자(maintenance services leader)이다(Venohr and Meyer 2007; Sorge and Streeck 2016, 14).

독일도 미국과 같이 생산과 금융의 세계화 과정을 겪어 왔다. 그러나 유사한 생산과 금융의 세계화 과정에서도 독일의 적응 방식은 미국과 달랐다. 미국이 금융자본의 일방적인 결정에 의한 재조정이라고 한다면, 독일의 경우는 다음 절에서 살펴볼 정치적 과정에 대한 분석에서 알 수 있듯이 회사 경영진, 중소 부품업체, 산업협회, 노동조직과 같은 다양한 이해관계자들 간의 지난한 투쟁과 재조정을 거쳐 왔다. 이 과정에서 신자유주의적인 주주가치 우선주의는 상당히 완화되고 체계적인 산업과 혁신 역량을 강화한다는 관점이 강조되었다. 주목할 만한 사실은 1990년대 중·후반 독일에서도 기존의 정치경제 모델에 대한 주주가치 우선주의와 자유시장 논리에 기초한 신자유주의적 비판이 신고전파 경제학자와 일부 정치인들, 그리고 매스미디어에서 득세했다는 점이다. 1990년대 중·후반에는 독일의 생산체제가 더 이상 혁신적이지 않고 경쟁력을 가지지 않는다는 비판이 대세를 이루었다. 이러한 비판의 대표적 사례가 레베카 하딩(Rebecca Harding)과 윌리엄 패터슨(William Paterson)의 저작이다(Harding and Paterson 2000).

하지만 2000년대 들어와서 독일의 국내 분위기는 반전했다. 다양한 방면에서 여러 이해관계자들의 실질적인 투쟁과 정치적 조정의 과정을 통해서 신자유주의적 비판의 정당성과 인기는 서서히 약화되었다. 많은 정치가들과 여론은 독일의 강소 기업들(Mittelstand companies)과 장인 같은 숙련 노동(craft workers)에 주목했다. 이것은 1990년대 후반 독일 경제의 상대적 침체와 함께 나타난 독일 생산체제에 대한 비판적 분위기와는 사뭇 다른 모습이었다.

그리고 독일 기업들의 해외 생산에 따른 위협의 정도도 2000년대 전반부터 달라지기 시작했다. 독일 기업들의 해외 생산 이전 경향이 약화되기 시작했던 것이다. 약 2005년 이후부터 독일의 다국적 기업들은 해외보다는 국내에서 생산을 더 많이 확대하기 시작했다. 독일 기업들이 국내 생산으로 회귀한 이유는 우선 해외 생산지에서 비용이 증가하기 시작했기 때문이기도 하다. 그러나 무엇보다 중요한 이유는 해외 생산지에서의 교육과 훈련, 그리고 여러 인프라가 독일의 혁신적 고품질 생산에 불리하다는 판단이 우세해지기 시작했기 때문이다(Kinkel and Maloca 2009).

생산과 금융의 세계화 과정에서 독일이 미국과 달리 국내 생산과 혁신 역량을 강화할 수 있었던 이유는 무엇보다 기존의 국내 정치경제 모델에 대한 성공적인 재조정이 있었기 때문이다. 이러한 독일의 국내 생산 모델의 재조정은 혁신적 생산조직의 차원과 인력 자원, 그리고 노사관계의 측면에서 미국과 커다란 차이를 보여준다.

예를 들면, 버지니아 도엘개스트(Virginia Doellgast)는 독일과 미국에 대한 경험적 비교를 근거로 "생산과 금융의 세계화 과정에서 모든 자본주의 국가는 신자유주의적으로 수렴하고 하향평준화할 것"이라는 지배적인 주장에 대해서 비판한다(Doellgast 2012). 즉, 도엘개스트는 "선진국들의 경제구조는 점점 더 제조업이 아니라 서비스 경제로 변화하는데, 이러한 전환 과정에서 거의 모든 국가는 탈숙련(deskilling), 임금 축소(declining wages), 탈노조화(deunioniza-tion), 아웃소싱과 직업 불안정성(job insecurity)으로 하향평준화되는 경향이 있다."라는 기존의 지배적 주장에 대해서 비판적 입장을 보여준다. 신자유주의적 하향평준화 수렴론에 대한 비판으로 도엘개스트는 미국과 독일의 서비스 산업을 비교한다(Doellgast 2012). 그는 독일과 미국의 콜센터 서비스 산업에서 경영인과 노동자를 포함한 300명 이상의 인터뷰와 국제적인 서베이 조사를 통해서 독일과 미국을 비교하고 있다. 그녀의 경험 연구에 따르면, 독일은 제조업에서뿐만 아니라 콜센터와 같은 서비스업에서도 여전히 높은 임금(high wages), 직업 안정(stable jobs), 노사협의와 협력에 기초한 직장 민주주의(democratic workplaces)를 유지하는 데 성공했다. 이것은 잦은 해고, 낮은 임금, 위협적 감독과 하향평준화로 치닫는 미국의 서비스업과 대조적이라는 것이다. 독일의 고용주들은 미국의 고용주들보다 숙련을 형성하는 데 더 많이 투자하고 생산 조직화에서 노동자들의 목소리와 참여를 더 부여함으로써 고품질-고임금의 '하이 로드(high roads)'를 취하는 경향이 미국보다 더욱 강하다는 것이다.

독일의 다품종 고품질 생산체제는 세계화와 금융화의 압력 속에서도 새로운 변화를 통해 성공적으로 적응하는 모습을 보여주었다. 독일의 생산체제는 2000년대 이후 세계화 과정에서 지속적인 변화와 적응을 거쳐 왔다. 글로벌 생산체제의 수립과 연동되어 독일 본국에서는 기능적 프로필(funktionsprofile)이 변화했고, 독일 본국의 생산체제는 혁신 능력을 강조하게 되었다. 그리고 글로벌 네트워크를 위한 조정 기능과 전문 기능 중심지로서의 역할을 강화했다. 이 과정에서 전통적인 생산의 의미는 약화되고 대신 생산의 혁신 기능이 강화되었던 것이다(Herrigel, Voskamp, and Wittke 2017, 229). 다품종 고품질 생산체제의 주창자인 볼프강 스트렉(Wolfgang Streeck)에 따르면, 독일은 다품종 고품질 생산체제를 재개념화해야 했고 이 과정에서 보다 다양하고(more hetrogenous) 극단적 소비자 맞춤형보다는 품질을 더 강조하며(emphasizing quality more than extreme customization) 상용화와 비상용화(non-routineized operation)의 적절한 결합을 지향하는 생산체제를 새롭게 수립했다. 이것은 근본적인 산업 변환(industrial ruptures)보다는 기존 회사들의 지속적인 혁신(piecemeal innovation)을 통해 신·구 산업 간의 오버랩을 강조한다는 것이다(Sorge and Streeck 2016, 9). 그래서 독일은 소비자에 민감한 생산재, 프리미엄 자동차 등 기존의 강세였던 산업에서 여전히 수출 경쟁력을 유지하는 데 성공했다. 일본 자동차의 강세에도 불구하고 독일은 프리미엄 자동차 시장에서 한 번도 축소되지 않았다(The Economist, June 7, 2014, 59-60). 게리 헤리겔(Gary Herrigel)이 지적하듯이, 해외 생산 이전에도 불구하고 독일 기업들은 높은 기술력을 필요로 하는 고품질 생산에서의 리더십을 결코 포기하지 않았다(Herrigel 2015). 해외 생산에도 불구하고 독일은 성공적인 국내 산업 업그레이드에 성공했던 것이다(Sorge and Streeck 2016, 15).

4) 글로벌 생산 네트워크의 구성과 독일 본국의 생산 변화

생산과 금융의 세계화 과정에서도 독일이 국내 산업과 혁신 역량을 강화할 수 있었던 이유는 글로벌 차원에서 생산을 재조직화하는 과정에서 본국에 그 중심을 두었기 때문이다. 앞에서도 짧게 언급했지만 독일 기업들은 미국과 달리 생산을 글로벌 차원에서 재조직하는 과정에서 본국의 생산과 혁신 역량을 십분 이용하는 전략을 구사했다. 이것은 단순히 감정적인 애국심이나 민족주의라는 정치논리 때문이 아니라 미국과는 다른 새롭고 유효한 발전 방향을 찾을 수 있었기 때문에 가능했다. 이러한 새로운 발전 방향이 가능했던 이유는 기존의 다품종 고품질 정치경제 모델 때문이 아니라 반대로 기존의 생산방식에 엄청난 변혁을 가져왔기 때문이다. 그런데 이러한 변화는 다음 절에서 자세히 살펴보겠지만 국가나 어느 한 조직의 사전 계획에 의한 것이 아니라 다양한 이해관계자들 간의 상호 조정과 적응의 결과라고 할 수 있다. 이제 독일 기업들의 세계화 과정에서 다양한 이해관계자들의 정치적 과정을 살펴보기 이전에, 독일은 어떻게 글로벌 생산 네트워크를 구축하고 이에 맞추어 국내 생산체제를 재조직했는지를 살펴보기로 하자.

생산 세계화와 함께 기업들의 경쟁은 기존의 일국 차원의 생산 네트워크에서 글로벌 차원에서 재조직한 글로벌 네트워크들 간의 경쟁으로 변화했다. 이에 독일 기업들도 글로벌 소싱(global sourcing), 글로벌 제조, 글로벌 상품 프로그램, 그리고 글로벌 차원의 부품조달체계, 글로벌 교육과 인력을 새롭게 창출해야 했다. 무엇보다 기업들의 글로벌화 과정은 글로벌 네트워크의 조직 방식과 전략을 마련하고 해외 생산과 본국의 분업체계를 새롭게 조정해야 하는 것이었다. 이 과정에서 독일 기업들은 본국 생산지의 역할을 새롭게 정의해야 했다. 독일 기업들의 글로벌 네트워크 구축 과정에서 핵심 문제는 글로벌 차원에서 새로운 고품질 제품의 개발과 순환, 그리고 생산공정의 전환을 유연하고 믿을 수 있게 수행할 수 있는 역량을 어떻게 조직할 것인가이다. 그리고 글로벌 차원에서 효과적인 생산과 혁신을 조직하기 위한 거버넌스와 지원 체계를 어떻게 만들 것인가 하는 문제가 초미의 관심이 되었다. 이 문제에 대한 독일 기업들의 해법은 앞에서도 짧게 언급했지만 고품질 글로벌 생산 네트워크를 만드는 과정에서 그 중심을 독일 본국에 두는 것이었다.

독일 기업들의 글로벌 생산 네트워크에서는 본국 생산지의 중심성(home location centrality)이 두드러진다. 특히 미래 지향적 제품들의 개발과 생산, 그리고 전 지구적 시장을 위한 제품의 경우 독일 본국에서 개발과 생산을 진행하고 있다. 독일 기업들은 고품질 글로벌 생산 네트워크를 구축하기 위한 혁신 역량을 확보하기 위해 독일 본국의 혁신 역량을 강화하는 전략을 사용했던 것이다.

독일의 기업들이 본국에 고품질 글로벌 생산 네트워크의 중심성을 두는 이유는 무엇인가? 헤리겔, 울리히 보스캄프(Ulrich Voskamp), 그리고 볼케르 비트케(Volker Wittke) 같은 독일의 산업전문가들은 자신들의 오랜 연구와 최근의 독일 글로벌 생산 네트워크의 발전 과정에 대한 경험 분석을 한 후 독일 기업들이 본국에 중심을 둔 이유를 다음과 같이 설명한다(Herrigel, Voskamp and Wittke 2017).

독일 기업들이 본국에 중심을 두는 이유는 본국의 사회적 환경에서 자라고 축적된 생산 능력과 혁신 역량, 그리고 관련된 경험적 지식을 축적해 왔고, (본국에) 자신들의 원청회사들, 기계설비 제작자들,

그리고 부품소재 업체들이 가까이 있으며, 대학과 다른 뛰어난 행위자들과의 혁신적 환경에 잘 안착되어 있고, 마지막으로 후원적인 정치가 가깝게 존재하기 때문이다(Herrigel, Voskamp, and Wittke 2017, 230).

독일 기업들이 생산 세계화 과정에서 본국의 개발과 생산을 보다 강화한 이유는 본국의 생산과 혁신 생태계가 주는 이점 때문이라고 할 수 있다. 독일에는 연구 중심의 대학과 기술학교(polytechnics), 높은 수준의 엔지니어링 전공 대학 졸업자들의 풀(pools of highly qualified engineering graduates), 그리고 긴밀한 관계의 연구 기업들과 컨설팅회사들 사이에서 클러스터가 잘 발달되어 있다(Herrigel 2015, 143; Herrigel 2013, 2, 6-9). 그리고 무엇보다 제품의 혁신(pro-duktinnovation)이라는 차원에서 보면, 독일 본국에는 독일 기업들이 손쉽게 이용할 수 있는 산업공유재로 혁신과 생산과 관련된 경험적 지식이 집중되어 있고, 교육과 노동시장에서 높은 수준의 능력을 가진 인력이 풍부하며, 대부분의 기업들이 오랫동안 협력해 온 연구개발 파트너(entwicklungspartnern)와의 연계가 잘 발전되어 있고, 이과 관련된 정치적 네트워크도 존재하고, 제품의 개념과 테크놀로지 경향을 합의하고 기술을 전환할 수 있는 리더 원청회사들(lead firms)이 가까이 있다. 또한 생산 협력 팀과 후방의 연계가 가능하기 때문에 본국에서는 연구개발 단계에서 상상한 제품을 실제로 경제적으로 만들 수 있는지, 그 위험은 얼마나 되는지, 불필요한 비용은 절감할 수 있는지를 빠르고 손쉽게 평가할 수 있고, 생산 협력 팀과 함께 지속적인 혁신과 향상의 잠재성을 현실화할 수 있다. 이것은 지리적으로 가까이에서 생산 숙련 노동과의 협력적 관계를 바탕으로 한 실험이 가능하기 때문이다(Herrigel, Voskamp, and Wittke 2017, 230).

예를 들면, 독일의 한 부품업체(Auto Blech)가 글로벌 부품업체로 생산을 확장할 수 있었던 이유는 원청회사와의 관계였다. 이 부품업체는 원청회사의 혁신 파트너로서 긴밀한 개발 업무를 담당하는 동시에 원청회사가 나가 있는 해외 현지에서 현지 적응 모델에 맞게 부품을 생산해야 했기 때문에 원청회사를 따라 중국뿐만 아니라 미국의 디트로이트 같은 해외 현지에서 생산과 개발 업무을 확장했다. 그런데 이 부품업체는 비록 미국의 디트로이트에도 진출하여 생산과 연구개발의 전초기지를 구축했지만 여전히 근본적인 연구개발 능력은 독일 본국에 두고 있다. 해외의 여러 곳에 생산과 연구개발 기지를 두고 있으면서도 연구개발의 중심성은 여전히 독일에 있는 것이다. 글로벌 차원에서 생산될 부품의 기본 개념과 틀은 독일에서 만들어진다. 이를 위해 독일의 부품업체는 독일에 연구개발 센터를 설립하여 발전시키고 있다. 이 센터에는 약 300여 명의 연구원이 있는데, 여기서 제품 관련 개발의 전 영역, 즉 사전 구상과 재료 선택에서 프로토타입(Prototyping)과 검증(Testen)까지의 전 영역을 담당하고 있다. 원청회사와의 프로젝트는 바로 여기에 달려 있다. 해외 현지에서는 현지 적용과 응용을 담당하고 있지만, 본국의 연구개발 센터는 각국의 적응과 응용을 조정하고 도와주는 역할을 한다. 그래서 글로벌 생산 네트워크의 훌륭한 활용을 위한 독일 본국의 중심적 역할이 강화되고 있다. 실제로 중국에 투자한 연구개발 활동은 독일 본국의 연구센터와의 연계 속에서 응용되고 개발된다. 독일의 부품업체들에 따르면, 그렇지 않았던 경우는 시간이 많이 들고 비용도 많이 들어서 실패하는 경우가 대부분이었다고 한다(Herrigel, Voskamp, and Wittke 2017, 230-31).

한편 생산공정에서의 혁신(prozessinnovation)을 살펴보아도 독일 기업들은 본국의 중심성을 강화한다. 독일 기업들은 해외 생산공정을 혁신하기 위해 독일 본국에서 축적하고 배운 경험과 노하우를 해외로 확장한다. 처음에는 파일럿 시설(pilotanlagen)을 통해서, 그리고 이후에는 새로운 경험을 개발하고 탐색하기 위해서 독일 본국의 실험과 혁신을 해외로 확장하는 것이다. 예를 들면, 독일의 한 자동차 부품업체는 최근 회사 내부의 논의를 통해서 독일 본국에 '테크놀로지 센터(Technologiezentrum)'를 수립했다. 이 센터에서는 응용 연구뿐만 아니라 원청회사, 재료, 특히 철강소재 업체, 그리고 기계시설 업체들과 함께 긴밀한 협력 속에서 생산공정의 혁신도 추진했다. 제품의 응용 연구와 생산공정의 혁신은 독일의 많은 중소기업들에서 볼 수 있듯이 다른 주위 중소업체들(Mittelständlern)과 기술대학들(Fachhochschule), 그리고 지방정부가 후원하는 연구기관과 응용 센터들과의 공동체적 협력 관계를 통해서 추진된다. 물론 몇몇 회사는 의도적으로 기계 제작 능력이나 공장 설치 능력을 회사 내부에 가지는 경우도 없지는 않지만, 독일의 많은 중소기업들은 새로운 생산공정을 혁신하기 위한 새로운 기계 제작이나 공장 건설 능력이 부재하다. 이 경우 오랜 협력적 관계를 배경으로 다른 연관 회사들이나 외부 전문가들에 의존하는데, 독일의 풍부한 산업 혁신 생태계는 이를 잘 지원해 주고 있다(Herrigel, Voskamp, and Wittke 2017, 231-33).

또한 해외 현지에서의 경쟁의 격화와 다양한 요구에 적응하기 위한 방편으로 독일 기업들은 본국의 혁신 능력을 더욱 강화하고 있다. 해외 현지의 다양한 소비자 선호와 현지 규제에 적응하기 위해서 현지 생산의 다양한 엔지니어링 능력과 응용 개발 프로그램을 발전시킬수록 본국의 상품을 개발하고 효과적인 생산방식을 개발하는 것과 관련된 능력은 더욱 확장되는 경향을 보여주었다. 독일 기업들은 본국의 생산을 '리더 플랜트(lead plant)' 개념으로 재정의함으로써 해외 생산의 건설과 응용 혁신을 위해서 본국의 생산 혁신 역량을 축소한 것이 아니라 오히려 본국의 생산체제를 더욱 강화했던 것이다. 예를 들면, 독일의 한 전자 부품업체는 생산공정을 혁신하기 위해 많은 공정을 자동화했는데 이를 위한 기계 설비 능력을 내부에 보유하고 강화했다. 이유는 해외 생산에서 발생하는 문제를 해결하고 생산공정을 혁신적으로 변화시키기 위한 역량을 내부에서 발전시키려 했기 때문이다.

이렇게 글로벌 네트워크와 해외 생산을 혁신하기 위해 독일 본국의 생산 능력을 강화하는 것은 전자나 자동차 산업뿐만 아니라 기계 산업에서도 흔히 찾아볼 수 있다. 독일의 기계업체는 주로 국내에서 새로운 제품을 개발한 후 해외 생산지에 응용하여 적용한다. 본국에서 혁신 역량을 고양하는 것은 기업 내부의 능력에만 의존하지 않고 외부 전문가들과의 협력을 통해서 이루어진다. 독일 내에서 생산과 생산기술의 유지는 이러한 생산공정 혁신 역량을 고양하기 위한 방편이기도 하다. 본국의 혁신 센터는 해외 여러 곳의 생산기술 이전과 응용 개발을 책임지고 해외에서 실험한 여러 방법의 확산과 조정에도 관여한다. 이를 위해 독일 본국의 엔지니어와 기술자들은 해외 현지의 기술자들과 협력하고 해외 현지의 지역 인력들을 교육하기도 한다(Herrigel, Voskamp, and Wittke 2017, 233-34).

독일 기업들의 글로벌 네트워크에서 본국의 연구개발 및 생산 엔지니어링 팀은 다양한 수준에서 해외 현지 엔지니어링 및 생산 팀들과 협력하고 지원하고 있다. 해외 연구 디자인 제품을 개발하려는 노력이 늘어남에 따라 본국의 중앙 연구개발과 엔지니어링의 질적·양적 확장이 진행되었다. 예를 들면, 독일의 기계 산업과 자동차 산업의 회사들은 '지속적인 향상팀(Continuous Improvement Teams: CITs)'을 만들어 전 세계의 자기 기업들의 현지 생산을 지원하고 때로는 현지에서 수행한 새로운 실험을 토대로 도출한 보다 나은 해결책을 다른 지역의 생산에 적용하기도 한다(Herrigel 2015, 143; Herrigel 2013, 2, 6-9). 중국과 같은 해외에서 생산체제를 수립하는 것은 독일 기업들에서 국내 생산 능력을 축소하는 것이 아니라 반대로 국내 생산 역량을 유지하고 강화하는 것을 동반한다. 다만 독일 내 생산의 역할과 초점, 그리고 생산의 프로필에서 변화가 있다. 독일 본국은 해외 생산의 확장과 함께 국내 연구개발 역량 및 기본적 엔지니어링 역량을 강화하는 방향으로 전환했던 것이다. 독일 본국은 글로벌 해외 생산 네트워크를 위한 컨트롤타워 혹은 조정 중심지(steuerungsstandort) 역할을 한다. 독일의 자동차 구동장치 부품업체의 경영자는 최근 본국 생산의 변화를 다음과 같이 간결하게 언급하고 있다.

우리는 비록 여기에서 물건을 생산하고 있지만, 우리는 독일에서 엔지니어링 역량을 구축할 것이다. 우리는 보다 많은 플랫폼을 개발할 것이다. 만약 해외 생산지에서 플랫폼을 적용하려면 우리는 보다 많은 테스트를 해야 할 것이다. 왜냐하면 타임 테스트는 증명을 필요로 하기 때문이다. 우리는 여기 본국에서 모든 것을 만들어야 한다. 확실히 그렇다(Herrigel, Voskamp, and Wittke 2017, 235에서 재인용).

독일 본국에서 전통적인 생산은 확실히 줄어들었지만 여전히 독일 기업들은 생산을 유지하고 있다. 고비용에도 불구하고 독일에서 생산을 유지하는 이유는 유럽 시장을 위한 생산이 필요하기 때문이기도 하지만, 보다 중요한 이유는 새로운 생산체제하에서 제품과 생산공정을 혁신하기 위해서는 독일 본국의 생산이 남아 있어야 하기 때문이다. 독일에서 실험하고 개발된 혁신은 글로벌 생산과 관련된 활동, 특히 중국 시장에서의 성장을 뒷받침하기 위한 역할을 하고 있다. 무엇보다 독일의 생산은 혁신을 이끌기 위한 추진체와 조정 역할을 한다. 그래서 독일 본국에서의 생산이 제품을 개발하고 생산공정을 혁신하기 위해서 업그레이드되면서 여전히 남아 있는 것이다(Herrigel, Voskamp, and Wittke 2017, 235).

한 철도 구동장치 업체의 경영자는 왜 글로벌화할수록 독일 본국에서 기업 활동을 강화하는지를 다음과 같이 설명하고 있다. "나는 이런 노하우 우위를 유럽에서 확실히 유지해야 한다고 본다. 그래야 항상 중국에 그것을 적용할 수 있다. 여기는 그것을 위한 알맞은 환경을 가지고 있다. 높은 기술의 인력, 관련된 혁신 역량과 함께 일할 수 있다. 그리고 여기는 예상하지 못한 지적 소유 이전에 대항해 회사의 지적 소유를 보호할 수 있다. 중국에서 나는 그렇게 할 수 없다.

누구와 그렇게 하겠나?" 또한 그는 독일의 혁신적 생산공정 운영과 노동조직을 위해 본국의 고유한 생산은 커다란 의미가 있다고 강조한다. 그는 "이 (본국의) 공장은 전체의 새로운 생산 시스템을 이해하기 위해서, 그리고 협력적 팀을 유지하기 위해서 나에게는 어마어마하게 중요하다."라고 강조하고 있다(Herrigel, Voskamp, and Wittke 2017, 235에서 재인용).

독일 기업들은 글로벌 생산 차원에서 제품과 생산공정을 혁신하기 위한 조정과 역량 축적의 본거지로 독일 본국의 생산지 역량을 강화하고 있다. 전체 글로벌 네트워크의 관점에서 독일 생산지의 기능과 과제를 새롭게 재정의함으로서 독일 기업들은 국내 생산과 혁신 역량을 강화했던 것이다. 그래서 앞에서 언급했듯이, 독일의 경우는 해외 생산을 확장하는 과정에서 독일 내부의 생산 프로필이 변화했던 것이다. 전통적인 생산 관련 인력이 상대적으로 축소되었고 반대로 독일 생산지의 전략적 의미가 변화함에 따라 연구와 기술 인력이 강화되었다.

실제 통계를 보면, 독일의 자동차 산업, 기계 산업, 그리고 전자·기계와 부품 산업 분야에서 엔지니어와 기술자들(technicians)들에 대한 수요가 크게 증가했다(Alphametrics and Ismeri Europa 2009, 56). 자동차 산업을 예로 들면, 직접 생산에 결부된 노동은 2007년 이후 다소 일정하게 유지된 반면 연구와 연관된 고용(research related employment)은 극적으로 크게 증가했다. 자동차 회사와 부품업체들은 이제 독일의 연구개발 비용에서 약 3분의 1을 담당하고 있다. 2012년 독일의 자동차협회(VDA)의 보고에 따르면, 약 89,000명이 연구개발에 종사하고 있다. 이는 2007년에 비해 약 2,000명 이상이 증가한 것이다. 결국 독일의 해외 현지 생산의 증가와 해외 현지에서의 개발과 엔지니어 능력의 향상은 독일 본국의 생산이나 개발 능력의 상실이나 대체로 귀결되지 않았다(Herrigel 2015, 143-44). 독일의 경우 해외 생산이 증가함에 따라 본국에서는 높은 기술을 요하는 생산이 중요하게 되었다. 제조업 인력들은 새로운 임무를 해결하기 위한 문제해결 능력을 향상시키기 위해 새로운 훈련을 받아들여야 했다. 그리고 본국에서 연구개발을 증가시킴으로써 본국에서 프로토타입, 작은 단위 생산(small batch), 생산 전환 능력(quick turn-around manufacturing capabilities)의 필요성이 증대되었다(Herrigel 2015, 144).

독일 기업들은 생산 세계화에도 불구하고 미국과 달리 본국의 생산과 혁신 역량을 더욱 강화했다. 그 이유는 글로벌 생산 네트워크에서 요구되는 혁신과 조정 능력이 필요했고 이를 맞추기 위해서는 국내 생산과 혁신 생태계를 더욱 향상시켜야 했기 때문이었다. 그래서 독일 기업들은 생산 세계화에 따라 국내 산업이 공동화되기보다 오히려 국내 혁신 능력을 강화했고 국내 혁신 능력의 강화가 본국 생산의 중심성을 더욱 증가시키는 선순환 구조를 만드는 경향이 있었다.

선순환 구조는 특히 국내 부품조달체계와 기업 간 관계에서 잘 나타난다. 독일 기업들이 해외로 진출할수록 본국 출신의 부품 협력업체들에 대한 지원이 더욱 요구되었다. 1990년대 경쟁의 격화로 제품의 주기가 짧아지고 다양한 수요에 맞추기 위한 풍부한 기술 능력에 대한 필요성이 높아짐에 따라 새로운 능력을 갖춘 부품업체들과의 협력이 더욱 필요해졌던 것이다. 이 과정에서 독일 부품업체의 노동자들은 본국에서 원청회사 노동자들과 새로운 제품을 개발하는데 함께 참여한다. 본국에서 축적되어 온 원청회사와 부품업체 간의 긴밀한 협력 관계는 기업들의 해외 확장 과정에서 더욱 필요해졌다. 이러한 필요에 따라 동유럽의 부품업체보다 독일 본국의 부품업체가 더욱 이점을 가지게 되었다. 본국 원청회사들의 긴밀한 협력 요청은 독일 본국의 부품업체에 유리하게 작용했다. 왜냐하면 동유럽의 부품업체들이 낮은 임금에 있어서는 유리하지만 장거리에 따른 협력의 문제, 잠재적으로 배달이 지연될 위험, 소통의 어려움(mis-communication), 그리고 추가적 비용 등에 있어서는 불리하기 때문이다. 반면 독일의 부품업체들은 고용주 단체에서 벗어난 임금협상이라는 새로운 조정을 통해서 비록 노동시장의 이중성 문제를 유발하기도 했지만 자체 비용을 줄이고 기존의 협력적 관계와 유연한 대응 능력, 그리고 높은 기술 수준을 바탕으로 경쟁력을 높일 수 있었다. 독일의 부품업체들이 이렇게 경쟁력을 높일 수 있었던 것은 독일의 중소 부품업체들을 둘러싼 풍부한 산업공유재와 혁신 생태계 덕분이기도 했다(Herrigel 2015, 145). 그래서 독일 기업들은 해외 생산에도 불구하고 국내 생산과 혁신 생태계를 향상시키는 데 이해관계를 가지고 있었던 것이다.

3. 정치적 과정: 집단적 협의와 조정

생산과 금융의 세계화에도 불구하고 독일은 미국과 달리 국내 생산이 공동화되지 않고 오히려 혁신과 생산 능력이 더욱 향상되었다.

독일 기업들은 해외 생산을 늘리는 와중에도 국내 생산과 혁신 역량을 강화했던 것이다. 이들이 국내 생산을 업그레이드한 이유는 단순히 감성적 민족주의나 애국주의 때문이 아니다. 이들은 해외 생산을 확장하는 과정에서 글로벌 차원의 경쟁과 도전에 효과적으로 적응하기 위해 본국에서 축적한 혁신 능력과 협력적 기업 관계를 더욱 발전시킬 필요성을 느꼈다. 해외 현지에서 요구되는 높은 기술력과 현지 응용 능력, 그리고 경쟁의 격화에 따라 다양한 해외 현지에서 실험한 방식들의 시험과 확산을 위한 조정 및 관리 능력 등이 요구되었는데, 이러한 글로벌 네트워크의 필요에 따라 독일 기업들은 본국의 생산과 혁신 생태계를 적극 활용하고자 했던 것이다.

그런데 주목할 만한 사실은, 세계화 과정에서 미국과 구별되는 독일의 적응 방식이 중앙정부나 한 집단의 사전 계획에 의한 것이 아니라 산업협회, 노동조합, 직장평의회, 투자전문가 등 여러 이해관계자들 간의 상호 조정과 적응의 결과였다는 점이다. 특히 사회적 협의를 통한 적응 과정을 거쳤다는 점은 다른 나라와 독일의 두드러진 차이라고 할 수 있다. 신자유주의적 금융화와 세계화에도 불구하고 독일은 구체적인 실행 과정에서 여러 층위의 다양한 이해당사자들 간의 상호 투쟁과 조정, 그리고 합의 모색을 통해 미국의 주주가치 우선주의와는 상이한 발전 방식을 보여주었다. 다시 말해 독일도 미국과 같이 금융화와 세계화라는 유사한 상황에 처했지만 미국이 금융자본의 일방적인 결정에 기초하여 주주가치 우선주의 방향으로 나아갔다면, 독일은 이와 달리 집단적 협의를 통해 주주가치 우선주의의 일방적 주장을 약화시키고 오히려 이해관계자들의 사회적 협의를 통한 해외 생산과 국내 생산의 조정, 그리고 국내 산업 혁신 생태계의 업그레이드를 이끌어 냈던 것이다.

이 절에서는 생산과 금융의 세계화 과정에서 이해관계자들의 정치적 과정으로 먼저 독일의 혁신 생태계와 국가의 역할을 살펴본 뒤 독일 기업들(interfirm) 간의 갈등의 조정, 기업지배구조와 생산의 조직화를 둘러싼 노사 간의 갈등과 조정의 정치를 살펴볼 것이다.

1) 혁신 생태계와 국가의 역할

여기에서는 독일의 혁신 생태계와 이를 지원하는 국가의 역할에 주목하고자 한다. 많은 학자들은 기계 산업, 나아가 독일의 주요 제조업 산업에서 산업공유재의 확장 및 이를 바탕으로 한 국내 산업의 업그레이드가 가능했던 이유를 국가의 다양한 지원책 때문이라고 주장한다. 그러나 여기서 주의해야 할 점은 독일의 국가가 동아시아 발전주의 국가와 영미식 자유주의 국가와 구별된다는 것이다.

독일과 같은 유럽의 사회 조정적 코포라티즘 국가들에서 국가의 역할은 한국, 일본과 같이 국가 주도로 발전을 하는 발전주의 국가의 역할과는 다르다. 독일의 연방정부는 동아시아 발전주의 국가와 같이 전략적·선택적 산업정책을 통한 산업 육성에 직접적으로 개입하기보다는 간접적인 수평적 산업정책으로 산업생태계의 발전을 지원하는 편이다. 이런 점에서 독일의 국가는 훨씬 자유주의적이고 중립적인 국가에 가깝다고 할 수 있다. 그러나 독일의 국가는 미국처럼 모든 사적 행위자들에게 중립적인 비개입주의적 자세를 취하기보다는 산업을 지원하는 체제를 갖추고 있다. 예를 들면, 미국의 혁신 체제는 시장행위자들에 중립적인 국방 관련 연구나 모든 시민에게 유익한 보편 지식으로서 순수연구에 집중한다. 그러나 독일 국가의 경우는 산업에 연관된 응용연구(application-oriented research)와 산업 관련 환경을 간접적으로 지원하는 경향이 있다.

동아시아 발전주의 국가들에서 정부의 역할은 우선 산업 발전의 목표를 구체적으로 설정하고 그에 맞추어 각종 선택적 지원 제도와 인센티브를 제공하는 것이었다. 이에 비해 독일과 같은 사회 조정적 코포라티즘에서는 정부의 재정 및 제도적 지원이 있기는 하지만 정부가 중앙에서 주도적으로 다양한 행위자를 통제하고 조정하지는 않는다(Belzer and Hilbert 1996; Hirsch-Kreinsen 1994; Rose 1995). 사회 조정적 코포라티즘에서 정부의 역할은 사적 경제 주체들이 협상하고 협력할 수 있는 자율적 조정 체계를 구축할 수 있도록 간접적으로 지원하는 것이다. 즉, 코포라티즘 정부는 기업들과 연구기관들이 자율적으로 협력적 네트워크를 구축할 수 있도록 산업생태계를 만드는 데 주력한다. 이를 위한 여러 제도적 장치를 마련한다. 그리고 독일과 같은 사회 조정적 체제에서 국가는 동아시아 국가 주도 발전국가들의 정부에서 주로 하는 선택적 산업정책과 보조금보다는 산업생태계를 조성하기 위한 간접적 지원을 주로 한다. 다시 말해 정부는 사적 행위자들의 자발적 참여와 협력을 위한 사회적 조정이 등장할 수 있도록 간접적으로 도와주는 역할에 주력한다.

예를 들면, 독일의 경우 연방정부뿐만 아니라 주(Land)정부 및 지방정부에서 다양한 수준의 정책으로 연구개발을 지원한다. 특히 1992년부터 독일 정부는 기술 대학이나 응용과학 대학들이 중소기업과 협력하여 연구개발 능력을 강화하는 컨소시엄에 참여하도록 적극적으로 지원하는 편이다. 정부는 연구기관과 중소기업들 간의 협력의 장을 마련하고 제도적으로 장려한다. 여기에서는 독일의 혁신 생태계를 둘러싼 국가의 간접적 후원 방식을 간략히 살펴볼 것이다.

독일의 연구 지원은 기본적으로 연방정부와 16개 주정부의 임무이다. 연방정부는 주로 전국적 차원의 연구센터들에서 사회 전체에 영향을 미치는 연구나 혹은 연구 주제가 너무 커서 주정부가 지원하기 어려운 주제를 지원한다. 독일에서 연방정부와 주정부가 재정을 지원하는 방식은 크게 두 가지인데, 제도적 지원(institutional funding)과 프로젝트 지원(project funding)을 들 수 있다.[3] 독일의 주요 대학은 주로 주정부의 지원을 받는데, 이들은 기본적으로 제도적 지원에 의존하는 경향이 있다. 그러나 최근에는 많은 대학들이 프로젝트 지원을 받는 비율을 증가시키는 경향이 있다(Frietsch and Kroll 2008, 2-3).

독일에서 연구개발을 위한 후원은 정부와 사적 기관들의 협력적 체제를 통해 마련된 펀딩을 통해 이루어지고 있다. 연방과 주정부에서 과학 연구 펀딩에 관여하는 부처는 주로 연구와 교육 부처(주정부 차원에서는 종종 문화부), 그리고 경제와 노동 부처이다. 그리고 유럽 차원에서 유럽위원회(European Commission)도 주요한 펀딩 기구이다. 정부 펀딩에 더하여 독일에는 많은 사적 연구재단(foundations)이 있다. 대표적으로는 독일과학재단(the Stifterverband für die deut-

---

3 제도적 지원은 연구기관들에 대한 장기간의 기본적 유지 비용을 담당하는 것이고, 프로젝트 지원은 특정한 프로그램과 정책에 기초하여 개별 프로젝트에 지원하는 것이다. 제도적 지원은 적게는 30%에서 많게는 100%를 지원하기도 한다. 예를 들면, 프라운호퍼 연구소는 2008년 현재 공적 제도적 지원이 프라운호퍼 재정의 약 40%를 담당한다.

sche Wissenschaft)이 매년 약 1.50억 유로의 예산을 가진 가장 큰 기금이고, 이외에도 폭스바겐 재단(Volkswagen Foundation), 티센 재단(Thyssen Foundation), 보쉬 재단(Robert Bosch Foundation), 그리고 산업연구재단(Stiftung Industrie-forschung) 등이 있다. 그리고 최근에는 프로젝트 펀딩이 증가함에 따라 정부 부처와 연구기관을 연계하고 프로젝트와 프로그램을 관리하는 중간조직으로 '프로젝트 트레거(Projektträger)'라는 프로젝트 관리기구가 등장했다. 그리고 펀딩의 중간 매개 기구들 중에는 '독일연구기금(Germany Research Foundation, DFG)', "산업협력연구협회 독일총연맹(German Federation of Industrial Cooperative Research Associations, AiF/IGF)' 등이 있다. DFG는 연방과 주정부의 기금에 의존하지만, AiF/IGF는 연방 정부와 산업계의 지원에 기초한다(Frietsch and Kroll 2008, 3-4).

한편 연구 후원 조직들과 함께 실질적인 연구를 하는 기관으로는 막스 플랑크 연구소(Max Planck Society, MPG), 프라운호퍼 연구소, 라이프니츠 연구소(Leibniz Association, WGL), 그리고 헬름홀츠 연구소(Helmholtz Assocation, HGF) 등이 가장 유명하다. 약 80여 개의 연구기관을 보유하고 있는 막스 플랑크 연구소와 헬름홀츠 연구소는 기초과학 분야를 담당하고 있다. 막스 플랑크 연구소는 기초 학문 연구에 초점을 두고, 헬름홀츠 연구소는 주제별 과학과 거대 사업의 연구시설을 제공한다. 이에 비해 프라운호퍼 연구소는 응용과학과 개발(applied science and development)을 주요 업무로 하고 있다. 한편 라이프니츠 연구소는 다소 다른 임무를 수행하는데, 이 연구소의 기관들은 장기 연구에서 다른 연구기관들을 위한 서비스를 담당하고 있다. 이러한 명확한 노동분업과 공사 기관들의 협력이 독일 혁신 체제의 강점이라고 할 수 있다(Hoffmann 2018; Frietsch and Kroll 2008, 3-4).

　무엇보다 독일 혁신 체제의 강점은 정부 후원 연구소들과 산업계 간의 긴밀한 협력을 통한 혁신 생태계의 육성이다. 독일 정부는 일본이나 동아시아 국가들처럼 직접적인 산업정책을 사용하기 보다는 기업체들이 혁신 역량을 고양할 수 있는 혁신 생태계를 육성하는 것을 목표로 정책을 활용한다. 독일의 혁신 정책에서 두드러진 점은 우선 중소 규모의 기업들(Mittelstand)에 초점을 두고 있다는 것이다. 물론 대기업과 다국적 기업들이 독일 혁신의 가장 큰 추동자(drivers of the German innovation system)이다. 그러나 정부의 방향은 최첨단 분야의 연구에 집중하는 것과 함께 혁신의 상업화 측면에서 중소기업들의 혁신 역량을 강화하는 데 초점을 두고 있다(Frietsch and Kroll 2008, 5). 그리고 독일 연방정부와 주정부의 중소기업 지원 방법은 혁신 생태계를 위한 클러스터 접근법(cluster approaches)과 산학 협동(university-industry collaborations)의 활성화이다.

　최근 독일 연방정부는 전반적인 방향을 새롭게 정립하는 '하이테크 전략(High-Tech Strategy: HTS)'을 추진하고 있다. HTS의 기본 방향은 공적 연구 혁신 정책들을 조정하여 보다 체계적으로 혁신 역량을 고양하는 것이다. HTS 전략하에서 독일은 혁신 체제를 위한 조건을 검토하여 국제 경쟁력을 높이고자 한다. HTS는 완전히 새로운 프로그램이 아니라 기존의 혁신 산업정책들을 최대한 이용하고 보완하여 혁신 역량을 강화하기 위해 만든 프로그램이다. 구체적 목표는 첫째로 연구에 들어가는 공적 투자를 증가시키는 것이다. 단기적으로는 연구 예산을 GDP의 3%로 끌어올리는 것을 목표로 한다. HTS

는 2006년에서 2009년 사이 연구예산으로 약 150억 유로를 할당했다. 이는 독일의 공적 연구예산의 약 20~25% 정도이다. HTS는 공적 연구예산에서 상대적으로 적은 부분을 차지하고 있지만 기존의 연구정책 수단을 최대한 이용하고 보완함으로써 연구 역량을 높이려고 한다. 두 번째 목표는 학계와 산업 간의 연계와 협력을 강화하는 것, 그리고 연구의 응용과 상업화에 초점을 두는 것이다. 독일 정부는 한편으로는 혁신적인 중소기업들을 지원하는 것에, 그리고 다른 한편으로는 최첨단 기술 분야를 발전시키는 프로젝트에 초점을 맞추려고 한다. 이것은 과거처럼 넓은 분야에 얇은 지원을 하는 것이 아니라 선택과 집중을 통해 특정 분야에 연구를 집중시키는 전략이다(Frietsch and Kroll 2008, 5-7).

독일 정부의 HTS 전략은 선택과 집중을 통해서 핵심 산업에서 혁신 생태계를 강화하기 위한 것이다. 독일 정부는 첨단 분야에서 혁신 생태계를 조성하기 위해 하이테크 중소기업들과 스타트업들에 대한 지원에 초점을 두고 있다. 특히 최첨단 분야(바이오, 나노기술, ICT, 생산기술, 에너지 효율 기술, 광학기술)에서 활동하는 중소기업들과 스타트업들에 대해서 선별적 혜택을 부여하고 있다. 연구기관과 기업들, 그리고 기업체들 간의 협력 프로젝트에도 지원을 더욱 강화하고 있다.

연방정부 경제부서(Federal Ministry of Economic Affairs, BMWi)는 유망한 기술 분야의 중소기업을 지원하는 데 초점을 둔다. BMWi는 여러 가지 프로그램을 통해서 과학 분야에서 새로운 스타트업과 스핀오프를 조장한다. 그리고 법 개정을 통해서 스타트업 최소 자본의 기준을 1만 유로로 낮추었다. 2008년 7월부터는 중소기업 지원

프로그램을 '중앙혁신프로그램(Mittelstand, ZIM)'으로 통합하여 기존의 개별 기업 지원 연구 프로젝트에서 기업체들 간, 그리고 기업과 연구기관 간에 협력적 프로젝트와 네트워크를 강화하는 방향으로 전환했다. 그리고 혁신적 중소기업들을 지원하기 위해 선별적 혜택의 하나로 이자율에 기초한 대부 지원도 진행했다. 그리고 재건대부업체(Reconstruction Loan Corporation, KfW)는 유망 혁신 기업체들에 매칭펀드를 제공한다(Frietsch and Kroll 2008, 10-12).

또한 독일 혁신 체제에서 주목할 만한 것은 정부가 시민사회의 다양한 단체와 협회들에 의한 혁신 생태계를 육성하기 위해 개입한다는 점이다. 단적으로 독일에서 중소기업들의 혁신 역량을 강화하는 지원 프로그램으로는 정부가 진행하는 것 이외에도 많은 사적 조직들이 진행하는 프로그램이 존재한다. 예를 들면, Aif/IGF에서 주는 산업협력 연구펀드(industrial joint research funds), 교육부(BMBF)와 Aif/IGF가 특별히 기술전문학교와 기업 간 연계를 강화하기 위해 만든 프로그램인 FHprofUnd, Aif/IGF의 연구 보너스(the Research Bonus), 최고클러스터 경쟁펀드(Spitzenclusterwettbewerb), 혁신업체 지역펀드(the innovationsinitiative unternehmen region), 네트워크 관리 프로그램(Network Management East, NEMO), 혁신 네트워크 프로그램(the program InnoNet), 그리고 경제부(BMWi)의 '연구협력' 육성 프로그램(the BMWi promotional like 'Forschungskooperative') 등이 있다(Frietsch and Kroll 2008, 13).

그런데 독일의 혁신 연구 체제의 가장 큰 특징은 사적 기업들, 사회단체와 협회, 대학, 그리고 정부의 연구소들 간에 긴밀한 협력 체제를 구성하고 있다는 것이다. 특히 앞에서 언급했듯이 미국과 영국이 배우고자 했던 독일의 혁신 체제는 흔히 '프라운호퍼 연구소 모델'이라고 불리는데, 이것의 특징은 프라운호퍼 연구기관들이 응용과학 연구 차원에서 사적 연구기업들과 협력적 네트워크를 구성함으로써 혁신 생태계를 강화하는 것이다. 프라운호퍼 연구소는 공적 기업이나 사적 기업체에 직접적으로 사용되는 응용연구를 주로 한다. 프라운호퍼 연구소의 주요 역할은 대학과 산업 간의 차이를 메우는 것이다(Jewell 2017, 1; Hoffmann 2018). 이러한 프라운호퍼 연구소 모델은 구체적으로 어떤 것이고 어떻게 활동하고 있는가?

2017년 현재 프라운호퍼 연구소는 독일 전역에 걸쳐 약 72개의 연구기관과 조직(institutes and research units)으로 구성되어 있다. 연구소는 총 25,327명의 인력(staffs)을 고용하고 있는데, 이는 2013년 23,236명에 비해 4년 사이 약 2,000명이 증가한 것이다. 과학자들의 수도 2013년 8,837명에서 2017년 9,792명으로 증가했다. 프라운호퍼 연구소의 자금 중 약 30%는 독일 연방정부와 주정부의 후원에 기초한다. 그리고 약 70%는 산업체들과의 계약과 공공연구소 프로젝트로부터 충당된다. 2017년 현재 프라운호퍼 연구소의 연구비 예산은 약 21억 유로이다(Hoffmann 2018; Jewell 2017, 2).

프라운호퍼 연구소는 산업체와의 협력을 통해 혁신 생태계를 강화하기 위해 주로 중소기업들과 협력 프로젝트를 수행한다. 예를 들면, 중소기업과의 협력사업으로 '무지방 소시지(fat-free sausages)'를 개발하기 위해 바바리안 도축업자(Bavarian butcher)와의 협력 프로젝트를 수행한다. 대기업의 경우는 예를 들어 자동차나 소비자 전자업체와의 협력 프로젝트를 수행한다. 그러나 프라운호퍼 연구소의 파트너 대부분(약 60%)은 중소기업체이다(Jewell 2017, 2).

프라운호퍼 연구소는 어떻게 혁신적 생태계를 강화하고 있는가? 프라운호퍼 연구소의 중심 역할은 개발과 연구에서 나온 새로운 테크놀로지를 산업에 이전하고 혁신 생태계를 발전시키는 것이다. 이를 위해 프라운호퍼 연구소는 산업체와 현재 약 1만 개의 프로젝트를 진행 중이다. 프라운호퍼 연구소는 구체적 산업 관련 프로젝트를 수행하여 연구 결과를 산업체에 직접 제공한다. 산업체를 지원하는 또 다른 방법은 특허와 라이센싱(patenting and technology licensing)을 통해서 이루어진다. 세 번째는 연구소의 연구 단위의 스핀오프를 이용하는 것이다. 그리고 매년 약 900명의 과학자들이 프라운호퍼 연구소를 떠나 산업체로 가는 것에서 볼 수 있듯이, 프라운호퍼 연구소는 산업체들이 필요로 하는 인력을 제공하고 있다(Jewell 2017, 5).

한편 프라운호퍼 연구소는 학계와 강한 연계를 가지고 있다. 이는 산업계와 대학 양자를 서로 보강하는 '크로스-퍼틸라이징(cross-fertilization)' 효과를 가진다. 프라운호퍼 연구소는 주로 대학 교수와 연구진으로 구성되는데, 대학의 입장에서는 기본 연구에 쉽게 접근할 수 있을 뿐만 아니라 현실 산업계의 요구에 적응할 수 있는 역량을 향상시킬 수 있다. 반면 연구소 측에서는 젊은 과학자들과 학생들, 인턴을 쉽게 충원할 수 있는 이점이 있다. 산업계의 측면에서는 기업들이 일일이 다룰 수 없는 첨단연구를 연구소를 통해서 접근하고 이용할 수 있다. 프라운호퍼 연구소는 학계와의 강한 연계와 연방정부의 안정적 재정 지원을 토대로 하며, 자율적인 장기적 전망을 바탕으로 산업계에서는 아직 관심사로 떠오르지 않는 분야에 대한 기술 연구를 수행하고 있다.

다른 한편 프라운호퍼 연구소는 대학과 산업을 직접 연계하는 효과를 가지고 있다. 산업에 연계된 프로젝트(industry-oriented projects)를 수행할 때 연구소와 대학은 서로 협력한다. 이를 통해 학교 측에서는 인턴과 학생들에게 현실 문제에 접근할 수 있는 기회를 제공함으로써 현장의 관심과 요구를 교육에 통합할 수 있다. 그리고 기업체의 입장에서는 첨단연구에 대한 접근과 함께 뛰어난 인재들의 충원이 손쉽게 가능하다. 프라운호퍼 연구소는 박사급 학생의 훈련과 스타트업 기업에 대한 후원을 통해서 혁신 생태계를 제공한다. 이러한 중소기업은 프라운호퍼 인큐베이션 체계의 중요한 부분이다. 이 과정에서 프라운호퍼 연구소의 연구원들은 자신들의 연구 결과가 산업에 적용되거나 상업화될 수 있도록 의식적으로 노력한다(Jewell 2017, 2-3; Hoffmann 2018).

결국 독일 기업들은 해외 생산의 확장에도 불구하고 글로벌 차원에서 혁신 경쟁력을 강화하기 위해서 오히려 본국의 혁신 역량을 강화하는 방향으로 나아갔다. 미국과 달리 독일 기업들이 해외 생산을 강화한 것과 함께 본국의 혁신 역량을 강화한 것은 연방정부와 주정부의 후원, 그리고 프라운호퍼 연구소와 많은 산학협회들이 보여주는 산학연 연계를 통한 협력적 네트워크를 통해서 가능했다. 이러한 연계와 네트워크는 독일 기업들의 글로벌 전략에 기여하고 있다. 물론 이러한 국내 혁신 생태계의 업그레이드를 통한 글로벌 전략은 국가를 위시한 많은 이해관계자들의 적극적인 관여와 조정이 있었기 때문에 가능했다. 다음에서는 사회적 조정의 정치를 구체적으로 살펴보기로 한다.

2) 기업체들 간의 갈등과 협력

여기에서는 1990년대 이후 생산과 금융의 세계화 과정에서 독일 기업들이 실제로 어떻게 기업 간 관계를 재조직했는지를 살펴볼 것이다. 단순히 정부와 연구소들의 존재만으로는 아웃소싱과 오프쇼어링에 따른 새로운 도전에 대한 적응을 이해하기가 어렵다. 세계화 과정에서 독일 기업들의 적응은 갈등의 부재를 의미하는 것이 아니라 서로 상이한 입장과 집단 간의 투쟁과 집단적 갈등의 조정 과정을 의미했다. 독일의 새로운 발전 방식은 이러한 기업들 간의 상호 갈등과 조정이라는 정치 과정의 산물이라고 할 수 있다. 다음에서 노사관계를 둘러싼 정치를 살펴보기 이전에 여기에서는 독일의 핵심 산업인 자동차와 기계 산업에서 기업 간 관계의 정치를 먼저 살펴볼 것이다. 두 가지 차원, 즉 수직적 차원에서 원청회사와 중소 부품업체들 간의 관계와 수평적 차원에서 중소기업들 간의 관계를 통해 기업 간 관계를 살펴볼 것이다.

1990년대 이후 아웃소싱과 오프쇼어링이라는 생산체제의 변환 과정에서 독일 기업들이 미국 기업들과 구별되는 점은 보다 협력적인 관계를 발전시켰다는 것이다. 미국의 원청회사와 중소 부품업체들은 주로 자유시장적 관계에 기초하여 거래했다(Kwon 2004, chap. 2) 그리고 전통적인 국내 부품조달체계가 부서지고 글로벌 차원의 생산체계가 새롭게 정립되는 과정에서 국내 부품업체들이 파산하거나 독자적으로 해외로 진출함으로써 국내 산업생태계에 많은 공백을 유발했다. 반면 독일의 경우는 원청회사들의 해외 생산의 확장에도 불구하고 국내 중소 부품업체들은 새롭게 정의된 협력적 관계를 발전시키고 국내 혁신 생태계를 더욱 강화하는 방향으로 발전했다 (Kwon 2012). 이러한 과정은 결코 순탄하지 않았다. 이는 독일의 원청회사와 부품업체들 사이의 심각한 투쟁과 저항, 그리고 집단적 조정의 과정이었다.

우선 주목할 만한 사실은 앞에서 이미 살펴보았듯이 독일의 핵심 산업이 기업들의 해외 생산에도 불구하고 협력적 네트워크를 구축함으로써 국내 혁신 역량을 더욱 고양했다는 것이다. 예를 들면, 1990년대 이후 독일의 자동차 산업은 해외 생산의 확장 과정에서도 높은 혁신의 동학을 보여주었다. 일련의 자동차 제품의 혁신, 자동차 모델의 확장, 연구개발의 전반적인 확장에서 독일 기업들은 단연 독보적인 성과를 보여주었던 것이다(Blöcker 2001, 22ff; Jürgens and Meissner 2005, 19ff; Wymann 2012, 22ff).

아우디(Audi), 비엠더블유(BMW), 메르세데스(Mercedes)는 1990년대 초에 모델이 겨우 7~8개에 불과했다. 하지만 이후 모델을 급격히 확장하여 3배나 증가했다(Wymann 2012, 18f). 독일의 자동차 회사들은 단순히 소비자들의 새로운 요구뿐만 아니라 환경 친화적인 규제와 요구, 그리고 에너지 효율성 향상의 요구 등 새로운 도전에 적응해야 했다. 그리고 경쟁이 격화되면서 단순히 고급 상품의 틈새 시장(niche market)에 안주할 수 없었으며 가격 경쟁에도 적응해야 했다. 예를 들면, 이전에는 단순히 환경 친화적 요구나 규제에 기초해서 전기 자동차와 하이브리드 자동차를 개발했지만 무게에 따라 에너지 소비가 증가하기 때문에 경량화를 위해서 새로운 재료와 디자인 등에서 혁신할 필요가 있었다.

독일 기업들이 이러한 도전과 요구에 직면해도 성공할 수 있었던 이유는 우선 독일의 자동차 회사들이 생산 세계화 과정에서도 단기 수익을 추구하여 비용 절감에만 초점을 맞추기보다는 독일 내부의 혁신 역량을 강화하기 위해서 막대한 연구개발 투자를 했기 때문이다. 독일의 자동차 산업(Kfz-Industrie)은 1990년대 중반에서 2000년까지 연구개발 지출을 거의 2배(99%)나 확대했다. 그리고 2000년에서 2013년 사이 독일 자동차 산업의 연구개발 지출은 약 35% 증가했다(VDA-Jahresberichte 2001; 2013; Kalkowski and Mickler 2015, 93-94).

둘째로 독일의 자동차 회사들은 혁신하기 위해서 중소 부품업체들과 긴밀한 협력적 관계를 발전시켰다. 글로벌 경쟁의 새로운 도전에 대응하기 위해서 자체 연구개발비를 증가시키는 데 그친 것이 아니라 아웃소싱을 통해서 자동차 부품업체들의 역량과 기술력을 최대한 이용하고자 했다. 1990년대 이후 생산뿐만 아니라 연구개발도 자동차 부품업체들에 이전시키면서 주로 아웃소싱했다. 자동차 회사들과 부품업체들은 연구개발의 초기 단계부터 서로 협력하여 제품과 생산 과정의 혁신과 경제성을 높이고자 했다. 그리고 다른 한편으로 독일의 자동차 회사들은 글로벌 생산 네트워크를 이용하기 위해서 해외로 생산기지를 이전했다. 단순히 국내만이 아니라 글로벌 차원에서 싼 임금, 좋은 기술과 부품 같은 최적의 투입요소(inputs)를 조합하고자 하는 글로벌 생산 네트워크를 구축하고자 했던 것이다. 사실 이러한 글로벌화 과정은 원청회사와 부품업체 간의 심각한 갈등을 유발했다. 글로벌화 과정에서 독일 기업들이 성공할 수 있었던 이유는 원청회사와 중소 부품업체 간의 갈등을 잘 조정하고 새로운 거버넌스 체제를 구축했기 때문이라고 할 수 있다.

우선 1990년대 이후 생산의 재조직화 과정에서 벌어진 기업 간 관계의 변화와 그에 따른 갈등을 살펴보자. 1990년대 동안 독일의 자동차 회사들은 기존의 기업 내부(in-house) 생산체제에서 회사 내부의 개발과 생산을 줄이고 회사 외부의 아웃소싱에 의존하는 체제로 전환했다(Blöcker 2001, 77f). 독일 기업들도 과거에는 수직적 통합 체제하에 회사 내부에서 대부분의 생산을 담당하는 구조였다. 이러한 수직적 통합 체제가 최고조였던 1960년대와 1970년대에 폭스바겐의 경우 자동차 생산 가치의 약 80%를 회사 내부에서 유지했던 반면, 1990년대에는 이러한 수직적 통합 체제를 해체하고 부품 생산과 연구개발의 많은 부분을 외부로 아웃소싱했다. 이를 통해 1990년대 말까지 내부 생산을 전체 가치의 약 30% 수준까지 축소시켰다. 이것은 연구개발에서도 마찬가지였다. 자동차 산업의 연구개발에서 자동차 원청회사들이 담당하는 부분이 1990년대 이전에는 약 70-75%에 해당했지만, 프라운호퍼 연구소의 연구에 따르면 2015년에는 자동차 원청회사들의 몫이 단지 32% 내지 36%로 줄어들 것으로 추측하거나 지크프리드 로트(Siegfried Roth)의 연구에서는 30% 이하가 될 것으로 예상할 정도로 줄었다(Kwon 2004, 30-31; Roth 2013, 7: Kalkowski and Mickler 2015, 96).

그런데 이러한 탈수직통합(deintegration)과 외부 회사들에 의존하는 아웃소싱 체제는 회사 간에 많은 갈등을 유발했다. 우선 아웃소싱의 증가로 나타난 새로운 관계에서는 역할 분담이 모호했기 때문에 힘 있는 원청회사들이 이를 손쉽게 악용했다. 전통적으로는 독일과 미국의 자동차 원청회사들은 자신들이 개발한 청사진(blue print)를 가지고 부품업체들에 해야 할 일을 세밀하게 요구하는 형식

(Pfichtenhelf or Lastenheften)을 취했다. 그러나 독일과 미국의 산업에서 1990년대 말까지 원청회사와 부품업체 간의 관계가 재정립되었다. 원청회사들은 부품업체들의 전문성과 역량을 이용하기 위해서 각각의 부품 개발에 부품업체들의 참여를 요구했던 것이다. 그래서 원청회사들은 점점 블랙박스 형식으로 대강의 가이드라인을 기초로 하여 부품업체와 함께 협력하는 경우가 많았다. 그럼에도 불구하고 부품업체들은 자동차 원청회사들의 지배적 파워와 규정이라는 제한된 범위 내에서 역할을 할 수밖에 없었다. 독일의 경우도 원청회사가 지배적이었다(Kalkowski and Mickler 2015, 98-99; Roth 2013, 22, 41).

결국 새로운 협력적 거래 관계 속에서 모호한 거버넌스를 배경으로 독일이나 미국의 원청회사들이 자주 불공정한 행위를 함으로써 많은 갈등을 유발했던 것이다. 독일의 원청회사들도 미국처럼 처음에는 단순히 비용을 절감하기 위해 부품업체에 부담을 전가함으로써 원청회사들과 부품업체들 간에 심각한 갈등과 대립을 유발했다.[4] 독일의 원청회사들은 한편으로 부품업체들에 더 많은 일감과 연구 개발을 위한 업무를 맡기면서 다른 한편으로는 비용을 절감하고 부품 가격을 인하하기 위해 압력을 가했다. 또한 미국과 마찬가지로 독일의 원청회사들도 부품업체들과 장기계약 관계를 맺으면서 '불공정한 거래 행위(unfair behavior)'를 통해서 부품업체들에 압력을

---

4 1990년대 독일의 자동차 산업에서 원청회사와 부품업체 간의 갈등과 대립, 그리고 미국과 다른 새로운 협력적 관계의 성립 과정에 대해서는 Kwon(2004)을 참조하라. 이하 독일의 새로운 장기계약 관계를 둘러싼 대립과 갈등, 그리고 협회를 통한 사회적 조정 과정에 대해서는 Kwon(2004)의 내용에 기본적으로 의존하고 있다.

행사했다. 예를 들면, 3년에서 5년의 장기계약을 맺으면서 실제로는 수시로 부품 가격을 인하하라는 압력을 가하고 부품업체가 들어주지 않으면 다른 회사로 주문을 이전하기도 하고 장기계약을 미끼로 부품업체들에 개발을 맡기거나 공동 개발을 한 후 도면을 가지고 싸게 납품 의사를 표명하는 다른 회사들에 경쟁을 붙이겠다고 위협하는 등 독일의 원청회사들도 자신들이 경쟁에서 살아남기 위해 수많은 불공정행위를 통해 부품업체에 압력과 부담을 전가했던 것이다(Kwon 2004, 58-62).

그러나 독일의 경우는 원청회사와 부품업체들 간의 심각한 갈등 과정에서 산업협회와 사회적 조직들의 중재와 조정을 통해 보다 안정적이고 서로가 인정하는 '공정한 협력관계(fair and collaborative relations)'를 수립했다.[5] 미국의 경우는 사회적 조정이 부재한 상태에서 원청회사와 중소 부품업체들이 일대일 시장 관계에 의존함으로써 원청회사들의 자유로운 힘의 행사로 인해 부품업체들과는 협력적이라기보다는 소원한 관계가 유지되었고, 이를 배경으로 글로벌 차원의 아웃소싱이 발전하자 미국의 원청회사들은 해외에서 새로운 시장 관계를 통한 비용 절감을 추구했다. 이에 비해 독일의 경우는 산업협회나 다양한 사회적 조직들의 개입을 통해 새롭게 변한 장기 거래에서 "무엇이 공정한 거래인지" "누가 문제가 되는지"에 대해서 집단적으로 항의함으로써 불공정 관행이 잦아들고 공정 거래에 기초한 보다 안정적인 협력 관계를 구축할 수 있었다.

---

5 독일과 미국의 장기계약에서 불공정 관행과 수많은 갈등과 조정 과정을 통해 나타난 거버넌스의 차이에 대해서는 Kwon(2004)을 참조하라. 특히 독일에서의 갈등과 조정의 정치에 대해서는 4절을 참조하라.

예를 들면, 독일 자동차 산업의 협회(trade association)는 원래 하나의 조직으로 통일되어 있었다. 즉, 독일자동차협회(German Automobile Association, VDA)에 원청회사들과 부품업체들이 모두 함께 가입되어 있었다. 그러나 1990년대 전반 독일의 자동차 회사들이 불공정 관행을 일삼자 이에 대해 독일의 부품업체들은 집단적 항의를 하는 과정에서 1993년 새로운 독립된 조직으로 '부품회사 공동체(Arbeitsgemeinschaft Zulieferindustrie: ArGeZ)'를 창설했다. 독일의 중소 부품업체들이 자동차 회사들의 불공정 관행에 항의하는 과정에서 거대한 자동차 회사들과 맞서기 위해 금속산업협회(WVM), 철강단금협회(WSU), 독일주조협회(DGV), 철강 플레이트 금속산업협회(EBM), 합성산업협회(GKV), 고무산업협회(W.d.K.) 등 주요 부품업체들과 관련 있는 6개의 산업협회가 연합하여 하나의 독립조직으로 '부품회사 공동체'를 창설했던 것이다. 부품 산업과 관련된 협회 조직들의 연합에 기초한 부품회사 공동체는 이후 원청회사들의 '불공정' 거래에 대한 지속적인 항의뿐만 아니라 부품업체들 자체의 세계화 전략을 모색하는 데 크게 기여했다.

그런데 독일에서 원청회사와 부품업체들 간의 수직적 관계에서 보다 공정하고 안정적인 협력 관계를 수립할 수 있었던 것은, 부품회사 공동체의 사례에서 보듯이 힘의 연대도 중요하지만 무엇보다 공정한 기준(fairness)이 불명확한 상황에서 사회적 논의를 통해 "유효하고 공정한 사회적 규범"을 만들어 냈다는 데 그 원인이 있다. 장기 거래와 새로운 노동분업으로 인해 1990년대 원청-하청 기업 관계는 형식적인 협력의 노동 과정에서 각자의 책임과 이득의 분할이 불분명해지면서 역할과 이득을 분배할 '공정'의 기준이 불명확해졌다. 이러한 상황에서 독일의 경우 독일산업연맹(BDI), 독일자동차 협회, 그리고 부품회사 공동체 같은 조직이 불공정 사례는 무엇이고 무엇이 공정한지에 대한 심각한 논의를 공적·사회적으로 조직했다. 예를 들면, 독일의 부품업체들이 집단적으로 항의함에 따라 독일자 동차협회 같은 조직은 '평화를 위한 대화(conversation for peace)' 혹 은 '부품업체의 날(supplier day)'을 통해서 원청회사들과 부품업체 들 간의 갈등을 조정하고 공정한 규범의 기준을 만들려고 노력했다. 그리고 산업협회들은 논의를 조직하여 '독일산업연맹 가이드라인 (BDI-Leitsätze)', '독일자동차협회 가이드라인(VDA-Leitfaden)'과 같 은 공정한 규범의 기준을 공표하고 그것을 실행하기 위해 노력했다.

또한 주목할 만한 사실은 '공정'에 대한 사회적 규범을 집단적으 로 논의하는 과정에서 독일의 부품업체들은 대안적 발전 전략을 수 립했을 뿐만 아니라 그들 내부의 수평적 연대를 보다 발전시킬 수 있었다는 것이다. 한국이나 미국에서 볼 수 있듯이 기업 간 거래에 대한 공정한 관계를 법원이나 행정부와 같은 국가에서 일방적으로 규정하고 집행할 경우 사회 내부에서 주요 시장행위자들 간의 비공 식적 규범은 이와 괴리될 수 있다. 게다가 설령 원청회사의 요구를 1 차 부품업체들이 잘 받아 주면서 협력적 관계가 수립된다 하더라도, 1차와 그 밑의 하위 부품업체들 간의 관계는 더욱 악화될 수도 있 다. 왜냐하면 원청회사의 압력과 가격 인하 압력을 1차 부품업체는 그대로 2차와 3차 회사에 전가함으로써 견딜 수 있기 때문이다. 문 제는 이 경우 부품업체들 내부의 관계가 비협력적 갈등 관계가 되어 혁신적 역량이 약화될 수 있다는 것이다. 이러한 현상은 한국과 미 국 등에서 지금도 흔히 볼 수 있다.[6]

그러나 독일의 경우 부품업체들이 원청 대기업에 항의하고 저항하면서 '공정'한 거래의 사회적 규범을 논의하는 민주적 과정이 불공정 거래에 대한 사회적 감독(social policing)과 사회 전반에 걸친 공정 규범의 효과적 실행을 가져왔다. 무엇보다 독일의 부품업체들은 자발적이고 민주적인 참여를 통해서 스스로 수립한 사회적 규범을 자기 아래 층위의 부품업체들과의 거래에서 어길 수가 없었다. 독일의 부품업체들이 원청 대기업의 '불공정'한 행위를 비판하면서 스스로 무엇이 '공정'한지를 논의하고 수립한 상황에서 자신이 제시한 규범을 본인들 스스로가 어길 수는 없는 것이었다. 저자가 방문한 한 독일 부품업체의 최고경영자는 수많은 불공정 거래에 대한 성토와 협의 과정에 참여한 경험을 회상하면서 저자와의 면담 과정에서 다음과 같이 말했다.

만약 어떤 공정성에 대한 제안에 대해서 본인이 다르게 생각한다고 말하고 다르게 행동한다면 그것은 괜찮다. 모든 사람들이 그의 행동을 인정할 것이다. 그러나 도저히 받아들일 수 없는 행동은 회의와 모임에서 자신이 했던 말과 다르게 '불공정' 행동을 하는 경우이다. 만약 공식적 회의에서는 자신이 적극 동의한 규범에 대해서 자신이 지키지 않으면 그는 이 사회에서 얼굴을 들 수가 없을 것이다(Kwon

---

6   한국 울산의 산업전문가들의 분석에 따르면, "원청 대기업과 1차 벤더 간의 불공정 거래 관행은 과거보다 많이 개선되었으나 하위 납품 단계, 즉 1차 벤더와 2, 3차 벤더의 불공정 거래는 상대적으로 개선되지 못했다."라고 한다. 울산광역시(2012), "노사관계 발전을 위한 2012. 1차 노사갈등예방팀 회의자료"(울산광역시 북구)를 참조하라. 또한 최근의 경우인 중앙일보(2020. 6. 18), "현대차협력사 사업포기 선언: 비효율 공급망, 올게 왔다"를 참조하라.

2004, 181에서 재인용).

　독일에서는 국가에 의한 일방적 조정이 아닌 사회적 조정 속에서 수많은 공식적·비공식적 모임을 통해 민주적 협의와 조정이 이루어짐으로써 새로운 상황에 맞는 새로운 사회적 규범을 수립했고, 이 과정에서 내부의 연대는 더욱 발전했던 것이다.

　생산 세계화 과정에서 독일이 본국의 생산 네트워크와 혁신 역량을 고양할 수 있었던 이유는 앞에서 말한 사회적·정치적 조정의 과정에서 공정한 거버넌스와 수평적 연대가 발전했기 때문이다. 이러한 독일의 사회적·수평적 연대는 미국의 자유주의적 방식과 동아시아 일본의 국가주의적 방식 둘 다와 구별된다. 미국의 경우는 시장 관계가 지배적인 반면 한국이나 일본은 원청회사들의 계열사를 중심으로 폐쇄적인 멤버십을 통한 거버넌스가 지배적이다. 미국의 경우는 앞장에서 살펴보았듯이, 세계화 과정에서 자유시장의 무임승차 문제(free-rider problem)로 인해 산업공유재를 축적하기 어려웠다. 반면 한국과 일본의 경우는 계열사 중심의 폐쇄적 구조로 인해 계열사 외부에서는 갈등적이고 소원한 관계가 지배적이며 국가 이외의 거버넌스가 약하고 위계적이다. 특히 최근에는 원청회사와 1차 부품업체보다 1차 부품업체들과 하위 하청업체들 간의 관계가 보다 문제가 되고 있다.

　그러나 독일의 경우에는 원청 대기업들과의 항의와 투쟁 과정에서 사회 전반의 공정성 규범과 거버넌스를 발전시킬 수 있었고, 무엇보다 부품업체들 전체에 걸쳐 개방적이고 수평적인 네트워크를 발전시킬 수 있었다. 특히 독일의 '부품회사 공동체' 같은 부품 관런 산업협회들은 단순히 대기업에 저항하는 힘의 논리를 발전시킨 데 그친 것이 아니라 무엇보다 세계화 과정에서 부품업체들이 스스로 경쟁력을 가질 수 있도록 집단적인 조정과 협력 전략을 발전시켰다. '부품회사 공동체'를 위시한 많은 부품 관련 산업협회들은 수시로 경제와 산업 상황의 변화를 함께 논의하고 대안적 전략을 모색했던 것이다. 이러한 과정에서 독일은 미국의 자유시장 체제나 일본, 한국의 계열사 중심의 체제와 달리 사회 전반에 수평적인 협력 체제를 발전시킬 수 있었다(Kwon 2004, 139-85).

독일 부품업체들의 수평적 협력의 대표적 사례로 여기서는 2010년 소형 전기자동차를 개발하기 위한 부품업체들 간의 연합을 소개하고자 한다.[7] 이 독일 부품업체들 간의 협력체는 초기에 소수의 부품업체들과 기술전문대학(Hochschule) 연구진들이 협의하여 '실용적이고 저렴한 소형 전기자동차'를 개발하고자 모인 것이었다. 그러나 짧은 기간에 약 11개의 자동차 부품업체들이 이 협력에 동참하게 되었고, 공동출자를 통해서 독립적인 합작투자(Joint venture) 회사(가칭 Fahrzeug GmbH)를 2010년 설립했다. 그리고 참여 기업체들의 민주적 공동의사결정제를 통해 회사를 경영하기로 했다. 이들 11개 자동차 부품업체들은 각기 상이한 부품을 생산하는 기업으로, 합작투자 회사 내부에서 나름의 연합 내 분업이 가능했다.

게다가 기술대학의 연구소와 응용과학을 위한 프라운호퍼 연구소들은 직접 투자는 하지 않았지만 공적 연구기금을 지원받아서 합작사에서 설립한 연구소와 긴밀히 협력 작업을 수행했다. 특히 주목

---

7 2010년 소형 전기자동차를 개발하기 위한 부품업체들 간의 협력 조직의 발전에 대해서는 Kalkowski and Mickler(2015)를 참조하라.

할 만한 사실은 이 기술대학과 프라운호퍼 연구소들이 자체 연구 능력과 공적 연구기금을 이용한 것뿐만 아니라 약 50여 개의 부품업체들과 함께 협력 네트워크를 구축하여 이 프로젝트를 도왔다는 것이다. 이 50여 개의 부품업체들은 비록 자본 출자로 회사 설립에 참여하지는 않았지만 전략적 파트너로 협력 개발 네트워크에 적극 동참했던 것이다.

전기차를 개발하기 위한 수평적 연합 네트워크에 부품업체들이 참여한 동기는 다양했다. 그러나 가장 대표적인 이유는 새로운 전기차 기술과 관련한 능력을 획득하기 위해서였다. 프로젝트 참여기업의 최고경영자의 말이다. "그들은 결국 함께 경험하고, 그래서 전에 가지지 못했던 지식을 스스로 획득하기를 원했다."(프로젝트 참여 최고경영자 B). 한편 전기차에 대한 경험이 있는 회사의 경우는 협력적 네트워크를 유지하고 활용하는 것이 혁신을 가속화시킬 수 있는 토대라고 생각했다. 다른 참여 기업의 최고경영자는 이렇게 말했다. "우리는 전기차가 무엇인지에 대한 기초 지식을 가지고 그 프로젝트에 돌입했다. 우리에게 우리의 발전 로드맵을 다시 한 번 더 확실히 하는 것이었다. 우리에게 그것은 요청이었다. 나는 하나의 통합 능력 혹은 시스템 능력을 가지고 싶었다. 통합 능력이 문제이다. 나는 전기화의 관점에서 자동차의 다양한 요소들을 이해하고 그것을 통해 한 번 더 전진하고 싶었다. 어떻게 거기서 보다 더 흥미로운 프로젝트를 만들지?"(Kalkowski and Mickler 2015, 142).

전기차 연합체의 목표는 단순 연구가 아니라 대량생산이 가능하고 실제로 상업화할 수 있는 전기차를 개발하는 것으로, 비용적인 측면에서도 효율성을 고려해야 했다. 상업화를 위해서는 메르세데스의 이-스마트(E-Smart) 혹은 폭스바겐의 이-업(E-Up)과 같은 기존 자동차 회사들의 전기자동차 제품과 구별되는 새로운 전기자동차를 개발할 필요가 있었다.

이러한 목표 아래 이들은 어떻게 구체적으로 역할을 분담하고 협력 조직을 운영했는가? 전기차 연구개발 연합은 무에서 유를 창조하기보다는 기존에 자신들의 주위에 있던 부품업체들이 보유하고 있는 전문성과 능력을 최대한 공유하고 보완하며 향상시켜서 새로운 네트워크를 만들고자 했다. 초기의 핵심 참여자들은 우선 자동차 분야에서 자신들이 필요로 하는, 그리고 이후에는 참여 중소 부품업체들이 원하는 파트너들의 리스트를 만들고 이들의 참여를 적극 권유하고 모집했다. 처음부터 자동차의 주요 분야별로, 예를 들면 전기모터, 기어장치, 모터구동조정장치, 배터리, 차대(fahrgestell), 차체(karosserie), 냉난방시설, 인테리어, 외장 등으로 참여 업체들을 나누어 역할을 분담했다. 그리고 연구개발 네트워크에는 앞에서도 언급했듯이 약 50여 개의 중소 부품업체들이 참여하여 역할을 분담했다.

이 협력 네트워크는 총 8개의 연구 프로젝트팀(LEGs)과 추가적인 총괄조정팀(LEG0)으로 구성되었다. 총괄조정팀은 합작투자 회사의 최종결정권을 가진 최고경영자들로 구성된다. 각 연구 프로젝트팀에는 여러 명의 연구개발자들이 참여한다. 예를 들면, 차체 개발 프로젝트팀에는 여러 명의 대학 연구 협력자들과 함께 지방 부품업체 3개사로부터 온 연구그룹이 참여하여 대략 12~14명 정도가 모인다. 각 연구개발팀에는 프로젝트 단장과 1명의 단장 보조가 있다. 모든 연구 프로젝트팀의 총 지휘와 조정은 중앙의 합작투자 회사에 참여한 최고경영자들과 8개의 연구팀 단장이 참여하는 전체 모임에서 결정한다. 이들은 한 달에 한 번 이틀 간의 일정으로 정기 모임을 가진다. 첫째 날은 개별 연구팀장이 연구 상황과 어려움을 보고하고 함께 논의한다. 둘째 날은 전적으로 최고경영자들의 모임이다. 이들은 이러한 공식적 모임뿐만 아니라 식사나 놀이 등 비공식적인 모임에서 이루어지는 심도 있는 대화를 통해 공동체적인 규범과 신뢰를 쌓아 가고, 나아가 빠른 결단과 실행력을 키워 왔다. 이 협력 네트워크의 강점은 위계적인 명령보다는 거의 모든 것을 토론과 공동심사, 공동결정의 민주적 거버넌스를 통해 결정해 왔다는 것이다.

공동출자 형식을 가진 이 연구개발 회사는 참여한 회사들의 민주적 공동 결정권에 기초하여 모든 연구 방향과 발전 방향을 결정지었다. 한 참여자가 언급하듯이, "우리는 전혀 위계적 구조를 가지지 않았다. 그것은 거의 동지적 모임이었다. 왜냐하면 모든 결정은 공동으로 이루어졌기 때문이다. 그래서 참여자들은 높은 기여도(commitment)를 보였다."(Kalkowski and Mickler 2015, 144).

공동출자와 개방적 개발 네트워크에서 가장 문제가 되는 것 중 하나는 모두가 자신의 특허권과 지적 소유를 숨기려 할지도 모른다는 것이다. 공동 개발 작업을 하기 위해서는 모두가 자신의 특허권과 지적 소유를 공유할 필요가 있는데, 자신이 이용당할지 모른다는 두려움 때문에 그런 공유를 꺼릴 수 있다. 이 회사에서는 1년 반에 걸쳐 조직구조상의 문제에 대한 토론과 합의를 통해서 서로의 지적 재산도 공유하기로 하고 연구개발을 위해 상대방의 특허권을 자유롭게 사용하도록 합의했다.

민주적 거버넌스의 또 다른 장점은 신속한 목표의 조정이 가능했다는 것이다. 예를 들면, 전기차 협력 네트워크는 초기에 소형 전기차를 개발하고 생산하는 것을 목표로 했지만 시장 상황을 고려해서 신속하게 도시형 전기 픽업트럭을 생산하는 체제로 전환했다. 그리고 이와 연동하여 기술적으로는 기존의 동시구동장치(Synchro-motor)에서 비동시모터장치(Asynchromotor)로 급속히 전환했다. 중요한 것은 이러한 전환을 가능하게 한 실행력이나 신속한 결정, 그리고 재조정이 민주적 협의를 통해서 이루어졌다는 점이다. 그리고 이것 때문에 시장 상황을 고려한 신속한 반응이 가능했다는 것이다. 보다 구체적으로 보면, 소형 전기차를 개발하고 상용화하고자 하는 연구를 수행하는 과정에서 갑자기 도시 환경 규제가 강화되고 소포 배달 수요가 급증하는 상황이 전개되자 패키지 배달업체가 갑자기 기존의 연구 협력 네트워크에 도시형 소형 전기 픽업차를 개발해 줄 수 있는지 문의해 왔다. 이를 계기로 심각한 내부 토론을 거쳐 대부분의 연구팀들은 도시형 픽업트럭 개발 작업으로 이전하고 나머지 팀은 기존의 소형 전기차를 병행하는 것으로 전환하는 데 합의했다. 새로운 목표의 전환은 많은 부품들에 영향을 미쳤고 새로운 개념을 정립하고 기술적으로 재조정할 필요가 있었다. 그러나 전체회의와 개별 팀 내부의 조정을 통해서 신속히 개발에 착수할 수 있었다(Kalkowski and Mickler 2015, 153-58).

대부분의 참여자들은 기존의 원청회사와 부품업체들 간의 위계적 관계와 달리 수평적 협력 체제의 장점을 강조한다. 이러한 개방적·민주적 협력 체제는 신뢰를 전제로 할 경우 신속히 시장에 적응할 수 있을 뿐만 아니라 서로 간의 기술적 가능성과 혁신을 배울 수 있다. 사실 비공식적 협상 과정은 많은 시간과 힘이 들기는 하지만 이를 바탕으로 원청회사에 의한 일방적 지침이나 규정 없이 새로운 기술과 거버넌스 영역을 서로 배우고 조정하면서 기술적·조정적 능력을 높일 수 있다. 참여 기업들은 상호 배움, 실질적인 프로젝트의 성공, 그리고 경쟁력과 경제적 향상에 고무되어 있었다.

결국 생산과 금융의 세계화 과정에서도 독일은 미국과 달리 산업협회와 다양한 이해관계자들이 참여하여 사회적 조정을 하는 가운데 수평적 연대와 네트워크를 발전시킬 수 있었다. 사회적 조정을 통한 수평적 네트워크는 단순히 자동차 산업 내부의 조직에만 기초한 것이 아니라 반대로 산업 간 연계와 산학연 연계에 기초해 있었기 때문에 가능했다. '부품회사 공동체'에서 볼 수 있듯이, 다양한 산업들의 연합이 부품업체들의 혁신적 협력 체제가 가능할 수 있는 토대가 되었던 것이다.

다양한 산업과 업체들 간의 협력을 통한 독일의 혁신 생태계를 위해 특히 주목할 산업은 기계 산업이다. 독일의 자동차 산업에서 지속적인 혁신이 가능했던 이유 중 하나는 자동차 산업의 토대가 되는 기계 산업이 아직도 독일 내에서 지속적으로 산업공유재를 제공하고 있기 때문이다. 특히 독일에서 기계 산업은 거의 모든 산업에 중요한 산업공유재를 제공하고 있다. 전통적으로 기계 산업 분야는 기계를 납품받는 소비자 기업의 특수한 요구에 맞추어 기계를 제작해야 하기 때문에 고객과의 긴밀한 대화와 피드백이 중요했다. 이 과정에서 기계 산업은 소비자 산업과 업체의 혁신 역량을 높일 뿐만 아니라 소비자 업체의 문제를 해결하는 과정에서 응용과학과 테크놀로지의 업그레이드를 만들어 내는 혁신의 매개자이자 추동자 역할을 한다. 그래서 기계 산업은 산업 발전과 업그레이드를 위한 기본 역량을 제공하는 산업이라고 할 수 있다.

그런데 독일의 기계 산업은 미국과 대조적으로 세계화에도 불구하고 여전히 건재하다. 2014년 독일기계공업협회(Verband Deutscher Maschinen und Anlagenbau: VDMA)에 따르면, 독일의 기계 산업체는 약 6,000개인데 이 중에서 비록 30% 이상이 해외 생산기지를 가지고 있지만 그럼에도 불구하고 대다수가 여전히 독일 내에서 생산시설을 유지하고 있다. 독일의 기계 산업은 1980년대 전자기술과 1990년대 IT 기술의 발전으로 지속적인 혁신이 요구되었고, 이에 적응하기 위해 연구개발 투자를 늘림으로써 혁신 창출 전략을 더욱 강화했다. 독일의 기계 산업은 국내 혁신 역량을 강화하기 위해 전문지식을 갖춘 연구개발 인력을 늘렸다. 사실 기계 산업의 종사자들은 전통적으로 기술교육을 받은 인력이나 기술전문대학 출신이 대다수를 차지하고 있었는데, 최근에는 연구개발 능력을 확충하기 위해 대학 졸업 이상의 학력을 지닌 연구 인력 채용을 늘리고 있다(Hirsch-Kreinsen 1994; Kowol and Kronhn 1995; Rose 1995).

독일의 기계 산업이 생산 세계화에도 불구하고 여전히 경쟁력을 가지고 국내 혁신 역량을 고양할 수 있었던 이유는 앞의 전기자동차 합작회사 네트워크에서 볼 수 있듯이 프라운호퍼 연구소 같은 응용과학 연구소와 연방정부의 지원 전략에 기초한 풍부한 혁신 생태계 때문이라고 할 수 있다. 독일의 기계 산업은 소비자 기업체들과의 긴밀한 협력뿐만 아니라 다수의 연구기관들과 연구소들, 예를 들면 기술대학과 응용과학대학(University of Applied Sciences)의 연구시설들, 산업연구협회(Arbeitsgemeinschaft Industrieller Forschungsvereinigungen: AIF)와 같은 산업협회의 연구소들, 프라운호퍼 연구소와 같은 정부 출연 연구소들과의 긴밀한 연계를 통해 혁신을 지속할 수 있었다. 게다가 각 지역의 상공회의소 및 연방정부의 지원 등 각종 지원금과 펀드를 활용하여 독일의 기계 산업은 경쟁력을 향상시킬 수 있었다.

이러한 연방정부의 지원과 프라운호퍼 연구소 같은 응용과학 연구소, 지역 기술대학과의 연계는 앞에서 언급한 자동차 산업에서도 유사하게 나타난다. 독일의 자동차 회사들과 부품업체들이 혁신 역량을 높일 수 있었던 이유는 앞에서 언급한 수평적 연대에 더하여 수많은 프라운호퍼 연구소와 기술대학과 여러 전문 연구기관들의 협력적 네트워크가 잘 발전되어 있었기 때문이다. 앞에서 살펴본 전기자동차의 사례에 덧붙여 독일의 자동차 산업 업체들은 새로운 혁신적 작업을 위해 주로 대학들이나 막스 플랑크 연구소, 그리고 응용 분야에서는 프라운호퍼 연구소와 연계하여 협력 작업을 수행한다. 그리고 새로운 테크놀로지를 개발하기 위해 자동차 원청회사와 부품업체들의 기존 네트워크가 적극 활용되고 있다. 예를 들면, 응용 테크놀로지를 개발하기 위해 개별 자동차 회사들이나 보쉬 같은 하이테크 부품업체들, 그리고 종종 대학 주변의 엔지니어 서비스 회사들과 프라운호퍼 연구소와 함께 협력 작업을 수행한다. 가령 연료 전지(Brennstoffzelle)와 새로운 모터 기술을 개발하기 위해서 다임러(Daimler)는 보쉬 같은 부품업체들과 대학 주변의 엔지니어 회사들, 그리고 프라운호퍼 연구소와 함께 공동으로 작업했다(Blöcker 2001, 202f). 그리고 많은 알려진 기술 분야에서도 점진적인 혁신을 위해서 자동차 회사와 부품업체들은 이미 증명된 기술에서부터 시작하여 새로운 기능과 생산공정을 위한 새로운 개념을 개발하려고 노력한다(Kalkowski and Mickler 2015, 95).

이상에서 알 수 있듯이, 독일 기업들은 미국과 달리 생산과 금융의 세계화에도 불구하고 본국 생산이 공동화되지 않고 오히려 본국의 생산과 혁신 역량을 강화해 왔다. 그리고 해외 생산을 늘리는 과정에서도 글로벌 차원의 생산을 재조직하기 위해서 오히려 국내 생산 역량을 업그레이드하고 기존의 부품조달체계에서 혁신적 역량을 강화했다. 이러한 독일의 적응 방식은 단순히 전통적으로 물려받은 민족주의나 애국주의 때문이 아니다. 앞에서도 살펴보았듯이, 원청 대기업과 중소 부품업체들이 자신들의 이익을 추구하면서 이들 간의 새로운 갈등을 집단적으로 조율하고 이에 기초한 새로운 발전 전략을 성공적으로 찾아간 결과라고 할 수 있다. 수직적인 기업 관계에서 나타나는 투쟁과 갈등의 조정은 보다 안정적인 협력적 관계를 창출했을 뿐만 아니라 중소기업들 간의 수평적 관계와 협력을 창출함으로써 경쟁력을 향상하는 양태를 보여주었다. 독일 기업들은 생산 세계화에도 불구하고 미국과 달리 다양한 이해관계자들, 특히 기업들 간의 갈등을 조정하고 협력적 네트워크를 개발함으로써 본국의 혁신 능력을 강화할 수 있었다. 이러한 기업 간, 그리고 산업 간 협력을 통해 혁신 역량을 강화할 수 있었던 것은 집단적인 사회적 조정, 정부의 간접적 후원, 그리고 공적 연구소 및 대학과의 긴밀한 지원과 연계 때문이라고 할 수 있다. 기업 간 사회적 조정의 배경에는 독일 연방정부와 프라운호퍼 같은 연구소들의 후원과 산업공유재의 제공이 있었다.

4. 세계화를 둘러싼 노사 간 정치

이 절에서는 독일의 사회적 조정의 정치에서 기업 간 관계 이외의 또 다른 측면이라고 할 수 있는 노사 간 관계를 살펴볼 것이다. 미국의 세계화 과정에서는 노동조직의 영향력이 거의 부재하고 경영자의 일방적인 결정이 주를 이루었다. 특히 금융화하에서 미국의 고용주들은 '주주가치 우선주의'에 기초하여 단기수익에 치중했으며 결정 과정에서 국내 생산과 혁신 역량 및 혁신 생태계에 대한 고려는 거의 없었다. 이에 비해 독일의 경우는 어디에 투자를 할지, 그리고 해외 생산을 확장하는 가운데 국내 생산은 어떻게 할지를 둘러싸고 노동조직과 경영인들, 나아가 지역의 연구소와 관련 단체들이 함께 논의했다. 특히 독일에서 노동조직은 전국적 차원의 노동조합뿐만 아니라 법적·제도적으로 보장된 직장평의회를 통해서 세계화 과정에서 새로운 대안을 모색하는 집단적 조정 과정에 적극적으로 개입했다. 이러한 독일의 사회적 조정은 금융화의 영향력을 약화시키고 주주가치 우선주의보다 다양한 이해관계자들 사이의 조정을 우선시하는 이해관계자 자본주의 모델의 대안을 보여준다고 할 수 있다.

이 절에서는 우선 세계화와 금융화를 배경으로 독일의 조정 자본주의에 대한 해체를 주장하는 신자유주의와 이에 대항하는 노동조직과 사회세력들 간의 거시적 차원의 정치를 살펴본 다음 기업과 지역 차원의 미시적 정치를 구체적으로 살펴볼 것이다. 특히 미시적 차원으로는 고용주와 노동의 관계를 먼저 살펴보고, 그다음으로 임노동의 측면에서도 혁신 역량을 고양하는 대안을 만들기 위한 과정에서 직장평의회의 일반 생산직 노동자와 연구개발 종사자들의 관계를 살펴볼 것이다.

1) 전국적·거시적 차원의 정치

독일에서도 세계화와 금융화를 배경으로 기존의 조정 자본주의와 노동조직의 경직성과 비효율성에 대한 신자유주의적 비판이 득세했다. 특히 1990년대 금융화와 함께 신자유주의적 패러다임이 지배적일 때, 독일에서도 정치적·이데올로기적으로 일부 정당 정치인들, 그리고 자본 측의 일부 협회들에서 독일식 코로라티즘적 협상 모델이나 공동의사결정제, 직장평의회에 대한 비판적 문제제기가 많았다. 실제로 1990년대와 2000년대 전국적 단위의 중앙집중적 임금협상은 상당히 약화되고 탈집중화되었다. 그리고 노동조합에 비해 직장평의회를 중심으로 하는 교섭이 강화되었다. 볼프강 스트렉 같은 제도주의자들은 이러한 현상을 '독일 모델의 해체와 신자유주의적 수렴'으로 이해하지만(Streeck 2009), 다음에서 독일의 노사관계 정치를 통해 살펴볼 수 있는 것처럼 이것은 '영미식 자유시장 모델로의 수렴'이라기보다 유연한 조정 체제로의 전환이라고 할 수 있다. 기업지배구조를 둘러싼 논의에서도 신자유주의자들에게 비판받던 공동의사결정제는 여전히 살아남아 세계화 과정에서 보다 유연한 조정 체제로 작동하고 있다. 다음에서 어떻게 공동의사결정제에 기초하여 직장평의회를 둘러싼 미시적 조정의 정치가 실제로 작동하는지를 구체적으로 살펴보기 이전에, 여기서는 전국적인 차원에서 노사관계 조정의 정치를 살펴본다.

세계화와 금융화와 함께 독일에서도 1990년대 이후 신자유주의자들의 목소리가 득세했다. 일부 고용주 단체와 정치인들, 그리고 신고전파 경제학자들이 주축이 된 신자유주의 세력은 독일의 코포라티즘적 조정 체제와 노동조직의 경직성과 비효율성을 비판했다. 1990년대 독일에서 제기된 '세계화에 따른 생산입지 논쟁(Standort-debatte)'에서 신자유주의자들은 독일에서 지나치게 강력한 노동조합에 의한 해고의 어려움과 노동 보호, 그리고 중앙집중적 임금협상에 기초한 경직된 노동시장구조 때문에 독일 기업들이 해외로 이전하지 않을 수 없을 것이라고 주장했다. 그래서 독일 기업들이 국내에서 생산을 유지하고 해외 기업들을 유치하기 위해서는 영미식 자유시장 관계로 전환해야 한다고 주장했다(Sinn 2005; Thurow 1999; Henkel 1995).

실제로 1990년대 중반 이후 세계화에 대한 적응 과정에서 독일의 중앙집중적 집단협상체제는 대단히 약화되고 탈집중화되었다. 기존에 독일의 임금과 노동조건에 대한 협상은 산업별 단위로 전국적 차원에서 이루어졌다. 특히 독일식 패턴 협상(Pattern Setting Negotiation)에서는 독일의 가장 강력한 금속 산업의 노동조합(IG Metall)과 고용주 단체(Gesamtmetall) 간에 협상을 맺고 가이드라인을 정하면 다른 산업에서의 협상도 이를 따라가는 편이었고, 따라서 전반적인 노사 간의 코포라티즘적 조정 능력은 높은 편이었다. 게다가 비노조원들도 산업별 중앙집중적 협상에 포함되도록 법적으로 보장함으로써 협상에 포함된 노동자와 작업자들의 비율은 대단히 높았다.

그러나 1990년대 중반 이후 중앙집중적 산별협상(industry-wide

collective bargaining)에 포함된 노동자들과 작업장들은 대단히 줄어들었다. 독일의 고용주들은 생산 세계화 과정에서 보다 유연하게 적응하기 위해 중앙집중적 산별협상에서 정한 합의에서 벗어나고자 했다. 1995년 중앙집중적 산별협상에 포함된 노동자들(employees)이 전체의 72%이던 것이 2006년에는 57%로 줄어들었다. 그리고 산별협상에 포함된 작업장(workplaces)도 1995년에는 53%이던 것이 2006년에는 37%로 줄어 들었다(Streeck 2009, 38-39). 산별협상의 합의안(Flächentarifbindung)에서의 이탈(deviation)은 동독 지역에서 특히 심했다. 동독 지역에서 산별 합의안에 포함된 노동자 비율은 1996년 56%에서 2010년 37%로 줄어들었다. 1991년에서 2010년 사이 독일의 금속 산업에서 산별 합의안에 포함된 서독 지역의 회사는 8,168개에서 3,495개로 줄어든 반면 구동독 지역의 경우 같은 기간에 1,365개에서 218개로 줄어들었다(Bispinck and Dribbusch 2011, 19; Ellguth and Kohaut 2011, 242-47). 독일의 노사협상 체제는 기존의 전국적 산별협상에서 회사 단위(company level)로 탈집중화되었다. 특히 독일의 핵심 산업인 금속과 전자 산업에서 회사 차원의 합의안은 2004년까지 겨우 70건에 불과하던 것이 2009년에는 약 730건으로 증가했다(Haipeter 2011a, 11; 2011b, 117). 그리고 금속노조의 연구 자료에 따르면, 2010년 현재 많은 회사 차원의 합의안은 기간이 만료되었음에도 불구하고 여전히 약 1,060건이 유효하게 남아 있다고 한다(Bispinck and Dribbusch 2011, 40-41).

이러한 독일의 기존 코포라티즘적 조정 체제의 변화를 보면서 신자유주의자들뿐만 아니라 자본주의 다양성을 주장하던 많은 제도주의자들도 이제는 독일의 조정 자본주의는 해체되었고 영미식 자유시장 모델로 수렴했다고 주장했다(Streeck 2009; Lane 2005; Meardi and Toth 2006). 그러나 이 신자유주의자들과 일부 자본주의 다양성 주창자들의 주장과는 달리 독일의 조정 자본주의 체제가 완전히 해체되고 영미식 자유시장 체제로 수렴된 것이라고 하기는 어렵다. 다음에서 자세히 살펴보겠지만, 비록 탈집중화된 형태로 회사 차원에서 협상이 진행되고 중앙집중적 노동조합보다 직장평의회의 역할이 강조되지만 이것은 결코 사회적 조정의 포기는 아니었다. 오히려 새로운 생산 세계화와 금융화를 배경으로 보다 효과적인 적응을 찾는 과정에서 보다 유연한 조정 체제로 전환된 것이라고 할 수 있다.

그래서 역사적 제도주의와 담론적 제도주의의 일부 학자들은 프래그머티즘적 재적응을 강조한다. 독일도 금융화 경향과 함께 주주가치 우선주의와 회사 중심의 협상으로 전환했지만, 독일의 공동의사결정제를 바탕으로 새로운 조정 방식을 발전시켰다. 많은 학자들이 주목하듯이, 독일의 공동의사결정제는 주주가치제도의 도입에도 불구하고 미국과 달리 노동자들이 고용주와 함께 협상하고 조정하는 변화된 형태의 조정 체제를 유지한다. 그래서 이러한 새로운 조정 방식을 흔히 "이질적 요소들 간의 혼종성(hybridity)"이라고 명명하든지(Crouch 2005) "협상된 주주가치"(Vitols 2004) 혹은 "아이디어의 맥락적 해석"(Goutas and Lane 2009)이라고 정의하기도 한다. 다음에서 미시적 차원의 정치를 살펴보면서 보다 자세히 이야기하겠지만, 독일에서 금융화에 따른 영미식 주주가치 우선주의는 이러한 탈집중적 조정 체제하에서 여러 이해관계자들의 연합에 의해서 그 의미와 효과가 다르게 해석되고 받아들여졌다(Jackson 2003; Goutas and Lane 2009).

한편 이해관계자들의 탈집중화된 사회적 협의와 연합을 통한 새로운 조정 체제의 창출을 살펴보기 이전에, 이를 보장할 수 있는 최소한의 제도로 '공동의사결정제'를 둘러싼 전국적 차원의 정치를 간략히 살펴볼 필요가 있다.

신자유주의자들은 독일 기업지배구조의 독특한 특징인 기업의 주요 결정에 노동이 동등하게 참여하도록 법적으로 정한 '공동의사결정제'를 폐지해야 한다고 주장했다. 신자유주의자들에 따르면, 독일 기업의 '공동의사결정제'는 국제 투자자들을 위협하고 독일의 금융 지위를 약화시키며, 나아가 투자 회피로 인해 자본 비용을 높이기 때문에 독일 회사들의 경쟁력을 약화시킨다(Schmidt and Seger 1998, 454, 468; Gorton and Schmid 2004). 신자유주의자들이 주장하는 주주가치 우선주의에 따르면 회사의 결정과 통제권은 주주들의 독점적 고유 권한(exclusive right)이며 이러한 전제하에 공동의사결정제는 해체되어야 한다는 것이다(Wagner 1997). 신자유주의자들의 연구에 따르면, 독일 기업들의 기업지배구조에서 기존에 법으로 규정된 최상위 감독위원회(supervisory board)에서 노동자의 동등 대표권(equal employee representation)을 폐지한다면 회사의 주주가치는 20% 이상 상승할 것이고 유럽 차원의 기업 거버넌스 경쟁에서 독일 기업들이 더 나은 위치를 점하게 될 것이라고 주장한다(Schmidt and Seger 1998, 468).

이러한 신자유주의자들의 주장은 기본적으로 세계화와 더불어 국민경제 체제의 상이성이 사라지고 각국의 경제 체제가 가장 효율적 체제로 전제된 '자유시장 경제 모델'로 수렴할 것이라는 가정에 기초해 있다. 실제로 1990년대 후반 이후 독일의 매니저 담론(managerial discourse)은 기업의 금융화 경향과 함께 주주가치를 우선시하는 담론으로 옮겨 갔다. 이러한 상황에서 공동의사결정제는 글로벌 경쟁에 잠정적 장애요소로 간주되었다. 특히 『가치(*Valuation*)』라는 고전 경제 교과서의 독일어판 번역본에서 맥킨지(McKinsey) 컨설턴트가 글로벌 주주들의 구애를 받기 위한 경쟁을 생존의 문제로 강조함에 따라 신자유주의적 주장이 더욱 힘을 얻었다(Copeland et al. 1998). 독일의 공동의사결정제에 대한 비판가들은 기관 투자자들과 외국 투자자들이 "공동 결정되는 노동자들의 회사"에 투자하기를 꺼릴 것이며 이로 인해 "정당성 부재의 손실(illegitimacy discount)"이 발생할 것이라고 주장했다(Zuckerman 1999).

신자유주의자들의 주장은 단순히 이데올로기 차원이 아니라 실제 정치적 과정에서 구체적으로 나타났다. 전국적 정치 영역에서 우선 독일산업연맹(BDI)와 독일고용주연합(BDA) 같은 주요 산업협회의 대표들이 독일의 공동의사결정제를 격렬하게 공격했다. 그런데 여기서 주목할 만한 점은 주요 산업협회의 구성원인 회사들은 산업협회의 대표들과 다소 다르게 생각했다는 것이다. 독일 회사들이 실제로 공동의사결정제에서 탈퇴하는 경우는 드물었고 국제 매니저들이 그렇게 하려고 하는 경우에도 독일 매니저들은 그렇지 않은 편이었다(Höpner 2003, 157-58). 그럼에도 불구하고 주요 산업협회 대표들의 주장은 정치권에서 커다란 반향을 불러왔다. 특히 자유민주당 의원들(Liberal Democrats)와 기독민주당(Christian Democratic Party)의 우파 의원들은 공동의사결정제를 공공연하게 공격하기 시작했다(Faust 2012, 159).

정치권의 공동의사결정제에 대한 개혁 논의는 2005년 게르하르트 슈뢰더(Gerhard Schröder) 정부하에서 '공동의사결정제 위원회(Mitbestimmungskommission)'의 활동에 집약되어 있다. 이 위원회는 산업 대표들과 학자 전문가들을 대표해서 구성되었다. 독일 고용주 단체들(BDI, BDA)의 대표들은 '공동의사결정제 위원회'가 구성되기 이전부터 자신들의 명확한 입장으로 "현재의 회사 감독위원회에 노사 공동 대표가 아니라 노동의 대표가 3분의 1로 축소되어야 한다."라고 주장했다. 노동과 고용주 측 대표들이 자신들의 주장을 독립적으로 제출함에 따라 학자 전문가들은 공동 부문(common recommendation)에 대해서만 동의했다. 공동 부문은 현재 공동의사결정제의 부분적인 변형과 성공적이라고 알려진 제도의 도입으로 국한되었다(Mitbestimmungskommison 2006; Streeck and Höpner 2006).

이후 학자들의 보고서는 당시 연립정부를 구성했던 기독민주당과 사회민주당의 의원들로부터 지지를 받았다. 결국 2005년 연방 총선거에서는 공동의사결정제에 대한 신자유주의적 개혁으로 나가지 못했고 공동의사결정제의 기본 규칙을 재확인하게 되었다. 이 사이 독일에서는 신자유주의적 개혁의 인기가 사그라들기 시작했고 공동의사결정제에 대한 신자유주의적 개혁은 거의 불가능하게 되었다. 비록 독일에서는 1990년대 후반과 2000년대 초반 제도적 개혁이 주주가치에 유리한 방향으로 이루어졌지만, 공동의사결정제에 대한 법적·형식적 안정성이 다시 확인되었던 것이다(Jackson 2005, 236; Höpner 2003, 157-58).

한편 주주가치 우선주의의 도입에 대해서 독일 노조들의 태도와 전략에 주목할 필요가 있다. 독일 노동조합은 고용주 단체들의 주주가치 우선주의에 대해서 무조건적인 반대를 주장한 것은 아니었다. 독일 노동조합과 회사감독위원회에 참여하는 직장평의회의 노동자 대표들은 기존의 합의제 모델을 통한 '의사소통제'를 유지하기 위해서라도 주주가치에 친화적인 모습(shareholder-friendly)을 보였다(Höpner 2003). 노동조합과 직장평의회 대표들은 적극적인 개혁 대안으로 '공동의사결정제의 전제조건과 수단'으로서의 기업 운영의 투명성(transparency)을 강조했고, 이것은 개혁 논의 과정에서 노동자 대표들의 목소리에 정당성을 실어 주었다(Höpner 2007, 413; Jürgens, et al. 2008, 74).

결국 1990년대 후반 이후 이루어진 독일의 기업지배구조 개혁 논의는 기업 투명성의 제고(increasing transparency)와 함께 고용주와 경영인들에 대한 감독위원회의 역할과 권한을 강화하고 경영위원회(management board)와 감독위원회 간의 보다 긴밀한 협력을 강조하는 방향으로 나아갔다. 이 개혁으로 인해 노동자 대표들이 참여하는 감독위원회는 단순히 과거 지향적이고 수동적인 감독기관(retroactively controlling body)이 아니라 생산 세계화 과정에서 회사의 유효한 발전 방향에 대한 대안을 적극적으로 제시하는 미래 지향적 자문기관(a forward-looking advisory body)으로 변화했던 것이다. 감독위원회는 해외 투자와 같이 위원회의 승인을 필요로 하는 주요 거래와 회사 내의 주요 사항을 미리 의제화하고 규정하는 역할을 적극적 수행함으로써 미국 기업들처럼 세계화 과정에서 단순히 자본의 일방적 결정에 따르기보다는 노동을 위시한 이해관계자들의 적극적인 참여와 사회적 조정을 가능하게 했다. 한 경험 조사에 따르면, 이것은 감독위원회가 회사의 발전 전략을 적극적으로 제시하는 역할을 하게 되었다는 것을 의미한다. 독일의 주요 거대 상장 주식회사들(Joint Stock companies, AG)의 감독위원회에 참여하는 노동자 대표들의 60% 이상은 감독위원회를 미래 지향적 고문위원회로 간주하고 있다. 그리고 응답자의 다수(70.6%)는 이러한 변화된 감독위원회와 공동의사결정제가 회사의 전략 결정에 영향을 미치게 되었으며(52.9%) 결정의 질을 높일 뿐만 아니라 '사회적 통합'(64.7%)에 기여한다고 평가하고 있다(Jürgens, et al. 2008, 52-54, 96-105; Gerum 2007).

결국 독일의 공동의사결정제와 감독위원회의 새로운 역할 조정으로 독일은 새로운 사회적 조정 체제를 발전시킬 수 있었다. 독일의 기업지배구조 개혁을 둘러싼 논의는 감독위원회와 공동의사결정제의 권한 강화로 귀결되었다 기업지배구조 개혁의 결과는 기업 투명성의 제고와 함께 매니저에 대한 감독위원회의 권한 강화로 귀결되었고, 감독위원회의 모든 권한 강화는 곧 공동의사결정제의 강화를 의미했다. 물론 이러한 개혁은 노동자 직장평의회와 노동조합들에 의해 적극적인 환영을 받았다(Höpner 2007, 413). 독일에서 금융화에 따른 기업지배구조의 개혁은 결국 독일의 합의제 모델을 새롭게 하고 보다 강화하는 경향을 보여주었다(Faust 2012, 160-61).

2) 미시적 차원의 협의 정치

노동분업과 노사 정치[8]

독일이 세계화와 금융화에도 불구하고 성공적으로 새로운 사회적 조정 체제를 수립할 수 있었던 것은 단순히 전국적 차원의 정치에서 법적으로 공동의사결정제를 유지했기 때문만이 아니다. 공동의사결정제라는 공간이 주어진다 하더라도 유효한 전략과 대응이 부재하다면 노동과 이해관계자들이 참여하는 사회적 조정은 불가능했을 것이다.

세계화 과정에서 독일 노동조직의 적극적인 건설적 개입이 독일의 새로운 적응 모델을 창출하는데 크게 기여했다. 독일의 노동조직은 기업의 해외 이전에 대해서 단순히 저항하거나 기존의 중앙집중적 모델을 유지하는 데 집착하지 않았다. 오히려 기존의 중앙집중적 협상이 약화되고 생산지 논쟁을 둘러싸고 노동이 점점 수세적으로 몰리는 상황에서도 독일의 노동조직은 기업의 경쟁력을 위한 보다 건설적인 대안을 제시하고 이를 구체화하려는 과정에서 조직의 정당성을 획득했을 뿐만 아니라 새로운 적응 모델을 창출할 수 있었던 것이다.

독일 기업들의 세계화는 미국 기업들의 세계화와 달리 본국의 주력 산업에서 산업 공동화나 고용 축소로 귀결되지 않았다. 오히려 해외 생산의 확장과 함께 국내 경쟁력을 강화하여 본국의 수출을 촉진하고 국내 고용을 유지하고 향상시키는 방향으로 발전했다. 독일 기업들은 생산 세계화 과정에서 본국 생산의 지속적인 업그레이드를 통해 새롭게 창출한 글로벌 생산 네트워크에서 본국의 역할을 지

---

8   이 절은 기본적으로 『국제정치논총』 2012년 제52집 1호에 실린 저자의 논문 일부와 *Politics & Society* 2012년 12월호에 실린 저자의 논문 일부에서 세계화 과정에서 독일 노동의 정치 부분에 기초하여 수정 보완했다. Kwon(2012), "생산의 세계화와 노동의 정치," 『국제정치논총』 52, no. 1: 233-38; (2012), "Politics of Globalization and National Economy: The German Experience Compared with the United States," *Politics & Society* 40, no. 4: 589-92 참조.

속적으로 재조정하고 보다 향상된 국제분업 관리 체계를 수립할 수 있었다. 그런데 주목해야 할 사실은 이와 같은 국내 산업의 업그레이드가 국가의 단일한 계획이나 독일 자본의 애국심과 민족주의에 의해서라기보다는 다음의 사례에서 보듯이 국내의 다양한 이해관계자들, 특히 노사 간의 지속적인 집단적 협의와 정치적 타협에 의해 이루어졌다는 점이다.

독일의 세계화가 이렇게 국내 생산의 업그레이드를 통해서 국내 경쟁력을 강화했는지를 보여주기 위해서 여기에서는 독일의 고급차(Klassenwagen) 생산업체보다는 일반 대중차(mass cars)를 생산하는 폭스바겐의 사례를 중심으로 살펴볼 것이다. 독일의 고급차를 생산하는 비엠더블유나 메르세데스 벤츠의 경우는 이미 상당한 정도의 수직적 분업 능력을 가지고 있기 때문에 미국의 자동차 회사와 비교하기에는 다소 부적절할 수 있기 때문이다.

그런데 폭스바겐의 경우만 하더라도 1990년대 후반이 되면서 본국과 해외 생산지 간에 직접적인 생산지 경쟁이 점점 더 강해지는 영향을 보여준다. 노동의 입장에서는 동유럽의 생산지와 독일 본국의 생산지 간의 직접적인 경쟁에 따라 본국 생산을 상실할 위기에 직면한 상황이었다. 사실 1990년대 초반까지만 하더라도 동유럽의 생산에 비해 독일 본국의 생산은 대단히 높은 기술적 격차를 보여주었기 때문에 동유럽으로의 생산 이전 가능성은 독일 본국의 생산에 커다란 위협이 되는 수준이 아니었다. 그러나 1990년대 중·후반 이후 폭스바겐이 동일한 플랫폼의 도입과 부품의 표준화를 통해서 점점 더 병렬적인 국제분업구조를 구축하기 시작함에 따라 독일 본국의 생산과 동유럽과 같은 해외 생산이 직접적인 생산 유치 경쟁에 돌입하게 되었던 것이다.

그런데 주목할 만한 사실은 본국과 해외 생산지 간의 직접적인 생산지 경쟁에도 불구하고 독일의 금속노조와 폭스바겐 직장평의회(Volkswagen Works Council) 같은 노동조직이 단순히 회사 경영진의 세계화와 글로벌 전략에 반대한 것이 아니라 회사 차원에서 경영진과의 적극적인 협상을 통해서 보다 나은 대안을 찾으려는 시도를 했다는 점이다. 특히 독일의 공동의사결정제라는 법적 제도에 기초하여 기업의 주요 결정에 접근할 수 있었던 직장평의회들은 경영진의 글로벌 전략을 수용함과 동시에 보다 나은 세계화 방식의 대안을 제시함으로써 국내 생산을 업그레이드하는 데 기여했다.

폭스바겐 직장평의회는 1993년 기업의 위기 이후 경영진의 글로벌 전략에 대해서 기존의 직접적인 반대나 수세적인 입장을 포기하고 경영진과의 적극적인 협상을 통해서 보다 효율적인 생산의 대안을 모색하고자 했다. 폭스바겐의 노동자 조직(금속노조와 직장평의회)은 미국의 노동조합과 같이 경영진의 세계화 전략에 무조건적인 반대와 저항을 한 것은 아니었다. 오히려 1993년 폭스바겐이 위기에 처했을 때 직장평의회는 새로운 경영진의 전략인 세계화와 동일한 플랫폼에 기초한 전략을 적극적으로 지지했다. 당시 폭스바겐이 관료주의적 병폐 등 여러 가지 불합리한 생산조직으로 인해 국제 경쟁에서 버티기 어려운 상황에 직면해 있었기 때문이다. 그러나 폭스바겐 직장평의회가 세계화, 플랫폼 전략, 그리고 벤치마킹 등 회사의 새로운 전략을 그저 수동적으로 받아들인 것은 아니었다. 직장평의회는 공동의사결정제를 통해서 회사의 주요 결정에 적극적으로 개입하고 협상함으로써 새로운 전략을 수립해 갔다.

사실 1990년대 중반 폴란드의 포잔 지역에 상용차 생산을 위한 투자를 확대하는 것까지는 독일의 노동에 그렇게 위협적이지 않았다. 왜냐하면 기술 수준의 차이가 충분히 보장되는 국제분업이었기 때문이다. 보다 구체적으로 보면, 폭스바겐은 1993년 폴란드의 상용차 생산업체인 타르판(Tarpan)과의 합작으로 기존에 독일의 하노버에서 생산하던 상용차(Nutzfahrzeuge)를 폴란드의 포잔에서 생산하기 시작했고 1996년에는 폴란드의 생산기지를 완전히 인수하여 2000년대 초반부터는 그곳을 기존의 완전 조립(CKD) 방식에서 독립적 통합 생산기지로 전환했다. 그러면서 독일 골프(Golf) 모델의 플랫폼과 동일한 플랫폼을 사용하는 새로운 국가 납품 차량인 캐디(Caddy)라는 신차량을 독자 생산하기 시작했다. 이러한 과정은 폴란드의 생산기지가 독일의 생산기지와 수평적 분업구조를 이루어 직접적인 경쟁을 초래하는 것처럼 보여 본국의 생산기지의 입장에서 대단히 위협적인 것처럼 여겨졌다. 그러나 2000년대 후반의 시점에서 보았을 때 결과적으로 폴란드에서의 생산은 독일의 하노버 생산기지에 위협적으로 작용하지 않았다. 왜냐하면 폴란드 생산 차량과 하노버 생산 차량 간의 전문화와 분업화가 이루어졌기 때문이다. 하노버는 T5 변종을 생산한 반면 폴란드는 국가 납품 차량인 캐디와 비교적 저가의 밴 차량을 생산하는 데 치중했다. 다시 말해 1990년대 중·후반까지는 독일의 본국 생산기지 입장에서 아직 여유가 있었다고 할 수 있다.

그러나 병렬적 분업구조와 해외 생산지와의 직접적인 생산지 경쟁이 본격적으로 나타난 것은 1999년경에 고가의 SUV 차량의 생산지를 두고 독일 본국과 동유럽 생산지 간에 경쟁이 붙었을 때이다. 당시 폭스바겐 회사 측과 노동조직 간에는 SUV 차량인 투아렉 (Touareg)의 생산지를 두고 첨예한 대립을 수개월간 지속했다(Jürgens and Krzywdzinski 2010, 53-54; Klobes 2005, 177). 당시까지 노동조직과 경영진 사이에는 "고부가가치 차량은 독일에서, 저가 차량은 동유럽에서 생산한다"는 것이 암묵적으로 합의되어 있었다. 그래서 노동 측에서는 고부가가치 차량이라고 할 수 있는 SUV의 생산은 당연히 독일에서 이루어질 것이라고 예상하고 있었다. 그러나 독일의 하노버 공장(Honnover Plant)은 폭스바겐 경영진들이 요구한 생산비용 요건을 맞출 수 없었다. 회사 경영진의 관점에서는 회사도 다른 자동차 회사와의 경쟁에서 살아남기 위해서는 SUV 차량이라 하더라도 경제적 비용에서 경쟁력을 갖추어야 했다. 이에 대해 노동조직은 '만약 고가의 SUV 생산을 이번에 놓친다면 향후 새로운 고가 모델을 생산할 기회가 있을까' 하는 위기의식을 느꼈다. 그래서 금속노조와 폭스바겐 직장평의회는 온 힘을 기울여 투아렉 생산을 유치하려 했다. 하지만 결과는 패배였다. 회사의 사활이 걸린 비용 경쟁력이라는 관점에서 회사 경영진은 꿈쩍도 하지 않았다. 노동자 대표들은 결국 투아렉의 생산을 슬로바키아의 블라티슬라바 공장(Bratislava plant)에 양보하지 않을 수 없었다. 그러나 노동조직이 완전히 백기를 든 것은 아니었다. 협상 과정에서 투아렉 생산을 양보하는 대신 새로운 자동차 생산 프로젝트를 위한 협상을 새롭게 시작하기로 했던 것이다. 그것이 '벤치마킹 5000 x 5000 프로젝트(Benchmark Production 5000 x 5000)'이다. 벤치마킹 5000 x 5000 프로젝트는 독일 생산지를 업그레이드하기 위한 전략을 구체적인 협상을 통해서 만들자는 계획이었다.

벤치마킹 5000 x 5000 프로젝트에 기초하여 폭스바겐은 오토 5000이라는 독자적 기업을 조직했는데, 이 회사의 수립은 다른 어떤 기업보다 독일 전역에서 대중적 관심을 불러모았다. 2001년 오토 5000의 수립에서부터 2009년 성공적인 폭스바겐 본사와의 결합에 이르는 전 과정이 학계와 일반 대중에 초미의 관심을 불러모았던 것이다. 왜냐하면 해외 생산의 확장에 따른 독일의 생산지 논쟁을 배경으로 "강력한 노조와 경직된 협상구조하에서 과연 독일은 생산을 유지할 수 있을까"라는 질문에 대한 중요한 시험 사례(a test case)였기 때문이다. 결론적으로 말하자면, 폭스바겐의 오토 5000 프로젝트의 성공은 세계화 과정에서 독일의 사회적 조정 모델의 대안을 보여주었다.

오토 5000은 증가하는 해외 생산지와 경쟁하기 위해 독일 내에서도 경쟁력 있는 생산이 가능하다는 것을 보여주기 위해 폭스바겐 직장평의회와 금속노조의 적극적인 제안과 함께 경영진과의 협상을 통해서 독립적 조직으로 설립한 회사이다. 오토 5000이 생산하기로 한 투란(Touran) 차량은 원래 동유럽에서 생산하기로 했던 것이다. 그러나 직장평의회, 금속노조, 그리고 폭스바겐 경영진은 임금뿐만 아니라 생산방식에서도 경쟁력을 확보할 수 방법을 찾아냄으로써 이를 독일에서 오토 5000이 생산하기로 합의했다. 오토 5000은 폭스바겐의 대주주라고 할 수 있는 니더작센 주정부의 요구를 받아들여 투란을 생산하기 위해 자동차 생산에 별로 경험이 없는 실업자 약 3,500명을 고용했다. 그 뒤 약 6개월의 훈련을 거친 뒤에 2002년 11월부터 투란을 생산하기 시작했다.

오토 5000은 이후 독일에서 생산했음에도 불구하고 경제적으로 큰 성공을 거두었다. 2004년 산업사회학으로 유명한 괴팅겐 대학의 사회학연구소(the Sociological Research Institute: SOFI)가 수행한 중간평가에 따르면, 오토 5000은 이미 많은 이윤을 창출하는 데 성공했을 뿐만 아니라 생산의 효율성과 자동차의 품질에서 엄청난 성과를 보여주었다.

이러한 오토 5000의 경제적 성공은 단순히 폭스바겐의 일반 노동자들에 비해 낮은 오토 5000의 노동자들의 임금 때문은 아니다. 오토 5000은 경쟁력을 가지기 위해 초기 임금협상에서 노동자들의 임금을 폭스바겐 노동자들에 비해 약 20% 낮게 책정했다. 그러나 오토 5000 노동자의 임금은 독일의 일반 금속 산업의 임금협상(Metall-Flächentarifvertrag)에서 나타난 기술직 노동자들(skilled workers)의 평균 임금 수준과 유사한 것으로 결코 작은 것은 아니었다. 폭스바겐 노동자들의 임금이 금속 산업의 임금협상과 별도로 회사 내부의 임금협상(Volkswagen house agreement, Haustarifvertrag)에 의해 규정되어 상대적으로 높았을 뿐이다. 그러나 비록 출발에서 오토 5000 노동자의 임금이 폭스바겐의 다른 노동자들에 비해 다소 낮았지만 오토 5000의 투란 판매에서 거둔 성공에 기초하여 보너스와 임금이 매년 상승함으로써 그 차이는 메워졌고, 마침내 2009년 1월에는 오토 5000이 폭스바겐에 완전히 통합되어 임금협상도 단일화되었다.

오토 5000이 경제적으로 성공을 거둔 이유는 단순히 폭스바겐의 일반 노동자에 비해 임금이 낮았기 때문이라기보다 오히려 오토 5000이 생산 과정에서 보여준 지속적인 혁신 때문이라고 할 수 있다. 생산 과정과 품질에서 지속적인 혁신을 통해 오토 5000의 이윤은 매년 25%씩 상승했다. 오토 5000은 생산공정의 혁신에 초점을 두고 경쟁력을 향상시켰던 것이다(Schuman, Kuhlmann, Sanders, and Sperling 2006a, 304-306; Schumann 2008, 379-86).

오토 5000 생산의 핵심 성공 비결은 경영진, 직장평의회, 나아가 사회학연구소, 산업연구소 같은 외부 전문가들이 포함된 집단적 협의를 통해서 지속적인 생산성 향상을 이루었다는 점이다. 이러한 집단적 숙의 과정을 통해서 오토 5000은 노동자들이 혁신적 잠재 능력을 충분히 발휘할 수 있도록 함으로써 지속적인 혁신을 이룰 수 있었다. 구체적으로 보면, 오토 5000의 생산 모델에 대한 결정부터 회사 경영진, 직장평의회, 그리고 금속노조가 공동 참여하고 독일의 대표적 산업사회 연구소인 사회학연구소가 함께한 토론을 통해 노동을 새로이 재조직했다.

오토 5000의 생산방식은 미국식 테일러주의적 대량생산체제와 다를 뿐 아니라 일본의 도요타이즘과도 구별되는 새로운 생산조직 방식이다(Schumann et al. eds. 2006b). 그 핵심은 집단적 토론을 통해 지속적으로 혁신 가능한 조직을 만드는 것이다. 오토 5000은 회사 조직의 위계를 세 단계로 단순화하고 여기에 여러 기능을 아우르는 수평적 조직구조하에서 집단적 협의를 발전시키면서 직·간접적 가치 창출 과정의 자율적인 혁신과 상호 간의 협의와 타협을 유도하는 방식을 채택하고 있다. 이러한 조직구조는 생산 혁신과 생산과정의 최적점을 찾아가는 과정에서 모든 노동자들이 함께 참여하고 결정하도록 하는 것을 강조한다.

오토 5000 생산의 또 다른 특징은 '학습 공장(Learning plants, Lernfabriken)'에 대한 강조이다. 우선 오토 5000은 초기 6개월에 걸친 직업 훈련과 함께 지속적인 노동자 훈련을 발전시켰다. 회사 측과 노동조합의 합의에 기초하여 노동자들은 다른 자동차 회사들의 훈련과 비교하면 월등히 많은 주당 3시간의 직업 훈련에 참여했다. 더구나 오토 5000은 노동과 학습을 체계적으로 결합시켰다. 오토 5000은 생산라인 바로 옆에 커다란 회의실을 만들어 놓고 수시로 경영자들, 엔지니어들, 다양한 기능 전문가들과 생산직 노동자들이 서로 모여 함께 생산을 향상시킬 방법을 토의하도록 했던 것이다. 이러한 집단적 심의는 노동자들의 능력뿐만 아니라 생산에서 새로운 효율적 방법을 찾아내는 데 대단히 유효했다.

경험적 조사에 따르면, 실제로 오토 5000은 생산의 효과적 조직화로 약 3분의 1의 비용 절감 효과를 보았다고 한다. 그리고 품질과 생산성에서 엄청난 향상을 거두면서 폭스바겐 경영진은 새로운 SUV인 티구안(Tiguan)의 생산을 오토 5000에 맡겼고, 오토5000은 2007년 8월부터 티구안의 생산을 시작했다.

오토 5000의 성공은 신자유주의자들의 주장과 달리 생산 세계화 과정에서 독일 같은 고임금의 선진국도 여전히 생산을 유지하고 경쟁력을 가질 수 있는 가능성을 보여주었다는 데 커다란 의미가 있다.

또 다른 독일 본국의 생산과 해외 생산지 간의 직접적 경쟁 사례는 아우디(Audi)의 엔진 생산을 두고 벌인 동유럽과 독일의 경쟁이었다. 폭스바겐의 엔진 생산은 어느 부문보다도 가장 병렬적 생산 분업하에 이루어지고 있기 때문에 직접적인 생산지 경쟁을 보여주는 좋은 사례라고 할 수 있다. 1990년대 초까지 폭스바겐은 독일의 잘츠기터와 잉골슈타트에서 각각 폭스바겐과 아우디 차량에 들어가는 엔진을 생산했다. 그런데 1990년대 전반에 위기가 오자 폭스바겐은 1990년대 중반부터 구동독 지역인 켐니츠에서 엔진을 생산하기 시작했고, 1990년대 후반부터는 아예 동유럽에 엔진 공장을 짓기 시작하면서 새로운 국제 분업을 도입했다. 또한 아우디는 1994년 헝가리의 죄르에서 엔진 공장을 운영하기 시작했는데, 차츰 헝가리 공장의 생산을 확장하여 1990년대 말에는 독일 잉골슈타트의 엔진 생산을 헝가리로 이전했다. 헝가리로의 생산 이전을 시작으로 잉골슈타트의 엔진 생산은 점점 줄어들었고 2000년에는 결국 생산이 중단되었다. 폭스바겐 경영진은 처음에 아우디 엔진만 헝가리의 죄르에서 생산할 것이라고 약속했지만 곧 잘츠기터에서 생산하던 골프 플랫폼 차량의 가솔린 엔진도 헝가리로 서서히 이전했다. 잘츠기터 직장평의회는 디젤 엔진은 잘츠기터에서, 가솔린 엔진은 헝가리에서 생산하는 국제적 분업을 희망했다. 그러나 결국 1997년 디젤 엔진의 생산을 두고 잘츠기터와 헝가리의 죄르 간에 경쟁이 붙는 상황으로 돌입했고 생산의 일부가 헝가리로 이전되었다. 요컨대 잉골슈타트에서는 엔진 생산을 중단했고 잘츠기터에서는 생산을 축소했다.

그러나 이것은 독일 생산지들의 생산 축소를 의미하지는 않는다. 잉골슈타트에서는 오히려 다른 부분(예를 들어, 어셈블리)에서 생산 인력이 확대되고 재배치되었다. 그 결과 잉골슈타트의 1994년 고용은 22,391명이었는데 엔진 생산이 종료되고 나서 2년 뒤인 2003년에는 40% 증가한 31,013명으로 확대되었다. 잘츠키터의 사례도 이와 유사하다. 이러한 독일 생산지의 발전은 앞에서 본 오토 5000의 사례와 유사하게 노동자 직장평의회와의 협의를 통해 이루어진 것이다.

보다 주목할 만한 사실은 독일의 잘츠기터와 동유럽의 엔진 생산기지 간에도 여전히 새로운 수직적 보완 관계를 관찰할 수 있다는 것이다. 즉, 독일의 잘츠기터는 한 단계 높은 생산 능력을 보유하고 있다. 잘츠키터는 엔진 몸체, 파이프, 펌프, 그리고 기둥 등을 포함한 주요 부품을 모두 생산한다. 그래서 동유럽의 엔진 생산이 늘수록 독일의 부품 수출이 증가했다. 즉, 동유럽은 엔진 생산기지로 변화하고 독일은 엔진의 핵심 부품 생산 지역으로 변화하면서 동유럽의 엔진 생산이 독일의 핵심 부품에 의존하는 형태로 발전했던 것이다. 예를 들면, 2005년 헝가리에서 생산된 엔진 가치의 약 36%에 해당하는 부품이 독일로부터 수입되었다. 이러한 형태의 수직 보완적 분업은 고가의 제품과 저가의 제품으로 나뉘는 '수직적 상품 전문화(complementary production specialization)'와는 달리 한 상품의 생산단계별로 나뉘는 동서 유럽의 분업, 고기술-고부가가치 부분과 저가의 노동집약적 부분 간의 분업으로 나타나는 '생산단계의 수직적 전문화'라고 할 수 있다.

요컨대 폭스바겐은 미국 기업들처럼 생산 세계화 과정에서 생산지 비교 벤치마킹과 경쟁, 그리고 글로벌 아웃소싱 등 시장적 원리를 도입했지만 미국 기업들과 달리 시장적 통제를 주요 이해관계자들 간의 협력과 사회적 조정을 통해서 구성해 가는 '시장의 정치화(politicization of market control)'를 실현함으로써 오히려 경쟁력 있는 대안을 제시할 수 있었던 것이다. 특히 오토 5000과 아우디의 엔진 생산을 둘러싼 새로운 사회적 조정은 강력한 노동조합과 집단적 협상으로 인해 독일이 더 이상 유효한 생산지가 아니라는 신자유주의자들과 일부 경영진들의 주장을 반박하는 실질적으로 유효한 대안을 제시했다는 데 의미가 있다.

독일의 금속노조는 폭스바겐의 오토 5000 모델에 힘입어 고용주들의 생산지 이전(production relocation) 위협에 대한 대안으로 노동자들이 회사 차원의 협상에 적극적으로 참여하도록 허용했다. 특히 2008년 이후 세계적인 금융위기를 계기로 독일 내에 들어와 있는 다국적 회사들의 위기가 부각되자 금속노조의 적극적인 노력으로 폭스바겐의 모델을 적용해서 새로운 생산 모델을 수립하자는 움직임이 더욱 힘을 얻었다.

예를 들면, 독일에 있는 오펠(Opel)이 위기에 처하자 폭스바겐처럼 독일 내 생산지의 주정부들과 연방정부의 구제 참여를 계기로 오펠의 소유권을 지엠에서 독립시키고, 나아가 직장평의회와 노동조합이 참여하여 경영진과의 전략적 파트너십(strategic partnership)을 발전시킴으로써 새로운 혁신적 생산방식을 통해 국내 생산을 업그레이드하자는 논의가 진행되었다. 또 다른 예로, 쉐플러(Schoeffler) 같은 가족경영 중심의 중소 부품업체가 위기에 처하자 금속노조가 적극적으로 개입하여 직장평의회의 설립과 공동의사결정제를 도입하고 이를 기반으로 새로운 파트너십을 발전시킴으로써 국내 경쟁력을 향상시키기 위해 공동으로 노력하기도 했다.

뿐만 아니라 공동의사결정제를 바탕으로 한 노사 간 전략적 파트너십은 독일에서 직장평의회와 경영진 간에 맺어진 많은 '고용안정협약(Beschäftigungspakte)'에서도 중요한 역할을 했다. 2000년대 생산 세계화와 더불어 독일에서는 회사 단위에서 고용안정협약이 널리 퍼지게 되었는데, 2000년대 중반 직장평의회가 있는 독일 내 모든 회사의 약 3분의 1에서 이러한 협약이 채택되었다. 토마스 하이페터(Thomas Haipeter)의 연구에 따르면, 금속 부문(metalworking)에서 2004년에서 2007년 사이에 이루어진 고용안정협약은 850건에 달했고 2008년에는 885건, 2009년에는 743건으로 그 수가 크게 증가했다(Kwon 2012, 592-93).

고용안정협약은 상호성(reciprocity)에 기초한 노사 간 정치적 교환을 기본 원칙으로 한다. 교환의 대체적 내용은 회사 측에서는 고용 안정과 이를 위한 조치로 투자 확대, 생산 물량의 약속 등을 제시하고 노동 측에서는 임금 동결이나 양보, 노동시간 연장, 유연성의 제고와 협력적인 생산의 합리화 등을 제시한다. 이는 흔히 고용 안정과 경쟁력 간의 균형을 맞추기 위한 집단적·정치적 교환으로 이해된다. 특히 1993년에서 1996년 사이 독일의 경제위기 당시 맺어진 고용협약들과 달리 2000년대 이후에 이루어진 고용안정협약은 생산 세계화와 더불어 국내 생산지의 경쟁력 향상에 초점을 두고 있어 흔히 "경쟁력 향상의 연대(Wettbewerbskoalitionen)"라고도 한다.

여기서 특히 주목해야 할 사실은 회사 단위의 고용안정협약의 확산이 영미식 탈집중적·신자유주의적 노사관계로 수렴되기보다는 생산 세계화에 대한 적극적 대응으로 노동조합을 더욱 강화하는 방향으로 작용했다는 것이다. 물론 회사 단위에서 산별 단체협약을 수정할 수 있도록 한 것은 결국 생산 세계화와 더불어 경영진과 고용주의 힘이 우위에 있다는 사실을 보여준다. 그러나 독일의 노동자 조직들은 비록 수세적인 상황에도 불구하고 구체적인 협상 과정에 적극적으로 개입함으로써 힘과 정당성을 얻어 갔다.

독일법은 산별 차원에서 이루어진 노사 간 합의를 회사 측이 기업 차원에서 변경하려 할 때 협약을 변경하는 것을 정당화하도록 강제하고 있다. 하이페터의 경험적 연구에 따르면, 독일의 주력 산업인 금속 산업과 화학 산업의 회사들은 회사 단위로 협약을 변경하기 위해 산별 단위 노동조합에 먼저 회사의 경제적 상황에 대한 보고서를 제출해야 한다. 그러면 노동조합은 그 보고서들의 타당성을 검토하고 이에 기초해 회사의 요구를 어떻게 다룰지 제안한다. 이러한 협상 과정에서 직장평의회는 노동조합의 지지와 힘을 빌림으로써 협상력을 향상시키고 회사의 경영진과 거의 동등하게 자신의 요구를 강제하거나 제3의 건설적 타협안을 제시하기도 한다. 이는 독일의 이중적 노사관계 구조가 단순히 기업 단위로 해체되는 것이 아니라 세계화 과정에서 사회적 조정을 위해 결정적으로 중요한 역할을 하기도 한다는 것을 보여준다.

결국 독일은 미국과 유사하게 기업들이 금융화와 세계화를 추진함에도 불구하고 미국과 달리 이해관계자들의 집단적 협상과 사회적 조정을 통해서 전통적 전문 생산체제와 구별되는 새로운 고부가가치의 혁신적 생산체제를 수립할 수 있었던 것이다.

연구개발과 공동의사결정제

독일에서는 미국과 달리 세계화 과정에서도 사회적 조정을 통해 본국의 생산과 혁신 역량을 강화할 수 있었다. 이러한 사회적 조정이 가능했던 이유는 앞에서 살펴보았듯이 독일의 독특한 제도인 공동의사결정제를 통해서 노동조합과 직장평의회가 기업의 주요 결정에 참여할 수 있는 공간이 제도적으로 마련되었을 뿐만 아니라 노동조직을 위시한 주정부와 사회단체와 연구소 같은 이해관계자들이 회사 측과 구별되는 유효한 대안을 창출할 수 있었기 때문이다. 특히 혁신적 대안을 창출하는 과정에는 연구개발 부문에 종사하는 연구직 종사자들과 일반 노동자의 연대가 절대적으로 중요했다. 사실 독일에서는 전통적으로 연구개발 종사자와 일반 노동자들 사이에 긴밀한 협력적 관계가 부재했는데, 금융화에 기초한 '주주가치 우선주의'와 투쟁하는 과정에서 연구직 종사자와 일반 노동자 간에 새로운 사회적 연대가 창출되었던 것이다. 그래서 독일에서는 미국과 유사하게 금융화 흐름이 있었지만 '주주가치 우선주의'가 완화되었던 것이다. 여기에서는 어떻게 연구개발 종사자와 일반 노동자들 간의 사회적 연대가 창출되었는지 구체적으로 살펴보고자 한다.

우선 주목할 만한 사실은 전통적으로 독일에서는 연구개발 부문 종사자들과 직장평의회에 기초한 일반 노동자들 사이에 협력적 연대보다는 긴장과 갈등 관계가 주를 이루었다는 점이다. 공동의사결정제의 직장평의회 대표들은 주로 생산직 혹은 사무직 근로자들이 지배적이었고 연구직 종사자들은 직장평의회에서 과소 대표되는 경향이 있었다. 연구원들은 주로 직장평의회에 정치적으로 나서는 것을 주저하면서 공동의사결정제에 자신들의 이해가 과소 대표되는 것에 불만이 많았다. 반면 일반 노동자들은 연구개발 부문 종사자들의 임금과 노동조건이 단체협상에 기초한 업무체계나 임금체계에서 벗어나기 때문에 자신들의 협상력을 약화시킨다는 비판적인 시각을 가지고 있었다(Kädtler et al. 2013, 132, 214). 그렇다면 직장평의회의 일반 생산직 노동자들과 연구원들은 어떻게 새로운 사회적 연대를 창출할 수 있었는가?

전통적인 긴장에도 불구하고 세계화와 더불어 벌어지는 기업의 해외 이전 가능성이라는 새로운 상황에서 직장평의회와 연구개발 부문은 새로운 관계를 모색하게 되었다. 그리고 금융화에 따른 기업 내부의 합리화 경향은 연구개발 부문뿐만 아니라 생산 부문에서도 비용 절감 등의 압력으로 작용했다. 특히 생산 세계화와 함께 비용 절감은 곧 생산기지의 해외 이전 위협으로 나타났다. 세계화와 금융화에 따른 비용 절감의 압력과 해외 이전 위협은 연구 부문 종사자와 직장평의회의 일반 노동자들이 공동으로 겪는 새로운 도전으로 이들 사이에 연대의 계기를 마련했던 것이다.

독일에서 직장평의회를 위시한 노동조직은 미국의 노동자들처럼 해외 생산 이전에 대해 직접적으로 반대하기보다는 앞에서 이미 살펴보았듯이 해외 생산기지와 경쟁하기 위해서 "국내 생산기지의 생산과 혁신 역량을 업그레이드하자"라고 주장하는 방향으로 나아갔다. 독일의 '현지 생산 안정화 협약(Standortsicherungsvereinbarungen)'이라는 틀에서 거의 모든 독일 기업은 협상과 재조정을 했다. 이러한 협상 과정은 단순히 일반 노동자들만의 문제는 아니었다. 세계화와 경쟁이 격화되는 상황에서 회사의 새로운 전략을 집단적으로 수립하려는 과정에서 연구개발과 혁신 부문도 당연히 주요한 의제가 되었다. 연구개발 부문 종사자들도 회사의 새로운 전략을 수립하는 과정에서 "연구 부문에서 어떻게 혁신을 구체화할 것인지", 그리고 "연구개발 부문에서 어떻게 조직적 인력을 배치해야 할지"를 두고 회사와 적극적으로 협상했다. 이러한 집단적 협의 과정에서 공식적·비공식적 공동의사결정기구의 활동 방법과 방향도 회사 내부의 토론과 분석 대상이 되었다. 연구와 생산의 혁신 방식뿐만 아니라 집단적 논의를 위한 공동의사결정 방식과 방향도 재조정의 대상이 되었던 것이다(Bispinck and Dribbusch 2011; Ackermann and Vollmer 1999, 156; Berthold et al 2003, 28; Rehder 2003, 35; Massa-Wirth 2007, 17).[9]

세계화에 따른 회사의 전략을 집단적으로 협의하는 과정에서 공동의 위협을 공유하는 연구개발 부문 종사자들과 직장평의회의 일반 생산직 노동자들 간에 연합이 이루어졌다. 우선 주목할 만한 사실은 비용 절감을 위해 해외 생산을 이전한다는 위협을 배경으로 직장평의회의 방향과 활동이 변화했고, 이에 생산 부문의 직장평의회 노동자들도 연구개발 부문에 대한 관심이 높아졌다는 것이다. 독일 기업의 한 경험 연구에 따르면, 회사 측에서 외주화, 연구개발 예산의 삭감과 해외 이전 문제를 제기함에 따라 직장평의회는 사측의 일방적 결정에 제동을 걸거나 적극적인 중재안을 내놓는 역할을 했다. 그리고 연구개발 종사자들도 기업의 생산기지 해외 이전은 결국 연구개발 부문의 외주화 혹은 해외 이전으로 귀결될 수 있기 때문에 이에 대해 적극적으로 대응하고자 했다. 이에 따라 과거와 달리 연구개발 부문 종사자들도 직장평의회에 적극적으로 참여하거나 직장평의회의 조정을 지지하게 되었다.

독일의 한 제약회사의 사례를 보자. 이 기업이 독일 내의 일부 연구개발 부서를 2011년까지 폐지하려고 했을 때 기업의 직장평의회

9　독일의 전통적 노사관계는 산업별 노조와 회사 단위의 직장평의회로 나누어진 이중적 체제(dual system)를 특징으로 한다. 노조는 산별 단위에서 개별 회사를 아우르는 주요 이슈에 대한 기본적인 협상을 하는 반면, 직장평의회는 회사 단위에서 산별 단위의 합의안이 제대로 이행되는지를 감독하고 노조원의 가입과 조직 동원을 주로 한다. 1980년대 중앙집중적 코포라티즘이 강조될 때에 직장평의회의 협상은 거의 의미가 없었다. 그러나 1990년대 이후 세계화와 유연생산체제의 강화로 직장평의회의 역할이 강화되었다 (Haipeter 2011a, 7-12).

가 적극 개입하여 타협안과 개선안을 제시함으로써 독일 현지 생산과 연구개발 부문의 안정화에 기여했다(Kädtler, et al. 2013, 231-32).

제약회사 B의 경우를 보면, 우선 주목할 만한 것은 소유권의 변화와 함께 금융 부문의 압력이 강화되었다는 것이다. 원래 제약회사 B는 가족 소유의 회사였는데, 외국계 거대 글로벌 회사로 소유권이 이전되면서 주식상장사로 전환했다. 그 이후 제약회사 B의 기업 전략은 점점 더 주주가치 중심(Marketing und Shareholder-Value-Orientierung)으로 바뀌게 되었다. 제약회사 B를 합병한 외국계 거대기업 본부(HQ)의 힘이 더욱 강해졌고 본부에서 정한 전략에 대해서 제약회사 B는 협상을 하기가 점점 더 어려워졌다. 그리고 생산비 절감에 대한 압력과 해외 이전 위협을 통한 압력은 비용이 많이 드는 연구개발 부문에 곧장 영향을 미쳤다. 비용 절감을 위해 사측은 2011년까지 연구개발 부문을 대폭 축소하고자 했다. 이에 해당하는 연구개발 부문 종사자는 약 400명에 달했다.

연구개발 부문 종사자들은 직장평의회 사람들과 전통적으로 갈등적 관계였지만 이 상황을 계기로 생각을 바꾸기 시작했다. 이들은 직장평의회가 거대 기업(Konzern)의 고용주 측과 대항할 수 있는 유일한 세력이라고 생각했다. 화학 프로젝트 단장의 말이다. "회사 전체회의에서 종종 회사 지도부보다 직장평의회의 목소리를 더 많이 듣게 된다"(Kädtler, et al. 2013, 232). 특히 제약회사 B의 경우 소유권 이전 과정에서 수많은 싸움과 갈등을 통해 직장평의회가 중요한 역할을 했다는 것이 집단적인 기억에서 자랑으로 자리잡고 있었다. 제약회사 B의 직장평의회는 회사의 소유권 이전 과정에서 고용 승계와 안정을 위해 현지 매니저들과 함께 협력을 추구했다. 그리고 이번에도 혁신 영역의 종사자들을 위해서 현지 매니저들과 협력해서 고용 안정을 추구했다. 제약회사 B의 연구개발 부문 종사자들의 말이다.

직장평의회는 항상 '일자리 유지(Erhaltung von Arbeitsplätzen)'와 '현지 생산의 안정화(Sicherung vom Standort)'라는 대전제를 가지고 현지 생산과 노동자들의 이익을 대변한다. 이것이 가장 주요한 방향이다. 바로 현재 지위(Status)를 유지하기 위한 성과 지속이다(프로젝트 단장).

만약 주어진 회사 영역에서 해체를 둘러싼 사측의 어떤 결정이 있다면, 직장평의회가 그 문제를 해결하기 위해 항상 매우 열성적으로 노력한다는 것을 나는 안다. 예를 들면, 지금 여기 화학 부문의 연구개발이 2011년까지 완전히 해체될 것이다. 약 400명의 종사자가 있다. 당연히 직장평의회는 완전히 개입할 것이다(그룹 단장, Kädtler, et al. 2013, 233).

제약회사 B에서 알 수 있듯이, 연구개발 부문 종사자들은 세계화와 금융화가 가져온 새로운 도전 속에서 자신들의 이해와 독일 현지의 생산 부문 노동자들의 이해가 유사하다는 것을 인식하게 되었고, 나아가 기존에 남처럼 느껴지던 직장평의회와 노동조합을 이제는 자신들의 이해를 대변해 주는 조직으로 이해하기 시작했다.

금융화와 생산 세계화에 따른 현지 생산의 위협에 대한 공동 대처 사례는 비단 제약회사 B만 있는 것은 아니다. 기계 산업 회사 C

의 경우도 유사하다. 회사 C는 10년 전쯤에 주식 상장을 하기 시작
하면서 회사 내 금융 부문의 목소리가 높아졌다. 특히 제품의 혁신
과 비용 절감에 대한 압력이 갈수록 높아졌다. 이 여파는 곧장 연구
개발 비용 절감에 대한 압력으로 나타났다. 특히 2012년 이런 압력
은 기존의 사회 파트너십에 대한 시험으로 나타났다. 과거 회사의
'현지 생산 안정화 협약'에서는 연구개발을 위한 예산을 명확히 하
지 않았다. 이후 금융 부문의 비용 절감 요구가 높아지면서 기존의
협약을 개정하고 연구개발비를 삭감하자는 압력이 높아졌다. 사측
은 이를 위해 외부 용역회사를 통해서 연구개발과 연구비 지출의 효
율성에 대한 객관적 조사와 평가를 하자고 제안했다. 그러나 이 과
정에서 직장평의회와 연구개발 종사자의 공동 노력으로 연구개발을
위한 높은 예산을 명확히 고정함으로써 현지 생산의 안정화에 성공
할 수 있었다(Kädtler, et al. 2013, 233-34).

생산 세계화와 금융화에 따른 위협에 공동으로 대처하기 위한 연
구개발 부문 종사자들과 직장평의회 사이의 협력은 기업에 따라 다
양한 형태를 보여준다. 어떤 기업의 경우는 공식적인 협약을 통해서
직장평의회가 적극적으로 연구개발 부문을 지원하기도 하고, 또 다
른 경우는 비공식적으로 양측을 매개하는 인물을 통해서 협력을 강
화하기도 한다. 공식적인 협약의 경우는 제도화의 안정성을 가질 수
잇는 장점이 있지만 연구개발 업무 평가에서 지나치게 행정적 요구
가 많아져 비효율성이 높아질 가능성도 있다. 반면 비공식적 협력
체제는 매개가 되는 인물에 지나치게 의존하여 협력의 지속성이 보
장되지 않을 수도 있다는 약점이 있다(Kädtler, et al. 2013, 236).

이러한 다양한 형태의 장단점에도 불구하고 독일 기업들에서 연

구개발 부문 종사자들과 직장평의회의 일반 생산직 노동자들 사이의 협력은 생산 세계화와 금융화에 대한 일종의 대안적 해결책으로 독일 내 '현지 생산 안정화 협약'으로 작용할 수 있었다. 이것은 미국에서 금융 부문의 이해를 대변하는 사측의 일방적 결정에 의한 비조정적 해외 이전과 대조적인 양상과 결과를 만들어 낸다.

특히 직장평의회를 둘러싼 일반 생산직 노동자들과 연구개발 부문 종사들 간의 사회적 연대는 금융자본의 일방적 주장에 대항하는 대안적 전략을 모색할 수 있는 조직적 근거를 마련한 것이라고 할 수 있다. 또한 이러한 사회적 연대는 기관투자자들의 '주주가치 우선주의'에 대항하는 연대에 현지 경영인들을 적극적으로 동참시킬 수 있는 계기를 마련하기도 했다.

우선 주목할 만한 사실은 영미 기관투자자들의 태도가 1990년대 초에 비교해서 상당히 달라졌다는 점이다. 1990년대 초에 영미 투자은행의 기관투자자들은 공동의사결정제가 주주의 권리를 침해하는 걸림돌이라는 생각을 가지고 있었다. 그러나 2000년대 후반 이후 독일에서 영미권 펀드매니저들은 결코 독일의 공동의사결정제나 사회적 조정 모델을 경제성장이나 경쟁력 향상의 제동장치(Bremsklotz)로 보지 않았다(Faust, Bahnmüller, and Fisecker 2011, 150-55). 펀드 관리자와 투자 분석가들을 대상으로 한 미카엘 파우스트(Michael Faust), 리하르트 반뮐러(Reinhard Bahnmüller), 그리고 크리스티아네 피세커(Christiane Fisecker)의 경험 연구에 따르면,[10] 앵글로

---

10 이들의 경험 연구는 주로 2005년에서 2006년 사이 독일의 거대 상장 기업들을 대상으로 질적 심층면접을 통해서 이루어졌다. 이들은 회사 내부의 금융 담당 매니저와 다른 관련 부서 매니저들을 심층 면접했을 뿐만 아니라 펀드매니저와 은행 분석가들을 대상으로

색슨 펀드매니저들은 신자유주의자들의 주장과 달리 누구도 독일의 공동의사결정제가 '투자의 장애'라고 언급하지는 않는다(Faust, Bahnmüller, and Fisecker 2011). 대신 조사 대상자들의 견해에 따르면, "독일의 공동의사결정제는 나쁘지는 않다."라는 최소 의견이거나 종종 "공동의사결정제는 오히려 회사의 발전에 긍정적 효과를 가진다."라고 만족하는 경우가 있다는 것이다(Faust, Bahnmüller, and Fisecker 2011, 154-55; Faust 2012, 167-68). 또한 웨 지르얀(Uwe Jirjahn)의 경험 연구는 회사의 공동의사결정제가 생산성에 긍정적 영향을 미칠 뿐만 아니라 기업의 이윤율과 시장 가치에도 긍정적 효과를 미친다는 것을 보여주고 있다(Jirjahn 2010).

왜 이러한 변화가 발생했는가? 왜 독일에서는 기업 내부 결정에서 '주주가치 우선주의'가 변화했는가? 독일에서 공동의사결정제에 대한 영미 투자자들의 인식이 변화한 이유는, 기관투자자들이 독일 기업들의 투자 담당자(Investor Relations: IR)와 교류하면서 독일 기업들의 실제 운영 방식을 이해하게 되었고, 처음의 선입관과 달리 공동의사결정제가 오히려 안정적인 노사관계를 유지함으로써 기업 경쟁력을 높이는 데 기여할 수 있으며 장기적으로 기업 가치의 상승에 기여한다는 사실을 인식하게 되었기 때문이다. 독일 기업을 둘러싼 미시적 정치 과정에서 인식의 변화가 일어난 것이다.

특히 독일에서 '주주가치 우선주의'의 변화는 주로 감독위원회에서 협상 과정을 통해서 나타난다. 독일에서 주주가치 원칙이 도입된 초기에 투자 단기주의에 의해 회사의 장기 발전 역량이 약화되는

인터뷰를 진행하기도 했다(Faust 2012, 151. 155-57).

것을 목도한 후 독일 기업들 내부에서는 이러한 단기주의 효과를 차단하기 위한 노력과 협상이 진행되었다. 독일의 고용주와 경영진들은 회사의 수익(returns)이 투자자들의 기대에 미치지 못하는 경우에도 단순히 주주가치의 실현이라는 일방적 관점에 따른 독단적 결정과 집행에 몰두하지는 않는다. 반대로 공동의사결정제를 통해 수익을 높이기 위한 실질적인 해결책이 무엇인지 집단적으로 논의하고 협상한다. 수익 목표를 맞추기 위해 성과가 좋지 않은 하부 단위조직들에 얼마의 시간을 주어야 하는가, 보다 나은 결과가 나오기 위해 어떤 조치가 취해져야 하는가, 단순 비용 절감의 대안, 특히 노동비용 삭감의 대안은 존재하는가, 만약 없다면 노동자 해고는 회피할 수 있는가 등과 같은 질문에 대해 집단적으로 함께 논의하고 결정한다. 예를 들면, 한 노조 대표에 따르면 노동력의 삭감을 피하기 위해 기존의 아웃소싱을 다시 회사 내로 돌리는 사안을 논의했다고 한다. 회사의 일부 조직을 팔지 혹은 합병할지 혹은 아웃소싱을 할지 등을 회사 감독위원회에서 공동으로 결정한다는 것이다(Faust 2012, 174-76; Faust, et al. 2011, 107-38).

독일 기업들의 투자 관련 매니저들은 독일의 공동의사결정제에 생소한 외국인 투자자들의 입장을 그대로 받아들이는 것이 아니라 오히려 이들이 걱정하는 여러 요소가 근거가 없고 오히려 공동의사결정제가 투자자의 이익에 잘 부합한다는 것을 적극적으로 설득하려고 한다. 공동의사결정제는 필요한 인력 감축 프로그램을 결코 막지 않는다. 반대로 공동의사결정제가 없으면 경영인들은 보다 더 큰 저항에 직면하게 되고 인력 감축에 시간이 더욱 많이 소요될 것이라고 주장한다. 심층 인터뷰 과정에서 한 투자 관련 경영자(investor

relations manager)는 자신이 기관투자자들을 만났을 때 어떻게 하는
지 잘 설명하고 있다.

나는 무엇보다 우리 산업에서 이것(공동결정제)이 어떻게 역사적으
로 발전했는지 설명한다. 우리의 주요 경쟁 회사도 똑같은 구조를
가지고 있고, 그것은 우리를 모방한 것이다. (…) 그런 다음에 나는
일상적 업무(day-to-day business)에 대해서 언급한다. 그리고 나는
말한다. "미안하지만, 당신이 우리의 비용 절감 프로그램들과 인력
감축에서 볼 수 있듯이 우리는 직장평의회와 건설적인 협력을 발전
시키고 있습니다. 만약 직장평의회의 지원이 없다면 우리 회사의 급
격한 변화는 그렇게 신속하게 이루어질 수 없을 것입니다. 물론 우
리도 공동의사결정제의 문제에 대해서 언급합니다. 반짝이는 모든
것이 금은 아닙니다. 이런 식으로 당신은 보다 신뢰를 얻습니다. 직
장평의회와의 사이가 항상 좋다는 것을 말하는 것은 아닙니다. 나는
대체로 오케이(OK)라는 것입니다."(IR Manager, Faust 2012, 169에
서 재인용).

독일 기업들의 투자 관련 경영인들의 매개적 역할과 설득을 통
해서 기관투자자들과 은행 분석가들의 공동의사결정제에 대한 이해
가 높아지고, 나아가 그들이 직장평의회가 의사소통의 주요한 파트
너라는 균형 잡힌 관점을 가지게 되기도 한다는 것을 경험 연구들은
보여주고 있다(Faust 2012, 169). 게다가 투자자들이 비용 절감을 위
해 생산기지를 해외로 이전하려는 조치를 취하길 원할 경우에도 공
동의사결정제를 통해 협의함으로써 심각한 노사분규 없이 진행할

수도 있다는 점을 기관투자자들이 인식하게 되었다고 한다.

이상에서 알 수 있듯이, 1990년대 이후 독일도 미국과 유사하게 기업의 금융화 흐름하에 있었다. 독일에서도 금융화와 함께 기관투자자들과 은행 분석가들은 기업들의 운영 방향에 보다 많은 요구를 하기 시작했다. 그러나 독일의 경우 금융자본의 일방적 요구가 고스란히 받아들여지지 않았으며, 그보다는 회사의 이해관계자들이 다양한 입장을 가지고 서로 조율하는 과정에서 '주주가치 우선주의'나 신자유주의적 자유시장 모델의 일방적 요구가 완화되거나 변형되었다. 독일 기업들의 경영인들은 미국과 달리 일방적인 '주주가치 우선주의'를 집행하기보다는 오히려 사회적 협의와 조정에 초점을 둠으로써 일방적 금융 논리를 완화하거나 변형시키는 역할을 한다.

유사한 세계화와 금융화에도 불구하고 독일이 국내 생산과 혁신 능력을 지속적으로 업그레이드시킬 수 있었던 이유는 바로 기업 내외에서 노동조직과 산업협회, 사회단체와 연구소, 그리고 주정부 등 여러 이해관계자들이 직간접적으로 참여하는 사회적 조정의 과정이 진행되었기 때문이다. 특히 독일의 경우 공동의사결정제에 기초하여 노동조합과 직장평의회라는 노동조직을 중심으로 집단적 협의를 건설적이고 효과적으로 조직할 수 있었던 점, 혁신을 위한 연구소들 및 사회단체들과 연대를 강화한 점, 그리고 이를 바탕으로 회사 측 경영인들과의 협의를 통해서 새로운 대안적 발전 전략에 대한 합의를 이끌어 낸 점 등이 독일이 미국과는 달리 독특한 사회적 조정 방식의 장점을 살릴 수 있었던 이유라고 할 수 있다.

제6장

결론

1990년대 이후 대부분의 선진 자본주의 국가들에서 국민경제의 주요 기업들은 기존의 수직적 생산체계(vertically integrated production system)를 해체하고 국경을 넘어 생산의 요소를 재조직하고 있다. 미국의 애플, 독일의 폭스바겐, 한국의 삼성과 현대 같은 국민경제 대표 기업들은 격화된 국제 경쟁에서 살아남기 위해 다양한 생산의 투입요소들(노동, 기술, 부품 등)을 일국 차원에서 조직하던 기존의 체제에서 이제는 국경을 넘어 글로벌 차원에서 조직하게 되었다. 현재 주요 기업들은 제품의 개발과 디자인에서부터 세부적인 부품들의 생산과 조립, 그리고 판매에 이르기까지 전체 가치사슬을 분절화하고 글로벌 차원에서 각 요소의 최적의 배치를 추구함으로써 경쟁력을 강화하고 있다.

심화되는 국제 경쟁의 시대에 국민 대표 기업들의 세계화는 이제 불가피한 것처럼 보인다. 코로나 팬데믹 이후에도 글로벌 네트워크가 과거 일국에 기초한 생산체제에 비해 월등히 높은 경쟁력을 가질 것이기 때문에 이것은 피할 수 없는 흐름으로 간주된다. 미국 기업을 선두로 이루어진 글로벌 생산 네트워크의 구축은 다른 선진국 기업들도 따라가지 않을 수 없었다. 미국에 이어 독일, 일본, 한국에, 이제는 중국과 다른 떠오르는 산업 국가들에서도 글로벌 생산 네트워크에 참여하고자 한다. 과거에는 일국에서 독립적이고 완결적인 생산체제를 구축하는 것이 최우선 과제였고 그렇지 않으면 종속적인 경제로 생각했다(Senghaas 1990). 그러나 이제는 일국 내의 완결적 구조가 아닌 글로벌 생산 네트워크를 전제로 하여 상호 보완적인 전체 가치사슬에서 보다 높은 부분을 차지하려는 움직임이 대세가 되고 있다.

문제는 국민경제의 주요 기업들의 해외 생산이 기업의 이익과 국민경제의 전체 이익 간에 심각한 괴리와 긴장을 유발하고 있다는 것이다. 예를 들면, 미국의 대표 기업인 애플의 아이팟은 국제 경쟁을 위해 한국 삼성의 SDRAM, 일본 도시바의 디스플레이, 미국 엔비디아의 중앙프로세싱 장치와 대만의 기타 부품들을 받아 중국에서 조립하여 미국 시장으로 수출한다(Nanto 2010, 5-8). 이런 구조에서 미국 기업들은 막대한 영업이익을 올렸지만 미국 경제는 경상수지 적자, 국내 생산과 고용의 감소를 겪고 있다. 미국의 대표적 국민 기업으로 손꼽히던 자동차 회사들도 1990년대 이래 자신의 생존을 위해 중국을 비롯해 해외로 생산을 늘리고 있다. 그 결과 미국의 국내 자동차 산업의 고용은 1998년에 비교해서 2008년에는 66.7%로 줄었다(U.S. Bureau of Labor Statistics). 전자와 자동차 산업뿐만 아니라 대부분의 산업에서 해외 생산의 확장은 국내 생산의 공동화 위험을 가져왔다. 그렇다고 전통적인 민족주의적 보호주의가 해법은 아니다. 미국의 국내 고용과 경상수지 적자를 해결하기 위해서 기존의 방식대로 중국에서 들어오는 수입을 규제하고자 한다면, 이것은 곧 중국에서 생산하여 수출하는 미국 기업들의 글로벌 네트워크에 결정적 손해를 입히는 것이기 때문이다.

수많은 정치경제학자들과 정책입안자들은 생산 세계화에 따른 국민경제의 변화를 둘러싸고 생산 세계화의 방향과 방법, 그리고 효과에 대하여 심각한 논쟁을 벌여 왔다. 신자유주의자들은 자유시장에 기초한 낙관론을 펼친 반면 전통적 민족주의의 입장인 사람들은 생산 세계화에 따른 '산업 공동화'와 같은 국민경제의 붕괴를 염려했다. 그러나 신자유주의적 낙관론이나 민족주의적 비관론 등 세계화에 대한 기존의 주장들과 달리 세계화는 반드시 국내 산업의 고부가가치화를 낳지는 않으며 반드시 산업 공동화를 낳지도 않는다. 본 연구에서 살펴본 미국, 일본, 한국, 독일의 사례에서 볼 수 있듯이, 국민국가의 주요 행위자들 간의 정치(politics)에 따라 세계화가 탈산업화를 낳을 수도 있고 국내 산업의 질적 개선을 가져올 수도 있다.

특히 본 연구에서는 세계화의 과정에서 국민경제의 생산과 혁신 역량을 강화하기 위해서는 유동성이 높아진 생산요소들과 부분들로 구성되는 산업공유재와 산업의 혁신 생태계를 어떻게 건설하는지를 둘러싼 '조정의 정치'가 중요하다는 점을 강조했다. 이제 본 연구를 마감하면서 다시 한 번 본 연구의 주장을 기존의 이론들과 대별해서 정리해 보고자 한다.

첫째, 본 연구에서는 국민 대표 기업이 세계화되더라도 그것이 반드시 국민경제들 간의 차이와 경쟁이 사라지는 '탈국민경제화'로 나타나는 것은 아니라고 주장한다. 본 연구에서의 주장은 "세계화가 곧 국민국가의 쇠퇴 혹은 국민경제들 간의 차이와 경쟁이 사라짐을 의미한다"는 관점과 구별된다. 그런데 본 연구에서의 주장과 달리 1990년대 이래 생산 세계화를 둘러싼 논쟁에서는 "세계화에 따라 각국 경제는 자유시장과 글로벌 스탠더드(global standard)라는 단일의 방식으로 수렴되고 기존의 다양한 민족주의적 국민경제 발전 방식은 사라질 것"이라는 '탈국민경제화' 시각이 지배적이다. 세계화를 탈국민경제화로 보는 입장은 신자유주의자들(Friedman 2005; Edwards 2004; Ohmae 1990, 1995)뿐만 아니라, 사스키아 사센(Saskia Sassen) 같은 사회학자들(Sassen 2006), 마르크스주의 정치경제학자들(Cerny 2010; Harvey 2007; Jessop 1999), 그리고 자국의 '국내 산업 공동화'를 염려하는 민족주의자들에게도 널리 확산되어 있다. 이들은 세계화에 대한 규범적 평가에서는 서로 다른 입장을 취함에도 불구하고 국민경제 주요 기업들의 생산 세계화가 국민경제의 이익에 배치될 뿐만 아니라 글로벌 차원의 자유시장 거래방식으로 수렴할 것이라고 보는 시각을 공유하고 있다.

생산 세계화를 '탈국민경제화'로 보는 접근의 전형은 신자유주의적 입장이라고 할 수 있다. 신자유주의자들은 신고전파 경제학에 기초하여 세계화에 따른 자본, 노동, 상품의 자유로운 이동으로 인해 국민국가들 사이에 임금 수준과 발전 정도, 그리고 규제 패턴의 차이가 없어질 것이라고 전망한다. 신자유주의자들은 국경을 넘어 자유로이 이동하는 자본과 직접투자를 유인하기 위해 거의 모든 국가가 경쟁적으로 규제를 풀고 점점 더 자유시장의 방향으로 나아갈 것이라고 예상한다. 만약 어떤 국민국가가 보다 많은 규제와 높은 비용의 복지나 높은 임금체계를 취한다면 기업들은 보다 낮은 임금과 자유로운 경제 활동의 이점을 찾아 해외로 생산을 이전할 것이라는 것이다. 그래서 모든 국민국가는 자체의 고유한 경제 발전 패턴이나 민족주의적 요소를 폐기하고 글로벌 스탠더드인 자유시장으로 수렴할 것이라고 주장한다. 그리고 국경을 초월한 자유로운 시장과 함께 국가 간섭의 쇠퇴는 본국뿐만 아니라 개발도상국 모두에게 이익을 가져다줄 것이라고 주장한다(Bhagwati 2010a, 2010b; Friedman 2005; 프리드만 2013; Strange 1997; 1996; Ohmae 1995; 1990; Edwards 2004).

"세계화가 곧 국민국가의 쇠퇴"라는 입장은 심지어 클린턴 시기 미국의 장관이자 정치경제 철학자라고 하는 로버트 라이시에게서도 나타난다. 로버트 라이시는 일국의 장관으로서 국가 이익에 누구보다도 관심을 가지고 있었지만 과거와 같이 미국 기업들의 성공과 미국 경제의 이익은 일치하지 않는다고 주장한다. 라이시는 세계화에 따른 국민기업들의 탈국민경제화를 모든 국민경제가 겪게 될 것이라고 예견하였다.

"세계화가 곧 탈국민국가"라는 시각은 신자유주의를 비판하는 좌파 지식인들도 공유하는 지점이다. 그래서 존 그레이(Gray)는 애덤 스미스(Adam Smith)의 전통을 잇고 있는 신고전파 자유주의자들의 세계화는 마르크스와 엥겔스의 시각과 일맥상통한다는 점을 지적하고 있다(Gray 2005). 그 대표적인 증거로 글로벌 신자유주의자인 토머스 프리드먼(Thomas Friedman)이 "세계화는 결국 단일한 경제 체제로 귀결될 것"이라고 말하면서 자신의 관점이 카를 마르크스(Karl

Marx)와 프리드리히 엥겔스(Friedrich Engels)의 생각과 기본적으로 동일하다는 점을 인정하고 있다(Friedman 2005; 프리드먼 2013). 좌파 지식인들은 신자유주의에 기초한 세계화가 자본의 힘을 일방적으로 강화하고 복지를 줄이며 사회 불평등을 확대한다는 점에서 세계화를 비판하지만, 세계화가 결국 글로벌 차원의 경제로 재조직됨으로써 국민국가의 결정권은 쇠퇴할 것이라는 점에서, 그리고 다양한 국민경제 거버넌스 패턴의 차이를 없앤다는 점에서 세계화가 탈국민경제화를 가져올 것이라고 보는 신자유주의와 동일한 시각을 보여준다(Cerny 2010; Harvey 2007; Jessop 1999; Giddens 1999; Gray 2005).

예를 들면, 마르크스주의 전통에서 글로벌 네트워크를 분석한 윌리엄 로빈슨(William Robinson)을 위시한 '글로벌 자본주의 학파(global capitalism school)'는 초국적 생산체제가 등장하면서 기존의 국민경제를 해체하고 단일한 글로벌 스탠더드로 수렴할 것이라고 하면서 다음과 같이 주장한다.

> (글로벌 생산 네트워크의 발전에 따라) 생산 과정이 전 세계적 차원으로 탈집중화되고 파편화되는 것은 글로벌 경제에 대한 명령(command)과 통제(control)가 초국적 자본의 손에 집중되는 것과 동시에 진행된다. 이런 방식으로 세계화는 세계를 하나의 단일한 생산양식(a single mode of production)으로 하나의 단일한 글로벌 체계와 통합하고 상이한 국가들과 지역을 하나의 새로운 글로벌 경제로 통합하고 있다(Robinson 2004, 15).

대표적인 좌파 정치경제학자 필립 서니(Philip Cerny)도 세계화와 함께 각국은 전통적인 '전략적' 혹은 '발전주의적' 국가의 역할을 더 이상 수행할 수 없고 각국 경제는 점점 더 시장화(marketiza-tion)와 "상품화(commodification)"로 수렴해 간다고 강조한다(Cerny 2010, 38). 사스키아 사센 같은 사회학자들도 세계화가 진행됨에 따라 국민국가는 영토, 권위, 권리의 영역에서 '탈국민국가화(de-na-tionalization)'라는 근본적인 '시대적 변화(epochal transformation)'를 겪는다고 주장한다(Sassen 2006). 사센은 세계화가 '시대적 전환(epochal transformation)'인 이유는 단순히 무역이나 경제 활동의 글로벌 차원의 스케일(scale) 때문이 아니라 중세 이후 수립된 '국민국가적인 것(the national)'을 해체하는 '탈국민국가화'를 특징으로 하는 근본적으로 새로운 조직 논리를 통해 영토, 권위, 권리를 재조직하기 때문이라고 한다(Sassen 2006, 21). 즉, 사센은 세계화가 '탈국민국가화'를 통해서 국민경제를 단위로 하는 전통적 논리들을 해체하면서 글로벌 차원에서 새로운 조직 논리로 권위와 권리를 재조직하는 '글로벌 어셈블리(global assemblies)'가 등장한다고 본다.

그러나 신자유주의적 입장이든 좌파적 입장이든 "세계화가 곧 탈국민경제"라는 주장은 현실적으로 나라마다 상이한 세계화의 패턴과 효과가 나타난다는 점을 간과할 수 있다. 본 연구뿐만 아니라 실제로 다국적 기업에 대한 많은 경험적 연구들에서는 기업들이 국제화하는 과정에서 출신 국가별로 상이한 거버넌스와 조직 논리를 보여주고 있음을 밝히고 있다(Harzing and Noorderhaven 2008; Lane and Probert 2009; Lane 2001).

본 연구에서는 세계화에도 불구하고 여전히 국민국가들 간의 경쟁과 긴장이 여전히 존재하고 국민국가들 간의 경쟁(rivalry)이 과거처럼 광폭한 민족주의는 아니라 하더라도 지속적으로 우리의 삶을 규정하는 주요한 구조적 힘으로 작용한다는 점을 강조한다. 이 점은 애덤 스미스 이래 내려온 근대적 자유주의나 이를 비판하는 대표적 흐름인 마르크스적 사고와 구별되는 입장이라고 할 수 있다. 애덤 스미스류의 고전적 자유주의나 마르크스의 계급투쟁에서는 국민국가의 경계를 넘어 보편적인 코스모폴리탄적 입장을 강조함으로써 국민국가 간의 경쟁과 긴장, 그리고 그것이 유발하는 국민국가 재조직화의 압력—그것이 광폭하게 나타나든 평화롭게 나타나든—을 무시하는 측면이 강하다.

본 연구에서 보다 강조하고 싶은 것은 이미 본문에서 살펴보았듯이 세계화의 방식이 필연적으로 '탈국민경제화'로 귀결되는 것은 아니라는 점이다. 국민 대표 기업들의 생산 세계화가 곧 모국의 산업 공동화와 같은 단일한 효과나 자유시장에 기초한 단일한 거버넌스로 귀결되는 것은 아니다. 국민 대표 기업들이 해외 생산을 늘리면서 기존의 국민경제와 긴장을 유발하는 것은 사실이지만, 그것이 필연적으로 국내 생산의 공동화와 같이 탈국민경제화 효과로 귀결되는 것은 아니다. 한국과 독일에서 볼 수 있듯이, 모든 국가 경제가 미국과 같은 산업 공동화와 탈국민경제화로 귀결되는 것은 아니다. 오히려 어떤 국가들은 세계화 과정에서 새로운 혁신 역량을 강화하는 방식을 재조직함으로써 경쟁력을 더욱 강화하고 있다. 생산 세계화는 국민국가들 간의 다양성을 없애고 단일한 과정으로 귀결되기보다는 오히려 생산 세계화 방식 자체에서 다양한 패턴을 보여주고 있다.

예를 들면, 미국, 일본, 한국, 독일은 기업들의 생산 세계화 과정에서도 해외 생산지에서 글로벌네트워크를 구축하는 방식, 본국과 해외 생산 간의 연계, 그리고 본국의 생산과 혁신 생태계의 양태에서 매우 다양한 패턴을 보여준다. 해외 현지에서의 글로벌 네트워크 구성 방식만을 본다면 크게 세 가지의 선택이 있다. 하나는 거대 글로벌 부품업체(global players)를 중심으로 글로벌 생산 네트워크를 형성하는 것이고, 다른 하나의 선택은 현지 지역 부품업체(local suppliers)를 중심으로 생산 네트워크를 구성하는 것이며, 나머지 선택은 국내 부품업체들과 해외로 동반 진출하여 해외에서 '민족주의적 네트워크'를 구축하는 것이다. 미국의 경우는 국내 부품업체들과 원청회사들이 자유시장 관계를 바탕으로 관계를 맺고 있었고 세계화 과정에서 이들이 자연스럽게 서로 분리되어 해외 현지에서는 각자 현지 기업들이나 글로벌 부품업체들과 자유계약을 맺는 경향을 보여준다. 반면 일본의 경우를 보면 본국의 계열사에 기초한 부품업체들과의 긴밀한 협조 관계(close cooperative relations)를 해외에서도 수립하는 경향이 있다. 일본과 한국은 민족주의적 네트워크를 구축했다.

무엇보다 기업들의 세계화 과정에서 본국의 생산과 혁신 역량을 고양하는 방식에서 현격히 차이가 난다. 미국의 경우는 자유시장과 금융자본 우위의 원리에 따라 해외 진출에서 본국과의 연계가 약하고 비조정적 이주를 통해서 본국의 생산과 혁신 역량이 약화되는 공동화 현상이 발생했다. 반면 일본과 독일의 경우는 국가 주도이든 사회적 협상이든 세계화 과정에서 조정적 방식을 통해서 본국과 해외 생산의 연계, 그리고 본국의 생산과 혁신 역량의 강화를 추구하는 패턴을 보여준다.

생산 세계화와 그 과정에서 보여준 국민경제의 다양한 재구성이라는 본 연구에서의 주장은 '자본주의의 다양성(varieties of capitalism)'을 주도하는 신제도주의자들의 주장과 유사할 수 있다. 그러나 본 연구에서 세계화 과정에도 불구하고 지속적으로 존재하는 국민경제의 다양성을 주장하지만 신제도주의와는 대단히 다른 측면이 있다. 오히려 본 연구에서는 제도주의자들의 정태적 분석이 가져오는 문제점을 지적하고자 한다. 신제도주의자들은 국민경제의 다양성을 강조하기 위해서 각국의 제도와 문화에 기초한 다양성을 강조함으로써 정태적인 모습을 보여주는 반면, 본 연구에서는 진화하는 민족국가들의 상호 경쟁(national rivalry)에서 경쟁국의 새로운 도전에 대항하기 위해 각국의 주요 행위자들이 새로운 도전과 해결책을 둘러싸고 서로 투쟁하고 새로운 대안을 수립해 가는 '구성의 정치'—담론적 제도주의(discursive institutionalism) 혹은 프래그머티즘적 구성주의—를 강조한다.

동태적 구성의 정치를 강조하는 본 연구에서는 우선 기존의 신자유주의나 좌파 지식인들의 '글로벌 자본주의 학파'나 '글로벌 어셈블리' 주장과 달리 국민국가들 간의 경쟁에서 오는 긴장과 압력을 강조한다. 또한 제도주의자들의 정태적 주장과 달리 세계화 과정에도 불구하고 국민경제들의 다양한 발전과 거버넌스 패턴이 생기는 이유는 단순한 정태적인 분류 혹은 제도주의자들이 주장하는 "물려받은 유산으로서의 제도와 문화", 그리고 "제도와 문화에 의한 일방적 규정" 때문이 아니라 국민국가들 간의 경쟁 속에서 지속적으로 새로운 유형의 다양성이 재생산되고 있기 때문이라고 주장한다.

예를 들면, 저자의 이전 연구(Kwon 2005)와 본 연구의 4장에서 구체적으로 보여주듯이, 1960년대까지 대량생산체제를 기반으로 경쟁 우위를 차지하던 미국은 이후 보다 유연한 생산체제(flexible specialization)를 도입한 일본과 독일에 경쟁에서 밀리는 과정에서 일본의 린 생산체제에서 영감을 받았지만, 이후 이것보다 더 유연하고 공개적인 생산체제인 모듈에 기초한 유연생산체제와 글로벌 네트워크를 발전시켰다. 경쟁국인 미국의 변화와 업그레이드는 이제 일본에 부담으로 작용했다. 1980년대까지 세계 최고의 경쟁력을 자랑하던 일본의 유연생산체제는 변화된 미국과 독일의 개방적 유연생산체제에 직면하자 더 이상 경쟁력을 유지할 수 없었다. 자신의 전통적 제도에 기초한 고유한 발전 방식을 더 이상 고집할 수 없게 된 것이다. 이제 일본은 다시 미국과 경쟁하기 위해서 글로벌 생산 네트워크에서도 보다 세련되고 복잡한 생산체제의 발전을 통해서 국가경쟁력을 고양하고자 했다. 신제도주의자들이 주장하는 "제도에 의한 일방적 규정"이라는 측면에서 강조되는 "자본주의 국가들의 다양성"은 국민경제들 간의 경쟁에서 나오는 경쟁자들의 변화와 새로운 도전이 빚어 내는 다이나믹을 이해하기 어렵다.

　세계화 과정에서 새롭게 등장한 다양한 생산과 혁신 패턴은 리처드 휘틀리(Richard Whitley)를 비롯한 제도주의자들이 주장하듯이(Whitley 2007) 국내 제도적 환경에서 성장한 국민국가 대표 기업들의 독특한 문화나 역사적으로 물려받은 국내 제도에 의해 일방적으로 규정되었기 때문은 아니다. 각국의 주요 행위자들은 해외 생산 과정에서 겪은 새로운 경험과 선택, 특히 경쟁 상대의 생산방식과 자신의 방식에 대한 반성적 성찰(reflection)을 통해서 기존의 제도와 문화에 수동적으로 규정되기보다 오히려 기존의 제도를 이용하고 능동적으로 재구성한다. 그렇기 때문에 해외 현지의 경험을 통한 국내 제도의 변화라는 국민경제의 동태적 변화를 통해서 새로운 다양성이 창출되는 것이다.

본 연구에서는 생산 세계화 과정에서 국민경제의 재구성과 새로운 다양성의 창출은 특히 "주요 행위자가 누구이고 어떻게 서로 조정하는가"에 대한 정치에 따라 대단히 상이한 모습과 패턴을 보여준다는 점을 강조한다. 본 연구에서 초점을 두고 분석한 것은 "생산 세계화 과정에서 각각의 국민국가가 어떻게 본국의 생산과 혁신 체제를 재구성하는가", 그리고 무엇보다 이를 위한 산업 혁신 역량을 고양하기 위한 "'산업 혁신 공공재(industrial and innovative commons)'를 어떻게 구성할 것인가"가 결정적으로 중요하다는 것이다. 이것은 곧 "다양한 이해를 가진 행위자들을 어떻게 조정하고 공유재를 만들 것인가" 하는 정치의 문제이다.

산업공유재와 혁신 생태계는 세계화 과정에서 국민경제를 재구성하는 국가 경쟁력의 핵심 원천이라고 할 수 있다. 산업공유재는 개별 기업의 외부에 존재하는—주요 경제 행위자들인 고객사, 하청 부품업체, 공공·민간 연구기관, 기술 인력 등의 관계망 속에 배태되어 있는—다양한 보완적 재원과 능력(complementary capabilities)으로 풍부한 노동과 과학기술, 직업 훈련과 연구소, 수많은 부품들, 그리고 이와 연계된 사회적 네트워크 등의 공유재를 의미한다. 개별 기업이 이 모든 것을 다룰 수는 없으며 사회적으로 생산해 내야 한다. 그리고 이것은 단순히 금융적·양적 가치로만 환원되지도 않는다. 세계화에 대한 민족주의자들의 비관론과 달리 세계화 과정에서 산업공유재를 잘 만들 경우 국민경제는 한 단계 업그레이드될 수 있는 반면, 신자유주의자들의 낙관론과 달리 세계화 과정에서 산업공유재를 잃어버릴 경우 국민경제는 해체될 수 있다. 특히 주목해야 하는 것은 산업공유재가 세계화에 따라 자동적으로 만들어지거나 필연적으로 소멸하는 것은 아니라는 사실이다. 특히 신자유주의적 낙관론과 달리 해외 아웃소싱으로 발생한 잉여 이윤이 자동적으로 국내 산업 역량을 강화하는 데 재투자되지는 않기 때문에 여기에는 의도적인 재조정이 필요하다. 모든 공공재(common goods)의 문제와 유사하게 다양한 이해를 가진 개별 주체의 '무임승차 문제' 때문에 조정되지 않은 이익 추구가 국민경제 전체의 관점에서 보면 '집단행동의 문제(collective action problem)'에 봉착하여 혁신 역량과 공유재의 상실로 귀결될 수 있다.

세계화 과정에서 발생하는 이러한 집단행동의 문제와 조정의 문제를 해결하는 정치 과정에서 각국의 국민경제는 다양한 생산과 혁신 체제를 새롭게 만들어 내고 있다. 생산과 혁신 역량을 위한 산업공유재와 혁신 생태계의 조성 방법에는 단일한 방법만이 존재하는 것은 아니다. 본 연구에서 살펴보았듯이, 미국식 신자유주의적 자유시장뿐만 아니라 일본과 한국에서 볼 수 있는 '국가 주도 조정 자본주의 방식' 및 독일의 사례에서 볼 수 있는 '사회적 조정 자본주의 방식'이 있다.

이러한 다양한 조정 방식을 통해서 본 연구에서 강조하고자 하는 것은 첫째, 신자유주의자들이 주장하는 "세계화 과정에서는 자유시장 모델이 가장 유효하다. 모든 국가는 이 모델을 모방해야 한다."라는 명제가 사실이 아닐 수 있다는 점이다. 본 연구에 따르면, 신자유주의자들이 주장하는 것처럼 산업공유재나 혁신 생태계는 자유시장에 의해 자연스럽게 만들어지는 것이 아니다. 미국의 사례에서 보듯이, 기업들은 금융 이익(financial interests)을 위하여 세계화를 통해 얻은 잉여 이윤을 국내에 재투자하기보다 전 세계의 다른 지역에 투자할 수도 있다. 이처럼 조정되지 않고 자유시장의 금융 지배적 논리에 따라 이루어진 결정은 신자유주의 낙관론과 달리 국내의 산업연계와 산업공유재에 많은 손실을 낳을 수 있다. 그리고 이는 잠재적 혁신 역량을 약화시킨다.

둘째, 많은 자유주의자들이나 좌파 지식인들이 주장하는 것과 달리 세계화에 따라 국민국가의 역할이 자연히 쇠퇴할 것이라는 주장은 사실이 아니라는 점이다. 본 연구에서는 오히려 세계화의 과정에서 산업과 혁신 생태계를 조성할 필요가 높아짐에 따라 국가의 역할이 새롭게 중시될 수 있다는 점을 강조한다. 미국과 대조적으로 한국과 일본의 사례는 국내 산업공유재를 강화하는 데 국가의 역할이 필요함을 잘 보여준다. 물론 일본과 한국에서 국가의 새로운 역할은 단순히 과거 발전주의 국가의 모델을 지속한 것이 아니라 새로운 역할과 방식으로 전환함으로써 효과를 발휘했다. 과거 일본의 발전주의 방식이 '폐쇄적 상호주의'를 창출하고 한국의 고전적 발전주의가 소수 대기업에 자본을 몰아주고 중소기업을 배제함으로써 양자 모두 다양한 혁신 역량을 보유한 기업들 간의 혁신 생태계를 조성하는 데는 한계가 있었다. 그러나 일본은 비록 개혁이 지체되었지만 국가 주도로 혁신 스타트업 기업들을 육성하고 대학 개혁을 통해 산학협력을 강화함으로써 '개방형 혁신 체제'로 이전하는 데 성공했다. 한국의 경우도 과거 대기업 위주의 투자 중심 발전 전략에서 벗어나 포괄적인 협력 네트워크를 통한 공동 학습과 혁신 역량의 강화에 초점을 두는 새로운 발전주의 국가에 기초해 국내 혁신 역량과 국제 경쟁력을 강화하는 데 성공을 거두고 있다. 다만 1990년대와 2000년대 전반 일본의 사례에서 보듯이, 현재 아무리 타당한 발전 방식과 전략도 경쟁국의 변화에 따른 새로운 경쟁 구도와 도전으로 인해 더 이상 유효하지 않을 수 있다. 국민경제 간의 지속적인 경쟁과 상대국의 변화에 따른 새로운 도전으로 또 다른 변화의 필요성은 항상 열려 있다. 그럼에도 불구하고 본 연구에서는 미국과 일본, 한국의 사례를 통해 세계화 과정에서 국내 산업 생태계를 질적으로 강화하기 위해서는 자유시장이 아니라 오히려 국가의 역할이 대단히 중요하다는 점을 강조한다.

그리고 독일에서 보듯이, 산업공유재와 혁신 역량을 강화하기 위한 선택지로 국가 주도의 조정만 있는 것은 아니다. 독일의 사례에서 볼 수 있듯이, 사회적 조정 체제도 대안이 되고 있다. 1990년대 이후 독일의 주요 기업들도 미국 기업들과 유사하게 해외 생산을 증가시켰다. 그러나 독일의 해외 생산 확대는 미국과 달리 국내 생산과 고용의 축소보다는 고도화 효과를 낳았다. 독일의 생산 세계화 효과가 미국과 다르게 나타난 가장 중요한 이유는 독일 기업들의 생산 세계화 과정이 기업 안팎의 주요 행위자들—노동조직, 산업협회와 지역단체 등—에 의해 집단적으로 조정되는 방식이었다는 것이다. 독일과 같은 사회적 조정 체제에서는 주요 기업들의 결정 과정에 노동조직과 부품업체, 산업협회 등의 행위자들이 적극적 참여하고 협상함으로써 해외 확대와 함께 국내 생산과 혁신 생태계를 한 단계 더 업그레이드할 수 있었다.

결국 기업들의 자유로운 세계화 과정에서 문제는 국민경제, 그리고 국내 생산과 혁신 생태계를 구성하는 방식의 차이이다. 그리고 세계화에도 불구하고 국가와 대·중소기업들, 그리고 노동조직과 산업단체들과 같은 주요 행위자들이 어떻게 세계화 방식을 구성할 것인지를 둘러싸고 벌이는 정치는 국민경제의 성과와 산업공유재, 혁신 역량의 강화에 대한 다양한 결과를 만들어 낼 수 있다.

참고문헌

과학기술정보통신부. 2019. "일본 스타트업 생태계 주요 지원정책."『이슈분석』124.

권형기. 2019. "세계화 시대 국가의 역할: 한국의 경험을 중심으로." 서울대학교 국제문제연
　소 편.『미래국가론: 정치외교학적 성찰』. 서울: 사회평론아카데미.

_____. 2018. "세계화 국민경제 그리고 한국." 서울대학교 정치외교학부 교수진 공저.
　『21세기 초 한국의 정치외교: 도전과 과제』. 서울: 늘품플러스.

김보민·한민수·김종혁·고희채·이성희. 2014. "미국의 제조업 경쟁력 강화정책과 정책
　시사점." KIEP 정책연구 브리핑. 세종시: KIEP 대외경제정책연구원.

김시윤. 2012. "선별적 산업정책의 유용성: 일본의 바이오 산업정책을 중심으로."『한국행
　정논집』 24, no. 3: 693-710.

미래창조과학부. 2014.『2014년도 연구개발활동조사보고서』. 서울: 과학기술기획평가원.

박유미. 2019. "미국 제조업 르네상스의 의미와 교훈."『산업경제분석』 2019년 7월호.

산업연구원(KIET). 2012.『부품 소재 미래 비전 수립 연구』. 서울: 산업연구원.

산업통상자원부. 2019. "미 재조업 현황 및 주요혁신 정책: 미국 제조환경에 따른 전략
　및 혁신정책."『글로벌 기술협력 기반육성사업(GT) 심층분석보고서』. 2019년 11월.
　한국산업기술진흥원(KIAT).

송주명. 2010. "세계화와 일본형 생산방식의 딜레마?: 토요타의 사례와 일본 자동차산업의
　세계화 전략."『한국정치연구』 19, no. 2(Song Joomyung. 2010. "Globalization and
　the Dilemma of Japanese Production System?: The Globalization Strategy of Japanese
　Automobile Industry and Toyota Case."*Journal of Korean Politics* 19, no. 2).

오규창. 1995.『자동차산업 제품개발과 부품조달 체제의 국제비교』. 산업연구원.

오문석·김형주. 1996.『해외직접투자가 우리 경제에 미치는 영향 연구보고서』 96-12. LG
　경제연구원.

이경희. 2006.『과학기술혁신관련 법률의 조사 분석 및 효율적 법체계 운영방안 연구』. 서울:
　과학기술부.

정성춘. 2020. "일본의 개방형 혁신전략: 산학협력을 중심으로."『연구자료』 20-02. 세종시:
　KIEP 대외경제정책연구원.

정헌주. 2002. "국내 자동차 부품 산업의 중국 진출 전략에 관한 연구."『통상연구』 6, no. 1:
　89-106.

정현주·최경선·고영주. 2014. "바이오플라스틱 산업에서 한국과 일본의 개방형 혁신 비교
　연구."『한국기술혁신학회 2014년도 추계학술대회 논문집』. 2014년 10월 31일: 493-
　507.

차석록. 2020. "일본-오픈 이노베이션 촉진세제 개편."『나눔경제뉴스』 2020년 8월 2일.
　http://nanumy.co.kr/View.aspx?No=929074

Friedman, Thomas. 2013.『세계는 평평하다: 세계는 지금 어디로 가고 있는가?』. 이건식
　옮김. 서울: 21세기북스.

List, Friedrich. 2016[1910]. 『정치경제학의 민족적 체계』. 이승무 옮김. 서울: 지식을 만드는 지식.

Senghaas, Dieter. 1990. 『유럽의 교훈과 제3세계』. 한상진, 유팔무 옮김. 서울: 나남.

Ackermann, K. F. and S. Vollmer. 1999. "Firmenspezifische Bündnisse für Arbeit und Wettbewerbsfähigkeit in der Unternehmenspraxis," in *Firmenspezifische Bündnisse für Arbeit. Ziele, Strategien, Unternehmensbeispiele*. eds. K. F. Ackermann and M. Kammüller. Stuttgart, pp. 147-207.

Ahmadjian, Christina L. and James Lincoln. 2001. "Keiretsu, Governance and Learning: Case Studies in Change from the Japanese Automotive Industry," *Organization Science* 12, no. 6: 683-701.

Ali, Anuwar. 1994. "Japanese Industrial Investments and Technology Transfer in Malaysia," in *Japan and Malaysian Development: In the Shadow of the Rising Sun*. ed. K. S. Jomo. London: Routledge.

Alphametrics and Ismeri Europa. 2009. *Comprehensive sectoral analysis of emerging competences and economic activities in the European Union*. European Commission, DG employment, social affairs and equal opportunities.

Amable, Bruno. 2003. *The Diversity of Modern Capitalism*. Oxford, UK: Oxford University Press.

Amsden, Alice H. 2013. "Securing the Home Market: An New Approach to Korean Development," *Research Paper* 2013-1, April 2013. United Nations Research Institute for Social Development(UNRISD).

Anuroj, Bonggot. 1995. "Japanese Investment in Thailand: The Nature and Extent of Backward Linkages." Ph.D. dissertation, University of New South Wales.

Aoki, M. 1987. "The Japanese Firm in Transition," in *The Political Economy of Japan*, vol. 1. eds. K. Yamamura and Y. Yasuba. Stanford, CA: Stanford University Press.

_____. 1988. *Information Incentives and Bargaining in the Japanese Economy*. Cambridge: Cambridge University Press.

Arimoto, Tateo. 2006. "Innovation policy for Japan in a new era," in *Recovering from Success*. eds. D. H. Whittaker and R. E. Cole. Oxford: Oxford University Press.

Artus, I. 2013. "Precarious delgates: irregular forms of employee interest representation in Germany." *Industrial Relations Journal* 44, no. 4: 409-24.

Asahi Shimbun. 2009. *Ushinawareta 20 Nen(The Lost Two Decades)*. Tokyo: Iwanami Shoten.

Atkinson, Robert D. 2009. *Effective Corporate Tax Reform in the Global Innovation Economy*. Washington, D.C: ITIF. http://www.itif.org/files/090723_CorpTax.pdf

_____. 2010. "Don't Believe Amity Shlaes (or Most Neoclassical Economists): Obama's Accelerated Depreciation Proposal will Boost Economic Growth and Is a Good Idea," *The Innovation Files*. November 24.

Atkinson, Robert D. and Stephen J. Ezell. 2012. *Innovation Economics: The Race for Global Advantage*. New Haven: Yale University Press.

Baldwin, C. and K. Clark. 2000. *Design Rules*. Cambridge: MIT Press.

Banerji, K. and R. Sambharya. 1996. "Vertical keiretsu and international market entry: The case of the Japanese automobile ancillary industry," *Journal of International Business Studies* 27: 89-113.

Belzer, V. and J. Hilbert. 1996. "Virtuelle Unternehmen: schlank, aber innovative," In *Arbeitsteilung ohne Ende? Von den Schwierigkeiten inner- und überbetrieblicher Zusammenarbeit.* eds. P. Brödner, U. Perkruhl, and D. Rehfeld. Müchen: R Hampp.

Berger, Suzanne. 2005. *How We Compete: What Companies around the World Are Doing to Make It in Today's Global Economy.* New York: Currency/Doubleday.

_____. 2013. *Making in America: From Innovation to Market.* Cambridge, Massachusetts: The MIT Press.

Bernaciak, Magdalena. 2010. "Cross-border Competition and Trade Union Responses in the Enlarged EU: Evidence from the Automotive Industry in Germany and Poland," *European Journal of Industrial Relations* 16, no. 2.

Berthold, N., M. Brischke, and O. Stettes. 2003. „Betriebliche Bündnisse für Arbeit. Eine empirische Untersuchung für den deutschen Maschinen- und Anlagenbau," *Wirtschaftswissenschaftliche Beiträge des Lehrstuhls für Volkswirtschaftslehre, Wirtschaftsordnung und Sozialpolitik* 68.

Bhagwati, Jagdish. 2010a. "The Computer Chip vs. Potato Chip Debate," *The Moscow Times.* September 1.

_____. 2010b. "The Manufacturing Fallacy," *Project Syndicate.* August 27.

Bispinck, Reinhard and Heiner Dribbusch. 2011. "Collective Bargaining, Decentralization and Crisis Management in the German Metalworking Industries since 1990," *WSI Discussion Paper,* no. 177.

Blöcker, Antje. 2001. *Reorganisationsmuster von Forschung und Entwicklung in der Automobilindustrie am Beispiel von BMW, Mercedes-Benz und Volkswagen.* Aachen: Shaker Verlag.

Blyth, Mark. 2002. *Great Transformations: Economic Ideas and Institutional Change in the Twentieth Century.* Cambridge: Cambridge University Press.

Bonvillian, William B. and Peter L. Singer. 2017. *Advanced Manufacturing: The New American Innovation Policies.* Cambridge, M.A.: The MIT Press.

Bosch, G., T. Haipeter, E. Latniak, and S. Lehndorff. 2007. "Demontage oder Revitalisierung? Das Deutsche Beschäftungsmodell im Umbruch," *Zeitschrift für Soziologie* 64: 839-53.

Browning, L. D. and J. C. Shetler. 2000. "SEMATECH History" in *Saving the U.S. Semiconductor Industry.* College Station: Taxas A&M University Press. http://www. sematech.org/corporate/history.htm

Buchanan, John, Dominic H. Chai, and Simon Deakin. 2012. *Hedge Fund Activism in Japan: The Limits of Shareholder Primacy.* New York: Cambridge University Press.

Burck, Charles. 1976. "A Group Profile of the Fortune 500 Chief Executives," *Fortune* 93: 172-77. May.

Calder, Kent E. 1988. *Crisis and Compensation: Public Policy and Political Stability in Japan.* Princeton: Princeton University Press.

_____. 1989. "Elites in an Equalizing Role: Ex-Bureaucrats as Coordinators and Intermediaries in the Japanese Government-Business Relationship," *Comparative Politics*: 379-403. July.

Cerny, Philip G. 2010. *Rethinking World Politics: A Theory of Transnational Neopluralism*. Oxford: Oxford University Press.

Chandler, Jr. Alfred D. 1959. "The Beginnings of Big Business in American Industry," *Business History Review* 33, no. 1: pp. 1-31.

_____. 1962. *Strategy and Structure*. Cambridge, Mass.: MIT Press.

Chen, Edward K. Y. and Teresa Y. C. Wong. 1997. "Hong Kong: Foreign Direct Investment and Trade Linkages in Manufacturing," in *Multinationals and East Asian Integration*. eds. Wendy Dobson and Chia Siow Yue. Ottawa: International Development Research Centre.

Chesbrough, H. W. 2006. *Open Innovation: The New Imperative for Creating and Profiting from Technology*. Cambridge: Harvard Business Press.

Chesbrough, Henry, Julian Birkinshaw, and Morris Teubal. 2006. "Introduction to the Research Policy 20th Anniversary Special Issue of the Publication of 'Profiting from Innovation' by David J. Teece." *Research Policy* 35, no. 8: 1091-99.

Clark, Colin. 1940. *The Conditions of Economic Progress*. London: Macmillan.

Cole, Robert E. and D. Hugh Whittaker. 2006. "Introduction" in *Recovering from Success*. eds. Whittaker and Cole. Oxford: Oxford University Press.

Copeland, T., T. Koller, J. Murrin, and McKinsey and Company, Inc. 1998. *Unternehmenswert. Methoden und Strategien für eine wertorientierte Unternehmensführung*. Franfurt am Main: Campus.

Cox, Joan C. and Herbert Kriegbaum. 1980. *Growth, Innovation and Employment: An Anglo-German Comparison*. London: Anglo-German Foundation for the Study of Industrial Society.

Crouch, Colin. 2005. "Three means of complementarity," *Socio-Economic Review* 3, no. 2: 359-63.

Davis, Gerald F. 2011. "The Twilight of the Berle and Means Corporation," *Seattle University Law Review* 34, no. 4: 1121-38.

Delgado, Mercedes, Michael E. Porter, and Scott Stern. 2012. "Clusters, Convergence, and Economic Performance," *National Bureau of Economic Research*. http://www.nber.org/papers/w18250

Denning, Steve. 2011. "Clayton Christensen: How Pursuit of Profits Kills Innovation and the U.S. Economy," *Forbes*, November 18.

Depner, Heiner. 2006. *Transnationale Direktinvestitionen und kulturelle Unterschiede: Lieferanten und Joint Ventures deutscher Automobilzulieferer in China*. Bielefeld: Transcript.

Dicken, Peter. 2011. *Global Shift: Mapping the Changing Contours of the World Economy*, 6th ed. New York: the Guilford Press.

Di Tommaso, Marco R. and Stuart O. Schweitzer. 2013. *Industrial Policy in America: Breaking Taboo*. Cheltenham, UK: Edward Elgar.

Doellgast, Virginia. 2012. *Disintegrating Democracy at Work: Labor Unions and the*

Future of Good Jobs in the Service Economy. Ithaca: ILR Press.

Dore, Ronald. 2005. "Deviant or Different: Corporate Governance in Japan and Germany," *Corporate Governance: An International Review* 43, no. 3: 437-46.

Doremus. Keller, Louis Pauly, and Simon Reich. 1998. *The Myth of the Global Corporation*. Princeton: Princeton University Press.

Dyer, J. H. and K. Nobeoka. 2000. "Creating and Managing a High-Performance Knowledge-sharing Network: The Toyota Case," *Strategic Management Journal* 21, no. 3: 345-67.

Economist. 2011. "Cash Machines," March 31.

Edwards, Ben. 2004. "A World of Work," *The Economist*, 11, November.

Eisner, Marc Allen. 2014. *The American Political Economy: Institutional Evolution of Market and State*. New York: Routledge.

Eliasson, Gunnar. 2007. "Divergence among Mature and Rich Industrial Economies: The Case of Sweden Entering a New and Immediate Economy," In *Social Innovations, Institutional Change and Economic Performance*, ed. Timo J. Hämäläinen and Risto Heiskala, pp. 214-79. Cheltenham: Edward Elgar.

Ellguth, P. and S. Kohaut. 2011. "Tarifbindung und betriebliche Interessenvertretung: Aktuelle Ergebnisse aus dem IAB-Betriebspanel 2010," *WSI-Mitteilungen* 5.

Epstein, Gerald A. 2005. "Introduction: Financialization and the World Economy," in *Financialization and the World Economy*. ed. G. A. Epstein. Cheltenham, UK: Edward Elgar.

Ernst & Young. 2006. *Deutschlands Zukunft als Automobilstandort*. Stuttgart: Ernst & Young.

Evans, Peter B. 1995. *Embedded Autonomy: States & Industrial Transformation*. Princeton, N. J.: Princeton University Press.

_____. 2008. "In Search of the 21st Century Developmental State," *Working Paper* 4. Sussex: Centre for Global Political Economy at the University of Sussex.

_____. 2010. "Constructing the 21st Century Developmental State: Potentials and Pitfalls," in *Constructing a Democratic Developmental State in South Africa*, ed. Omano Edigheji. Cape Town: HSRC Press.

_____. 2014. "The Korean Experience and the Twenty First-Century Transition to a Capability-Enhancing Developmental State," in *Learning from the South Korean Developmental Success: Effective Developmental Cooperation and Synergistic Institutions and Policies*, ed. Ilcheong Yi and Thandika Mkandawire. pp. 31-53. New York: Palgrave Macmillan.

Evans, Peter B. and Patrick Heller. 2015. "Human Development, State Transformation, and the Politics of the Development State," in *The Oxford Handbook of Transformations of the State*, ed. Stephan Leibfried et al. pp. 691-713. Oxford: Oxford University Press.

Farnham, Wallace. 1963. "The Weakened Spring of Government: A Study in Nineteenth Century American History," *American Historical Review* LXVIII, pp. 662-80.

Farrell, Diana et al. 2003. *Offshoring: Is It a Win-Win Game?* San Francisco: McKinsey Global Institute.

Faust, Michael. 2012. "The shareholder value concept of the corporation and co-determination in Germany: Unresolved contradictions or reconciliation of institutional logics?" in *Capitalist Diversity and Diversity within Capitalism.* eds. Christel Lane and Geoffrey T. Wood. London: Routledge.

Faust, Michael, Reinhard Bahnmüller, and Christiane Fisecker. 2011. *Das Kapitalmarkt-orientierte Unternehman: Externe Erwartungen, Unternehmenspolitik, Personalwesen, und Mitbestimmung.* Edition Sigma.

Fingleton, Eamonn. 2000. *In Praise of Hard Industries: Why Manufacturing, Not the Information Economy, Is the Key to the Future.* New York: Houghton Mifflin.

Frietsch, Rainer and Henning Kroll. 2008. "Recent Trends in Innovation Policy in Germany," in *New Challenges for Germany in the Innovation Competition*, final report at Fraunhofer Institute Systems and Innovation Research, Karlsruhe, Germany.

Friedman, Thomas. 2005. *The world is flat: a brief history of the twenty-first century.* New York : Farrar, Straus and Giroux.

Fuchs, Erica R. H. and Randolph E. Kirchain. 2010. "Design for Location? The Impact of Manufacturing Offshoring on Technology Competitiveness in the Optoelectronics Industry," *Management Science* 56, no. 12: 2323-49.

Fujimoto, T. 2004. *Nihon no monozukuri tetsugaku*[The Philosophy of Japanese Production]. Tokyo: Nihon Keizai shinbunsha.

_____. 2002. "Architecture, Capability, and Competitiveness of Firms and Industries," *Working Paper*, University of Tokyo.

Fujimoto, T., A. Takeishi, and Y. Aoshima. 2001. *Bijinesu akitekuchia, seihin, soshiki, purosesu no senryakuteki sekkei nijumon*[A Primer on Business Architecture, Strategic Design of Products, Organizations, and Processes]. Tokyo: Nihon Keizai shinbunsha.

Fukao, Kyoji. 2006. "Genchika okureru Nihon kigyo[Japanese MNCs: Slow on Localization]," *Nihon Keizai Shinbun*, July 5, 18.

Gans, Joshua S. and Scott Stern. 2003. "The Product Market and the Market for Ideas," *Research Policy* 32, no. 2: 333-50.

Gereffi, Gary and Timothy Sturgeon. 2004. "Globalization, Employment, and Economic Development: A Briefing Paper," *Sloan Workshop Series in Industry Stuies Rockport*, June 14-16. Massachusetts.

Germany Trade and Invest. 2014. *Industrie 4.0-Smart Manufacturing for the Future*, July. Berlin: Gesellschaft für Außenwirtschaft und Standortmarketing mbH.

Gertner, Jon. 2012. *The Idea Factory: Bell Labs and the Great Age of American Innovation.* New York: Penguin Press.

Gerum, E. 2007. *Das deutsche Corporate Governance-System: eine empirische Untersuchung.* Stuttgart: Sxhäffer-Poeschel.

Giddens, A. 1999. *Runaway World: How Globalization is Reshaping Our Lives.* London: Profile Books.

Gilpin, Robert. 1975. *U.S. Power and the Multinational Corporation: The Political Economy of Foreign Direct Investment.* New York: Basic Books.

Gorton, G. and F. A. Schmid. 2004. "Capital, Labor, and the Codetermined Firm: A Study of German Codetermination," *Journal of the European Economic Associa-*

tion 2: 863-905.

Gotoh, Fumihito. 2020. "Industrial associations as ideational platforms: why Japan resisted American-style shareholder capitalism," The Pacific Review 33, no. 1: 125-52.

Goutas, L. and C. Lane. 2009. "The Translation of Shareholder Value in the German Business System: A Comparative Study of DaimlerChrysler and Volkswagen AG," *Competition and Change* 13, no. 4: 327-46.

Gray, John. 2005. "The World is Round," *The New York Review of Books* 52, no. 13.

Green, Kenneth. 2010. "Why the U.S. Shouldn't Panic," *New York Times*, November 9.

Haipeter, Thomas. 2000. *Mitbestimmung bei VW.* Münster: Westfälisches Dampfboot.

_____. 2011a. "Einleitung: Intressenvertretungen, Krise und Modernisierung -über alte und neue Leitbilder," in *Gewerkschaftliche Modernisierung.* eds. T. Haipeter and K. Dörre. Wiesbaden, Germany: VS Verlag für Sozialwissenschaften.

_____. 2011b. "The Global Reorganisation of the Value Chain and Industrial Relations in the Automobile Industry," in *Industrial Relations and Social Standards in an Internationalized Economy.* ed. O. Struck. München, Germany: Rainer Hampp Verlag.

_____. 2011c. "Works Councils as Actors in Collective Bargaining: Derogations and the Development of Codetermination in the German Chemical and Metalworking Industries," *Economic and Industrial Democracy* 32 , no. 4: 679-95.

Haipeter, T. 2013. Perspektiven der Sozialpartnerschaft," in Stefan Schmalz and Kluas Dörre, eds. *Comeback der Gewerkschaften?* Frankfurt am Main.: Campus.

Hall, Peter A. 2015a. "The Changing Role of the State in Liberal Market Economies," in *The Oxford Handbook of Transformation of the State.* eds. S. Leibfried, et al. Oxford: Oxford University Press.

_____. 2015b. "The Changing Role of the State in Liberal Market Economies," in *The Oxford Handbook of Transformations of the State.* eds. Stephan Leibfried, Evelyne Huber, Matthew Lange, Jonah D. Levy, Frank Nullmeier, and John D. Stephens. pp. 426-44. Oxford: Oxford University Press.

Hall, Peter A. and David Soskice. 2001. "An introduction to Varieties of Capitalism," in *Varieties of Capitalism: The Institutional Foundations of Comparative Advantage.* eds. Peter Hall and David Soskice. Oxford: Oxford University Press.

Hancke, Bob, Martin Rhodes, and Mark Thatcher. 2007. "Introduction: Beyond Varieties of Capitalism," in *Beyond Varieties of Capitalism.* eds. Bob Hancke, Martin Rhodes, and Mark Thatcher. Oxford: Oxford University Press.

Handline, Oscar and Mary Handlin. 1969. *Commonwealth: A Study of the Role of Government in the American Economy, Massachusetts, 1774-1861.* Cambridge: Harvard University Press.

Harding, Rebecca and William E. Paterson eds. 2000. *The Future of the German Economy: An End to the Miracle?* Manchester: Manchester University Press.

Hartz, Louis. 1968. *Economic Policy and Democratic Thought.* Chicago: Quadrangle Books.

Hatch, Walter F. 2010. *Asia's Flying Geese: How Regionalization Shapes Japan.* Ithaca:

Cornell University Press.

Hatch, Walter F. and Yamamura, Kozo. 1996. *Asia in Japan's Embrace: Building a Regional Production Alliance*. Cambridge: Cambridge University Press.

Harvey, David. 2007. *A Brief History of Neoliberalism*. Oxford: Oxford University Press.

Harzing, Anne-Wil and N. G. Noorderhaven. 2008. "Headquarters-subsidiary relationships and the country-of-origin effect," in *New Perspectives in IB Research - Progress in International Business Research* 3: 13-40, M. P. Feldman and G. D. Santangelo.

Hassel, A. 2011. "The Paradox of Liberalizaiton-Understanding Dualism and the Recovery of the German Political Economy," *LSE Working Paper Series* 1-42.

Helper, S. 1991. "How Much Has Really Changed between U.S. Automakers and their Suppliers?" *Sloan Management Review* 32: 15-28.

Helper, Susan, Timothy Krueger, and Howard Wial. 2012. *Locating American Manufacturing: Trends in the Geography of Production*. Washington, DC: Brookings Institution.

Henkel, H. O. 1995. "Interview," *Neuen Osnabrücker Zeitung*. Oct. 21.

Herrigel, Gary. 2010. *Manufacturing Possibilities: Creative Action and Industrial Recomposition in the United States, Germany, and Japan*. Oxford: Oxford University Press.

_____. 2015. "Globalization and the German Industrial Production Model," *Journal of Labour Market Research* 48: 133-49.

_____. 2013. "Recent Trends in Manufacturing Globalization and Their Effects on the Distribution of R&D, Design, and Production within US, German and Japanese Automobile, Electro-Mechanical, Machinery, and related Component MNCs," Report to European Commission, Directorate General for Research and Innovation.

Herrigel, Gary, Ulrich Voskamp, and Volker Wittke. 2017. *Globale Qualitätsproduktion: Transnationale Produktionssysteme in der Automobilzulieferindustrie und im Maschinenbau*. Franfurt am Main : Campus.

Hira, Ron and Anil Hira. 2005. *Outsourcing America: What's Behind Our National Crisis and How We Can Reclaim American Jobs*. New York: Amacom.

Hirsch-Kreisen, H. 1994. "Innovationspotentiale und Innovationsprobleme des Werkzeugmachinenbaus: Zum Verhältnis von Verwissenschaftlichung und industrieller Praxis," *WSI-Mitteilungen* 2: 94-102.

Hoffmann, Marianne. 2018. "The Fraunhofer Model: Technology Transfer from Universities to Industry," Commentary 2018 Japanese-German Symposium, Tokyo, Fraunhofer Headquarters.

Hofstadter, Richard. 1944. *Social Darwinism in American Thought*. Boston, Mass.: Beacon Press.

Holstein, William J. 2009. *Why GM Matters: Inside the Race to Transform an American Icon*. New York: Walker & Company.

Höpner, Martin. 2003. *Wer beherrscht die Unternehmen? Shareholder Value, Managerherrschaft und Mitbetstimmung in Deutschland*. Frankfurt am Main: Campus.

_____. 2007. "Corporate Governance Reform and the German Party Paradox," *Com-*

parative Politics 39, no. 4: 401-20.

Houseman, Susan, Christopher Kurz, Paul Lengermann, and Benjamin Mandel. 2003. *Wer beherrscht die Unternehmen? Shareholder Value, Managerherrschaft und Mitbetstimmung in Deutschland*. Franfurt am Main: Campus.

_____. 2007. "Corporate Governance Reform and the German Party Paradox," *Comparative Politics* 39, no. 4: 401-20.

_____. 2010. *Offshoring and the State of American Manufacturing*. Kalazoo, MI: W. E. Upjohn Institute.

_____. 2011. "Offshoring Bias in U.S. Manufacturing," *Journal of Economic Perspectives* 25, no. 2: 111-32.

Hughes, Kent. 2005. *Building the Next American Century: The Past and Future of American Economic Competitiveness*. Washington, DC: Woodrow Wilson Center Press.

Huo, Jingjing and John D. Stephens. 2015. "From Industrial Corporatism to the Social Investment State," In *The Oxford Handbook of Transformations of the State*, ed. Stephan Leibfried et al. pp. 410-25. Oxford: Oxford University Press.

Hynes, Casey. 2017. "Beijing—Not Silicon Valley—Is the World's Top Tech Hub, Report Says," *Forbes*, November 2. https://www.forbes.com/sites/chynes/2017/11/02.

Ikeda, Masayoshi and Yoichiro Nakagawa. 2002. "Globalization of the Japanese Automobile Industry and Reorganization of Keiretsu-Suppliers,"

Imai, K. ed. 1998. *Benchaazu infura* [The Infrastructure of Venture Companies]. Tokyo: NTT Shuppan.

Imai, K., I. Nonaka, and H. Takeuchi. 1985. "Managing the New Product Development Process: How Japanese Companies Learn and Unlearn," in *The Uneasy Alliance: Managing the Productivity-Technology Dilemma*. eds. K. Clark, R. Hayes, and C. Lorenz. Boston: Harvard Business School Press.

Inagami, T. and D. H. Whittaker. 2005. *The New Community Firm: Employment, governance and management reform in Japan*. Cambridge: Cambridge University Press.

Inoguchi, T. and T. Iwai. 1987. *Zoku gi'in no Kenkyu – Jimintoseiken o Gyujiru Shuyaku tachi* [The Study of the Tribe Members of the Diet: The Major Player Dominating the LDP Administration]. Tokyo: Nikei.

Inomatsu, Satoshi. 1998. "Japanese Direct Investment and Changes in East Asian Industrial Structure," in *Deepening Industrial Linkages among East Asian Countries*. eds. Sano Takao and Osada Hiroshi. Tokyo: Institute of Developing Economies.

Itami, Hiroyuki. 1998. "The Structural Upgrading of East Asian Economies and Networks," in *Can Asia Recover Its Vitality? Globalization and the Roles of Japanese and U.S. Corporations*. eds. Institute of Developing Economics (IDE) and JETRO. Tokyo: IDE.

Jackson, Gregory. 2003. "Corporate Governance in Germany and Japan: Liberalization Pressures and Responses during the 1990s," in *The End of Diversity*. eds. K. Yamamura and W. Streeck. Ithaca: Cornell University Press.

_____. 2005. "Contested Boundaries: Ambiguities and Creativity in the Evolution of

German Codetermination," in *Beyond Continuity: Institutional Change in Advanced Political Economies*. eds. W. Streeck and K. Thelen. Oxford: Oxford University Press.

Janco Associates. 2003. *The Coming Commodization of Compensation*. September. http://comon.ziffdavisinternet.com/download/o/02216/Baseline0901-p28-29.pdf

JBIC(Japan Bank for International Cooperation). 2007. "Wagakuni seizo kigyo no kaigai jigyo tenkai ni kansuru chosa hokuku, 2006 nendo [A Report on the Overseas Operations of Japanese Manufacturing Firms, FY 2006]," *Kaihatsu kin'yu kenkyu joho* 33, February.

Jessop, Bob. 1999. "Narrating the Future of the National Economy and the National State: Remarks on Remapping Regulation and Reinventing Governance," in *State/Culture: State-Formation after the Cultural Turn*. ed. G. Steinmetz. Ithaca: Cornell University Press.

JETRO. 1997. *Jetro Hakusho, Toshi Hen* [1997 White Paper on Foreign Direct Investment].

Jewell, Catherin. 2017. "Forging the Future the Fraunhofer Way," *WIPO Magazine*, April.

Jirjahn, U. 2010. "Ökonomische Wirkungen der Mitbestimmung in Deutschland: Ein Update," *Arbeitspapier 186 der Hans-Böckler-Stiftung*. Düsseldorf: Hans-Böckler Stiftung.

Johnson, Chalmers. 1982. *MITI and the Japanese Miracle: The Growth of Industrial Policy, 1925-1975*. Stanford: Stanford University Press.

Johnstone, B. 1999. *We were burning: Japanese entrepreneurs and the forging of the electronic age*. Boulder, Colo.: Basic Books.

Jürgens, Ulrich and H. Meißner. 2005. *Arbeiten am Auto der Zukunft – Produktinnovationen und Perspektiven der Beschäftigten*. Berlin: Edition Sigma.

Jürgens, Ulrich, I. Lippert, and F. Gaeth. 2008. *Information, Kommunikation und Wissen im Mitbestimmungssystem: Eine Umfrage unter Arbeitnehmervertretern im Aufsichtsrat*. Baden-Baden: Nomos.

Jürgens, Ulrich and Martin Krzywdzinski. 2010. *Die neue Ost-West-Arbeitsteilung: Arbeitsmodelle und inustrielle Beziehungen in der europäischen Automobilindustrie*. Frankfurt: Campus Verlag.

Jürgens, Ulrich and Heinz-Rudolf Meissner. 2005. *Arbeiten am Auto der Zukunft. Produktinnovationen und Perspektiven der Beschäftigten*. Berlin: Edition Sigma.

Kalkowski, Peter and Otfried Mickler. 2015. *Kooperative Produktentwicklung: Fallstudien aus der Automobilindustrie, dem Maschinenbau under der IT-Industrie*. Baden-Baden: Nomos.

Kädtler, Jürgen, H. J. Sperling, Volker Wittke, and Harald Wolf. 2013. *Mitbestimmte Innovationsarbeit: Konstellationen, Spielregeln und Partizipationspraktiken*. Düsseldorf: Edtion Sigma

Kamikawa, R. 2010. *Koizumi Kaikaku no Seijiagaku: Koizumi Junichiro ha Hontouni Tsuyoi Shusho dattanoka*[The Politics of the Koizumi Reform: Was Junichiro Koizumi Really a Strong Prime Minister?]. Tokyo: Toyo Kezai.

Kano, Yoshikazu. 1996. "Ajia no sangyoka ga Noho shijo o Nerau[The Industrialization of Asia, Which is Aimed at the Japanese Market]," *Shukan Toyo Keizai*, September 14. pp. 78-82.

Katz, Richard. 1998. *Japan, the System That Soured: The Rise and Fall of the Japanese Economic Miracle*. Armonk, N.Y.: M.E. Sharpe.

Kawai, Masahiro and Shujiro Urata. 1996. "Trade Imbalances and Japanese Foreign Direct Investment: Bilateral and Triangular Issues," *Discussion Paper* no. F-52. APEC Study Center, Waseda University and Institute of Developing Economies, Tokyo.

Kawakita, T. 2011. *Zaikai no Shotai*[The Truth of the Industrial Associations]. Tokyo: Kodansha.

Keidnaren. 2006. "A Suitable Corporate Governance System for Japan," Press release dated 20 June. https://www.keidanren.or.jp/japanese/policy/2006/040.html

Kennedy, Scott. 2015. "Made in China 2025." Center for Strategic and International Studies, June 1. https://www.csis.org/analysis/made-china-2025

Kikai Shinko Kyokai. 1995. "Ajia Chiiki e no Seisan Shifuto to Sono Eikyo: Ryosan-gata kikai buhin sangyo no kudoka no shiten kara[The Shift of Manufacturing to Asia and Its Effects on Large-scale Machinery Parts Industries: From the Perspective of Hollowing-out]," *Working Paper* H6-4, May.

Kim, Kyung Mi and Hyeong-ki Kwon. 2017. "The State's Role in Globalization: Korea's Experience from a Comparative Perspective," *Politics & Society* 45, no. 4: 505-31.

Kimura, Fukinari. 1996. "Nihon no Taigai Chokusetsu Toshi no Tokucho[The Characteristics of Japanese Foreign Direct Investment]," *NIRA Seisaku Kenkyu* 9, no. 10: 8-13.

Kinkel, Steffen and Spomenka Maloca. 2009. *Produktionsverlagerung und Rückverlagerung in Zeiten der Krise. Modernisierung der Produktion – Mitteilungen aus der ISI-Erhebung* 52. Karlsruhe: Fraunhofer-Institut für Systemtechnik und Innovationsforschung.

Kishii, Daitaro. 1999. "Historical Features of Japan's Public Utility Laws and the Limits of Deregulation," *Social Science Japan Journal* 2, no. 1: 45-63.

Klobes, Frank. 2005. *Produktions-strategien und Organisationsmode: Internationale Arbeitsteilung am Beispiel von Zwei Standorten der Volkswagen AG*. Hamburg: VSA-Verlag.

Kochan, Thomas A. 2012. "A Jobs Compact for America's Future," *Harvard Business Review* 90, no. 3. March 2012 Special Report.

Kowol, U. and W. Kronhn. 1995. "Innovationsnetzwerke: Ein Modell dere Technikgenese," In *Technik und Gesellschaft. Jahrbuch 8. Theoriebausteine der Techniksoziologie*. eds. J. Halfmann, G. Bechmann, and W. Rammert, Frankfurt am Mein.

Krehmeyer, Dean, Matthew Orsagh, and Kurt Schacht. 2006. *Breaking the Short-Term Cycle: Discussion and Recommendations on How Corporate Leaders, Asset Managers, Investors, and Analysts Can Refocus on Long-Term Value*. Charleottesville, VA: CFA Institute. http://www.darden.virginia.edu/corporate-ethics/pdf.

Krzywdzinski, Martin. 2014. "How the EU's Eastern Enlargement Changed the German Productive Model: The Case of the Automotive Industry," *Revue de la regulation, Capitalisme institutions, pouvoirs 15*.

Kushida, Kenji E. 2006. "Japan's Telecommunications Regime Shift: Understanding

Japan's Potential Resourgence," in *How Revolutionary Was the Digital Revolution? National Responses, Market Transitions, and Global Technology*, ed. John Zysman and Abraham Newman. Stanford: Stanford Business Books.

_____. 2011. "Leading without Followers: How Politics and Market Dynamics Trapped Innovations in Japan's Domestic 'Galapagos' Telecommunications Sector," *Journal of Industry, Competition, and Trade* 11, no. 3: 279-307.

_____. 2017. "Innovation and Entrepreneurship in Japan: Why Japan (Still) Matters for Global Competition," *SVNJ Working Paper* 2017-2. Japan Program at Stanford University.

_____. 2018a. "Abenomics and Japan's Entrepreneurship and Innovation is the Third Arrow Pointed in the Right Direction for Global Competition in the Digital Era of Silicon Valley?" *SVNJ Working Paper* 2018-1. Japan Program at Stanford University.

_____. 2018b. "Departing from Silicon Valley: Japan's New Startup Ecosystem," in *Reinventing Japan: New Directions in Global Leadership*. eds. M. Fackler and Y. Funabashi. Santa Barbara, C.A.: Praeger.

Kwon, Hyeong-ki. 2004. *Fairness and Division of Labor in Market Societies: A Comparison of U.S. and German Automotive Parts Markets*, New York: Berghahn Books.

_____. 2005. "National Model under Globalization: The Japanese Model and Its Internationalization," *Politics and Society* 33, no. 2.

_____. 2012. "Politics of Globalization and National Economy: The German Experience Compared with the United States," *Politics & Society* 40, no. 4.

_____. 2021. *Changes by Competition: The Evolution of the South Korean Developmental State*. Oxford: Oxford University Press.

Kwon, Hyeong-ki and Kyung Mi Kim. 2020. "Varieties of globalisation and national economy: Korea's experience from a comparative perspective," *Journal of International Relations and Development* 23, no. 3: 728-54.

Lane, Christel. 2001. "The emergence of German transnational companies: A theoretical analysis and empirical study of the globalization process," in *The Multinational Firm*. eds. G. Morgan, P. H. Kristensen and R. Whitley. Oxford: Oxford University Press. pp. 69-96.

_____. 2005. "Institutional Transformation and System Change: Changes in the Corporate Governance of German Corporations," in *Changing Capitalism? Internationalization, Institutional Change, and Systems of Economic Organization*. eds. G. Morgan, R. Whitley, and E. Moen. Oxford: Oxford University Press.

Lane, Christel and Jocelyn Probert. 2009. *National Capitalisms, Global Production Networks: Fashioning the Value Chain in the UK, USA, and Germany*. Oxford: Oxford University Press.

Lau, Sim Guan. 2002. "The Policy of Promoting University-Industry Collaboration in Japan," http://iceb.nccu.edu.tw/proceedings/APDSI/2002/papers/paper127.pdf

Legewie, Jochen. 1999. "Economic Crisis and Transformation in Southeast Asia: Strategic Responses by Japanese Firms in the Area of Production," *DIJ Working Paper* 99, no. 3. Deutshes Institut für Japanstudien.

Lehrer, M. and K. Asakawa. 2004. "Rethinking the Public Sector," *Research Policy* 33: 921-38.

Lerner, Josh. 2012. *The Architecture of Innovation: The Economics of Creative Organizations*. Oxford: Oxford University Press.

Levy, Jonah D. 2015. "The Transformations of the Statist Model," in *The Oxford Handbook of Transformations of the State*. eds. S. Leibfried, et al. Oxford: Oxford University Press.

Lincoln, James R. 2006. "Interfirm networks and the management of technology and innovation in Japan," in *Recovering from Success*. eds. D. H. Whittaker and R. E. Cole. Oxford: Oxford University Press.

Lincoln, James R. and Michael Gerlach. 2004. *Japan's Network Economy: Structure, Persistence, and Change*. New York: Cambridge University Press.

Lincoln, James R. and Masahiro Shimotani. 2009. "Whither the Keiretsu, Japan's Business Networks? How Were They Structured? What Did They Do? Why Are They Gone?," *Working Paper* 188' 09. Institute for Research on Labor and Employment, University of California, Berkeley.

Lively, Robert. 1955. "The American System: A Review Article," *Business History Review* 29, no. 1: 81-96.

Locke, Richard M. and Rachel L. Wellhausen eds. 2014. *Production in the Innovation Economy*. Cambridge, MA: The MIT Press.

Lowi, Theodore L. 1964. "American Business, Public Policy, Case Studies and Political Theory," *World Politics* 16, no. 4: 677-715.

Lynn, Barry C. 2005. *End of the Line: The Rise and Coming Fall of The Global Corporation*. New York: Currency Doubleday.

Macher, J., D. Mowery, and D. Hodges. 1998. "Reversal of Fortune? The Recovery of the U.S. Industry," *California Management Review* 41, no. 1: 107-36.

Martin, William and George Cabot Lodge. 1975. "Our Society in 1985: Business May Not Like It," *Harvard Business Review* 53, no. 6: 143-52.

Marukawa, Tomo. 2006. "Chûgoku jiôsha sangyô no Buhin kyôkyû to Kigyô ricchi (Japanese) [Parts Supply and Enterprises' Location in Chinese Automobile Industry]," *Working Paper* no. 2006-21. University of Tokyo, Institute of Social Science Studies.

Massa-Wirth, H. 2007. *Zugeständnisse für Arbeitsplätze? Konzessionäre Beschäftigungsvereinbarunggen im Vergleich Deutschland-USA*. Berlin: Edition Sigma.

Matsutani, A. 2009. *'Jinko Gensho Keizai' no Atarashi Koshiki: 'Chizimu Sekai' no Hasso to Shisutemu*[Shrinking Population Economics: Lessons from Japan]. Tokyo: Nikkei Publishing.

Meardi, G. and A. Toth. 2006. "Who is Hybridizing What?" Insights on MNCs' Employment Practices in Central Europe," in *Multinationals and the Construction of Transnational Practices: Convergence and Diversity in the Global Economy*. eds. A. Ferner, J. Quintanilla and C. Sanchez-Runde. Basingstoke: Palgrave.

Mingsarn, Santikarn Kaosaard. 1993. "Comparative Analysis of Direct Foreign Investment in Thailand," Paper for a conference "Japan and the Regionalization of Asia" sponsored by the Hoover Institution, Stanford University.

_____. 1994. "Regional Investment and Technology Transfer in Asia: A Thai Case Study," in *Intra-Regional Investment and Technology Transfer in Asia*. ed. Asian Productivity Organization. Tokyo: APO.

Mitbestimmungskommission(Kommission zur Modernisierung der deutschen Unternehmensmitbestimmung). 2006. *Bericht der wissenschaftlichen Mitglieder der Kommission mit Stellungnahmen der Vertreter der Unternehmen und der Vertreter der Arbeitnehmen*. Berlin.

MITI. 1996. *Wagakumi Kigyo no Kaigai Jigyo Katsudo, Dai 25 kai*[Overseas Business Activities of Japanese Firms, no. 25]. Tokyo: MOF Printing Bureau.

_____. 1998a. *Wagakumi Kigyo no Kaigai Jigyo Katsudo, Dai 26-Kai*[The Overseas Bsueinss Actvities of Japanese Firms, no. 26]. Tokyo: MOF Printing Bureau.

_____. 1998b. *Tsusho Hakusho, Heisei 10-nenban*[White Paper on Trade and Industry for 1998]. Tokyo: MOF Printing Bureau.

_____. 1999. "21 Seiki Keizai: Sangyo Seisaku no Kadai to Tenbo[The 21st Century Economy: Issues Surrounding Industrial Policy and Prospects for the Future]," Unpublished policy report, June.

Mogaki, Masahiro. 2019. *Understanding Governance in Contemporary Japan*. Manchester: Manchester University Press.

Moretti, Enrico. 2012. *The New Geography of Jobs*. New York: Houghton Mifflin Harcourt Publishing.

Motohashi, Kazuyuki. 2005. "University–industry collaborations in Japan: The role of new technology-based firms in transforming the National Innovation System," *Research Policy* 34: 583-94.

Mui, Ylan and David Cho. 2010. "Small Businesses Leery of Obama's Jobs Plan," *Washington Post*, Jan. 29, 2010.

Mukoyama, Hidehiko. 1996. "Development of Asian Small and Medium Companies and Japanese Small Business Investment in Asia," *Rim: Pacific Business and Industries* 1, no. 31.

Nagata, Kyosuke. 2018. "University Reform in Japan," Paper presented at Japan-France Symposium in Higher Education, December 7, 2018. The Japan Association of National Universities. https://www.janu.jp/eng/globalization/files/20181207-jp-fr3.pdf

Nakano, Y. 2011. "A Positive Observation of Long-term Knowledge Industries Change in France and Japan," http://www.iioa.org/files/conference-2/379_20110430091_19th_iioa_alox_NAKANO_Yukinori.pdf

Nakashima, Takamasa. 1998. "Industrial Relations and Ethnicity: The Case of MSC, a Japanese-Owned Automobile Manufacturer in Thailand," Paper for the Asian Regional Conference on Industrial Relations. Tokyo.

Nanto, Dick K. 2010. "CRS Report for Congress: Globalized Supply Chains and U.S. Policy," *Congressional Research Service* 7-5700.

Nishiguchi, Toshiro and Alexandre Beaudet. 1999. "Kaosu ni okeru Jiko Soshiki-ka: Toyota Grupu to Aishin Seiki Kasai[Self Organization in Chaos: The Toyota Group and the Aishin Fire]," *Soshiki Kagaku* 32, no. 4: 58-72.

Nunnenkamp, P. 2004. "The German Automobile Industry and Central Europe's Integration into the International Division of Labour: Foreign Production, Intra-industry Trade, and Labour Market Repercussions," *Papeles del Este* 9. Universidad Complutense, Madrid.

Ohmae, Kenichi. 1990. *The Borderless World: Power and Strategy in the interlinked economy*. New York: Harper Business.

_____. 1995. *The End of the Nation State*. New York: Free Press.

Okamoto, Y. 2007. *Paradox of Japanese Biotechnoogy*. http://www.waseda.jp/assoc-jsie-2007/okamoto-thesis.pdf.

Okazaki, T. et al. 1996. *Sengo Nippon Keizai to Keizai Doyukai*[Post-war Japanese Economy and Keizai Doyukai]. Tokyo: Iwanami Shoten.

Okimoto, Daniel. 1989. *Between MITI and the Market: Japanese Industrial Policy for High Technology*. Stanford: Stanford University Press.

Okimoto, Daniel and Yoshio Nishi. 1996. "R&D Organization in Japanese and American Semiconductor Firms," in *The Japanese Firm: The Sources of Competitive Strength*. eds. Masahiko Aoki and Ronald Dore. Oxford: Oxford University Press.

Okuno-Fujiwara, M. 1991. "Industrial Policy in Japan," in *Trade with Japan: Has the Door Opened Wider?* ed. P. Krugman. Chicago: University of Chicago Press.

Orhangazi, Özgür. 2008. *Financialization and the US Economy*. Cheltenhamm UK: Edward Elgar.

Pack, Howard and Kamal Saggi. 2006. "Is There a Case for Industrial Policy? A Critical Survey." *World Bank Research Observer* 21, no. 2: 267-97.

Panglaykim, J. 1983. *Japanese Direct Investment in ASEAN: The Indonesian Experience*. Singapore: Maruzen.

Pauly, Louis W. and Simon Reich. 1997. "National Structures and Multinational Corporate Behavior: Enduring Differences in the Age of Globalization," *International Organization* 51, no. 1: 1-30.

Pempel, T. J. 1998. *Regime Shift: Comparative Dynamics of the Japanese Political Economy*. Ithaca: Cornell University Press.

Peng, M. W. and A. Delios. 2006. "What determines the scope of the firm over time and around the world? An Asia Pacific Perspective," *Asia Pacific Journal of Management* 23: 385-405.

Peng, M. W., S. H. Lee and J. J. Tan. 2001. "The Keiretsu in Asia: Implicayons for multilevel theories of competitive advantage," *Journal of International Management* 7: 253-76.

Pereira, L. and G. A. Plonski. 2009. "Shedding light on technological development in Brazil," Technovation 29, no. 6-7: 451-64.

Pierson, Paul. 2004. *Politics in Time: History, Institutions, and Social Analysis*. Princeton: Princeton University Press.

Pisano, Gary P. and Willy C. Shih. 2009. "Industrial Policy in the United States: A Neo-Polanyian Interpretation," *Politics & Society* 37, no. 4: 521-53.

Pisano, Gary P. and Willy C. Shih. 2012a. "Does America Really Need Manufacturing?,"

Harvard Business Review 90, no. 3: 94-102.

Pisano, Gary P. and Willy C. Shih. 2012b. *Producing Prosperity: Why America Needs a Manufacturing Renaissance.* Boston: Harvard Business Review Press.

Porter, Michael. 1990. *The Competitive Advantage of Nations.* New York: Free Press.

Porter, Michael E. and Jan W. Rivkin. 2012. "The Looming Challenge to U.S. Competitiveness," *Harvard Business Review* 90, no. 3. March 2012 Special Report.

Posen, Adam. 1998. *Restoring Japan's Economic Growth.* Washington, D.C.: Institute for International Economics.

Prasad, Monica. 2006. *The Politics of Free Markets: The Rise of Neoliberal Economic Policies in Britain, France, Germany, and the United States.* Chicago: University of Chicago Press.

President's Council of Advisors on Science and Technology(PCAST). 2012. *Report to the President on Capturing Domestic Competitive Advantage in Advanced Manufacturing.* July. Executive Office of the President.

Prestowitz, Clyde. 1992. "Beyond Laissez Faire," *Foreign Policy* 87: 67-87.

_____. 2010. *The Betrayal of American Prosperity.* New York: Free Press.

Primabase Team. 2018. "Top Tech Hubs Around the World," *Primabase*, August 10, 2018. https://medium.com/primalbase/top-tech-hubs-around-the-world-8c2941d67651

Prothro, James. 1954. *Dollar Decade: Business Ideas in the 1920s.* Baton Rouge: Louisiana State University.

Ramaswamy, Ramana and Robert Rowthorn. 2000. "Does Manufacturing Matter?," *Harvard Business Review.* November–December.

Ranga, Marina, Tomasz Mroczkowski, and Tsunehisa Araiso. 2017. "University-industry cooperation and the transition to innovation ecosystems in Japan," *Industry and Higher Education* 31, no. 6: 373-87.

Rehder, B. 2003. *Betrieebliche Bündnisse für Arbeit in Deutschland. Mitbetstimmung und Flächentarif im Wandel.* Franfurt am Main: Campus.

Reich, Robert B. 1991. *The Work of Nations: Preparing Ourselves for 21st-Century Capitalism.* New York: Vintage Books, a Division of Random House.

Reynolds, Elisabeth B., Hiram M. Samel, and Joyce Lawrence. 2014. "Learning by Building: Complementary Assets and Migration of Capabilities in U.S. Innovative Firms," in *Production in the Innovation Economy.* eds. R. M. Locke and R. L. Wellhausen. Cambridge, M.A.: The MIT Press.

Robinson, William I. 2004. *A Theory of Global Capitalism: Production, Class, and State in a Transnational World.* Baltimore: The Johns Hopkins University Press.

Rodergas, Esther. 2018. "Opportunities for Cooperation between EU and Japan on Biotechnology in Healthcare: Japan Bioventures Landscape," Report at the EU-Japan Centre for Industrial Cooperation, Tokyo. April 2018. https://www.eu-japan.eu/sites/default/files/publications/docs/min17_2_rodergas_biotechnology_in_healthcare_bioventures.pdf

Romer, Christina D. 2012. "Do Manufacturers Need Special Treatment?," *New York Times*, Feburary 4, 2012.

Rose, H. 1995. "Herstellerübergreifende Kooperation und nutzerorientierte Produktentwicklung als Innovationsstrategie," in *Nutzerorientierung im Innovationsmanagement: Neue Ergebnisse der Sozialforschung über Technikbedarf und Technikentwicklung.* ed. H. Rose. Frankfurt am Main:

Rosenbluth, F. M. and M. F. Thies. 2010. *Japan Transformed: Political Change and Economic Restructuring.* Princeton: Princeton University Press.

Roth, Siegfried. 2013. *Vertrag und Vertrauen: Die Regelung von Entwicklungskooperationen in der Automobilindustrie.* Aachen: Shaker Verlag.

Rtischev, Dimitry and Robert E. Cole. 2003. "The Role of Organizational Discontinuity in High Technology: Insights from a U.S.-Japan comparison," in *Roadblocks on the Information Highway.* ed. J. Bachnik. Lanham. MD: Rowman Littlefield Publishers.

Ruttan, Vernon. 2006. *Is War Necessary for Economic Growth? Military Procurement and Technology Development.* New York: Oxford University Press.

Sassen, Saskia. 2006. *Territory, Authority, Rights: From Medieval to Global Assemblages.* Princeton: Princeton University Press.

Saxenian, A. 1994. *Regional Networks: Industrial Adaptation in Silicon Valley and Route 128.* Cambridge: Harvard University Press.

Schaede, Ulrike. 1995. "The Old Boy Network and Government-Business Relationships in Japan," *Journal of Japanese Studies* 21, no. 2: 293-317.

_____. 2000. *Cooperative Capitalism: Self-regulation, Trade Association and the Antimonopoly Law in Japan.* Oxford: Oxford University Press.

_____. 2008. *Choose and Focus: Japanese Business Strategies for the 21st Century.* Ithaca: Cornell University Press.

_____. 2009. "Globalization and the Reorganization of Japan's Auto Parts Industry," IRPS working paper at the University of California, San Diego. http://irps.ucsd.edu/assets/033/10612.pdf

Schmidt, F. A. and F. Seger. 1998. "Arbeitnehmermitbestimung, Allokation von Entscheidungsrechten und Shareholder Value," *Zeitschrift für Betriebswirtschaft* 68, no. 5: 453-73.

Schoppa, Leonard J. 1997. *Bargaining with Japan: What American Pressure Can and Cannot Do.* New York: Columbia University Press.

_____. 2006. *Race for Exits: The Unravelling of Japan's System of Social Protection.* Ithaca: Cornell University Press.

Schumann, Michael. 2008. "Kampf um Rationalisierung – Suche nach neuer Übersichtlichkeit," *WSI Mitteilungen* 7: 379-86.

Schumann, M., M. Kuhlmann, F. Sanders, and H. J. Sperling. 2006a. "Vom Risiko-zum Vorzeigeprojekt. Auto 5000 bei Volkswagen," *WSI-Mitteilungen* 59, no. 6: 299-306.

_____ eds. 2006b. *VW Auto 5000: ein neues Produktionskonzept: Die deutsche Antwort auf den Toyota-Weg?* VSA-Verlag Hamburg.

Sedgwick, Mitchell W. 1996. "Does Japanese Management Travel in Asia? Managerial Technology Transfer at Japanese Multinationals in Thailand," *Working Paper MTTJP* 96-04, MIT Japan Program.

Silk, Leonard and David Vogel. 1976. *Ethics and Profits: The Crisis of Confidence in*

American Business. New York: Simon and Schuster.

Singh, Kulwant, Joseph Putti, and George Yip. 1998. "Singapore: Regional Hub," in *Asian Advantage: Key Strategies for Winning in the Asian-Pacific Region.* ed. George Yip. pp. 155-179. Reading, Mass.: Addison-Wesley.

Sinn, H. W. 2005. *Die Basar-Ökonomie: Deutschland, Exportweltmeister oder Schusslicht?* Berlin: Ullstein Buchverlag.

Sirkin, Harold L., Michael Zinser, and Douglas Hohner. 2011. "Made in America, Again: Why Manufacturing Will Return to the United States," Boston Consulting Group. http://www.bcg.com/documents/file84471.pdf

Smith, M. J. 2005. "Pluralism," in *The State Theories and Issues.* eds. C. Hay, M. Lister, and D. Marsh. Basingstoke: Palgrave Macmillan.

Solis, Mireya. 2003. "Adjustment through Globalization: The Role of State FDI Finance," In *Japan's Managed Globalization in the 21st Century,* ed. Ulrike Schaede and William Grimes. Armonk, NY: M.E. Sharpe.

Sorge, Arndt and Wolfgang Streeck. 2016. "Diversified Quality Production Revisited: The Transformation of Production Systems and Regulatory Regimes in Germany," *MPIfG Discussion Paper* 16, no. 13. Max Planck Institute for the Study of Societies.

Steffensen, Sam K. 1998. "Informational Network Industrialization and Japanese Business Management," *Journal of Organizational Change Management* 11, no. 6: 515-29.

Stewart, Charles, T., Jr. 1985. "Comparing Japanese and U.S. Technology Transfer to Less Developed Countries," *Journal of Northeast Asian Studies* 4, Spring.

Streeck, Wolfgang. 1991. "On the Institutional Conditions of Diversified Quality Production," In *Beyond Keynesianism: The Socio-Economics of Production and Full Employment.* eds. Egon Matzner and W. Streeck. Aldershot: Edward Elgar.

_____. 1996. "Lean Production in the German Automobile Industry: A Test Case for Convergence Theory," in *National Diversity and Global Capitalism.* ed. Suzanne Berger and Ronal Dore. Ithaca: Cornell University Press.

_____. 2009. *Re-Forming Capitalism: Institutional Change in the German Political Economy.* Oxford: Oxford University Press.

Streeck, W. and M. Höpner. 2006. "Reform der Unternehmensmitbestimmung," *MPIfG* 07-08 06.

Stiglitz, Joseph E., Justin Yifu Lin, and Celestin Monga. 2013. "Introduction: The Rejuvenation of Industrial Policy," in *The Industrial Policy Revolution I: The Role of Government beyond Ideology,* ed. Joseph E. Stiglitz and Justin Yifu Lin. 1-15. London: Palgrave Macmillan.

Straits Times. 2016. "Manufacturing to Get Boost from 3D Printing," March 17.

Strange, Susan. 1996. *The Retreat of the State: the Diffusion of Power in the World Economy.* New York: Cambridge University Press.

_____. 1997. "The Future of Global Capitalism: Or, Will Divergence Persist Forever?," in *Political Economy of Modern Capitalism.* eds. C. Crouch and W. Streeck. Thousand Oaks, Calif.: Sage Publications.

Story, Louise. 2012. "As Companies Seek Tax Deals, Governments Pay High Price,"

New York Times. December 1.

Sturgeon, T. J. 2002. "Modular Production Networks: A New American Model of Industrial Organization," *Industrial and Corporate Change* 11, no. 3: 451-96.

Suehiro, Akira. 1998. "Social Capabilties for Industrialization in Asia: Government Polices, Technology Formation, and Small Business," Paper for the Institute of Small Business Research and Business Administration, March. Osaka University of Economics.

Suehiro, Akira and Natenapha Wailerdsak. 2004. "Top Executive Origins: Comparative Study of Japan and Thailand," *Asian Business and Management* 3: 84-104.

Suleiman, Ezra. 1974. *Politics, Power, and Bureaucracy in France*. Princeton, N.J.: Princeton University Press.

Sutton, Francis X., Seymour Harris, Carl Naysen, and James Tobin. 1956. *The American Business Creed*. New York: Schocken Books.

Takahashi, Hiroaki. 1996. "Activities of Japanese Machinery Makers in Southeast Asia," *NRI Quarterly*, Winter.

Tamura, Ei. 1996. "Wagakuni Seizo Kigyo no Kaigai Toshi no Genjo to Kongo no Hoko nit suite[The Current State and Future Direction of Foreign Investment by Japanese Manufacturing Firms]," *Chusho Koko Geppo*: 16-22. November.

Tassey, Gregory. 2010. "Rationales and Mechanisms for Revitalizing US Manufacturing R&D Strategies," *Journal of Technology Transfer* 35: 283-333.

_____. 2012. "Beyond the Business Cycle: The Need for a Technology-Based Growth Strategy," Paper at NIST Economic Analysis Office, Washington, DC.

Teece, David. 1998. "Capturing Value from Technology Assets: The new economy, markets fro know how and intangible assets," *California Management Review* 40: 55-79. ed. R. Cole.

Teranishi, J. 2003. *Nippon no Keizai Shisutemu*[The Japanese Economic System]. Tokyo: Iwanami Shoten.

Teubal, Morris and Gil Avnimelech. 2003. "Foreign Acquisitions and R&D Leverage in High Tech Industries of Peripheral Economies. Lessons and Policy Issues from the Israeli Experiences," *International Journal of Technology Management* 26, no. 2: 362-85.

The Economist . 2010. "LeavingHome:JapaneseManufacturers," 73-74. November 20.

Thelen, K. and B. Palier. 2010. "Institutionalizing Dualism: complementarities and change in France and Germany," *Politics and Society* 38, no. 1: 119-48.

Thurow, L. C. 1999. *Building Wealth: the New Rules for Individuals, Companies, and Nations in a Knowledge Based-Economy*. New York: Harper Colins.

Tiberghien, Yves. 2007. *Entrepreneurial States: Reforming Corporate Governance in France, Japan and Korea*. Ithaca: Cornell University Press.

Toya, T. 2006. *The Political Economy of the Japanese Financial Big Bang*. Oxford: Oxford University Press.

Tu, Jenn-haw. 1997. "Taiwan: A Solid Manufacturing Base and Emerging Regional Source of Investment," in *Multinationals and East Asian Integration*. eds. Wendy Dobson and Chia Siow Yue. Ottawa: International Development Research Centre.

VDA-Jahresberichte(years). *VDA-Jahresberichte*. http://212.108.163.130/de/publikationen/jahresberichte

Venohr, Bernd and Klaus E. Meyer. 2007. "The German Miracle Keeps Running: How Germany's Hidden Champions Stay Ahead in the Global Economy," *Working Paper* 30. Berlin: Institute of Management Berlin at the Berlin School of Economics.

Vitols, S. 2004. "Negotiated Shareholder Value: The German Variant of an Anglo-American Practice," *Competition and Change* 8, no. 4: 357-74.

Vogel, David. 1978. "Why Businessmen Distrust Their State: The Political Consciousness of American Corporate Executives," *British Journal of Political Science* 8, no. 1: 45-78.

Vogel, Steven K. 2006. *Japan Remodeled: How Government and Industry Are Reforming Japanese Capitalism?*. Ithaca: Cornell University Press.

_____. 2013. "Japan's Information Technology Challenge," in *The Third Globalization: Can Wealthy Nations Stay Rich in the Twenty-First Century?*. eds. Dan Breznitz and John Zysman. Oxford: Oxford University Press.

_____. 2019. "Japan's Ambivalent Pursuit of Shareholder Capitalism," *Politics & Society* 47, no. 1: 117-44.

Wagner, F. 1997. "Shareholder Value: Eine neue Runde im Konflikt zwischen Kapitalmarkt und Unternehmensinteresse," *BfuP* 5: 473-98.

Wessner, Charles W. and Alan Wm. Wolff eds. 1999. *Divergent Capitalisms: the Social Structuring and Change of Business Systems*. Oxford: Oxford University Press.

_____. 2001. "How and Why are International Firms Different? The Consequences of Cross-Border Managerial Coordination for Firm Characteristics and Behaviour," in *The Multinational Firm: Organizing Across Institutional and National Divides*. eds. G. Morgan, P. H. Kristensen, and R. Whitley. Oxford: Oxford University Press.

_____. 2007. Business Systems and Organizational Capabilities: the Institutional Structuring of Competitive Competences. Oxford: Oxford University Press.

_____. 2012. *Rising to the Challenge: U.S. Innovation Policy for the Global Economy*. Washington, DC: National Academies Press.

Whitley, Richard. 1999. *Divergent Capitalisms: the Social Structuring and Change of Business Systems*. Oxford: Oxford University Press.

_____. 2001. "How and Why are International Firms Different? The Consequences of Cross-Border Managerial Coordination for Firm Characteristics and Behaviour," in *The Multinational Firm: Organizing Across Institutional and National Divides*. eds. G. Morgan, P. H. Kristensen, and R. Whitley. Oxford: Oxford University Press.

_____. 2007. *Business Systems and Organizational Capabilities: the Institutional Structuring of Competitive Competences*. Oxford: Oxford University Press.

Whittaker, D. Hugh and Robert E. Cole eds. 2006. *Recovering from Success: Innovation and Technology Management in Japan*. Oxford: Oxford University Press.

Williams, Michelle. 2014. "Introduction and "Rethinking the Developmental State in the Twenty-First Century," in *The End of the Developmental State?*. ed. Michelle Williams. London: Routledge.

Williamson, O. 1996. *The Mechanisms of Governance*. New York: Oxford University

Press.

Witt, Michael A. 2015. "Japan: Coordinated Capitalism between Institutional Change and Structural Inertia," in *The Oxford Handbook of Asian Business Systems*. eds. Michael A. Witt and Cordon Redding. Oxford: Oxford University Press.

Womack, James P., Daniel T. Jones, and Daniel Roos. 1990. *The Machine that Changed the World: The Story of Lean Production*. New York: Harper Perennial.

Wymann, O. 2012. FAST 2025- Future Automotive Industry Structure. VDA-Materialien.

Xinhua. 2016. "China Establishes Fund to Invest in Advanced Manufacturing," *China Daily*, June 8, 2016.

Yamakawa, Y., M. Peng, and D. Deeds. 2008. "What drives new ventures to internationalize from emerging to developed economies?," *Entrepreneurship Theory and Practice* 32, no. 1.

Yamamura, Kozo. 2003. "Germany and Japan in a New Phase of Capitalism: Confronting the Past and the Future," in *The End of Diversity? Prospects for German and Japanese Capitalism*. eds. Kozo Yamamura and Wolfgang Streeck. Ithaca: Cornell University.

Yang, Xiaohua, Yi Jiang, Rongping Kang, and Yinbin Ke. 2009. "A Comparative Analysis of the Internationalization of Chinese and Japanese Firms," *Asia Pacific Journal of Management* 26: 141-62.

Yoffe, David. 2009. "Why the U.S. Tech Sector Doesn't Need Domestic Manufacturing," *Harvard Business Review Blog Network*, October 5, 2009.

Yun, J. 2016. "The Setback in Political Entrepreneurship and Employment Dubaization in Japan, 1998-2012," *British Journal of Industrial Relations* 54, no. 3: 473-95.

Zakowski, K. 2015. *Decision-Making Reform in Japan: The DPJ's Failed Attempt at a Politician-led Government*. London: Routledge.

Zanker, Chrisoph and Djerdj Hovat. 2015. "Globale FuE-Aktivitäten deutschedr Unternehmen," *Mitteilungen aus der ISI-Erhebung*. März, Ausgabe 68.

Zuckerman, E. W. 1999. "The Categorical Imperative: Securities Analysts and the Illegitimacy Discount," *American Journal of Sociology* 104, no. 5: 1398-438.

통계자료

United States Bureau of Labor Statistics database. https://www.bls.gov/data/
UN Comtrade database. https://comtrade.un.org/

찾아보기

[ㄱ]

감독위원회 368, 370~372, 394, 395

개방형 혁신 체제 12, 66, 181, 198,
　227~229, 242~245, 250, 253, 255,
　257, 258, 262, 265, 267, 273, 413

개인화된 상호 관계에 기초한 유연성 198

게이레츠(Keiretsu, 계열) 189, 190, 192,
　230~232

경단련 207, 253, 258, 277~281, 285~291

경로 의존성(path-dependency) 33, 74, 119

경로 혁신적(path-breaking) 119, 137

경쟁력 향상의 연대
　(Wettbewerbskoalitionen) 385

고기술 생산 클러스터(sophisticated
　production clusters) 311, 312

고용안정협약(Beschäftigungspakte) 384,
　385

공개형 모델(open model) 193

공동의사결정제(Co-determination,
　Mitbestimmung) 57, 315, 354, 364,
　367~375, 384, 386, 387, 393~397

공사 파트너십 118

공정한 사회적 규범 350

공정한 협력관계(fair and collaborative
　relations) 349

구성의 정치 33, 35, 38, 409

국가(의) 개입 6, 7, 11, 24, 30, 52, 62, 66,
　74, 108~111, 120, 123, 125~128, 131,
　134~137, 154, 156, 265, 266

국가-산업 관계 55, 184, 185

국가의 역할 7, 13, 17, 62, 111, 128, 129,
　133, 185, 188, 334, 406, 413, 414, 417

국가(의) 이익 16, 44, 45, 191, 404

국가 주도(의) 조정 53, 73, 181, 182, 185,

186, 189, 219, 243, 245, 264, 265, 272,
　412

국가 주도 조정 체제 67, 181, 185, 189,
　219, 245, 264

국내 생산 네트워크 57

국내 생산의 공동화 20, 38, 77, 209, 297,
　401, 407

국민경제 16~29, 33~48, 52~55, 62, 66,
　71~74, 104, 105, 125, 185, 223, 264,
　295~298, 368, 400~417

글로벌리즘 23

글로벌 생산 네트워크 12, 17, 23, 40, 41,
　44, 57, 64, 70, 74, 104, 194, 197~200,
　294, 296, 302, 306, 311, 321~325,
　331, 346, 373, 401, 405, 408, 410

금융화(financialisation) 56, 58, 85, 86, 89,
　91, 94~98, 103, 289, 295~297, 317,
　320, 333, 363~369, 372, 386~388,
　391~393, 397

기업(간) 관계 12, 55, 184, 189~193, 198,
　205, 221, 222, 229~233, 297, 315,
　331~344, 347, 350, 362, 363

[ㄴ]

내부자 모델(insider model) 193

노동시장의 이중성 317, 332

[ㄷ]

다품종 고품질 생산체제(Diversified Quality
　Production: DQP) 313~316, 320, 321

담론적 제도주의(discursive institutionalism)
　367, 409

대학발 벤처(기업) 235, 239~241, 263, 264

도유카이 275~288

[ㄹ]
라이브도어와 무라카미 펀드 사건(the
    Livedoor and Murakimi Fund incidents)
    287
린 생산체제 184, 410

[ㅁ]
마르크스주의 278, 403, 405
모국 효과 34
모듈생산체제 198
미국제조업부활법 154, 155
미국 제조업 부활 정책 11, 138, 140, 141,
    144, 153~156, 159
민족주의적 비관론 27, 38, 52, 402
민족주의적 해외 생산 네트워크 61, 65, 66,
    206, 209
민주적 거버넌스 357

[ㅂ]
반성적 성찰 38, 410
발전주의 (국가) 21, 30, 32, 61, 62, 65,
    116, 185~189, 242, 266~271, 334,
    335, 406, 413, 414
베이-돌 법안(Bayh-Dole Act) 117, 247
병렬적 분업구조 376
보호주의 23, 28, 185, 402
본국 중심주의 203, 212, 274
부품회사 공동체 350~354, 359
분절화된 관료 구조 108
비교우위이론(comparative advantage
    theory) 23

[ㅅ]
사회(적) 조정 11, 12, 21, 27, 30~33,
    50~63, 66, 67, 72, 73, 91, 93, 120,
    182, 183, 219, 293~297, 303, 334,
    335, 343, 348, 349, 353, 359, 362, 363,
    367, 371~373, 378, 383, 386, 393,

397, 412, 414
산업 경쟁력 20, 21, 31, 49, 52, 114, 115,
    118, 290
산업 공동화 27, 29, 52, 53, 106, 215, 290,
    373, 402, 403, 407
산업공유재(industrial commons) 7, 21,
    25~32, 50, 52, 66, 83, 84, 88~91,
    103~105, 124, 125, 143, 180, 215,
    226, 295, 324, 332, 334, 353, 359, 362,
    402, 411~415
산업 역량 20, 25, 32, 82, 226, 412
산업의 체계적 연계(industrial linkages)
    25, 31
산업적 연계 25, 26, 77, 94, 307
상호 관계주의(relationalism) 184, 187
생산순환이론(production cycle theory) 78
생산 역량 21, 28~32, 35, 56, 94, 219, 309,
    328, 362
생산지 경쟁 309, 374~376, 381
선진 제조업 혁신 프로그램 158~161
세계화 16~47, 50~67, 70~76, 79, 83~91,
    98, 102~106, 120, 125~128, 136~139,
    145, 160, 180~183, 200, 203~209,
    212~215, 219~226, 243, 252, 265,
    290, 293~301, 304~307, 310,
    316~324, 331~334, 344, 346, 350,
    353, 354, 359~368, 371~375, 378,
    381~393, 397, 400~417
세계화에 따른 생산입지 논쟁
    (Standortdebatte) 365
수렴론 33, 320
수직적 분업구조 217
수직적 생산체계(vertically integrated
    production system) 400
신자유주의 낙관론 20, 38, 413
신자유주의적 개혁 272, 285, 286, 370
(신)제도주의 33~35, 60, 66, 74, 119, 314,
    317, 364~367, 409, 410

[ㅇ]

아시아 지역 생산 네트워크 206, 208

아이디어의 맥락적 해석 367

안행형(flying geese) 국제분업 구조 207

역동적 비교우위 24

오토 5000(Auto 5000 GmbH) 프로젝트 60,
378~384

오프쇼어링(offshoring) 48, 91~94, 99,
103, 143, 344

유연생산체제 184, 198, 199, 212~215,
254, 314, 389, 410

이마이-미야우치 논쟁(Imai-Miyauchi
controversy) 278

이중적 노동시장체제; 노동시장의 이중성
316

이질적 요소들 간의 혼종성(hybridity) 367

이해관계자 자본주의(stakeholder
capitalism) 274, 277~280, 286,
289~292, 363

일국적 생산체제 23, 70

일본재건전략(Japan Revitalization Strategy)
249

[ㅈ]

자본주의 다양성 34, 366, 367

자사 중심주의 228, 238, 245, 256~259

자유시장(모델) 21, 24, 30, 33, 38,
53~56, 61, 66, 72~74, 79, 104, 111,
128, 130, 137, 144, 163, 180~183,
192, 198, 202, 203, 209, 213, 243,
265, 273~278, 281~284, 314, 317,
318, 344, 353, 354, 364~368, 397,
402~404, 407, 408, 412~414

자유주의적 사고 11, 108, 120, 121, 125,
126

장기 협력 관계 190

전기차 연구개발 연합 356

전략적 산업정책 108, 109, 111, 115, 184,

266, 267

조정(의 정치) 21, 27~35, 38, 50~63, 66,
67, 71~75, 84, 85, 88~93, 103,~107,
120, 126, 138, 173, 179~191, 194,
199, 202, 203, 207~212, 215~219,
223~226, 243, 245, 250, 260, 264,
265, 268, 269, 272~278, 280,
284, 286, 293~297, 302, 303, 306,
309~311, 317~322, 325~335, 338,
343~359, 362~368, 371~374, 378,
383, 386~389, 393, 397, 402, 408,
411~414, 440

주거래은행 체제(main bank system) 233

주주자본주의 95

중앙집중적 노사협상 60

중앙집중적 임금협상체계 317

지속적인 혁신(카이젠) 145, 191, 192, 198,
225, 312, 321, 324, 359, 360, 379, 380

직장평의회 60, 295, 296, 316, 333, 363,
364, 367, 371, 372, 375~393, 396, 397

집단적 학습 31, 35, 225

집단 행동의 딜레마(collective action
problem) 21

[ㅋ]

코포라티즘 35, 60, 334, 335, 365, 366, 389

[ㅌ]

탈국민경제화 33, 45, 46, 52~54, 62, 66,
403~407

탈국민국가화 406

[ㅍ]

평생고용제도(lifetime employment) 236,
254

폐쇄적 상호주의 213, 214, 227, 413

'포테이토칩 대 반도체 칩' 논쟁 121

프라운호퍼 연구소 모델(Fraunhofer Society

  model) 144, 145, 156~159, 341
프래그머티즘적 구성주의 409

[ㅎ]

하이테크 전략(High-Tech Strategy: HTS)
   338
해외 생산 18, 21, 23, 27, 39~50, 54~66,
   70~79, 82, 85, 91, 92, 98, 125, 194,
   201, 203, 206~212, 219~223, 290,
   294~313, 316, 319~322, 326~333,
   343~345, 360~363, 373~378, 381,
   388, 389, 401, 407~410, 414
해외 아웃소싱 20, 23~26, 85, 106, 412
혁신 역량 25~27, 30~35, 48, 58, 63, 71,
   72, 87, 93, 94, 97, 125, 138, 139, 156,
   157, 162, 182, 209, 215, 216, 219, 220,
   225, 226, 240, 253, 257, 264, 265,
   290, 295, 302, 303, 306~308, 312,
   318~323, 327, 329~333, 338, 340,
   343~346, 353, 359~363, 386, 388,
   402, 407, 408, 411~415
혁신적 산업생태계 21
협상된 주주가치 367
회사 수준의 집단(적) 협상 60

21세기 발전국가론 31, 32